作者简介

叶守法 安徽宿州市人,中共党员,中国工会会员,中国图书馆学会会员。1977年安徽师范大学淮北分校毕业留校(1978年12月经国务院批准改名为淮北煤炭师范学院,2010年3月经教育部批准更名为淮北师范大学)工作。历任校政工组组干科干事、人事处秘书、化学系办公室主任、图书馆副馆长、图书馆主持、图书馆党支部书记、《淮北师范大学学报》编委、图书情报委员会副主任、安徽省图书馆学会5—8届理事等职。现任四川省侨光东方文化科技研究院研究员、中国当代教育协会荣誉理事、《大学图书情报学刊》编委。先后于《中国教育报》、《煤炭高等教育》、《图书馆杂志》、《津图学刊》、《图书馆工作》等10多家刊物上发表论文100多篇。陆续于1996、1999、2002、2003、2005、2008、2012、2013年在中国三峡出版社、中国矿业大学出版社、中国文史出版社、群言出版社、高等教育出版社、中央编译出版社、光明日报出版社、中国书籍出版社出版了《高等教育文萃》(合撰)、《图书馆管理》、《文史文献检索概论》、《书海游记》、《文山奇观》(合撰)、《版本命名概论》、《书的版本命名》、《书的力量》等著作。

中国书籍·学术之星文库

书的命名

叶守法◎著

中国书籍出版社
China Book Press

图书在版编目（CIP）数据

书的命名/叶守法著. —北京：中国书籍出版社，
2016.5
ISBN 978-7-5068-5587-7

Ⅰ.①书… Ⅱ.①叶… Ⅲ.①图书—命名—研究
Ⅳ.①G232

中国版本图书馆 CIP 数据核字（2016）第 110059 号

书的命名

叶守法　著

责任编辑	李　新
责任印制	孙马飞　马　芝
封面设计	中联华文
出版发行	中国书籍出版社
地　　址	北京市丰台区三路居路 97 号（邮编：100073）
电　　话	（010）52257143（总编室）　（010）52257153（发行部）
电子邮箱	chinabp@ vip. sina. com
经　　销	全国新华书店
印　　刷	北京彩虹伟业印刷有限公司
开　　本	710 毫米×1000 毫米　1/16
字　　数	322 千字
印　　张	18.5
版　　次	2017 年 1 月第 1 版　2017 年 1 月第 1 次印刷
书　　号	ISBN 978-7-5068-5587-7
定　　价	78.00 元

版权所有　翻印必究

目 录
CONTENTS

引　论 ……………………………………………………………… 1

第一章　书的命名意义 ………………………………………… 7
　　1　有利于书的生产、销售、采集　　　　　　　　　　／9
　　2　有利于书的分类、存储、保管　　　　　　　　　　／10
　　3　便于检索、使用　　　　　　　　　　　　　　　　／12
　　4　有利于口头传播　　　　　　　　　　　　　　　　／13
　　5　有利于减少著书立说上的重复劳动　　　　　　　　／13

第二章　书的命名依据 ………………………………………… 14
　　第一节　以责任者的有关信息为依据　　　　　　　　／14
　　第二节　以书的内容为依据　　　　　　　　　　　　／15
　　第三节　以书的产地为依据　　　　　　　　　　　　／16
　　第四节　以书的问世时间为依据　　　　　　　　　　／17
　　第五节　以书的存储地点为依据　　　　　　　　　　／18
　　第六节　以其他特征为依据　　　　　　　　　　　　／18

第三章　书的命名产生、发展、变化 …………………………… 19
　　第一节　书的命名产生 ／19
　　第二节　书的命名发展 ／20
　　第三节　书的命名变化 ／22

第四章　书的命名责任者 …………………………………………… 23
　　1　个人 ／23
　　2　社会团体 ／28
　　3　企事业单位 ／28
　　4　政府部门 ／28

第五章　责任者为书命名的特点 …………………………………… 29
　　1　个人为书命名的特点 ／29
　　2　社会团体为作者之书命名的特点 ／31
　　3　企事业单位为作者之书命名的特点 ／31
　　4　政府部门为作者之书命名的特点 ／31

第六章　书的命名方法 ……………………………………………… 32
　　第一节　纯数字命名法 ／32
　　第二节　数字与其他字词组合命名法 ／34
　　　　1　小说、故事、童话、寓言 ／37
　　　　2　文集 ／53
　　　　3　弹词、评书 ／59
　　　　4　礼仪、典章、制度 ／60
　　　　5　工具书 ／63
　　　　6　乐曲 ／75
　　　　7　兵书 ／76
　　　　8　戏曲、电影、电视剧本 ／77
　　　　9　地志 ／90

10	教育	/93
11	农学	/94
12	史学	/95
13	佛教、道教	/98
14	评论	/100
15	笔记	/101
16	诗	/104
17	经解注疏	/105
18	考证	/107
19	术数	/110
20	医学	/111
21	音韵	/114
22	书法绘画	/115
23	哲学	/116

第三节　用责任者的有关信息命名法　/117

1	以责任者的姓氏为书名	/117
2	以责任者的姓名为书名	/117
3	以作者的字号为书名	/119
4	以作者的别名作书名	/123
5	以作者的尊称为书名	/123
6	以作者名与成果的简称为书名	/123
7	以作者的姓或名、字、号与"子"为书名	/124
8	以作者的姓氏、所在的国名简称与尊称或敬称"子"合成书名	/143
9	以作者的国名、祖宗名的简称与尊称或敬称"子"为书名	/144
10	以作者的官职简称、姓氏与尊称或敬称"子"合为书名	/144
11	以作者的祖籍地与尊称或敬称"子"为书名	/145
12	以第一人称与"子"等字为书名	/145
13	以多意字与"子"为书名	/145
14	以作者的姓氏与尊称为书名	/146

15	以作者的姓氏与内容的简称为书名	/ 147
16	以作者姓氏、祖籍与内容简称为书名	/ 147
17	以作者的姓氏、字与内容简称为书名	/ 147
18	以作者的姓氏、籍贯与内容简称为书名	/ 149
19	以作者的姓氏、任职之地与内容简称为书名	/ 149
20	以作者的姓氏、岗位与书的内容简称为书名	/ 150
21	以作者的姓氏、任职部门与书的内容简称为书名	/ 150
22	以作者的姓氏、封号与书的内容简称为书名	/ 150
23	以作者的封号、谥号、姓与书的内容简称混合为书名	/ 151
24	以作者的姓、谥号与封号、书的内容简称为书名	/ 151
25	以姓氏、尊称、创作体裁与居住地简称为书名	/ 152
26	以作者姓氏、谥号、尊称、作品的数量代简称作为书名	/ 152
27	以作者的姓氏、尊称与内容的简称为书名	/ 152
28	以原作者姓氏、尊称、内容的简称与后著者的创作方式为书名	/ 153
29	以作者的姓氏、字号与创作体裁为书名	/ 153
30	以作者姓氏、帝王年号与内容简称为书名	/ 153
31	以作者名、职务与所在朝代的简称合为书名	/ 154
32	以作者的别名与内容的简称合为书名	/ 154
33	以作者姓名与内容简称作书名	/ 154
34	以副作者的字号、尊称与内容简称为书名	/ 155
35	以原作者姓氏、字号、内容的简称与后著者的创作方式为书名	/ 155
36	以作者的号或号的简称与内容简称为书名	/ 155
37	以作者的姓氏、号与内容简称为书名	/ 157
38	以作者的字号与制作收藏物的类别为书名	/ 158
39	以作者的尊号与内容的简称为书名	/ 158
40	以作者的封号与内容简称为书名	/ 158
41	以作者的封号、谥号与书的内容简称为书名	/ 158
42	以作者的谥号与书的内容简称为书名	/ 159
43	以对作者的尊称与敬称为书名	/ 159

44	以作者的职务与内容的简称为书名	/159
45	以作者的敬称与所在国的简称为书名	/160
46	以作者的籍贯与内容简称为书名	/160
47	以作者家乡地名与内容的简称为书名	/160
48	以作者曾居住之所名与内容简称为书名	/161
49	以作者的祖籍、尊称与内容简称为书名	/161
50	作者以自己居住的堂名与内容简称为书名	/161
51	作者以自己建造的园名与内容简称为书名	/162
52	作者以自己居住的斋室名与内容简称为书名	/163
53	作者以自己居住房名与内容简称为书名	/163
54	作者以自己的藏书楼名与内容简称为书名	/163

第四节　用书中的有关内容命名法　/164

1	以书中的关键字、词为书名	/164
2	以书中所记之事为书名	/165
3	以作品中所表明的主要事情为书名	/165
4	以所记的主要之事为书名	/188
5	以所表述的主人翁为书名	/189
6	以所表述的主人翁数量为书名	/194
7	以主人翁的职务与尊称为书名	/200
8	以主人翁的名字与尊称为书名	/201
9	以主人翁与家庭有关重要信息为书名	/201
10	以主人翁的名字与职务为书名	/203
11	以主人翁的名字与其有关的信息为书名	/203
12	以主人翁的数量代称与事迹的简称为书名	/204
13	以主人翁的数量与尊称为书名	/204
14	以主人翁的别称与事迹的简称为书名	/205
15	以主人翁的数量与美称为书名	/205
16	以主人翁的职务与所在地为书名	/206
17	以主人翁的数量、代称与成果的简称为书名	/206

  18 以对主人翁的敬称与成果的简称为书名 / 210

  19 以对主人翁的尊称与成果为书名 / 210

  20 以主人翁数量、代称与有关信息为书名 / 210

  21 以主人翁与作者为书名 / 215

 第五节 用时间或简称、代称与其他字词组合命名法 / 215

 第六节 用方向性的字词与有关内容词语合并命名法 / 223

  1 以第一字为"东"与有关内容作书名 / 223

  2 以第一字为"西"与有关内容作书名 / 223

  3 以第一字为"南"与有关内容作书名 / 223

  4 以第一字为"北"与有关内容作书名 / 224

  5 以第一字为"前"与有关内容作书名 / 224

  6 以第一字为"后"与有关内容作书名 / 224

 第七节 用全、大、小、长、短、新、旧与有关字词合并命名法 / 224

  1 以第一字为"全"与有关字词作书名 / 225

  2 以第一字为"大"与有关字词作书名 / 225

  3 以第一字为"小"与有关字词作书名 / 225

  4 以第一字为"长"与有关字词作书名 / 226

  5 以第一字为"新"与有关字词作书名 / 226

  6 以第一字为"短"与有关字词作书名 / 226

  7 以第一字为"旧"与有关字词作书名 / 226

 第八节 用季节、姓氏的简称或与其他字词组合命名法 / 227

  1 以"春"作书名 / 227

  2 以第一字为"春"与有关字词作书名 / 227

  3 以主人公的姓氏"夏"与有关字词作书名 / 227

  4 以"秋"作书名 / 227

  5 以"春秋"与有关字词作书名 / 227

  6 以"春与秋"与有关字词作书名 / 228

  7 以作者的姓氏与"春秋"为书名 / 228

  8 以"冬"与有关字词作书名 / 228

第九节　用天气变化情况的简称、代称,或生物通称、简称,或拟人化或物品命名法　/228

1　以天气变化有关信息的简称或代称作书名　/228
2　以动物作书名　/229
3　以植物作书名　/229
4　以拟人化之法作书名　/229
5　以物品作书名　/229

第十节　用御或钦与制、批、纂、注、选、撰、览、录、定、书、订结合同有关内容的简称相连接命名法　/229

1　以"御制"与内容的简称为书名　/229
2　以"御批"与内容简称为书名　/233
3　以"御纂"与内容简称为书名　/233
4　以"御注"与内容简称为书名　/235
5　以"御选"与内容简称为书名　/236
6　以"御撰"与内容简称为书名　/237
7　以"御览"与内容简称为书名　/237
8　以"御录"与内容简称为书名　/238
9　以"御定"与内容简称为书名　/238
10　以"御书"与内容简称为书名　/240
11　以"御订"与内容简称为书名　/240
12　以"钦定"与内容简称为书名　/240

第十一节　用朝代或简称或尊称与内容的简称混合命名法　/246

1　以朝代与内容的简称作书名　/246
2　以朝代简称与内容的简称作书名　/247
3　以对朝代的尊称与内容简称作书名　/248

第十二节　用朝代的简称与"书"或"六典"、"典章"、"会典"、"会要"合并命名法　/250

1　以朝代的简称与"书"字作书名　/250
2　以朝代的简称与"六典"作书名　/255

3　以朝代的简称与"典章"、"会典"作书名　　　　　／255
　　4　以朝代的简称与"会要"作书名　　　　　　　　　／256
第十三节　用朝代的简称与"史"或"史稿"、"史纪"、"史类编"、
　　　　　"史新编"等字词连接命名法　　　　　　　　／257
第十四节　用朝代历史的简称与"纪事本末"合并命名法　　／261
第十五节　其他命名法　　　　　　　　　　　　　　　　／263
　　1　以内容的特征为书名　　　　　　　　　　　　　／263
　　2　以产地名或与著者的美称"子"作书名　　　　　　／263
　　3　以涉及的地域与内容简称为书名　　　　　　　　／263
　　4　以藏书楼名与书的类别作为书名　　　　　　　　／264
　　5　以楼名与所藏文籍目录的简称作为书名　　　　　／265
　　6　以地区简称、楼主姓氏、楼名、藏书目录简称作为书名／265
　　7　以帝王年号谐音简称与书的内容代称作为书名　　／266
　　8　以书之内容的简称与所在的地名为书名　　　　　／266
　　9　以记录的事物及所在地名为书名　　　　　　　　／266
　　10　以书的题跋内容喻义作为书名　　　　　　　　　／266
　　11　以楼名及对其功绩、颂扬的简称作为书名　　　　／267
　　12　以地区、姓氏、楼名、辑录所藏图书的简称作书名／267
　　13　以楼名与藏书类别作书名　　　　　　　　　　　／268
　　14　以帝王年号与书之内容的简称作书名　　　　　　／268
　　15　以朝代简称、作者数量的代称与创作体裁为书名　／269
　　16　以时间的代称、人物的赞称、事迹的简称作为书名／269
　　17　以时间或简称、代称作书名　　　　　　　　　　／269

第七章　书的命名存在的问题　　　　　　　　　　　　　…… 271
　第一节　重名　　　　　　　　　　　　　　　　　　　／271
　第二节　一书多名　　　　　　　　　　　　　　　　　／272
　第三节　名实不符　　　　　　　　　　　　　　　　　／273
　第四节　格调低下　　　　　　　　　　　　　　　　　／274

第八章 出现问题的原因 ·············· 275
  1 异书同名或同名异书、重名、同名的原因   / 275
  2 一书多名的原因   / 275
  3 名实不符、格调低下的原因   / 277

第九章 解决问题的方法 ·············· 278

主要参考资料 ························ 280

引 论

书，是书命名的基础。没有书，书的命名就无从谈起。什么是书？文章是否为书？这些都是一说就明白，而一问就糊涂，说不清楚的问题。文章一词，比较早的见于庄子的《胠箧》："灭文章，散五彩，胶离朱之目，而天下始人含其明矣。"此语中的文章，是指复杂的色彩、花纹。古代"以青与赤相配合为文，赤与白相配合为章"。到了汉代，文章的含义扩展到了文字与文辞，如《后汉书·董卓传》："又钱无轮廓文章，不便人用"；《史记·儒林传·序》公孙弘奏："文章尔雅，训词深厚"等。唐朝时，文章一词的概念进一步扩大到独立成篇的文字，如杜甫的《杜工部诗》十五偶题："文章千古事，得失寸心知"等。"书"之名，较早的见于《墨子·尚贤》中的"书之竹帛"、《周礼·地官·党正》中的"正岁，属民读法，而书其德行道艺"与《论语·先进》中的"何必读书，然后为学"等；前两者的"书"，为书写，之后的则指书籍。

从历史上多数人对具体书的称呼分析，书与文章既有区别，又有联系。被确认为书的，与载体（文章）、流传、体积、题名、版本、图画、文字的数量有关，类型、内容也很庞杂。从载体上说，有的字的体积大，载体也大，文字虽少，也能形成书；或者字体虽小，文字也少，但是字中有许多图画，载体较大，也被称作书。这些被称作书的，古今中外多如牛毛。如用甲骨、竹简、木简、丝织品、莎草、动物皮、石头、泥板、玉料、金属、塑料以及纸张作载体形成的各种字帖、图表、画册等。这些，有的只有数百字或数十字，有的文字更少，然而，均被人们通称为书。例如，清朝道光末年，陕西岐山出土的西周晚期的青铜器——毛公鼎，有铭文497个；内容是"周宣王告诫和褒赏其臣下"（见1980年上海辞书出版社出版的《辞海》缩印本1454

页）的事等，被称为"青铜书"。

从流传上看，文章若是在报刊上发表，或附载于文集、书中传播，字数虽多，也不称为书；如果是单篇独立流传于世，即便字数很少，也会被称为书，例如，现当代国家领导人的工作报告、讲话稿等，通常都单独出版发行，多数仅有1万多字，有些只有几千字，但是，均被各地区的图书馆等收藏单位当作书来传播、统计。

从体积来看，若是很大，文字虽少，也可称之为书；相反，如果体积很小，而文图很多，同样也被称之为书。苏州发现一本清朝考生作弊的书，仅有半个巴掌大，但是却有9万个字的考试内容，6个字还没有一个米粒大。还有的体积只有火柴盒一样大，容量则更是惊人。1997年6月20日的《洛阳日报》说，"最近，洛阳发现30万字的《五经全注》，352页，有火柴盒大小，放在手心不露头尾；书长6.5厘米、宽4.8厘米、厚1.5厘米；内容有《易经》、《书经》、《诗经》、《礼经》、《春秋》及注释；楷体字，借助5倍的放大镜可以看出清晰整齐的字迹，每个字不到2平方毫米，每行38个字，每页22行，所附的序言落款表明为清朝光绪年间写成；使用的是宣纸，封面黄褐色，分两册线装。保存此书的邢金荣说："是祖辈传下来的，当时是为了应付科举考试作弊用的。"这两种叫"袖珍书"或"微型书"。还有电子书，体积更小，图文更多。如中科院物理研究所真空物理实验室副主任高鸿钧研究员领导的研究小组，研究出世界上存储密度最高的有机材料，能将信息储存点的直径减小到0.6纳米，并可进行信息点的擦除，居世界领先水平。"纳米直径的存储意味着信息存储的密度可达每平方厘米10的14次方比特，其信息量非常惊人，相当于100万张用传统技术和工艺生产的光盘的存储量。将现有光盘信息容量提高100万倍。一张这样的新式光盘虽然只有方糖大小，但足以存储美国国会图书馆中的所有信息（1.26亿册件文献）。"（我国科学家将光盘容量扩大百万倍，记者冯永锋2001年1月9日，光明日报新闻网）也就是说，体积与所容纳的文图数量不相称。有些还让人十分惊奇，如明朝的《永乐大典》，手抄本就约有40立方米；清代乾隆年间编纂的《四库全书》，当时的手抄本就占用103个书架等。

题名，与是否被定为书有关系。从历史上看，有许多资料，不论其体积大小、所承载的文图多少，是何载体，依题名就被定为书。如现存最早的铁券，是中国历史博物馆珍藏的五代吴越国王钱镠铁券，已有千余年历史。据报道，这道铁券是公元896年，唐昭宗为嘉奖吴越王钱镠讨伐董昌有功，特颁赐于钱镠的。铁质铸成，形如覆瓦状，纵29.8厘米，横52厘米，厚2.41厘米，重约132两，上嵌金字350个，正文25行，每行14字，全文"端楷甚工"（历史上的皇帝免死金牌到底是什么？—搜狗问问，陈明仁，2009年9月11日），被称为"丹书铁券"（历史上的皇帝免死金牌到底是什么？—搜狗问问，陈明仁，2009年9月11日）或"铁券丹书"（《周礼·秋官·司约》）。其实，它就是"封建帝王颁发给功臣、重臣的一种带有奖赏和盟约性质的凭证，类似于现代普遍流行的勋章（或奖章），只不过其形制稍有不同内涵较为宽泛"。"内容一般包括四个方面：一、赐券的日期，赐予对象的姓名、官爵、邑地；二、记载被赐者对朝廷的功勋业绩；三、皇帝给被赐者的特权，如免死等；四、皇帝的誓言。按朝廷的有关法律，持有铁券的功臣、重臣及其后代，可以享受皇帝赐予的种种特权。"（历史上的皇帝免死金牌到底是什么？—搜狗问问，陈明仁，2009年9月11日）据史料载，早在西汉时期，汉高祖刘邦夺取政权后，为巩固其统治，笼络功臣，"颁给功臣丹书铁券，作为褒奖。当时的铁券还无免罪和免死等许诺，仅作为一种封侯的凭证。南北朝至隋唐时期，北魏孝文帝颁发给宗室、亲近大臣的铁券是作为护身防家之用。南朝的宋齐梁陈四代，颁发铁券已较为普遍。隋唐以后，颁发铁券已成常制，凡开国元勋、中兴功臣以及少数民族首领皆赐给铁券，也给宠宦、宦官颁发铁券。到宋元明清时期，铁券的颁赐逐渐趋于完备。明代起就规定有整套制度，朝廷根据功臣、重臣爵位的高低分为7个等次，各依品级颁发给铁券，不得逾越"（历史上的皇帝免死金牌到底是什么？—搜狗问问，陈明仁，2009年9月11日）。其"始于汉高祖，后代沿之。原以丹书于铁板，故名。"（历史上的皇帝免死金牌到底是什么？—搜狗问问，陈明仁，2009年9月11日）南北朝以后，便具有了免罪免死的功用。西魏还"密赐予欲归附者，作为归附后享有特权的保证，并听世相传袭。唐朝在制度上作了明文规定。形制历代不一，后世基本上仿唐制。金朝铁券状如卷瓦，刻字画栏，以金填之，半予功臣，半留内府，以御宝为合。明洪武二年（1369）封功臣，因唐制有所损益，形亦如瓦，分七等。公二等，一高尺，广一尺六寸五分；一高九寸五分，广一尺六寸。侯三等，一高九寸，广一尺五寸五分；一高八寸五分，广一尺五寸；一高八寸，广一尺四寸五分。伯二等，一高七寸五分，广一尺三寸五分；一高六寸五分，广一尺二寸五分。外刻所赐功臣履历、恩数，中镌免罪，减禄之数。封号四等，佐太祖定天下者，曰开国辅运推诚；从成祖起兵者，曰奉天靖难推诚；余则为奉天翊运推诚和奉天翊卫推诚。武臣曰宣力武臣，文臣曰守正文臣。字嵌以金。凡九十七副，各分左右，左颁给功臣，右藏内府，有事则合之，以取信。洪武三年，赐铁券者公六人，侯二十八人；二十五年，改制铁券，又赐公及故公共八家。永乐初，靖难功臣亦有赐者。"（历史上的皇帝免死金牌到底是什么？—搜狗问问，陈明仁，2009年9月11日）《汉书·高帝纪》和《祭遵传》曰"丹书铁契"、"丹书铁券"。"程大昌《演繁露》云铁券壮如圆筒瓦形，铁质金字，两券合而为一整体，左券颁发给受券人保存，右券藏入皇家内府或宗庙内，遇到特殊情况，将两券合在一起，以检验真假，防止伪造。不过从现存最早的铁券来看，至唐代后期，铁券的分藏制度已有所改变，圆筒瓦形已为覆瓦状，不再对分收藏。"今天类似的凭证更多，上至国家领导，下至平民百姓，不同层次的人群中都有，如各种类型的"荣誉证书""奖励证书""结婚证书""独生子女证书"等。

版本，与是否被定为书，联系更为密切。如古代的一些文章，其"竹简本"或"木简本"则被视为书，而后来被抄录到以纸张为载体的文集里，一般的均被看作是文章。而今，国家领导人在一些会议上的讲话，在报刊上发表后被视为文章；若印刷成册，不论字数多少，载体大小，均称为书。

现当代，由于某种原因，对书与文章的定义，在一些行业悄悄地发生了变化。例如，在职称评审或博士论文或科研成果统计中，有一些单位就明文规定：文字须在10万字以上，才能称为书，参加职称评审；博士论文，须在10万字以上，才能称为论文；报纸上发表的论文，须在2000字以上，才能作为科研成果统计等等。

书与文章，通称著作。书，不能称作文章。可是，有些文章，可以称作书，尤其是字体较大的，不论字数多少，若形成了一定的体积，均称作书，从古至今，基本未变。如古代文字极少的《河图》、《洛书》与今天正式出版的10多万至数十万字的硕博论文等，就是如此。

书名的定义。书名，在有的场合也称"题名"，从概念上说，是"直接表明或隐喻、象征书中内容与特征，且使其个别化的名称，多分别排印于护封页面、封一页面、内封页面、版权页面的责任者之前与封四页面下方，有利于读者检索使用。"（《文山奇观》，叶守法，魏继岚，北京：群言出版社，2005年213页）书名，包括正书（题）名、丛书名、并列书名、合订书名、主书名、副书名、附加书名等。

正书（题）名，有时也称交替题名、主书名、正题名、合订题名等，即正书名包含交替题名、主书名、正题名、合订题名等书名。

丛书名，是给一组汇集两种及其以上各自独立又相互关联且以编号或不编号的方式抄写或编印出版的单本图书所起的总名。这种总书名，也被称作主书名、正书名、正题名、总题名等。也有一些丛书名中，还有丛抄或汇抄、丛刻、汇刻、丛译、类编、大全、大系、文库、全书、全集等名词。各种丛书中的单本书，均包含主、副两个含义不同的书名，即总书名与副书名。总书名一般冠于副书名之上，反之，副书名则多标于总书名之下，例如《小学生文库》等。称为丛书的，有的一套（部）丛书名，所含的副书名还特别多，例如丛书《四库全书》，便有3461个副书名。

并列书名，也称并列题名，是主书名或称正书名、正题名的另一语种的书名，即在题名页或代题名页上与正题名文字不同的书名，多出现于翻译的书籍之中，一般安排于原书名之后。

合订书名，也称集合题名，是由合订书形成的，将两种及以上的著作合订到一起，并将其各自的题名按合订顺序列于合订本之前或各种书之前的题名页或代题名页上所产生的书名。这类书，无总书名。

附加书名，也称附加题名，是指正书名页之外的其他书名页（也称"附加书名页"）上的书名。附加书名页上的书名，有的与正书名页上的书名相同，也有的不相同。

书名的数量，各有不同。有一些书，一种只有一个名字，例如《版本命名概论》《书海游记》《文山奇观》《网络时代的期刊采访》《高校图书馆读者服务新探》等等。也有一些书的名字不止一个甚至很多。例如：《庄子》，就有《南华真经》《南华经》等名；《列子》，也名《冲虚经》《冲虚真经》；汉朝淮南王刘安组织人员编撰的《鸿烈》，则有原名《内篇》，又名《内书》，别名《淮南子》，异名《刘安子》《淮南》《淮南书》《淮南内》《淮南记》《淮南内篇》《淮南内书》《淮南鸿烈》《淮南王书》等10多个。

一书多名的形成，从时间与原因上说，也很复杂。有一些是一个时期的某一个或几个因素形成的，例如《鸿烈》一书，在汉朝时期又被命名为《淮南》《淮南王》《淮南子》《刘安子》等；也有一些是多个时期或多个问题形成的，例如《三易》之书，王充云："列山氏之壬得河图，夏后因之，曰《连山》。归藏氏之壬得河图，殷人因之，曰《归藏》。伏羲氏之壬得河图，

周人，曰《周易》。"(《论衡·正说》)

  书名的字数，不同的时代，也不一样，即便是相同的时期，也有差异。然而，从发展史上看，因开始著书立说的人少，书名的字数也就少一些，后来的一些书名字数则逐渐增多。例如周秦的一些诸子之书与汉朝的书，1~2个字的比较多。例如《诗》《书》《礼》《乐》《易》和陆贾的《新语》、贾谊的《新书》、刘向的《新序》《说苑》等。此后至现当代，书名的字数，则以3个及以上的居多。例如《隋书经籍志》《新唐书艺文志》《旧唐书经籍志》《清史稿》《全国总书目》等所著录的新增书目，书名的字数在3个及以上的逐渐增多。

第一章

书的命名意义

书的命名,就是给书起名。纵观历史,有许多书,问世时并无书名,流传一段时间后,有的读者就给补上了名。为什么要给图书命名呢?或者说,书的命名有什么意义呢?

书的命名意义,在于书名是书的大门、读书的门径。通过此大门、门径,便可快捷地检索到书的全部内容。书名,也是书的窗户。透过这扇窗户,可以看到书的中心内容。例如地图出版社1972年2月编制出版的《世界地图册》,从书名便可看出中心内容是世界各个国家、地区的地图。书名,还是书的眉目、眼睛,有的显示慈善,如苏联的阿列克塞·马克西莫维奇·高尔基(1868~1936)撰写的长篇小说《母亲》;有的显示狰狞,如明朝康海的《中山狼》、元朝钟嗣成(约1279~约1360)的《录鬼簿》、比利时的乔治·西默农(Georges Simenon,1903~1989)的《圣福里安的吊死鬼》;有的显示凶恶,如西班牙费力克斯·洛贝·德·维加·卡尔皮奥(1562~1635)的《霸占草料的狗》;有的显示愤恨,如剧本《一箭仇》;有的显示怪异,如小说《黄河鬼棺》《神墓》《大罗金仙异界销魂》《古墓凶间》;有的令人喜悦,如唐朝的《一枝花》、长篇弹词《三笑姻缘》、清朝孔尚任的《桃花扇》、元朝王实甫的杂剧《四丞相歌舞丽春堂》《诗酒丽春园》、爱尔兰血统的法国籍的萨缪尔·贝克特(1906~1989)的《啊,美好的日子》、古罗马的提图斯·马克齐乌斯·普劳图斯(约公元前250~前184)的《一坛金子》、西班牙的费力克斯·洛贝·德·维加·卡尔皮奥(1562~1635)的剧本《哈辛托的牧歌》;有的看似悲伤,如中国首部地方志《越绝书》、元朝关汉卿的悲剧《窦娥冤》、中国首部新文学小说集《沉沦》;有的形象可怜,如元朝王实甫的杂

书的命名 >>>

剧《吕蒙正风雪破窑记》、《孝父母明达卖子》，荒诞派戏剧的创始人欧仁尤内斯库（1909~1994）的剧本《饥与渴》；有的显示温和，如《仪礼》、《周礼》、《礼记》、埃及的长篇小说《日子》、清朝李渔撰写的《闲情偶记》、中国首部比较完备的字典《说文解字》、孔子的《春秋》；有的流露恐怖，如推理悬疑小说《鬼吹灯》、科幻小说《凶宅猛鬼》、近现代徐枕亚的长篇哀情小说《玉梨魂》、明朝汤显祖（1550~1616）创作的剧本《还魂记》；有的蕴含智慧，如《三十六计》；有的彰显宏大，如三国魏朝邯郸淳的《笑林》、明朝宋应星的《天工开物》、中国卷数最多的一部写本式丛书《四库全书》；有的闪现具体，如社会推理小说的开山之作《点与线》、中国首部类书《皇览》、埃及的纳吉布·马哈福兹（1911~2006）的《宫间街》、《思宫街》、《甘露街》；有的让人感觉俊美，如剧本《庐山恋》、印度的杰耶辛格尔·普拉萨德（1889~1937）的短诗集《山泉》等等；它们不同的名字，给有相应喜好的用户以明白直观方便的选择。

　　书的命名意义，又与出书的目的紧密相连。因为书是给人看的，是传播作者思想的工具与载体。同一种书，若能有一个吸引人的名字，看的人就可能多一些，传播的就可能快一些，影响可能大一些。如《红楼梦》，因书名较为吸引人，于清朝乾隆年间出世时，就被人们争相传抄，"几于家置一集"；嘉庆时，更是"家家喜阅，处处争购"，有"开谈不说《红楼梦》，读尽诗书也枉然"之论。有资料表明，"1784年之后就有人刻印，刻本、抄本有流传到俄、日、英等国；1791、1792、1832年等有大批量排印；仅1953年12月，人民文学出版社一次就印284万册，读者需求量惊人；现已有日、法、德、意、英等50多种外文与译文在世界各国流行"。这些便是得益于书名。

　　书的命名，是非常必要的。因为它与书的作用有很大关联。宋真宗赵恒御笔亲作的《劝学诗》说："富家不用买良田，书中自有千钟粟。安居不用架高堂，书中自有黄金屋。出门无车毋须恨，书中有马多如簇。娶妻无媒毋须恨，书中有女颜如玉。男儿欲遂平生志，勤向窗前读六经。"现代著名学者于鸣镝先生说："书是知识的结晶、文明的象征、护身的宝鉴、心灵的明灯、道德的典范、邪恶的克星、旅途的伴侣、孤独的亲朋。书能给家庭增加温暖，能使病人减少苦疼，是青年的益师良友、老人的保健医生。书对学者忠贞不二，对思者唯命是听。书召之能来，有求必应。书有问必答，尽其所能。书能驱走黑暗，可迎来光明。书能授业解惑，可传道启蒙。书力大无比，可化

8

险为夷。书聪明绝伦，能转败为胜。书是造就人才的幸福摇篮，因而功垂千古。书是继往开来的万有宝库，所以价值连城。"也有人说书是知识的载体、知识的源泉、人类进步的阶梯、人类的营养品。这些，显然都是从书的整体角度表述的。然而，从个体角度上看，各种书的主要功能，又各有不同，有些差异还很大，还有一些则是完全不同；有一些书，可能只具有一种功能；也有一些书，可能有多种功能。但是，绝对没有任何一种书，能具有书的全部功能。对于每一个人或社会团体而言，由于所处的环境、要做的工作等方面的不同，所需的知识与书籍的种类也就不一样。所以说，书如果没有名，在查找使用上，将会乱成一团。具体地说，书的命名主要有以下意义。

1 有利于书的生产、销售、采集

从历史上看，书的命名，多数是依照书的中心内容起名的。所以，对于一般书籍来说，只要能了解到书名，就能判断出书的主要内容。书的生产销售、采集，主要是依靠书名，即生产销售单位首先把书名目录，推向市场，让人们先通过书名目录，来了解书的生产单位有哪些书，从中选择自己所需的，然后再同生产销售单位联系采集。这样做，生产、销售、采购各方都省时、省力，也避免了重复、浪费。若无书名，生产单位销售，则要把全部书籍推到市场上，让人们一本一本、一页一页地去翻阅查看，翻到所需要的，才能采集，有关单位、人员都费时费力。

书的生产、销售、采购，出现的时间较早。从现存的资料与考古挖掘出的实物上看，至迟在周朝以前就可能开始了。如老子这位中国古代的思想家，周朝时，任守藏史，即相当于现代的图书馆长。这一时期的国家藏书室里，不仅有周朝以前"三皇五帝之书"，而且还有与各国交往的文书。这些显然是书的生产、销售、采集的结果。《春秋公羊传·隐公第一》（徐彦疏）说："昔孔子受端门之命，制春秋之义，使子夏等十四人求《周史记》，得百二十国宝书。"孔子（前551～前479，名丘，字仲尼，春秋末期思想家、政治家、教育家，儒学学派的创始人，鲁国陬邑——今山东曲阜东南人）在整理旧籍，仍需要大量参考资料时，子路等建议孔子问礼于老聃。"孔子谓老聃曰：'丘治《诗》、《书》、《礼》、《乐》、《易》、《春秋》六经，自以为久矣'……"（《庄子·天道》）。孔子的请求，得到老聃的回应。《史通·六家》说："《尚书》家者，其先出于太古。《易》曰：'河出图，洛出书，圣人则之。'故知

书的命名 >>>

书之所起远矣。至孔子观书于周室，得虞、夏、商、周四代之典，乃删其善者，定为《尚书》百篇。"《汉书·艺文志》说，孔子在整理《诗》时，"纯取周诗。上采殷，下取鲁。凡三百零五篇"等。表明周王室采书之丰富，已经到了令人惊叹的程度。到公元前213年，为了消除学派之争，秦始皇采纳李斯的建议，"下令将医药、卜筮、种树、法之外的《诗》、《书》、百家语、非秦记之书，尽皆烧之"。《史记·秦始皇本纪》说："令下三十日不烧，黥为城旦。"《家语》说："孔腾子襄，畏秦法峻急，藏《尚书》、《论语》、《孝经》于夫子堂壁中。"《尚书正义》卷一说："至鲁共王，好治宫室。坏孔子旧宅，以广其居，于壁中得先人所藏文，虞、夏、商、周之书及传。"说明，到了秦王朝，私人生产销售、采集书籍的现象，已经随处可见。汉惠帝执政后，解除私人采集书籍禁令。从汉武帝开始，号召臣民献书，鼓励各地将藏书上送朝廷。至汉成帝时，朝廷不仅汇集了历代收藏的图书，而且又从民间采集到"堆积如山"的书籍。西汉末年，出现了类似今天图书买卖市场的"书肆"。之后的各个朝代，书的生产、采集力度不断加大，书的命名，在其中起到了关键性的作用。

2 有利于书的分类、存储、保管

由于书的巨大作用，决定了有关单位和个人必须千方百计地去分类、存储、保管它，以备检索、使用。而随着历史与科学文化技术知识的发展，书的种类也越分越细，书的数量也越积越多。目前，一些图书馆藏书，就已从初建时的几十册或几百册，发展到数千万种、上亿册。如美国国会图书馆，1800年4月24日成立，当时只有"740本书和30张地图"，现已达到"馆藏3000万种"、"1亿2800万册"图书，"图书馆书架的总长超过800公里"，若无图书名，将很难分类，也无法去系统地存储、保管，各种图书的相互区分也很难进行，聚集在一起将混乱如麻。历史实践表明，有了书名，书的分类、存储就方便多了。

人类有意识地分类、存储、保管书籍，起于何时，现在还难以确定。但是，从出土的实物上看，还是比较早的。"1936年，中央研究院在河南安阳小屯村北YH127号元坑中，挖掘出17088个龟片。1973年，考古工作者，又在该村南部的农田里，挖掘出7000多片卜骨与卜甲，有刻辞的达4800片。其中64个窖穴中出土卜用甲骨4795片，刻有卜辞的为2836片。"(《文物考古工作三十年》，文物编辑委员会，北京：文物出版社1979年出版276页）这些骨片中，不仅有商朝的，还有商朝以前的；不仅有一个朝代的甲骨存储于一个窖穴的，也还有几个朝代的甲骨集中于一个窖穴的；不仅有王室所用的卜骨，还有王室以外各地的卜骨；不仅刻有占卜的人的名字，还刻有管理人员"卜官的名字"。仅此，就足以说明当时的人们已经有意识地将书籍集中到一个地方或几个地点进行专门存储保管，并指派专人从事此项事务，也表明作为个人或集体、国家，有意识地存储书籍，在时间上不会迟于商朝。进入周朝，出现了老子任守藏室之史的职务，说明集体书籍的存储已有专人负责。同时，也出现了私人存储书籍的现象，如上所述的孔子及其弟子等。到了秦朝，藏书室与管理人员大幅度增加，书籍实行分类存储、法制化管理。司马贞《索隐》称，秦王朝的"石室、金匮皆国家藏书之所"。当时书的正副本，还分开存储，按规定管理。如秦律令，正本藏中央禁室，有擅发、偷视以至削禁令一字者，判为死罪。副本，则存宫廷中，由少府派人管理，随时提供给一些官员查阅。丞相府等处，也有副本，供民间的人员查阅。与此同时，从秦朝的毁书令与焚书坑儒中，也可看出，这一时期的私藏人数，也有大幅度的增加。汉朝，国家与个人的藏书，已十分可观，这一点不但从多位王侯墓葬挖掘出来大量的简策、帛书等图籍，可以充分说明，而且《史记》也有记载。萧何跟随汉高祖刘邦入咸阳城，将秦宫的书籍全部集收；汉武帝执政后，广开献书之路，百年之间，书积如山；汉成帝即位后，于河平三年（前26），使陈农搜集天下遗书，令光禄大夫刘向（54岁）校经传、诸子、诗赋，步兵校尉任宏校兵书，太史令尹咸校数术，侍医李柱国校方技；每一种书校订结束后，刘向便将书名篇目、中心思想辑录成文向皇帝汇报。刘向去世后，其子刘歆依照哀帝之令继承父业，并把各种书籍划分成辑略、六艺略、诸子略、诗赋略、兵书略、术数略、方技略7大类、38小类。

　　之后的各个朝代，对书籍分类、存储、保管的重视程度不断加强，各级政府、各个行业、各个单位或部门或个人，都针对自己的需要，陆续存储一些书籍。有些存储的图书量还很大。如："魏朝的王修家藏书达到数百万卷，王弼家藏近万卷。两晋的张华，家藏30乘。南北朝的谢弘微、刘善明、沈麟士等，都是名藏家，有的家藏书在万卷以上。"（《书海游记》，叶守法，北京中国文史出版社，2002年出版3页）"隋朝的许善心、明克让、陆爽、张琚等，家中藏书都很丰富，均成了藏书家。"（《书海游记》，叶守法，北京中国

书的命名 >>>

文史出版社，2002年出版3页）《新唐书·苏弁传》说，苏弁家"聚书2万卷"。《新唐书·王涯传》说，王涯"家书多与秘府侔"。《新唐书·韦述传》说，韦述家"聚书2万卷"。《新唐书·张弘靖传》说，张弘靖"家聚书画，侔秘府"。《宋史》说，赵州的宋敏求家藏书3万卷，王钦臣家藏书4万3千卷（不含卷帙浩繁的《太平广记》之类的书），江南人江正家藏书数万卷；宋朝尤袤（1127~1194，字延之，自号遂初居士，无锡人，绍兴十八年进士，曾任秘书丞、礼部尚书）个人的"遂初堂"（在九龙山——今无锡惠山下），藏书3000多种（袤编辑的《遂初堂书目》）；司马光、王溥、李昉、李淑、刘恕、晁说之等人藏书也都极有名望。元朝人，藏书量更大些；"松江人庄肃藏书8万卷，经史子集诸书皆备；奉元人周恕，藏书达数万卷；华亭人孙道明、无锡人倪瓒、蒙古人阔里古期等藏书都很多。"（《书海游记》，叶守法，北京：中国文史出版社2002年出版3页）明宣宗时，"秘阁储书近百万卷"（《明史·艺文志》）。明朝私人藏书，更多些；胡应麟家藏书4万多卷，兵部右侍郎范钦家藏书7万多卷，毛晋等有些藏书家，采书达8万卷以上。清代的一些藏书家，采书多达10万卷至20万卷，有的达到60万卷等；国家藏书也很可观，仅乾隆年间编辑的一部《四库全书》，认真翻阅严格审查的图书，就达1万多种、100多万册（卷），使用纳入《四库全书》的近8万册（卷）、形成的书名目录200卷，未入《四库全书》而辑录了书名的9万多册（卷）。现代的图书馆，藏书更多，数百万，乃至数千万的已不止一个。有的国家图书馆还更多，如美国国会图书馆藏书达1亿多册（件）。苏联在未解体之前，图书馆已经遍布各个乡村街道等。这也是它们科技领先的一个重要原因。现当代的藏书个人数量，比历史上的任何时候都多。这些，主要归功于书名，否则，发展的速度，可能很慢，甚至还停留在数百年或上千年前。

3　便于检索、使用

生产、采集、分类、存储、保管书籍的最终目的，是为了使用。但是，书籍的使用，有一个是否方便的问题。尤其是到那些搜集存储比较齐全、有数以万计的图书的单位去检索，没有书名或不知道书名，想找到所需要的图书，犹如大海捞针，比登天还难。若有书名，则易如反掌，很快便能找到。特别是现在的一些信息资源，已经网络化，只要上网，输入书名，利用一种搜索引擎去查，即刻便能了解到所需书籍在哪些单位，极易联系使用。

12

4 有利于口头传播

书的内容传播方式很多，口头传播是其中的一种，而且是较为重要的一种。实践表明，当有人口头讲述某一部（本）书的内容时，必然要说出书名；否则，听者无法记清是哪一部（本）书，也难以进行再传播；尤其是当代，各种书浩如烟海，每天又有大量的新书出现，若无书名，口头传播的困难程度将无法想象。

5 有利于减少著书立说上的重复劳动

著书立说，是一种脑力与体力相结合的劳动创作。这种创作，就是把自己的思想、观点、见解写出来，公之于世，让他人从中吸取教益。然而，大量事实表明，在有些问题上，不少人的想法都基本上是一致的，当有些人提笔或已写好准备向世人表白时，有的人已经出版此问题的书籍了。这时，如果通过有关的途径看到或听到了出版此问题的书名，就会立即终止相关行动，进而消除或减少有关方面的无效劳动。

第二章

书的命名依据

不同的书，具有各自不同的特点。内容相同的书，因问世的时间或地点、被传播使用的人理解等方面的不同，其特征、特性、特点也不会一样。例如《易》，"夏曰《连山》，其卦以纯《艮》为首，《艮》为山，山上山下，是名《连山》。云气出内于山，故名《易》为《连山》。商曰《归藏》，以纯《坤》为首，《坤》为地，万物莫不归而藏于中，故名为《归藏》。周曰《周易》，以纯《乾》为首，《乾》为天，天能周匝于四时，故名《易》为周也。太簇为人统，寅为人正。夏以十三月为正，人统，人无为卦首之理，《艮》渐正月，故以《艮》为首。林钟为地统，未之冲丑，故为地正，商以十二月为正，地统，故以《坤》为首。黄钟为天统，子为天正，周以十一月为正，天统，故以《乾》为首。此本出唐贾公彦《周礼正义》之说，予整齐而纪之。所谓十三月者，承十二月而言，即正月耳。后汉陈宠论之甚详。本出《尚书大传》"（《容斋续笔》第十六，宋朝洪迈）。书的命名就是依据各自不同的特点进行的。书的不同特征、特性、特点，大体上可以分为责任者的有关信息、书的内容、书的产地、书的问世时间、书的存储地点五大类。

第一节 以责任者的有关信息为依据

责任者，是指承担了书的内容的讲、记、撰、著、作、绘、摄、书、写、篆、刻、译、修、纂、辑、编、校、注、撰写、修纂、节录、节译、编纂、编著、编译、译述、编修、编辑、主编、改编、移植、缩写、执笔、报告、搜集、整理、注解、注释、释评、句读、标点、制定、编制、提出、通过等任务的团体或个人。有关信息，是指不同种类的书籍的责任者，在姓氏或名号、出生年代、出生地、居住地、祖籍、字号、别号、别名、又名、本名、尊称、敬称、美称、封号、谥号、官职、官衔、堂名、斋名、轩名、亭名、庵名、任职地、任职单位或部门名、所处的时代等方面的独特信息。历史文献记录的事实规律表明，在这些信息点中，一些书的作者，在1个或2个，甚至多个点上，有相同的，但是，绝没有全部的信息均是一样的。有一些书的命名，依据的就是这些信息。例如《鬻子》、《管子》、《晏子》等，书名中的"子"，形成于古代，是人们对美男子、"家臣"对"奴隶主贵族"、"学生对老师"的"敬称"或"尊称"，对男子的"美称"，后又演变成长辈对晚辈之称与男子的"自称"、同辈之间的"互称"、男子的"通称"等；从字面上看，它们只有百分之五十的信息点是相同的，余下的均各不相同，给有关书的命名提供了可以操作的巨大空间。

第二节　以书的内容为依据

各种书的内容，没有完全一样的。从类别上看，可以分为小说、诗歌、戏曲、电影、天文、地理、数学、物理、化学、生物、体育等等。也有不少的书，属于同一个类别。然而，即便是同一类别的书，内容也不会完全相同。例如字书，它包括字典，专门解释字的读音、形体、意义与用法的书，属诠释性工具书的一种，其各书内容都有不同之处。中国的字书，最早形成于周朝，问世的书名为《史籀篇》。到了秦朝，又出现了《仓颉篇》、《爰历篇》与《博学篇》。汉朝之初有人把秦朝的3部字书合并为《仓颉篇》。之后还出现了司马相如的《凡将篇》、史游的《急就篇》。这些书虽然对汉字都作了有序的编排，读音与用法上也作了具体的规定，但是，都类似"儿童的启蒙读物或识字课本"，内容也各有特色。东汉许慎的《说文解字》15篇，收字9353个，以字的形体及偏旁结构，分成540部，编排有序而系统；首创汉字部首排检法，提出"六书"之说，以分析字形为本，进而释义，是中国第一部具有完整意义的分析字形考究字源的字书。在这以后新的字书不断出现，较为出名的有晋朝吕忱的《字林》，南朝顾野王的《玉篇》，唐朝颜元孙的

书的命名 >>>

《干禄字书》，宋朝李从周的《字通》、司马光等人的15篇45卷《类编》，辽代释行均的《龙龛手鉴》，明朝梅膺祚的12集14卷《字彙》、张自烈的《正字通》，清朝张玉书等人著的《康熙字典》。清末民国初年，欧阳溥存等人著《中华大词典》，此后，《国语新字典》、《国语正音字典》、《实用学生字典》、《实用大字典》等相继问世。中华人民共和国成立以后，《学文化字典》、《学生字典》、《新华字典》等字书大量涌现。此外，中国古代还出现了不少的专科字书，如唐朝陆德明的《经典释文》、清朝阮元主编的《经籍籑诂》等。古代字书，讲究文字训诂，但是，对汉字的读音、形体、意义的注解各有不同，有的字书以解说字形为主，如《说文解字》；也有的则以注字音为主，如《广韵》；还有的偏重于字义的解释，如《经籍籑诂》等。近代的字典，将字的读音、形体、意义逐渐放到平等位置进行注解。当代的字书体例一般为：每一字头之下，先注明读音，后解释字的意义及用法，再征引例句说明，若字音、字义不止一个的，则分别列出。字书的类型较多，有形体字书，如《甲骨文编》《四体大字典》等；也有辨证字书，如《难字表》、《汉字正字小字汇》等；还有古代字书，如《说文解字》、《字汇》等；又有普通字书，如《中华大字典》、《新华字典》等等。这些分类表明，不同类书的内容不可能完全一样，每一种或每一类字书，都不可能解决字的所有问题。所以，有了字的问题，首先应该分析使用哪一种或哪一类字书能解决得最快捷。各种字书的功能表明，常用字的音、义、形问题，小型字书就可以解决，查检既方便又省力，如"己"与"已"的形、音、义确认，查小型字书《汉语常用字典》或《新华字典》等即可知道；对古字、冷僻字，则要使用相应的中、大型字书才行；远古时期的汉字问题，可查《说文解字》、《经典释文》、《字汇》、《正字通》等字典；古代字形，可查《甲骨文编》、《金文编及续编》、《四体大字典》等；查字的音韵，可找《广韵》、《集韵》、《洪武正韵》、《佩文诗韵》、《汉语诗韵》等更便捷。以此可见，不少书的命名，依据的就是与他书不相同的内容。

第三节 以书的产地为依据

就书的总体而言，其产地不在一处。不论是过去的手抄本，还是近现代的版印本，均是如此。例如中国国家图书馆收藏的书，既有北京的，也有全国各地的，还有苏联、美国、英国、日本、法国、朝鲜等外国的。就个体来说，有的一种书的中文本与外文本，也有可能不在同一个地点出版。不同的产地，其特点则各有不同。因此，不少的人就以产地为书取名。如《八千卷楼书目》。八千卷楼，是清朝杭州丁国典的藏书楼的名称，为丁国典仰慕远祖丁顗（宋朝初年的藏书家，祖先恩州清河——今属河北，后唐时期，被契丹占领，迁居祥符——今河南开封）收藏图书八千卷而起此名。丁国典之孙丁丙（1832~1899，藏书家，字松生，号松存，著有《善本书室藏书志》、《武林掌故丛编》、《武林往哲遗著》等）以其所增收书的数量与对书分类存放情况，又立"后八千卷楼""小八千卷楼""善本书室"；1907年江南图书馆成立时作为馆藏基础将书予以收购，后藏入南京图书馆。《八千卷楼书目》为丁丙之子立中辑撰。许多书的命名，依据的都是各自的产地。

第四节 以书的问世时间为依据

不同的书，问世的时间各有不同。有些书是古代产生的，也有一些书是近代或现当代问世的。毫无疑问，这些书，都带有各自产生时间方面的特点，是书命名的一种依据。如，某种古书，在当时，可能名为《×××》，因没标点，而今天不加标点或予以标点重新出版，便可能给原书再起一个名字，叫《古本×××》或《标点本×××》或称《今本×××》。即原书内容形态均未变，仅时代变了，按原文或多了标点，就多了一个名称或者说改变了称谓，形成了不同的时代，有不同的称呼或名称、名字。再如，"《汉书·艺文志》著录的书，书名往往与今本不同，也与六朝、唐人所见本不同，甚至与《七略》、《别录》所著录的也不同。究其原因，如果是周秦之书，则大多由于一书所传之本多寡不一，编次者也不一，所以原本常有数名，而《汉书·艺文志》乃斟酌义例，只著录其一种书名；如果是汉人著述，虽然已自题书名，而刘向、班固因拘于全书著录之例，有时便弃其本名不用，另题书名。"(《古典文献的体例》，郭英德）比如《七略》有："《子夏易传》，刘向云：韩氏婴也"（详见《唐会要》卷77司马贞引王俭《七志》）。"而班固因诸家《易传》凡知晓作者的皆题某氏，欲使先后一致，于是在《汉书·艺文志》中著录为《韩氏易传》。宋翔凤《过庭录》卷1据《汉书·儒林传》，考知韩婴之孙名商，认为子夏当是韩商之字，因商对韩婴之传有所附益，其弟子题其亲师，所以名为《子夏易传》。后人不知体例，多所辩议，反而弥失其真。又如《战国策》本非一书，原有《国策》、《国事》、《短长》、《事语》、《长书》、《修书》等名称，刘向校书，合为一编，定名为《战国策》，流传至今"（《古典文献的体例》，郭英德）。很多书的命名，依据就是各不相同的时间。

第五节　以书的存储地点为依据

存储地点，是指书的收藏地区、地点、楼房、馆舍等。不论过去，还是现在，世界各地书的收藏地区、地点、楼房、馆舍等，都多如牛毛，难以尽数。而不同的存储地点，其特性也各不一样。有些就将书的存储地点作为新产生的书名。如《十万卷楼丛书》，一部丛书名，分3编，收书52种，内容为少见流传的唐、宋、元三个朝代的文人的笔记、医书等著作。搜辑者为清朝光绪年间的藏书家陆心源（1834～1894），字刚普，号存斋、潜园老人，浙江吴兴人，咸丰年间举人，光绪年间官至福建盐运使，著作有《潜园总集》，藏书有皕宋楼（藏宋、元两朝的刻本与名人手抄本）、守先阁（藏明、清两朝的刻本）、十万卷楼（藏普通书）三处。

第六节　以其他特征为依据

书的特征，笼统地说，就是书的固有特点。把它们放到相应的时代（朝代、年代、古代、近代、现代、当代等）、地区（乡、镇、县、市、省等）、国家，又会形成相应的时代、地区、国家之特点。因此说，每种书，不仅具有一般书籍所呈现的特点，而且自身还可能具有一个或多个与众不同的特点。书的不同名称，就是依据这些不同的特点进行命名的。在实际的命名中，有些是依据书的一种特点进行命名，也有些书是依据多种特点命名的。命名基本要求是，名字要与其某一特点相符，即名副其实。

第三章

书的命名产生、发展、变化

书的命名，同一般的事物一样，也有一个产生、成熟、发展、变化的过程。现将有关情况予以分述。

第一节 书的命名产生

书的命名，源于书的产生。传说"距今一万四千八百年时"（关于远古神话的历史来源，且听风吼，2006年12月18日于豆丁网），"燧人弇兹氏"（关于远古神话的历史来源，且听风吼，2006年12月18日于豆丁网）青鸟部的大酋长"柯约耶劳"（关于远古神话的历史来源，且听风吼，2006年12月18日于豆丁网）创造刻画的"《河图》"（关于远古神话的历史来源，且听风吼，2006年12月18日于豆丁网），"燧人弇兹氏"须女部大酋长"柯诺耶劳"（关于远古神话的历史来源，且听风吼，2006年12月18日于豆丁网）在观察北斗九星时"创"制刻画的"《洛书》"（关于远古神话的历史来源，且听风吼，2006年12月18日于豆丁网）。《河图》，又称《星系轮布图》，"该图由象征阴阳的二十个图形符号构成，内涵极深，被学术界公认为是易学、玄学、术学等多学科之先"（关于远古神话的历史来源，且听风吼，2006年12月18日于豆丁网），是人类早期的图形文字书。《洛书》，为"星象历"，是人类早期的图书。《河图》、《洛书》，"最早记录在《尚书》之中，后入《易传》，诸子百家也多有记述，太极、八卦、周易、六甲、九星、风水等皆源自此"（河图洛书为什么会成为中华文明的起源？作者pcc12377于2006

年6月25日发表于豆丁网），被有些学者视作"中华文化、阴阳五行术数之源"（河图洛书为什么会成为中华文明的起源？作者pcc12377于2006年6月25日发表于豆丁网）。1987年6月，在安徽含山县长岗乡凌家滩村一处原始社会末期的墓葬中发现的一块玉版图片和一只玉龟上的图形纹饰，与文献记载中的"河图洛书图"吻合，说明《洛书》、《河图》的传说并非空穴来风。这一事例说明，早期独立行世的成篇的图形纹饰，不称"篇"，而是称之为书。但是，《洛书》、《河图》之名，是否起于"创制刻画"之时，目前还很难断言。经有关专家考证，有书名较早的是内容为"八卦"的《易》，在夏朝就被称名为《连山》，到商朝改名为《归藏》，入周朝变名为《周易》。

第二节　书的命名发展

《史记》、《汉书·艺文志》记载，商周时期，不仅产生了许多成篇独立行世的图形纹饰，还出现了许多成篇独立行世的文字。如"汤相伊尹"著"五十一篇"、"周师尚父吕望"著"二百三七十篇"、"纣臣辛甲"著"二十九篇"、"周师鬻熊"著"二十二篇"、"周臣尹佚"著"二篇"、"周宣王太史史籀"著"十五篇"等。这些事例说明，此时，书的概念已经扩展到了单独行世的成篇的文字。换言之，在这一时期，书的命名从起初的图形纹饰扩展到了单独行世的成篇的文字，即将单独行世的成篇的文字也作为书来看待，并予以命名，且将书称名为"篇"。周末秦初之际，有一些人，陆续将单独行世的成篇的文字，按作者或文字所表述的内容进行分类集结到一起，冠以总名，传向社会。如《论语》（文20篇，11000多字，孔子的语录，也有一些是对孔子弟子言行的记录，是孔子的弟子及其再传弟子对孔子言行的追记，一部优秀的语录体散文集）、《列子》（由列寇的《天瑞》、《黄帝》、《周穆王》、《仲尼》、《汤问》、《力命》、《杨朱》、《说符》等篇文汇集而成，其门徒编定）、《庄子》（是《逍遥游》、《齐物论》、《养生主》、《人间世》、《德充符》、《大宗师》、《应帝王》、《骈拇》、《马蹄》、《胠箧》、《在宥》、《天地》、《天道》、《天运》、《刻意》、《缮性》、《秋水》、《至乐》、《达生》、《山木》、《田子方》、《知北游》、《庚桑楚》、《徐无鬼》、《则阳》、《外物》、《寓言》、《让王》、《盗跖》、《说剑》《渔父》、《列御寇》等庄周之文的集合体，鲁迅评价说:"庄子一生著书十余万言,大抵寓言,人物土地皆空无事实,而其文则汪洋捭阖,仪态万方,晚周诸子之作,莫能先也。")、《孟子》(是孟轲的《梁惠王》、《公孙丑》、《滕文公》、《离娄》、《万章》、《告子》、《尽心》篇文汇集而成,由孟轲的门徒编定)等,表明了书的概念又进一步地拓展到篇文的组合体,内含的文图数量急剧增加。到了汉朝的刘向刘歆父子等人为国家整理藏书时,便大量地将前人单篇行世文章进行分类汇集,并冠以总名。例如《汉书·艺文志》记载汇集春秋以前的"伊尹《伊尹》('五十一篇。汤相')、吕望《太公》('二百三七十篇。吕望为周师尚父,本有道者。或有近世又以为太公术者所增加也')、辛甲《辛甲》('二十九篇。纣臣,七十五谏而去,周封之')、鬻熊《鬻子》('二十二篇。名熊,为周师,自文王以下问焉,周封为楚祖')、尹佚《尹佚》('二篇。周臣,在成、康时也')、《史籀》('十五篇。周宣王太史所作。周宣王姬静于前827年至前782年在位')"、春秋时期的"管仲《管子》、由余《由余》(由余为秦穆公大夫,秦穆公于前659年至前621年在位)、先轸《孙轸》(先轸死于前627年)、常从《常从日月星气》(常从为老子之师)、李耳《道德经》(李耳即老子,为孔子老师之一)、尹喜《关尹子》(尹喜强迫老子写下《道德经》)、《公孙段》(公孙段死于前535年)、师旷《师旷》(师旷为晋平公乐师,晋平公于前557年至前532年在位)、孙武《孙子兵法》(此书成于前515年至前512年之间)、邓析《邓析子》(死于前501年)、晏婴《晏子春秋》(死于前500年)、田穰苴《司马穰苴兵法》(田穰苴死于齐景公之前。齐景公姜杵臼死于前490年)、苌弘《苌弘》(苌弘死于前492年)、鲍子《鲍子兵法》(鲍子死于前487年)、伍员《五子胥》、《水战兵法》、《盖庐》(伍员死于前484年)、孔丘《春秋》(孔丘死于前479年)、程本《子华子》(程本与孔子同时)、老莱子《老莱子》(老莱子与孔子同时)、芈胜《公胜子》(芈胜死于前479年)、宓不齐《宓子》(宓不齐生于前522年)、司星子韦《宋司星子韦》(司星子韦为宋景公之臣,宋景公于前516年至前469年在位)、蜎渊《蜎子》(蜎渊为老子弟子)、辛文子《文子》(文子为老子弟子)、亢仓子《亢仓子》(亢仓子为老子弟子)、文种《大夫种》(文种死于前472年)、范蠡《范蠡》(范蠡与文种一起消灭吴国)、曾参《曾子》(曾参为孔子弟子,生于前506年)、秦越人《扁鹊内经》、《难经》(秦越人即扁鹊,与赵简子同时,赵简子死于前475年)"等,将书的命名不断地向前推进。

21

第三节　书的命名变化

　　书的命名变化，与书的概念变化有直接的关系。它伴随着书的称呼的不同而变化。在汉朝，不仅有不少的文人继续将独立行世的单篇文字或独立行世单篇文字的汇集之作称为书。同时，也有的学者从载体上，对书进行了更进一步的界定，如东汉时期许慎的《说文解字·序》说："箸于竹帛谓之书。"即是说，凡是著录于竹帛之上的文字，不论篇幅大小、文字多少，都可称为书。这就将书的概念又扩展了一大步。但是，汉朝时期出现了纸，为文图提供了新的载体，使文图相同的纸载体篇文，比竹简等更轻便、体积更小。因此，有一些人，则把一些篇幅短、体积小的文图，称之为"篇"、"言"。如《史记》卷63《韩非列传》说："作《孤愤》、《五蠹》、《内外储》、《说林》、《说难》，十余万言。"《汉书》卷56《董仲舒传》说："仲舒所著，皆明经术之意，及上疏条教，凡百二十三篇。而说《春秋》事得失，《闻举》、《玉杯》、《繁露》、《清明》、《竹林》之属，复数十篇，十余万言，皆传于后世。"又如《史记》卷63《老子传》说"于是老子乃著书上下篇，言道德之事五千言而去"；卷《孟子荀卿传》说"荀卿于是推儒、墨、道德之行事兴坏，序列著数万言而卒"。《汉书》卷48《贾谊传》说"凡所著述五十八篇"；卷66《公孙贺传》说"贺祖父昆邪……著书十余篇"等，都只叙某人著书若干篇若干言，而不说所著为何书名，且给独立成篇的文图，进行了单独的命名行世。这种现象，进入20世纪之后，越来越明显，还普遍地改了称呼，即对一些篇幅短、体积小的文图，则直呼《×××》"文章"或《×××》"图画"。不仅如此，在现当代，即便是数十万言的小说或长篇大论，若不集中出版，而分载于有关报刊上，也同样被称为《×××》文章，则不称为《×××》书，尤其是发表到网络上，而未用纸载体出版的，即便是一次发表，也被通称为文章，并在政府或相关的组织团体对书与文章的统计中，列入文章的范畴里。

第四章

书的命名责任者

从历史上看，不同的书，命名的责任者各有不同。还有一些书，即便是同一作者的，命名的责任者也不一样。这样的事例，无论是在古代或现代的书中，都随处可见。书的命名责任者，可以大致分为政府部门、事业单位、社会团体、个人四大类。

1 个人

这里的个人，是指作者、作者的门徒、作者的亲友、口述者、后来的学者。从整体上看，自古至今为书命名的，个人居多。

1.1 作者

由作者为书起名，现当代的比较多。古代也有。如古代的诸子之文，就有部分成于作者亲手撰写，"往往一意相承，自具首尾，文成之后，或取篇中旨意，标为题目"（余嘉锡《古书通例》卷1《案著录第一》）。而由作者自命书名，起于何时，目前还无法确定。但是，已有资料表明，时间已经很久了。有的学者说，"古书自六经官书以外，时代最早并有据可查的书名，是《论语》。"（《古典文献的体例，郭英德》）《礼记·坊记》已引《论语》说："三年无改于父之道，可谓孝矣。"（《礼记正义》卷51）"这是因为《论语》在孔子门人论纂之时，已编次成书，故题《论语》以为书名。"（《古典文献的体例，郭英德》）《论语》之后，作者自己命名便不断出现，如汉宣帝时桓宽的《盐铁论》，西汉末期的刘向、扬雄所序之书（详见《汉书·艺文志》）等。"汉魏以后，学者著书，无不自撰书名，但所做文章，却大多不自编次，后人搜集编定，即以人名为书名。"（《古典文献的体例，郭英德》）

1.2 口述者

口述者命名，是指内容经口述者讲述，其他人记录、撰写、整理后，再由口述者确定的书名。口述者命名的书，大致可以分为三类：一类是口述者由于某种原因，只口述了书的大纲，内容全由他人撰写；第二类是仅口述了书的中心思想；第三类是口述了书的全部内容，记录者再参考有关著作体例，进行文字上的修改加工编排合成。前两类，近现代的较多，且多为国家的领导人在一些大型会议上的长篇讲稿，会后再由写作班子继续整理修改出版。需要说明的是，前两类命名的书中，也有些口述者，是不作为作者在书中出现的。如《新语》，是汉朝陆贾（约前240~前170）在刘邦以武力得天下后，劝其要读史书，以仁义治国时，刘邦要求陆贾将劝说语细写成书，并口述了书的中心思想——"试为我著秦所以失天下，我所以得之者的原因，包括自古以来的成败之得失的原因"，再由陆贾撰写而形成的。后来，刘邦将此书命名为《新语》，就没将自己列为作者。后一类，多为不识字或识字不多的平民百姓。但是，也有著名学者。如有"洋翰林"之称的中国法学大家程树德（1877~1944），在从政、教学之余，夜以继日地自撰400余万字的多部著作后，积劳成疾，于1933年患血管硬化症，病况不断恶化，最终瘫痪，"目难睁不能视，手颤抖不能书"，便自己口述，由亲戚笔录，至1942年历时九载，著成《论语集释》40卷。

由口述者确定书名的，可能始于吕不韦的《吕氏春秋》（详见《史记》卷85《吕不韦列传》）。之后，时有出现。如汉朝初年的淮南王刘安组织门下宾客方术之士编撰的各种书等。近现代出现得多些，主要表现在说唱文学类的书籍上，有的一人说唱达数10种书。如"现年81岁的桑珠"，说唱的书就达65部，"目前已经录制46部共2500小时的磁带"，出版了《天界》、《岭国形成》、《果岭》、《查瓦绒箭宗》、《诞生》、《赛马登位》、《木雅黄金宗》、《年曲木绒粮食宗》、《北魔鲁赞》、《北方鲁赤马宗》（上、下部）等10多部，余下的，国家将陆续组织人员继续整理全部出版。当然，也不是所有的说唱书都是口述者讲述，他人记录整理，再由著述者确定书名的，也有一些是口述者讲述后，再撰写命名的。如《玉如意》，是清朝泰兴市蒋华镇的严振先（16岁补贡生，乾隆六十年考取进士，历任吏部主事、员外郎等职），自幼丧父，孝顺母亲，在获取功名后，携母乘船赴京就职，"途中因为怕母亲寂寞，就根据沿途风光、民间传闻，采用艺术手法编成故事，讲给母亲解闷"（泰兴年鉴，2007年，266页），后来自己编撰整理，取名《玉如意》（共16万字，分16个章回），而形成的一部以泰兴方言土语创作的说唱书。此书内容是讲述一家"长女嫌贫赖婚、次女顺命代嫁的爱情"（泰兴年鉴，2007年，266页），"反映了封建社会宦海沉浮、家庭兴衰、世态炎凉、人情冷暖真实情况"（泰兴年鉴，2007年，266页）；自问世以来，在江浙一带特别是泰兴地区，艺人们以戏剧、小说等形式广为传唱，经久不衰。

1.3 作者的门徒

古代的诸子之文，大多数由门弟子编纂的，书名也出于后人追题。直至汉初著述，仍是如此。这种现象，后来一直没有断绝。例如《朱子语类》，140卷，宋朝黎靖德编辑，是朱熹（1130~1200）在约40年里，先后于江西庐山白鹿洞书院、福建武夷精舍、湖南岳麓书院、福建沧州精舍等地聚徒讲学中的师徒问答语录，约由上百位门徒的记录整理而成；在历史上，因不同时期编辑人员和门徒的数量、记录的时间等方面的不同，先后出现过43卷本、46卷本、26卷本、20卷本；加之抄写、刻印等方面的失误，各本之间的一些条目内容也有所不同。朱子，是其门人后学对他的尊称。朱熹，字元晦，号晦庵、晦翁，祖籍徽州婺源，出生于南剑州尤溪，诗人，著名的哲学家、教育家，继孔孟之后的儒学与理学大师，宋高宗绍兴十八年（1148）考中进士，历任泉州同安县主簿、知漳州、知潭州、焕章阁待制兼侍讲等职。他平生不喜为官，至于理学，著书立说。仕宦七载，立朝仅46天，任祠官达23年，带职、无职或罢职16年，一生约用40年的时间从事讲学。其晚年卷入当时进行的政治斗争，被夺职罢祠，其学被定为伪学，其人也被定为伪学首魁，直到去世之时罪名尚未解除。但朱熹死后不久，党禁解弛，朱熹的地位开始日渐上升，最终成为配享孔庙的孔门十哲之一。他的学说，从元代开始成为中国的官方哲学，不仅深刻地影响了中国的传统思想文化，而且还远播海外，产生相当大的影响。其学识渊博，著述极丰，对经学、史学、文学、乐律乃至自然科学都有研究，还善书法，名重一时。全祖望在《宋元学案》中称赞他"致广大，尽精微，综罗百代矣"。明朝陶宗仪《书史会要》说"朱子继续道统，优入圣域，而于翰墨亦工。善行草，尤善大字，下笔即沉着典雅，虽片缣寸楮，人争珍秘"。朱熹的作品有《四书集注》、《朱文公文集》、《朱子语类》、《朱子家礼》等。

1.4 后来的学者

后来的学者为书取名的，在不同时段书的命名比例上，以古代的书居多。例如，司马迁著史书，始以单篇成名，总130篇，之后有人将它集结到一起，未题总名，班固的《汉书·艺文志》为其取总名《太史公》，桓谭《新论》以为大题是东方朔补署，说："太史公造书，书成示东方朔，朔为平定，因署其下。'太史公'者，皆朔所加之者也"（《史记》卷12《孝武本纪》"索隐"引姚察说），故此，又有了《太史公记》、《太史公书》、《太史公传》等名称，后人将其简称为《史记》。再如《史记》卷63《老庄申韩列传》引韩非著作，只列篇名，并无书名，《汉书·艺文志》将它们汇集著录，称《韩子》，至宋代又称为《韩非子》。《汉书·艺文志》"诸子"、"诗赋"二略，题为某人或某官某者的书名，占十之八九。这一现象，正说明有一些古书起初本无书名，现有书名皆为后来文人所加。早期的有一些文章也无篇名。顾炎武《日知录》卷22说，"古人之诗，有诗而后有题；今人之诗，有题而后有诗。有诗而后有题者，其诗本乎情；有题而后有诗者，其诗徇乎物"。"东汉以后，自别集之外，几无不有书名矣"（余嘉锡《古书通例》卷1《案著录第一》）。"汉魏以后，学者著书，无不自撰书名，但所做文章，却大多不自编次，后人搜集编定"书名。王国维的《人间词话》卷上说，"诗之《三百篇》、《十九首》，词之五代、北宋，皆无题，非无题也，诗中之意，不能以题尽之也"。可见，这些书之名，也是后来的文人命名的。

1.5 作者的亲友

亲友，是指亲属、朋友。亲属、朋友为书命名，多是因作者逝世或病危等，为实现其愿望，或扩大其影响，或传播其思想、理念、观点等，而将其作品进行整理、出版、流传所形成的。如1935年，以"中国古书刊印社"之名刊行的《郋园全书》，就是叶德辉后人将其生前所刊、所著书版片尚存的内容汇辑后命名形成的。叶德辉（1864～1927），出生于长沙（祖籍江苏吴县，清朝道光末年，祖父叶世业、父叶雨村为避祸乱始迁居湖南），字奂彬，号郋园，又号直山，自称"半吴半楚之人"，光绪十八年（1892）进士，任吏部主事，不久便辞官归湖南，以讲学与收藏校刻经销书籍为业（后来设立多家店铺，任过多年长沙商会会长）。其藏书接近30万卷。他爱惜图书、风趣幽默，竟在书橱上"赫然贴着'书与老婆，概不外借'的通告"（可能是针对那些借走不还的人说的，因为其他人可随便借阅，如王先谦撰写《汉书集解》，就是借用了他的很多藏书才完成的等）。其编有《观古堂藏书目录》，校勘刻印有《观古堂汇刻书》、《观古堂所刊书》、《丽楼丛书》、《双梅景暗丛书》、《观古堂书目丛刻》等，著有《郋园丛书》、《书林清话》、《书林馀话》、《乾嘉诗坛点将录诗征》、（叶德辉校勘书籍的题跋汇录）、《郋园读书志》（叶德辉校勘书籍的题跋汇录）等。再如《白氏长庆集》，白居易（772~846）的诗文集。其初步整理后，由好友元稹于唐朝穆宗长庆四年十二月编定命名，收录了白居易元和十年（815）至长庆二年（822）之间八年的作品；后改名《白氏文集》，共收诗文3800多篇，唐朝末年动乱，抄本散佚，又经辗转刻写，今本已非原貌。白居易，唐朝诗人，字乐天，自号醉吟先生，被称香山居士，晚年好佛，又自号乐居士，祖籍太原。到了其曾祖父时，又迁居下邽（音guī，今陕西渭南以北）。白居易的祖父白湟曾任巩县（今河南巩义）县令，与当时的新郑［属河南］县令是好友。见新郑山川秀美，民风淳朴，白湟十分喜爱，就举家迁移到新郑城西的东郭宅村（今东郭寺）。唐代宗大历七年（772）二月二十八日，白居易在东郭宅降生，于贞元二十六年（800）考中进士，历任校书郎、集贤校理、翰林学士、左拾遗、赞善大夫。因言事得罪权贵，44岁被贬江州司马，后任忠、杭、苏州刺史、秘书监、刑部侍郎、河南尹、太子少傅、刑部尚书等职。他还有诗《长庆集》、《后集》、《别集补遗》等，卒赠尚书右仆射，谥文。

1.6 帝王

由帝王命名的书，通常质量较好，多为佳作，读者较为喜爱，也是收藏的单位或个人搜集存储的重点，均被视为珍贵文物。如清朝乾隆三十七年（1772），弘历皇帝下诏广征天下遗书，纂修《四库全书》。之后，全国各省陆续将所搜集的图书源源不断地呈送到北京。不少失传的图书也从《永乐大典》中辑佚出来。为了使一些书尽快地流传于世，嘉惠士林，乾隆三十九年，皇帝命令一些学识渊博者从呈送与辑佚出来的书中，择其善本、罕见之书，由武英殿用木活字先行排版印刷使用。印成后的书名为《武英殿木活字印本丛书》，而皇帝认为书名中有"活字"不雅，给改名成《武英殿聚珍版书》。后来，陶湘初次整理编辑殿版书目时，将这部分用木活字排印的134种（一说138种）罕见的图书称之为《武英殿聚珍版丛书》。各省见此书极为珍贵，便纷纷照此版式，刻版印刷，故聚珍本书就越来越多。为了区分武英殿的木活字排印与各省刻印的聚珍本书，人们又给它们分别起了一个相对独立的名

27

书的命名 >>>

称，叫武英殿的为"内聚珍本"书，各省的为"外聚珍本"书。皇帝为书命名兴起的时间较早，如上段文中所说的汉初"陆贾为高帝叙述古今成败得失之事，作12篇文章，高帝极为称赏，号其书曰《新语》"(《史记》卷97《陆贾传》)。后帝王为书起名不断，众所周知的司马光编撰的《资治通鉴》就是一例，宋英宗命设局续修时还是原名《通鉴》，神宗即位后，便以其书"有鉴于往事，以资于治道"，更改为前名，并亲为写序等。

2 社会团体

社会团体命名的书，以近现代的居多。如各级工会、共青团、妇联、文联、科协、侨联、作协、友协、贸促会、基金会、记协、红十字会、各类同学会、各级各类学会、各级各类研究会等，编辑出版的各种类型的学习宣传资料等，难以尽数。

3 企事业单位

企事业单位命名的书，各个历史时期都有。如《馆本十七帖》，由弘文馆摹勒拓印收藏而起名。《十七帖》的作者是东晋时期的书法家王羲之（321～379，一作303～361）。再如《国初钞本原本红楼梦》，作者曹雪芹，清末民初之际，由上海有正书局以戚序本为底本命名石印出版等。

4 政府部门

政府部门命名的书，多是自己形成的。如由安徽省教育厅（一度曾改名为"安徽省教育委员会"）高教处在2000年前后编辑命名出版的《高考填报院校专业指南》等。

第五章

责任者为书命名的特点

上文已述，为书命名的责任者，有的责任者可能是个人，也有的可能是集体，还有的可能是政府等。历史文献记录的事实表明，他们为书命名，都各有自己的特点。

1 个人为书命名的特点

这里所谈的个人，在前文里已讲过，有作者、作者的亲友、作者的门徒、后来的学者等。由于他们属于不同的群体，相互关系不同，故各自表现有本群体最突出的特点。

1.1 作者为书命名的特点

严格地分析，每一位作者为书命名，都有自己的个性特点。然而，若将他们为书命名的情况集中到一起进行对比考察，又能看出一些共性的东西，即有别于其他群体的一些共同特点。在这些共同的特点中，有一个比较突出的特点，是多数作者注重名称的新鲜亮丽，以吸引读者眼球，进而快速传播其内容。例如明朝进士汤显祖（1550～1616）所创作的每一部书名也都很吸引人，先后撰成的《紫钗记》、《牡丹亭》、《南柯记》、《邯郸记》，流传很快，被明朝的另一位戏曲家吕天成看完后，说其是"绝代奇才"、"千秋之词匠"。还有的说他"堪与英国文豪莎士比亚相匹敌"（玉茗堂前朝复暮——汤显祖与《牡丹亭》，郑培凯）。"有一位娄江女子俞二娘阅读《牡丹亭》时，层层批注，深有所感，并由此自伤身世，于17岁含苞花季时悲愤而亡，致使汤显祖在意外获得'俞二娘批注本'后，情不自禁，扼腕长叹，挥笔写下《哭娄江女子二首有序》之悼诗。另有内江一位女子读了《牡丹亭》后，便一心一意愿将终身托付于她的'至情至爱'汤显祖，结果当她一见到汤公乃是一位'皤然老翁'时，即大失所望，投水身亡"（如果你是李安，将会拍摄什么样的《牡丹亭》？朱显雄）。史料记载，"有位才女冯小青在反复细读《牡丹亭》后，竟然写下一首：'冷雨幽窗不可听，挑灯闲看《牡丹亭》；人间亦有痴如我，岂独伤心是小青'的绝命诗，居然为'戏'而亡。还有当年杭州的名伶商小玲，在上演《牡丹亭》的《寻梦》折子戏时，竟会在舞台上因深陷剧情，过度心哀，气绝而亡"（《小说考证》，蒋瑞藻）。

1.2 亲友为作者之书命名的特点

亲友为作者之书命名，从古至今一直未断。这种现象，还会持续下去。他们多是将作者生前撰写的一些文章或日记、著作（发表的，或未发表的，或两者都有）等，单独或全部分类汇集（之中的一部分，或全部）到一起，冠以总名，予以出版。这类书名，以选集、文集、全集居多。他们给作者之书起名的主要特点，是名称中洋溢着对作者的崇拜或敬仰。例如古代子书类的各种书名，就表现得很充分。

1.3 门徒为作者之书命名的特点

门徒，是指作者的门徒。作者，即门徒的师傅。不同的门徒，为作者之书命名，均各有自己的特点。但是，由于他们都处于门徒的行列，所以在为作者之书命名时，又有一些共同的特点。在这些共同点之中，有一点比较突出，那就是多数的门徒都以作者的美称为书名。例如《曾文正公家书》，是光绪五年（1879），即曾国藩死后7年，由门徒李鸿章等人汇集编校命名，传忠书局刻印而成的。

1.4 后来的学者为作者之书命名的特点

后来的学者为作者命名的书，多为古籍。命名的特点，则是多以对作者的敬称或美称为书名。例如"蒯通五篇，其《本传》则号《隽永》，而《汉志》又称《蒯子》。诸如此类，非班固之好自更张。《汉志》著录，悉宗于向，吾谓彼数书者，亦从向所定名也"（刘向评传附刘歆评传，徐兴无）。

1.5 帝王为作者之书命名的特点

古代有一些帝王，喜欢给书起名。其特点，多选气势宏伟靓丽之词语为书名。例如《永乐大典》，综合性类书，被誉为"世界上最大的百科全书"。全书22877卷，包括目录凡例60卷，装订成11095册、约三亿七千多万字。书中采集了元代以前的重要古籍七、八千种，含有经、史、子、集、佛经、道藏、医书、方志、平话、戏曲、小说、工技、农艺等方面的珍贵资料，明朝永乐元年解缙等人奉成祖之命辑撰，次年稿成，之后组织大批专家学者校对，再由一千多人抄录，于永乐六年冬天完成，皇帝赐予书名。

2　社会团体为作者之书命名的特点

社会团体，多为自己编辑的书命名，一般是内部使用或对外宣传的书。其特点，多以能表达书的中心内容的词语为书名，让人们看到书名，就能判定书中说的是什么。如安徽省科委与科协联合编辑（主编王秀智）、1999年10月安徽科学技术出版社出版的《世纪之交的安徽科技进步与学科发展》等。

3　企事业单位为作者之书命名的特点

企事业单位，给书起名的比较多，且多以书中的关键词为书名。如由淮北煤炭师范学院命名，淮北煤炭师范学院办公室于1992年4月辑印的《淮北煤炭师范学院规章制度汇编》、淮北煤炭师范学院校志编辑室1994年编辑印刷的《淮北煤炭师范学院志》（1974～1994）等。

4　政府部门为作者之书命名的特点

政府部门命名的书，相对较少。但是，各个历史时期都有一些。其特点是，通常使用能表达书中内容特征的词语作书名。例如由安徽省人事厅联合有关组织编辑命名、安徽科学技术出版社于1994年前后出版的《安徽省高级专家人名词典》等。

第六章

书的命名方法

　　书的命名方法，从古至今，所产生的数量较多。粗略的可以分成用纯数字、数字与其他字词组合、责任者的有关信息、书中的有关内容、时间或简称或代称与其他字词组合、方向性的字词与有关内容的词语合并、全大小长短新旧与有关内容的词语合并、季节、姓氏的简称或与其他字词组合、天气变化情况的简称、或生物通称或简称或拟人化或物品、御或钦与制批纂注选撰览录定书订结合同有关内容简称、朝代或简称或尊称与内容的简称混合、朝代的简称与"书"或"六典""典章""会典""会要"合并、朝代的简称与"史"或"史稿""史纪""史类编""史新编"等字词连结、朝代历史的简称与"纪事本末"合并、其他命名法等十五类。

第一节　纯数字命名法

　　纯数字命名法，是指单纯的以数字作书名，即书名均由数字组成，没有别的字词。用纯数字作书名的，有诗文、小说、歌曲等。较为出名的如《百一》、《九一八》、《四万万》、《1993》、《一九〇五》、《一九〇七》等。

　　《百一》书名，有三种说法：一、以"二十句五言诗"，总"一百字"而得名；二、"百虑一失之谓"；三、原诗有"一百零一篇"（《文选·应璩〈百一诗〉》唐朝李善注）而得名。清朝袁枚《随园随笔·文集之名始东京》中："有一人之集只一题者，……应休琏诗八卷，总名曰《百一诗》是也"，简称"百一"。南朝梁国刘勰《文心雕龙·明诗》说："若乃应璩《百一》，独立不惧，辞谲义贞，亦魏之遗直也。"作者三国时期魏国的应璩（？~252），字休琏，汝南人，博学好文，历官散骑常侍、侍中、大将军长史（当时大将军曹爽擅权，举措失当，应璩作《百一诗》讽劝）等职，原著有文集10卷，从唐朝开始逐渐散佚，明朝张溥辑其诗、文共10余篇，与其兄应玚（字德琏）作品合为《应德琏应休琏集》。

《九一八》，歌曲。作者是黄自（1904~1938），江苏川沙人，字今吾，北京清华学校毕业，1924年赴美留学，1929年回国，历任国立上海音乐专科学校作曲专业教授、教务主任等职，著有管弦乐《都市风光幻想曲》、《怀旧》，歌曲《思乡》、《天伦歌》、《南乡子》、《点绛唇》、《抗敌歌》、《旗正飘飘》等50多首，还有尚未完成的论著《和声学》、《西洋音乐史》等。

《四万万》，诗集，1921年出版。著者是苏联的米哈依尔·瓦西里耶维奇·伊萨柯夫斯基（Михаиl Васиlьевич Исаковский，1900~1973），出生于斯摩棱斯克州伏斯霍得区格洛托夫卡村的一贫苦农民家庭，1918年加入苏联共产党，历任通讯员、报社编辑、校对，1932年成为职业诗人。其诗集还有《沿着时代的阶梯》、《飞跃》、《稻草中的电线》、《外省》、《种地能手》、《四个愿望》、《诗与歌》、《祖国之歌》，还翻译了乌克兰诗人塔·谢甫琴科、列·乌克兰因卡、伊·弗兰柯、白俄罗斯诗人扬·库巴拉、雅·柯拉斯以及许多其他诗人的大量作品等。

《1993》，长篇诗体小说，1975年出版。作者是葡萄牙的若泽·萨拉马戈（Jose Saramago，1922~2010），出生于葡萄牙南部阿连特茹地区阿济尼亚加镇的一贫苦农民家庭，因经济困难，17岁中学未毕业便开始工作，历任绘图员、保险部门职员、翻译、出版社编辑、新闻日报社副社长、职业作家等职。他还有诗集《可能的诗歌》、《或许是欢乐》，长篇小说《绘图与书法指南》、《从地上站起来》、《修道院纪事》、《里卡多·雷伊斯死亡之年》、《石伐》、《耶稣基督眼中的福音书》、《失明症漫记》、《所有的名字》、《洞》、《复制人》、《透视症漫记》、《大象旅行记》、《暂停死亡》，短篇小说集《几乎是物体》、《五种感觉俱全的作诗法》，剧本《夜晚》、《我用这本书来做什么？》、《弗朗西斯科·德·阿西斯的第二次生命》，新闻报道集《这个世界和另外的世界》、《旅行者的行李》，评论集《〈里斯本日报〉曾这样认为》、《札记》等。1998年10月8日，瑞典学院评审委员会"以其充满想象、同情和讽喻的寓言故事，不断地使我们对虚幻的现实加深理解"，而授予他诺贝尔文学奖。

书的命名　>>>

《一九〇五》，诗集，作者是俄国的亚历山大·罗维奇·勃洛克（AЛeкcaНдp AЛeкcaНдpОВичБЛОk，1880～1921），出生于彼得堡的一贵族家庭，父亲是教授，母亲为诗作家。作者青年时在彼得堡大学的法律系和历史语文系读书，1903年开始文学创作，撰有寓意爱情的《美女诗》，政治抒情诗《野蛮人》，讽刺诗《饱汉》，长诗《夜莺的花园》、《十二个》等，还有剧本、翻译作品、政治和文学评论方面的著作等。

《一九〇七》，组诗，写农民大起义的。著者是罗马尼亚的作家图多尔·阿尔盖齐（Tudor Arghezi，1880～1967），原名杨·恩·特奥多雷斯库，出生于布加勒斯特一农民家庭，受过中等教育，后做过小工，还著有诗集《和谐的词》、《霉花》、《小夜集》、《人的颂歌》与小品、散文等作品，1944年获国家奖，1954年因文学创作贡献卓越被选为国民议会代表和科学院院士，并再次获得国家奖。在庆祝他80大寿时，政府授予他共和国"星"一级勋章。

第二节　数字与其他字词组合命名法

以数字与其他字词作为书名的方法，具体始创于何时何人何书，现已难以考证。但是，汉朝的有关书籍，就开始记载与使用了一些用数字与其他字词组合的书名。如《六韬》（旧题周·姜尚）、《三十六计》、《三家注史记》（汉·司马迁）、《七略》（汉·刘歆）、《七处三观经》（东汉·安世高译）、《三略》（旧题汉·黄石公）、《九章算术》（汉·张苍）。班固的《汉书·艺文志》中著录有《八体六技》、《伍子》、《百家》、《三典阴阳谈论》、《四时五行经》、《十二典灾异应》、《六合随典》、《五音奇胲用兵》、《五音奇胲刑德》、《五音定名》、《五法积贮宝藏》、《五藏六府十二病方》（30卷与40卷本）、《五藏六府疝十六病方》、《五藏伤中十一病方》、《三家内房有子方》。刘向与刘歆的《六艺略》、刘向的《五行传记》、许商《五行传记》、《九州春秋》（西晋·司马彪）、《十六国春秋别本》（北魏·崔鸿）、《三齐略记》（晋·伏琛）。

隋唐时期，此法已经广泛应用，时间与作者也较为明朗。如《隋书·经籍志》就记录有《四民月令》、《三宫用兵法》、《六甲孤虚杂决》、《六甲孤虚兵法》、《五家兵法》、《五行候气占灾》、《二仪十博经》、《廿氏四七法》、

34

《五星占》（丁巡撰）、《五星占》（陈卓撰）、《五星犯列宿占》、《二十八宿二百八十三官图》、《二十八宿十二次》、《二十八宿分野图》、《五纬合杂》、《五星合杂说》、《四分历》、《七曜本起》、《七曜小甲子元历》、《七曜历术》、《七曜要术》、《七曜历法》、《五星历术》、《七曜历经》（张宾撰）、《七曜历数算经》（赵匪攵撰）、《七曜历疏》（李业兴撰）、《七曜义疏》（李业兴撰）、《七曜术算》（甄鸾撰）、《七曜历疏》（太史令张胄玄撰）、《八家历》、《九章术义序》《九章算术》（刘徽撰）、《九章算术》（徐岳、甄鸾重述）、《九章算术》（李遵义疏）、《九九算术》（杨淑撰）、《九章别术》、《九章算经》（徐岳、甄鸾等撰）、《九章算经》（徐岳注）、《九章六曹算经》、《九章重差图》（刘徽撰）、《九章推图经法》（张峻撰）、《五经算术录遗》、《五经算术》、《五音相动法》（1卷与2卷本）、《九宫经》（郑玄注）、《九宫行棋经》（郑玄注）、《九宫行棋经》、《九宫行棋法》（房氏撰）、《九州行棋立成法》（王琛撰）、《九宫行棋杂法》、《九宫行棋法》、《九宫行棋钞》、《九宫推法》、《三元九宫立成》、《九宫要集》（豆卢晃撰）、《九宫经解》（李氏注）、《九宫图》、《九宫变图》、《九宫八卦式蟠龙图》、《九宫郡县录》、《九宫杂书》、《三元遁甲上图》、《三元遁甲图》、《六情决》（王琛撰）、《六情鸟音内秘》（焦氏撰）、《三元遁甲》（许昉撰）、《三元遁甲》（陈员外散骑常侍刘毗撰）、《三元遁甲》、《三元九宫遁甲》、《三正遁甲》（杜仲撰）、《六壬式经杂占》、《六壬释兆》、《五兆算经》、《十二灵棋卜经》、《千岁历祠》（任氏撰）、《万岁历祠》、《万年历二十八宿人神》、《六甲周天历》（孙僧化撰）、《六十甲子历》、《三合纪饥穰》、《二仪历头堪余》、《四序堪余》（殷绍撰）、《八曾堪余》、《八卦斗内图》、《五姓岁月禁忌》、《六合婚嫁历》、《九天嫁娶图》、《六甲贯胎书》、《五姓登坛图》、《三部四时五藏辨诊色决事脉》、《五藏决》、《五藏论》、《千金方》（范世英撰）、《十二人图》、《九部针经》、《三奇六仪针要经》、《三洞奉道科戒营始》（唐·金明七真）、《三国典略》（唐·丘悦）、《五代新说》（唐·徐炫）、《三水小牍》（唐·皇甫枚）、《二十四诗品》（唐·司空图）、《二南密旨》（旧题唐·贾岛）、《三梦记》（唐·白行简）等，据不完全统计，仅《新唐书·艺文志》著录的有关书籍就接近120部，而且出现了《三教珠英》1300卷的大部头书籍。

之后此法的使用更为普遍。如《七经小传》（宋·刘敞撰）、《四书章句集注》（宋·朱熹）、《三辅黄图》、《两种海道针经》、《百城烟水》（清·徐

35

崧)、《五代史补》(宋·陶岳)、《廿二史札记》(清·赵翼)、《三朝北盟会编》(南宋·徐梦莘)、《四库全书总目提要》(清·纪昀等)、《四库撤毁书提要》、《千顷堂书目》(清·黄虞稷)、《皕宋楼藏书源流考》(日·岛田翰)、《六十甲子本命历》、《三元妙经》、《四十二章经》、《六祖坛经》、《五灯会元》(宋·普济)、《七佛经》(南朝宋·法天译)、《七佛父母姓字经》(不载译人)、《十七史百将传》、《三十国春秋辑本》(清·汤球)、《三国杂事》(宋·唐庚)、《五代史阙文》(宋·王禹偁)、《五代春秋》(宋·尹洙)、《五国故事》(宋·佚名)、《三国杂事》(宋·唐庚)、《三楚新录》(宋·周羽)、《万柳溪边旧话》(宋·尤玘)、《二老堂杂志》(宋·周必大)、《半村野人闲谈》(明·姜南)、《四友斋丛说》(明·何良俊)、《两湖麈谈录》(明·许浩)、《二酉委谭摘录》(明·王世懋)、《三馀赘笔》(明·都卬)、《七修类稿》(明·郎瑛)、《七修续稿》(明·郎瑛)、《五杂俎》(明·谢肇淛)、《万历野获编》(明·沈德符)、《万历野获编补遗》(明·沈德符)、《三湘从事录》(清·蒙正发)、《一士类稿》(民国·徐一士)、《九曜斋笔记》(清·惠栋)、《十叶野闻》(民国·许指严)、《三字经》、《千字文》、《百家姓》、《千家诗》、《十七史蒙求》(宋·王令)、《五字鉴》(明·李廷机)、《三字鉴》(清·张宜明)、《四字经》、《千金裘》(清·蒋义彬)、《一贯问答》(明·方以智)、《二曲集》(清·李颙)、《三命通会》(明·万明英)、《六朝文絜》(清·许梿)、《三命通会》(明·万明英)、《二程遗书》(宋·程颢、程颐)、《二程外书》(宋·程颢、程颐)《二程粹言》(宋·程颢、程颐)、《六一诗话》(宋·欧阳修)、《七颂堂词绎》(清·刘体仁)、《二老堂诗话》(宋·周必大)、《三家诗话》(清·尚镕)、《三国演义》(明·罗贯中)、《二刻拍案惊奇》(明·凌濛初)、《三刻拍案惊奇》、《三国志平话》、《三宝太监西洋记通俗演义》(明·罗懋登)、《三遂平妖传》(明·罗贯中)、《万花楼演义》(西湖居士)、《二十年目睹之怪现状》(清·吴趼人)、《九命奇冤》(清·吴趼人)、《二度梅全传》(清·天花主人)、《七侠五义》(清·石玉昆)、《七剑十三侠》(清·唐芸洲)、《三侠剑》(清·张杰鑫)、《十二楼》(清·李渔)、《九云记》(清·无名氏)、《八段锦》(清·醒世居士)、《五美缘》(清·寄生氏)、《九尾龟》(清·张春帆)、《十眉谣》(清·徐士俊)、《十美词纪》(清·邹枢)、《三妇评》、《三风十愆记》、《十国宫词》(孟彬)、《十国宫词》(吴省兰)、《十国宫词》(秦云肤)、《七夕夜游记》(沈逢吉)、《百花扇序》（赵杏楼）、《五代花月》（清·李调元）、《十八娘传》（赵古农）、《五石瓠（节录）》（清·刘銮）、《一岁芳华》、《千春一恨集唐诗六十首》（清·黄九烟）等。

以数字与其他字词作书名，所涉及的书籍种类也较为广泛，有小说、童话、故事、寓言、笔记、诗词歌赋、文集、史学、农学、地志、兵法、字学、词学、表谱、手册、字典、词典、索引、曲艺、历法、规章、经解、注释、解说、评论、考证、术数、几何、医学、书法、画作、音韵学、哲学等，大体情况如下。

1　小说、故事、童话、寓言

小说、故事、童话、寓言，有的是长篇，也有的是中篇或短篇。之中以数字与其他字词作书名的如《一叶》、《半生》、《一层楼》、《一封信》、《二度梅》、《两分钱》、《三把火》、《三折画》、《三里湾》、《四游记》、《五卷书》、《九三年》、《十字架》、《十日谈》、《十二楼》、《千只鹤》、《一代风流》、《一把黑莓》、《三个城市》、《三水小牍》、《三国演义》、《六根圆柱》、《一千零一夜》、《一个人的圣经》、《百花奖获奖作品集》、《十一个有关足球的故事》、《四世同堂》、《四面玲珑》、《百炼成钢》、《三遂平妖传》、《六英尺土地》、《十字军骑士》、《三千里江山》、《一个现代事例》、《十字路口之夜》、《十字奖章与火箭》、《四海之内皆兄弟也》、《万延元年的足球队》、《三篇模范小说和一篇序》、《五显灵官大帝华光天王传》、《四福音书》、《万山红遍》等。

《一叶》，长篇小说，1922年商务印书馆出版。小说通过达馨阅览主人公天根的日记及他20多年的所历所见，表达人生如经秋黄叶，无可挽回地飘落，而故以命名。小说名取意于《淮南子》"见一叶之落而知岁时之暮"与唐代的"一叶落知天下秋。"作者是王统照（1897～1957），字剑三，笔名息庐、容庐，山东诸城人，自幼聪颖，5岁入私塾读书，7岁丧父，在母亲倾心教养下，潜心学习四书、五经，13岁小学毕业，之后陆续考入高小、中学与大学，毕业留校后出任教授、系主任、《文学》月刊主编、省文联主席、教育副厅长、文化局长等职。他在中学时就撰成长篇小说《剑花痕》与话剧《云南起义》，后又作有诗集《雪潮》（合著）、《童心》、《这时代》、《横吹集》、《江南曲》、《王统照诗选》、《鹊华小集》，诗歌集《夜行集》，话剧《死后的

书的命名 >>>

胜利》,短篇小说集《春雨之夜》、《号声》、《霜痕》、《华亭鹤》、《银龙集》,长篇小说《黄昏》、《山雨》、《春花》,散文集《北国之春》、《片云集》、《青纱帐》、《游痕》、《欧游散记》、《去来今》,散文小品集《繁辞集》,民间故事集《山东民间故事》,文艺随笔集《炉边文谈》,文集《王统照选集》等。

《半生》,半自传体小说,2001年发表。小说以描写主人公失败的半生而命名。作者是被称为"英国移民文学三雄"(拉什迪、石黑一雄)之一的维·苏·奈保尔(V. S. Naipaul, 1932~),出生于西印度群岛特立尼达的一印度后裔家庭,自幼读书,18岁进英国牛津大学攻读英国当代文学,毕业后任英国广播公司《加勒比之声》节目编辑、伦敦《新政治家》杂志评论员,并在其父(曾任特立尼达《卫报》记者)的鼓励下,利用业余时间试写小说。之后,陆续创作了长篇小说《神秘的按摩师》、《埃尔韦拉的选举权》、《比斯瓦斯先生的房子》、《效颦者》、《游击队员》、《河湾》,中短篇小说集《在一个自由的国家里》,短篇小说集《米格尔街》,半自传体小说《抵达之谜》,游记与随笔《中间通道》、《黑暗地区:印度经历》、《印度:受了伤的文明》、《在信徒中间》、《超越信仰》、《印度:百万人大暴动》,书信集《父子之间:家书集》等30多部。2001年,瑞典学院评审委员会以其作品"将深具洞察力的叙述和不为世俗所囿的详细考察融为一体,促使我们看清被隐蔽的历史真相",而授予他诺贝尔文学奖。

《一层楼》,是一部用蒙文描写蒙古封建贵族家庭衰败景象的69回章回小说。小说描写几位青年欲爱不能的不幸遭遇,如同书序中所说"更攀楼上楼之一层楼,怎脱梦中梦之一场梦?"而命名,借以"唤醒深春之红颜,发苍林黄鹂之啼声。"(序言)作者为清朝末年蒙古族的尹湛纳希(1837~1892),乳名哈斯朝鲁,汉名宝衡山,字润庭,内蒙古卓索图盟土默特右翼旗人,成吉思汗第28代孙。他自幼从塾师学会了蒙、汉、满、藏文字,擅长丹青。青年时期经常以文会友、饮酒赋诗、谈古论今、游历内蒙古部分盟旗和国内一些名胜古迹。30岁以后,社会动乱,家道中落,在为生计奔波的同时发奋著书立说,继续撰写其父(爱国将领和古籍收藏家、历史学者)未竟遗作《青史演义》,历经20年终告完成。还将《红楼梦》和《中庸》译成蒙文,著有长篇章回小说《泣红亭》、《红运泪》(未完成)以及杂文、诗歌等。

《一封信》,是揭露社会黑暗与探求人生类型的小说。作者黄庐隐(1898~1934),原名黄淑仪,又名黄英,笔名庐隐,福建闽侯人,5岁时父亲(清朝举人，长沙知县）去世，到北京舅舅（员外郎兼太医院御医）家居住，并开始学习认字，继之读一些《三字经》之类粗浅的古书，九岁时被送往北京慕贞女子学院的小学部学习，1912 年考入女子师范学校，不久进入高校听课，1922 年大学毕业，历任中学校长、大学教师等职。她从 1921 年到逝世的 13 年间，写出小说、小品、散文、戏剧、评论、诗文、随笔等作品 178 篇，出版了小说集《海滨故人》、《曼丽》、《玫瑰的刺》、《庐隐短篇小说选》，小说《象牙戒指》、《一个夜里的印象》、《一个快乐的村庄》、《女人的心》（中篇）、《归雁》（中篇），散文与小说集《灵海潮汐》、平民读物《介之推》、《不幸》、《穴中人》、《妇女生活的改善》、《水灾》、《妇女的平民教育》，书信集《云鸥情书集》（合著），小品《东京小品》，自传《庐隐自传》等著作 18 部。

《二度梅》，长篇小说。写的是唐朝宰相卢杞，谋害朝臣梅魁及其子梅良玉同陈杏元恋爱的故事。其中有这样的情节：梅父遭宰相卢杞陷害，梅良玉在盛开梅花被狂风全部吹落的当晚设祭，祝祷梅花重开二度，父冤得以昭雪。后来，梅花果然二度怒放。梅、陈历经患难，终得圆满结局。象征美好幸福的"梅开二度"之词语，也从此被广为流传和应用。作者：题"惜阴堂主人"，又题"天花主人"。

《两分钱》，著者是日本的黑岛传治（1898~1943），出身于一贫苦的农民家庭，当过渔夫、酱油厂工人，1923 年开始文学创作，撰有长篇《武装的市街》（写日本在中国济南制造的"五三惨案"）、短篇《猪群》（反映日本农民生活痛苦与地主斗争的）等小说 60 多篇，还有《风雪西伯利亚》、《盘旋的鸦群》等其他作品。

《三把火》，中篇小说，1975 年发表。小说写的是妇女干部杨国珍在农业学大寨、普及大寨县运动中所展现的风风火火的英雄形象。作者是浩然（1932~2008），本名梁金广，笔名白雪、盘山，祖籍河北宝坻县单家庄。他出生于唐山赵各庄煤矿（父亲，矿工），6 岁丧父，1942 年随母亲投奔蓟县舅父家生活，13 岁前念过 3 年小学、半年私塾，14 岁时母亲去世，便参加革命，当儿童团长。1948 年 11 月加入中国共产党，1949 年调区委做青年团工作，1949 年进识字班，自修完大学课程，历任报社记者、杂志主编、北京作协主席、市文联副主席、市文联革委会副主任、中国大众文学会副会长等职。著有短篇小说集《喜鹊登枝》、《苹果要熟了》、《珍珠》、《蜜月》、《杏花雨》、《老支书的传闻》，短篇选集《彩霞集》，散文集《北京街头》，长篇小

书的命名　>>>

说《艳阳天》、《金光大道》、《山水情》、《晚霞在燃烧》、《乡俗三部曲》、《苍生》、《浩然选集》,中篇小说《西沙儿女》、《浮云》、《老人和树》、《赵百万的人生片断》,短篇集《花朵集》、《姑娘大了要出嫁》、《高高的黄花岭》,自传《浩然口述自传》,儿童故事集《幼苗集》等,总计出版作品70种。

《三折画》,小说,1973年问世。书中用绘画式结构的写作技巧叙述3个互不相干的故事。作者是法国的克洛德·西蒙(Claude Simon,1913~2005),出生于马达加斯加首府塔那那利佛,中学时随着著名画家学过画,后到牛津和剑桥大学读哲学、数学,1936年赴战场打仗,1940年5月头部受伤被俘,不久逃出。战后一直隐居故乡经营种植园,同时从事文学创作。有风格特异的小说《弗兰德公路》、《春之祭》、《农事诗》、《作假者》、《钢丝绳》、《格里佛》、《风》、《草》、《豪华旅馆》、《历史》、《法尔萨鲁斯之战》、《双目失明的奥利翁》、《导体》、《事物的教训》、《洋槐树》、《植物园》、《有轨电车》等20多部,还有剧本、散文、随笔、论文等作品。1985年10月,瑞典学院评审委员会认为他"在对人类生存状况的描写中,把诗人、画家的丰富想象和对时间作用的深刻认识融为一体",而授予他诺贝尔文学奖。

《三里湾》,1955发表,是中国第一部反映农业合作化运动的长篇小说。作者是赵树理(1906~1970),原学名赵树礼,笔名野小、吴戴等,晋城市沁水县尉迟村人,出生于一祖上很显赫而后已中落的农民家庭。6岁开始随祖父学认字、写字,读《三字经》、《百家姓》、"三圣教道会经"以及《麻衣神相》、《奇门遁甲》等。10岁时祖父去世,彻底家贫,随父亲学农耕。1920年进入新式学堂高等小学学习,1925年考入师范学校读书,1927年加入中国共产党,历任区长、剧团团长、报刊主编、全国文联与作协常委、出版社社长、文化部曲艺处长、市大众文艺创作研究会长、中国曲艺工作者协会主席、县委副书记与书记处书记等职。其著有短篇小说《悔》、《铁牛的复职》、《金字》、《打倒汉奸》、《小二黑结婚》、《地板》、《催粮差》、《福贵》、《刘二与王继圣》、《五里坡》、《邪不压正》、《传家宝》、《田寡妇看瓜》、《登记》(后改名为《罗汉钱》)、《套不住的手》、《锻炼锻炼》、《卖烟叶》,长篇小说《蟠龙峪》(也名《盘龙峪》)、《李家庄的变迁》,长篇评书《灵泉洞》、《实干家潘永福》,剧本《清债》、《神仙世界》,多幕话剧《两个世界》,报告文学《孟祥英翻身》、《实干家潘永福》,鼓词《劳动英雄庞如林》、《石不烂赶

40

车》，快板《汉奸阎锡山》，评论《公社应该如何领导农业生产之我见》、《"起码"与"高深"》，改编《三关排宴》，诗歌《打卦歌》、《歌生》等。由于稿酬丰厚，向组织提出不要工资，成了新中国建立后第一个不领取国家工资的作家，也成了新中国不领取国家工资的第一人。

《四游记》，小说。明朝余象斗（约1561～1637）将自己的《南游记》、《北游记》与当时吴元泰（号兰江，祖籍与生卒年不详，约嘉靖末前后在世）的《东游记》、杨志和编的《西游记》，即吴承恩（约1500～约1582）的《西游记》删节本汇集的合称。讲的多是佛教、道教方面的神怪故事。吴承恩，字汝忠，号射阳山人，山阳人，科考屡遭挫折，嘉靖年间补为贡生，后任浙江长兴县丞，还著有《禹鼎志》、《射阳先生存稿》。余象斗，又名余世腾、余象乌、余君召、余宗云、余元泰等，字仰止，号文台、三台山人，福建建安人，出生于书香之家。祖父与父都以藏书、读书、写书、编书、刻书、印书、售书为业，并且各自建有书铺。余象斗自幼饱读经书，成年自立后，仿其父，也建了一个书铺，自己收藏、编写、刻印、出售图书，成为当时最出名的大书商。他编写、刻印、出售的有：小说《唐国志传》、《大宋中兴岳王传》、《南北两宋志传》、《东西两晋演义》、《英烈传》、《列国志传》、《二十四帝通俗演义全汉志传》、《大宋中兴演义》、《三国志传》、《万锦情林》、《新刊京本春秋五霸七雄全像列国志传》、《新刻皇朝开运辑略武功名世英烈传》、《新刊校正演义全像三国志传评林》、《新镌全像东西晋演义志传》、《新刻按鉴演义全像唐书志传》、《新刊按鉴演义全像大宋中兴岳王传》、《全像类编皇明诸司公案传》、《皇明诸司公案传》，辞书《仰止子详考古今名家润色诗林正宗十八卷》，其他《新刊八仙出处东游记》等。

《五卷书》，梵文书。内分《绝交篇》、《结交篇》、《鸦枭篇》、《得而复失篇》、《轻举妄动篇》。书中以故事为体裁来穿插诗文的方式，叙述了城市平民的思想与生活，是印度古代的寓言、童话集。

《九三年》，1874年问世的长篇小说。内容是叙述法国革命的。著者为法国的雨果（Victor Hugo，1802～1885），出生于贝桑松的一位军官家庭（父亲是拿破仑手下的一名将军，母亲是波旁王朝的拥护者），幼年跟随父亲至意大利、西班牙生活，1814年波旁王朝复辟后，随父回到巴黎宣誓效忠新统治者。他喜爱文学，在中学时便开始写诗，历任国家制宪会议议员、国民议会议员、法兰西学士院院士，1845年被路易菲力普授予"法兰西世卿"，著作有诗集

书的命名　>>>

《短歌行与民歌集》、《东方集》、《黄昏歌集》、《心声集》、《光与影集》、《惩罚集》、《默想集》、《历代传说》、《街头与森林之歌》、《做祖父的艺术》、《自由自在的精神》，中篇小说《冰岛的汉》、《布格——雅加尔》，剧本《克伦威尔》、《玛丽蓉·德·洛尔墨》、《爱那尼》、《国王寻乐》、《吕克莱斯·波基亚》、《玛丽·都铎》、《安日洛》、《吕意·布拉斯》、《城堡里的伯爵》、《笃尔克玛》，长篇小说《一个死囚的末日》、《巴黎圣母院》、《悲惨世界》、《克洛德·格》、《海上劳工》、《笑面人》，文艺评论《莎士比亚论》，诗体日记《凶年集》，政论之作《教皇》、《至高的怜悯》，还有《小拿破仑》、《一个罪行的始末》等作品。

《十字架》，小说，是三部曲《克里斯琴·拉夫兰斯达特》(《花冠》、《女人》、《十字架》；1920年～1922年完成，描写一妇女嫁给一冒险家感到痛苦，后又从宗教中获得慰藉) 中的一部。作者是挪威女学者西格里德·温塞特（Sigrid Undset，1882～1949），她还有小说《玛特·欧莉太太》、《珍妮》、《春天》、《挪威的幸福生活》、《燃烧的荆棘》、《伊达·伊丽莎白》、《忠实的女人》，文集《一个女人的观点》等，1928年被授予诺贝尔文学奖，"主要为了她对中世纪北欧生活的强有力的描绘"。

《十日谈》，短篇小说集。成书于1350年。内容反映意大利当时的社会生活，用100篇故事来表现市民反抗禁欲主义和对贵族、教士虚伪行为进行讽刺。作者是意大利的薄伽丘（Gio-vannj Boccaccio），出生于商人家庭，早期创作多取材于古代传说，还有长篇小说《菲洛哥罗》与中篇小说《菲亚美达》及长诗《菲拉斯特洛》、《菲佐拉的女神》、《泰萨依德》等。

《十二楼》，拟话本短篇小说集，也名《觉世名言》。因书中以合影、扶云等十二楼进行分卷而得名。描写的多为爱情。题"觉世稗官编次"。辑编者实际是明末清初的李渔（1611～约1679），初名仙侣，后改名渔，字谪凡，号笠翁、天徒，江苏雉皋人，自幼聪颖，"襁褓识字，'四书'、'五经'过目不忘，总角之年便能赋诗作文，下笔千言"（李渔，百度百科），"每年在自家后院的梧桐树上刻诗一首，以警戒自己不要虚度年华"（李渔，百度百科）。母亲管理也严，为其能静心攻读，光宗耀祖，学孟母"三迁教子"（李渔，百度百科），将他安置在李堡镇上的一座"老鹳楼"（李渔，百度百科）里读书。不久，父亲因病去世，生活陷入困境，然而李渔读书却更加勤奋，崇祯八年（1635）参加童子试，一举成为名噪一时的五经童子。后参加乡试，不

42

幸名落孙山。又因战乱，便无意仕进，从事著述和组织建立以妻妾为成员的家庭剧团并指导演出。还开设书铺，编刻书籍。著有戏曲传奇剧本《奈何天》、《比目鱼》、《蜃中楼》、《美人香》、《风筝误》、《慎鸾交》、《凰求凤》、《巧团圆》、《意中缘》、《玉搔头》、《万年欢》、《偷甲记》、《四元记》、《双锤记》、《鱼篮记》、《万全记》、《十错记》、《补大记》及《双瑞记》19种，小说《无声戏》、《连城璧全集》、《合锦回文传》、《肉蒲团》，生活艺术《闲情偶寄》（又叫《笠翁偶集》，是李渔一生艺术、生活经验的结晶，分为词曲、演习、声容、居室、器玩、饮馔、种植、颐养八部，234个小题，为中国首部倡导休闲文化的专著）等。

《千只鹤》，小说。作者是日本的川端康成（かわばた やすなり，1899～1972），出生于大阪市一医生家庭，襁褓中就失去父母，抚养他的姐姐和祖父也不久都离开人世，开始孤苦伶仃的生活。其在东京帝国大学读书时，就开始文学创作，发表作品。1926年中篇《伊豆的舞女》问世后，便名噪文坛。其《千只鹤》、《古都》、《雪国》被认为是"高超的叙事文学，以非凡的敏锐表现了日本人的精神实质"，而获诺贝尔文学奖，成为日本获得此奖的第一人。其名作还有描写变态行为的长篇小说《山之音》、《昏睡中的美女》等。

《一代风流》，长篇小说，内含《三家巷》、《苦斗》、《柳暗花明》、《圣地》、《万年春》5部作品，150万字。1957年开始创作，到1985年全部出版。通过一名工人出身的知识分子复杂而漫长的革命经历，来反映整个新民主主义革命历程。作者是欧阳山（1908～2000），原名杨凤岐，笔名凡鸟、罗西、龙贡等，出生于湖北荆州一城市贫民姓欧阳的家庭里，几个月时被卖给姓杨的人家，1915年起随养父流浪于北京、西安、镇江、上海等地，且一直坚持读书。1924年在上海《学生杂志》上发表短篇小说《那一夜》，被郭沫若所欣赏，推荐他到中山大学深造，1926年肄业，历任《广州文学》周刊主编、广东省文教厅副厅长、文联主席、人大常委会副主任、中国作家协会副主席、中顾委委员等职。他还有长篇小说《你去吧》、《爱之奔流》、《战果》、《高大干》，中篇小说集《玫瑰残了》、《桃君的情人》、《莲蓉月》、《蜜丝红》、《竹尺和铁锤》、《单眼虎》、《崩决》、《鬼巢》、《给予者》（合著）、《前途似锦》、《英雄三生》，中与短篇小说集《青年男女》，短篇小说集《仙宫》、《再会吧，黑猫》、《流浪人的笔记》、《钟手》、《人生底路及其他》、《七年忌》、《梦一样的自由》、《生底烦扰》、《饥寒人》、《失败的失败者》、《流血纪念章》，短篇小说与散文集《光明》，诗集《坟歌》，理论与杂文等合集《杂碎集》，散文集《世界走得这样慢》、《金牛和哭女》，故事《修公路》、《课外锦标》、《香港菠萝》、《湘潭一商人》，理论《文艺阅读与写作》（与以群等合集），戏剧《刘永福》，特写《红花冈畔》，短篇小说《乡下奇人》，文集《欧阳山文集》等。

《一把黑莓》，长篇小说，1952年问世。作者是意大利的伊尼亚齐奥·西龙尼（Ignazio Silone，1900～1978），原名塞孔多·特朗奎利，生于南方阿奎拉省马尔西卡地区一偏僻贫困山区小镇——佩希纳，少年时在佩希纳神学校接受宗教教育，14岁父亲去世，15岁时家乡小镇地震，母亲与5个兄弟丧生，其被迫离家进罗马庇护十世神学校读书。第二年因违规被开除。后历任编辑、意大利社会党海外中心书记、国家制宪议会议员、社会党领袖、笔会和文化自由协会主席等职。其工作之余从事文学创作，还有小说《面包和酒》（长篇）、《路加的秘密》、《一个可怜的基督徒的遭遇》，另《丰塔玛拉》（10篇特写组成，描写意大利南方的贫困、愚昧、黑暗和农民无尽的灾难、悲哀、失望和仇恨的）与许多政治论文、剧本等作品。

《三个城市》，长篇小说。内分《卢尔德》、《罗马》、《巴黎》3部。反映乌托邦的改良主义思想，揭露罗马教会的阴暗面的。1894年后陆续写成。作者是法国的左拉（Emile Zola，1840～1902），出生于工程师家庭，7岁丧父，在外祖父母抚养下生活，极为穷苦，靠助学金与自己做杂活读书，担任过职员。他还有长篇小说《台莱斯·拉甘》、《卢贡——马卡尔家族》（描写社会问题的，由《小酒店》、《娜娜》、《萌芽》、《金钱》、《崩溃》等20部长篇小说组成）、《四福音书》（仅完成《多产》、《劳动》、《真理》3部，抒发个人社会理想的），其他如《实验小说论》（提倡自然主义的创作原则的）、《我控诉！》（1898年抨击法国的，作者因此被判刑、逃亡英国）等。

《三水小牍》，传奇小说集。著者是唐朝末年安定籍的皇甫枚（生卒年不详），字遵美（一作尊美），曾经担任汝州鲁山县令等职，后来遭遇战乱，流浪洛阳、梁州、汾晋等地。唐朝灭亡后，他追忆旧事，著成此书。其还有《皇甫枚文集》等。

《三国演义》，长篇历史小说。书中是对东汉灵帝元年到西晋武帝太康元年史实与虚构的细节地描述，而故以命名。作者是元末明初施耐庵的学生罗贯中（约1330～约1400），名本，字贯中，号湖海散人，山东东原人，中国章回小说的鼻祖。其著有《赵太祖龙虎风云会》、《忠正孝子连环谏》、《三平章死哭蜚虎子》等剧本与《隋唐两朝志传》、《残唐五代史演义》、《说唐全传》、《粉妆楼》、《水浒志传评林》等10多部小说。施耐庵（1296～1371），原名施彦端，字肇端，号子安、耐庵，祖籍是泰州海陵县，一说钱塘，后迁居当时兴化县白驹场，自幼聪明好学，至顺二年（1331）考中进士，担任钱塘县尹，因"替穷人辩冤纠枉"，而遭县官的训斥，遂辞官回家，"替人医病解难"、收集资料、"坐馆教书"、著书立说，写成《水浒传》等。

《六根圆柱》，小说集。描写东南亚与中东地区的社会状况。作者是苏联的尼古拉·谢苗诺维奇·吉洪诺夫（НикоЛай Семе-НоВиЧ ТихоНоВ，1896～1979），出生于彼得堡的一小手工业者家庭，1911年于彼得堡商业学校毕业，历任军队战士、战地记者、苏联作家协会理事会书记、部长会议列宁奖金与国家奖金委员会部主任、保卫和平委员会主席、最高苏维埃主席团委员等职。其作品还有诗集《汗国》、《家酿啤酒》、《友人的影子》、《战火的年代》、《格鲁吉亚的春天》、《两股激流》、《在第二届世界保卫和平大会上》，长篇诗《面对面》、《基洛夫和我们在一起》，散文《冒险的人》，特写《游牧者》，组诗《尤尔加》，小说集《不竭的才能》、《列宁格勒的战斗》，回忆录《双层彩虹》等，有6部作品获奖。

《一千零一夜》（作者，佚名），阿拉伯民间故事集。叙述中古时期阿拉伯与亚洲的一些国家的风土人情、社会制度等。其中有童话、寓言、名人轶事、恋爱与冒险故事等等。内容的真正来源，说法不一，多数人认为是在古波斯语《一千个故事》的基础上，逐步吸取埃及、伊拉克、印度等国家的一些故事的营养，于16世纪才形成并流行世界各地的。

《百花奖获奖作品集》，小说集。书中汇编了读者投票选举的微型小说、短篇小说、中篇小说。每一届编成一部。每一部接近20篇。书中对每篇作者的姓名、出生年月、籍贯、民族、文化程度、历任的社会职务、出版的各种文学作品名称及获奖情况等都作了简要的介绍。《中国小说月报》编辑部编，百花文艺出版社于2000年开始陆续出版。

《十一个有关足球的故事》，短篇小说集。1963年出版。作者是西班牙的卡米洛·何塞·塞拉（Camilo José Cela，1916～2002），出生于帕德隆市伊利亚弗拉维亚县，自幼读书，成年后进入马德里大学读哲学、医学、法律及文学，1936年因内战爆发而辍学从军，1939年内战结束退役，历任职员、画匠、电影演员、斗牛士、柔道教练、皇家学院院士等职。他还著有长篇小说《憩阁疗养院》、《小癞子新传》、《帕斯库亚尔·杜阿尔特一家》、《蜂房》（也有的译为《蜂巢》），短篇小说集《关于发明的争执》、《风磨》、《飘过的那几朵云彩》、《考德威尔太太和儿子谈心》、《金发的姑娘》、《圣卡米洛》、《为亡灵弹奏玛祖卡》、《寻找阴暗面的职业》及诗集、剧本、游记等。1983年和1987年分别获西班牙国家文学奖及阿斯图里亚斯亲王文学奖。1989年10月19日，瑞典学院以"他的作品内容丰富，情节生动而富有诗意"，而授予其诺贝尔文学奖。

《四世同堂》，小说。书内写的是老北平"小羊圈"胡同祁家祖孙四代人在抗日战争中的不同表现，而故命名。作者是舒庆春（1898～1966），字舍予，笔名老舍、絜青、絜予、鸿来、非我等，出生于北京西城小羊圈胡同一贫苦的满族正红旗人家，一岁半丧父，9岁得人资助始入私塾，1913年考入京师第三中学学习几个月后因经济困难退学，同年考取公费的北京师范学校，毕业后历任小学校长、中学教员、大学教授、全国文联主席、中国作家协会副主席、全国政协常务委员等职。其一生，总是在忘我地工作、写作。他自己说："我终年是在拼命地写，发表也好，不发表也好，我要天天摸一摸笔。"因此，他著述丰富，有长篇小说《赵子曰》、《二马》、《猫城记》、《离婚》、《小坡的生日》、《骆驼祥子》、《文博士》、《火葬》、《惶惑》、《偷生》、《饥荒》、《鼓书艺人》、《四世同堂补篇》、《正红旗下》，中短篇小说集《樱海集》、《赶集》、《蛤藻集》、《火车集》、《贫血集》、《东海巴山集》、《微神集》、《月牙集》、《上任》、《老舍小说集外集》，理论《文学概论讲义》，诗文集《老舍幽默诗文集》、《剑北篇》、《老舍新诗》，创作经验《老牛破车》，曲艺集《三四一》，话剧《残雾》、《张自忠》、《大地龙蛇》、《归去来兮》、《国家至上》、《谁先到了重庆》、《桃李春风》（合著）、《方珍珠》、《龙须沟》、《春华秋实》、《茶馆》，《老舍戏剧全集》，选集《老舍选集》，散文集《福星集》，文艺评论集《老舍文艺评论集》，《老舍散文》，另有《母鸡》、《我的母亲》、《养花》、《我们家的猫》、《济南的冬天》、《林海》、《草原》、《四世同堂·开学的日子》、《断魂枪》等1000多篇（部）作品，计约800余万字。

《四面玲珑》，小说。1963年问世。作者是韩素音（Han Suyiu，1917～），原名周月宾，英国籍中国血统，出生于北京（父四川人，曾留学比利时，回国任铁路工程师；母亲出生于比利时一没落贵族家庭），1933年入燕京大学学医，2年后到比利时布鲁塞尔大学深造医学，次年，抗战爆发回中国任助产士；1944年到伦敦医科大学学医，4年毕业后任该市外科医生；1949年离开英国进入香港，后又到马来亚、新加坡、印度，最后旅居瑞士。她的作品还有《瑰宝》（自传体小说，1955年，美国把这部小说搬上银幕—译名《生死恋》、《爱情至上》，次年获得两项奥斯卡奖，后又获得此奖）、《青山长存》、《目的地重庆》、《雨水是我们的饮料》、《投下的阴影与冬天的爱情》、自传《残树》与《我家有两个门》、《周恩来的世纪》、《早晨的洪流：毛泽东与中国革命》、《拉萨，开放的城市》等散文、游记、小说、传记30多部。

《百炼成钢》，长篇小说，1958年出版。书中写的是辽南钢铁公司炼钢厂三位炉长的故事，内容突出了之中的一位炉长秦德贵勤奋好学，勇敢的面对一次次危险，一次次化险为夷，最终事业、爱情双丰收。书名源于秦德贵一次被敌人制造的事故中受重伤送医院抢救后到休养所应卫生员林娟请求在她日记本上题词"穷力学习，百炼成钢"之语。作者是艾芜（1904~1992），原名汤道耕，笔名刘明、吴岩、汤爱吾、艾芜等，祖籍湖南宝庆府武冈州新都清流镇翠云村，出生于四川新繁县一姓汤的书香世家。祖父，设馆教书。父亲，乡村小学教师。艾芜于1921年考入成都省立第一师范学校，1925年"因不满学校守旧的教育和反抗旧式婚姻而出走至云南边疆、缅甸和马来亚等地，当过小学教师、杂役和报纸编辑。因为其同情缅甸的农民暴动，1931年被英国殖民当局驱逐回国到上海，1932年加入中国左翼作家联盟"（《想到漂泊》，艾芜，广西师范大学出版社2006年版，作者简介页），之后加入中国共产党，历任重庆市文化局长、中国作家协会理事、全国文联委员、四川省文联名誉主席等职。其著还有短篇小说集《山中牧歌》、《南国之夜》、《南行记》、《夜景》、《芭蕉谷》、《海岛上》、《逃荒》、《萌芽》、《荒地》、《黄昏》、《冬夜》、《爱》、《秋收》、《锻炼》、《童年的故事》、《我的旅伴》、《艾芜创作集》、《烟雾》、《新的家》、《夜归》、《南行记续篇》、《南行记新篇》，中篇小说《春天》、《江上行》、《我的青年时代》、《乡愁》、《一个女人的悲剧》、《我的幼年时代》，《艾芜中篇小说集》，长篇小说《丰饶的原野》、《故乡》、《山野》、《春天的雾》、《风波》，散文集《漂泊杂记》、《杂草集》、《缅甸小景》、《欧行记》，散文特写集《初春时节》，文艺理论《文学手册》、《谈小说创作》，报告文学《幸福的矿工们》，选集《艾芜选集》，评论集《浪花集》，评论与散文集《艾芜近作》，文集《艾芜文集》，儿童文学作品选《艾芜儿童文学作品选》等。

《三遂平妖传》，元末明初的罗贯中编撰的20回本长篇小说。近现代通行的40卷本，为明朝末年的冯梦龙添增而成。内容以神怪故事的形式叙述宋仁宗时镇压胡永儿、王刚夫妇领导的农民起义。冯梦龙（1574～1646），字犹龙、子犹，号龙子犹、墨憨斋主人、顾曲散人、吴下词奴、姑苏词奴、前周柱史等，长洲县人，从小就好读书，然而他科考却屡试不中，直到57岁时才被补为贡生，历任丹徒训导、寿宁知县，后回家乡著书立说。其著有话本小说《喻世明言》、《醒世恒言》、《警世通言》，话本史传《有夏至传》、《新列国志》、《两汉至传》、《新列国志》、《盘古至唐虞传》、《增补三遂平妖传》、《古今烈女演义》，民歌《童痴一弄·挂枝儿》、《童痴二弄·山歌》、《夹竹桃顶真千家诗》，笔记小品《智囊》、《古今谈概》、《太平广记钞》、《情史》、《笑府》、《燕居笔记》、《太霞新奏》，戏曲《双雄记》、《万事足》和改编的《新灌园》、《酒家佣》、《女丈夫》、《量江记》、《精忠旗》、《梦磊记》、《洒雪堂》、《西楼楚江情》、《三会亲风流梦》、《邯郸记》、《人兽关》、《永团圆》、《一捧雪》、《占花魁》、《双丸记》、《杀狗记》、《三报恩》、《春香闹学》、《游园惊梦》、《拾画叫画》，散曲《宛转歌》，诗集《七乐斋稿》，曲谱《太霞新奏》、《最娱情》、《墨憨斋传奇定本》，时事《王阳明出生靖难录》、《甲申纪事》、《中兴实录》、《中兴伟略》，应举《春秋衡库》、《麟经指月》、《春秋别本大全》、《四书指月》、《春秋定旨参新》，其他《寿宁县志》、《折梅笺》、《楚辞句解评林》、《牌经》、《马吊脚例》、《冯梦龙集》（对民间俗文学的见解和主张，遗诗、佚文、方志记载、函牍文档、时文题咏等有关其生平的原始资料）等。

《六英尺土地》，长篇小说。1956年发表。著者是南非的女作家纳丁·戈迪默（Nabine Gordimer，1923～），出生于约翰内斯堡附近的矿山小镇斯普林斯。父亲伊西多尔·戈迪默，是位犹太珠宝商；母亲南·迈尔斯，是英国人后裔。作者6岁前，母亲给她读书、讲故事；6岁后，她自己开始看书；9岁开始写作，13岁发表处女作寓言故事《明天再来》，此后进大学读书，经常在报刊和杂志上发表作品，到2004年已创作长篇小说14部、短篇小说集15部（200多个短篇小说故事）、杂文与评论160多篇，有长篇小说《缥缈岁月》、《说谎的日子》、《陌生人的世界》、《爱的时节》、《贵客》、《自然资源保护论者》、《没落的资产阶级世界》、《伯格的女儿》、《朱利的族人》、《大自然的变动》、《我儿子的故事》、《没人陪伴我》,短篇小说集《面对面》、《六英尺土地》、《毒蛇的柔和声音》、《星期五的足迹》、《不是为了出版》、《利文斯通的伙伴们》、《短篇小说选》、《肯定是在星期一》、《士兵的拥抱》、《那儿发生的事情》、《跳跃》,文学评论集、随笔集等作品。其先后获得史密斯文学奖、南非英语科学院托马斯·普瑞格尔奖、英国布克奖、法国埃格尔文学大奖、美国现代语言学会奖、班奈特奖、意大利普来米欧·马拉帕特奖、德国奈丽·萨克斯奖。1991年,因"她史诗般的壮丽作品使人类获益匪浅",而得诺贝尔文学奖。

《十字军骑士》,长篇历史小说。1900年撰成。描写14世纪末至15世纪初波兰、立陶宛联合反击十字军骑士侵略的。作者是波兰的亨利克·显克维奇(Henryk Sienkiewicz,1846~1916),出生于波德拉斯地区一地主家庭,后全家将田庄卖掉迁居华沙。他在大学期间便开始文学创作,著名小说还有长篇《毫无规则》、《波瓦涅茨基一家》、《火与箭》、《洪流》、《伏沃底约夫斯基先生》、《你往何处去》,短篇《家庭教师日记》、《为了面包》、《灯塔看守人》等,用词精炼、情节感人、描写细腻、语言流畅。1905年瑞典学院评奖委员会以他"作为一个历史小说家的显著功绩和史诗般叙事风格取得的杰出艺术成就",而授予其诺贝尔文学奖。

《三千里江山》,长篇小说。是首部描写抗美援朝的小说。1952年问世。作者是杨朔(1913~1968),原名杨毓晋(璠),字莹叔,中共党员,山东蓬莱县城人,父亲杨清泉是清末秀才。其幼承家教,勤奋好学,6岁被送进私塾复读,7岁到志成小学读书,四五年级时已写得一手好文章,小学毕业后因家境窘困而无法继续升学,于1927年随舅父去哈尔滨,在英商太古洋行当练习生、办事员,业余攻读英语,后到哈尔滨英文学校学习,1939年参军,历任战地记者、中国作协外文委主任、亚非团委会副主席、亚非人民团结理事会常设书记处书记、中华全国总工会文艺部长等职。其还著有长篇小说《风雨》,中篇小说《帕米尔高原的流脉》、《北黑线》、《望南山》、《锦绣山河》、《红石山》,短篇小说《征尘》、《火并》、《铁骑兵》、《大旗》、《霜天》、《麦子黄时》,小说集《月黑夜》,通讯《石油城》,《杨朔短篇小说集》,通讯集《潼关之夜》、《鸭绿江南北》、《万古青春》,散文《荔枝蜜》、《樱花雨》、《香山红叶》、《泰山极顶》、《画山绣水》、《茶花赋》、《铁骑兵》、《蓬莱仙境》、《海市》、《雪浪花》、《西北路途散记》，散文集《亚洲日出》、《东风第一枝》、《生命泉》、《杨朔散文选》等。

《一个现代事例》，反映美国生活的小说。著者是美国的作家霍威尔斯（William Dean Howells，1837～1920），幼年时跟随父亲学习排字，1860年发表《林肯传》，后去意大利任美国驻威尼斯领事，著作还有《意大利游记》、《现代意大利诗人》、《赛拉斯拉发姆的兴起》（小说）等。

《十字路口之夜》，小说。作者是比利时的乔治·西默农（Geor-ges Simenon，1903～1989），出生于列日，中学读完后就到社会谋生，历任职员、记者、皇家文学院的院士等职。其小说还有《在阿什桥上》、《拉脱维亚人皮埃尔》、《雪是脏的》、《关于贝贝·董热的真相》、《给我法官的心》、《已故加莱先生》、《圣福里安的吊死鬼》、《一个人的头》、《黄狗》、《房客》、《自杀者》、《格格雷》、《我回忆》、《家谱》等。其有笔名17个，写了数百部小说，仅多格雷系列侦探小说就有82部，有时一天用打字机就可打完80页的作品。

《十字奖章与火箭》，长篇小说。1944年出版。鼓励美国士兵参加反法西斯战争的。著者是美国的艾伯特·马尔兹（Albert Maltz，1908～）。其父原为立陶宛人，成人后到美国谋生，成为建筑师。母亲，波兰人，幼年被带到美国，成年后为裁缝行业的工人。作者于1930年从哥伦比亚大学哲学专业毕业后，又去耶鲁大学学习了三年戏剧，之后担任教师、编辑等职，还著有长篇小说《潜流》、《赛蒙·马其维尔游记》、《短促生命中漫长的一天》，短篇小说《世上最幸福的人》、《兽国黄昏》、《马戏团到了镇上》、《二十号街的星期日早晨》，戏剧《马尔兹独幕剧选集》，论文等作品。

《四海之内皆兄弟也》，是用英文译成的中国文学名著《水浒》。1933年出版。译者是美国的女作家赛珍珠，原名泼尔·西登斯居里克·布克（Pearl Syden-stricker Buck，1892～1973）。"赛珍珠"是她仿中国名妓"赛金花"而取之名。其出生于美国弗吉尼亚州，从小随父母（美国基督教长老会派到中国来的传教士）到中国，在镇江长大，跟中国老师读经书，15岁进上海英国学校学习，17岁回国入梅康女子学院学心理学，毕业后于美国教书，不久来中国镇江教会学校任教，之后到安徽宿县工作5年，又去金陵大学与东南大学教英语和英国文学。1922年初次发表文章，1925年首次小说问世。1925～1926年回国进康奈尔大学读书，获硕士学位，再次来中国，开始长篇小说写作。1934年回美国一家公司编辑部工作，1941年创立"东西方协会"，1949

年创办"欢迎回家"(专收美国军人在海外及亚洲妇女们生的弃儿)机构,1951年被选为美国文艺学院院士。1967年将自己的大部分财产700多万美元转交给支持上述机构的"赛珍珠基金会"。一生著作85部,其中还有传记、儿童文学、评论等作品。名著还有《大地上的房子》(三部曲:《大地》、《儿子们》、《分家》;第一部获普立彻奖;全书描写一位贫苦农民依靠土地与辛勤劳动及勤俭节约,最终成为财主的)、《帝国妇女》(历史小说,写慈禧爱情的)等。1938年瑞典学院评审委员会说,"由于她对中国农民生活的丰富而真实的史诗般描写,以及她杰出的传记作品","为人类的同情铺路","跨越了远远分开的种族边界",成为了"一座沟通东西方文明的桥梁",而授予其诺贝尔文学奖。

《万延元年的足球队》,长篇小说。1967年问世。获谷崎润一郎奖。作者是日本的大江健三郎(おおえ けんざぶろう),1935年1月31日出生于爱媛县喜多郡的大濑村,1956年进东京大学文学部读法文专业,1959年毕业后专事文学创作。他的小说还有《火山》、《奇妙的工作》、《死者的奢华》、《饲青》(获日本最高文学奖——芥川奖)、《熊熊燃烧的绿树》(三部曲,描写一有严重脑残疾的儿童顽强拼搏生存,成长为作曲家的,获意大利蒙特罗文学奖)、长篇《个人的体验》(写主人公面对亲生的脑部残疾儿所产生的烦乱心情的,获新潮文学奖)、《洪水涌上我的心头》(借用《圣经》中洪水的传说,描写公害与核武器威胁人类灭亡的,获野间文学奖)、《核时代的森林隐遁者》、《青年的污名》、《摆脱危机的调查书》、《同时代的游戏》、《迟到的青年》,短篇小说集《倾听雨树的人们》、《新人啊,醒来吧!》、《我真正年轻的时候》与剧本、文学评论集、随笔集、散文等作品。1994年,瑞典学院认为他"以诗的力度创造了一个想象世界。在这个世界里,现实与神话相互交融,勾勒出一幅反映当代人困境的多变的图景",而授其诺贝尔文学奖。

《三篇模范小说和一篇序》,小说。1920年出版。作者是西班牙的米盖尔·德·乌纳穆诺(Mi-guel de Unamu-no,1864~1936),出生于毕尔巴鄂城的一中产阶级家庭,在大学时攻读哲学和古代语言,毕业后回家乡当家庭教师,同时进行文学创作。1891年被聘为大学古希腊语教授,后担任大学校长等职。其还有小说《雾》、《阿维尔·桑切斯》、《殉道者圣曼努埃尔·布埃诺》、《战争中的和平》、《杜拉姨妈》、《诗集》,戏剧《费德拉》、《梦的阴影》、《胡安兄弟》,论著《堂吉诃德与桑丘传》,随笔,游记等作品。

51

书的命名　>>>

《五显灵官大帝华光天王传》，也名《南游记》。一部4卷18回本的华光救母的通俗小说。编撰此书者余象斗（约1561～1637）。

《四福音书》，反映乌托邦的改良主义思想的长篇小说。作者是法国的爱弥尔·左拉（Emile Zola，1840～1902），出生于巴黎（即其父母的旅行途中），幼年跟随父（意大利人）母（希腊人）在法国南方的普罗旺地区爱柯斯城生活（当时其父是工程师，承担运河工程）。7岁时父亲病逝，与母亲二人很快陷入贫困，由外祖父母接济，艰难地生活，靠助学金上到中学毕业，19岁时便被迫独自谋生；由于没有任何技艺，找到的多是短期的杂工，经常失业，常常靠捉麻雀与捡富人家扔掉的鱼头鱼尾充饥。但是，他依然怀着成为诗人的理想，坚持写诗；1862年，给阿晒特书局做打包工时，诗稿被老板看到，认为其有才，就提升他为广告部主任。自此，他便陆续在报刊上发表作品。1865年辞职，开始职业作家生涯。其著作还有中短篇小说集《给妮侬的故事》，长篇小说《克洛德的忏悔》、《德莱丝·拉甘》、《玛德莱纳·菲拉》、《卢贡－马卡尔家族》（从28写到53岁才完成，全书600万字，含长篇小说20部，内容涉及政治、军事、宗教、商业、不动产、工人、农民、艺术、日常生活等各个方面）、三部曲《三城市》，论著《实验小说》、《戏剧中的自然主义》、《自然主义小说家》，檄文《我控诉》，戏剧等。

《万山红遍》，小说。作者是黎汝清，1928年2月10日出生于山东省博兴县八甲村，7岁上学，11岁由于日寇入侵家乡而辍学。1944年7月考入抗日民主政府创办的耀南中学，3个月后，分配到渤海行署生活股任会计。1945年参加八路军。1946年2月加入中国共产党。历任军队缮写员、小报编辑、副科长、华东公安部队医院分院副政委，前线歌舞团编剧、创作员、省政协委员等职，多次立功受奖，享受政府特殊津贴，还有长篇小说《海岛女民兵》、《冬蕾》、《叶秋红》、《雨雪霏霏》、《生与死》、《深谷英魂》、《蒙尘玉》、《皖南事变》、《湘江之战》、《碧血黄沙》、《漠野烟尘》、《丛林战争》、《安娜一家》、《故园暮色》、《故园夜雨》、《故园晨曦》、《芳茗园之夜》、《滴血的夕阳》、《多露的早晨》、《黄洋界上》、《风雨征途》、《心灵秘史——一个游击队长的手记》、《作家的童年》等，儿童文学集《三号瞭望哨》、《秘密联络站》，诗歌散文集《战斗集》、《在祖国的土地上》、《青凤岩》、《战马奔驰》，中篇小说《我守卫在桃花河畔》、《自由》、《一个女人的忏悔》、《战地情思》，电影文学剧本《小号手》、《云霞岭》、《长征》，评论集《黎汝清研究专集》等，约 1050 万字的作品。其中的多部著作获奖。

2 文集

　　文集，有诗文集、散文集、诗散文混合集等。之中以数字与其他字词合为书名的名作有《二雅》、《二南》、《二心集》、《百两篇》、《三民主义》、《三角轨道》、《四六法海》、《八旗文经》、《一百个欣慰》、《三吴水利录》、《四六丛话》、《一位自然主义者之死》、《十二生肖对联》、《万首唐人绝句》、《万叶集》、《万民法》、《五七言今体诗钞》、《一个美丽纪元的结束》、《十四行诗集》、《七十家赋钞》、《四印斋所刻词》、《五百四峰草堂诗钞》等。

　　《二雅》，名来源于《大雅》、《小雅》的第二字，是它们的合称。其中的《大雅》31 篇、《小雅》80 篇，总计 111 篇。

　　《二南》，是指《诗经·国风》所载的《周南》、《召南》。其名为它们第二字的合称，总计 25 篇诗文。"南"，是指两个地区的方位。《楚风补·旧序》说："夫陕以东，周公主之；陕以西，召公主之。陕之东，自东而南也；陕之西，自西而南也；故曰'二南'。系之以'周南'，则是隐括乎东之南、西之南也。"这里的"周"，指的是周朝。西周之初，周公姬旦和召公姬奭"分陕而治"；姬旦驻守东都洛邑，治理陕以东的地区；姬奭驻守西都镐京，管理陕以西地区。"周南"，是当时周公统治区中的南方流域，东到今徐州一带；"召南"，是召公统治区中的南方流域，以南阳南郡为中心，北至镐京，西至巴蜀，南到今荆州一带。在周公统治区中南方流域的诗文被辑录汇集成《周南》，召公统治区中南方流域的诗文被辑录汇集成《召南》，二者合并，形成《二南》。

　　《二心集》，作者是鲁迅（1881～1936），原名周树人，字豫才，浙江绍兴人，1901 年毕业于矿务铁路学堂，1902 年求学日本，1909 年回国，历任社会教育司科长、大学教员、报刊主编等职，1927 年 9 月专事文学创作，发表有中国现代文学史上首篇白话文小说《狂人日记》、著名中篇小说《阿 Q 正传》，陆续出版所撰文集《孔乙己》、《呐喊》、《彷徨》、《坟》、《热风》、《野草》、《华盖集》、《朝花夕拾》、《华盖集续编》、《故事新编》、《而已集》、《三闲集》、《南腔北调》、《伪自由书》、《准风月谈》、《花边文学》、《且介亭杂文》，编著《中国小说史略》、《汉文学史纲要》、《嵇康集》、《会稽郡故书杂集》、《古小说钩沉》、《唐宋传奇集》、《小说旧闻钞》等；共有译文、著作

书的命名 >>>

近一千万字，杂文650多篇，另有许多散文、通讯、论文、诗等作品。

《百两篇》，因西汉时期东莱的张霸，将《书序》、《左传》的全文和《今文尚书》部分内容融合到一起再分成120篇而得名。张霸，字伯饶，7岁能读《春秋》，后拜樊儵为师，东汉和帝永元中任会稽太守，重用有真才实学之士，兴办教育，培养人才，使会稽地区大治，"百姓歌咏之"。他认为樊儵删《严氏春秋》"犹多繁辞"，乃削减为20言，被称为"张氏学"，和帝时晋升为侍中，年70卒，私谥宪文。

《三民主义》，是关于三民主义的演讲稿，16篇，1924年出版。作者是国民党临时"大总统"孙中山（1866~1925），学名孙文，字载之，号日新、逸仙，化名中山樵、阿罗哈（Dr. Alaha）等，惯称孙中山，祖籍东莞市，后迁居香山县翠亨村。父亲达成在村中打更报时，家无田产，佃2亩半高租田耕种，难以糊口。孙中山从小就参与家中农业劳动，6岁时便上山打柴牧牛，到溪涧捕鱼虾，随外祖父到海边打蚝，还到邻村三合会人办的武馆偷学拳术；10岁时进村塾求学，1878年得长兄孙眉的帮助，到檀香山就学5年。回国后考入香港西医书院学习，毕业后到澳门、广州设馆行医，每天定时义诊赠药，故求医者门庭若市。1894年春开始四处活动，组织革命力量、成立革命团体、准备武装起义、建立民国政府。1921年4月，在广州组建军政府，任非常大总统。著作还有《孙文学说》、《建国方略》、《建国大纲》、《第一次全国代表大会宣言》等。

《三角轨道》，诗集。1960年出版。作者是德国的君特·格拉斯（Günter Grass，1927~2015），出生于但泽（现波兰格但斯克）一位小商人家庭（父德国人，母亲波兰人），17岁中学未毕业便被征参军，不久被美军俘虏，1946年5月被释放，之后当过农工、矿工、乐师和石匠，1948年进入艺术院校学习，离校后从事文学创作，还有诗集《风信旗的有点》、《盘问》、《十一月之地》，剧本《还有十分钟到达布法罗》、《洪水》、《叔叔，叔叔》、《恶厨师》、《平民试验起义》、《在此之前》，长篇小说《铁皮鼓》（揭露法西斯的残暴行径与战后的腐败社会风气，改编成同名电影获奥斯卡最佳外语片奖）、《狗年月》（与前作相似）、《比目鱼》、《我的世界》，中篇小说《猫与鼠》（描写纳粹利用传统的英雄崇拜来毒害青年的）、《在特尔格特的聚会》，纪实体小说《蜗牛日记》，小说《伸出你的舌头》、《蟾蜍的叫声》、《辽阔的大地》，文集《关于不言而喻之事》、《备忘便条》、《论文学》、《学习抵抗》，配诗画册

《当比目鱼只剩下鱼刺的时候》等。1999年9月30日，瑞典学院评审委员会以其"戏谑的黑色寓言揭示历史被遗忘的一面"，而授予他诺贝尔文学奖。

《四六法海》，骈文集。依据《文选》、《艺文类聚》、《文苑英华》、《唐文粹》、《宋文鉴》、《元文类》等书，参以诸家文集及正史、野史所载，选魏晋到宋元时期的骈体文702篇。内容多为诏令、制敕、表章、笺启之类的公文与应酬文章。它以体分40类，"每篇之末，或笺注其本事，或考证其异同，或胪列其始末"，"皆原原本本，语有实徵"（《四库全书总目》）。辑编者为明朝的王志坚（1576～1633），字弱生、淑士、闻修，昆山人，万历三十八年（1610）进士，官至湖广提学佥事。

《八旗文经》，收满洲、蒙古、汉军八旗人的古文辞赋197家、650篇。附杨钟羲《作者考》、《叙录》。作者是清朝时期的爱新觉罗·盛昱（1851～1899），字伯熙，号意园、韵莳，隶属满洲镶白旗，系清太宗皇太极长子豪格之七世孙。父亲恒恩，左副都御史。母亲那兰逊保莲友，是一位很有名望的蒙古族女诗人，著有《芸香馆遗诗》2卷。爱新觉罗·盛昱，自幼聪慧，10岁时会作诗，光绪二年（1867）考中进士，历任翰林院庶吉士、侍读、编修、右庶子、日讲起居注、国子监祭酒等职，因为政治上受排挤，便将精力投注于考据学问。他"崇尚风雅，精通金石，对旗人碑刻情有独钟"（清代北京碑刻中的旗人史料，刘小萌，《文献》2001年3期），"时出游衍蜡屐访碑，复广觅拓工，裹粮四出，近畿之碑响拓殆遍"（雪屐寻碑录叙，《辽海丛书》第5册第58页，辽沈书社1985年影印本），汇集成书，后由表弟杨钟羲整理编排，定为16卷880篇、名曰《雪屐寻碑录》，收录的基本是北京旗人碑刻，属于汉人者寥寥数篇，以帝诏御制谕祭文最多，也有家撰墓碑、明堂碑文及祠堂记和反映北京旗人社会生活的原始资料等。

《一百个欣慰》，诗集。1967年出版。作者是波兰的女诗人维斯瓦娃·希姆博尔斯卡（Wislawa Szymborska，1923～2012），于波兹南省附近库尔尼克县的布宁村出生，因战争混乱，中学毕业后即到铁路部门工作，之后到克拉科夫雅盖仑大学读书，后任克拉科夫《文学生活》编辑。她还有诗集《我们为什么活着?》、《询问自己》、《呼唤雪人》、《盐》、《以防万一》、《大数字》、《桥上的人们》、《终了和开端》，短篇小说等作品，1996年瑞典学院评审委员会认为其诗作"以精确的讽喻揭示了人类现实中若干方面的历史背景和生态规律"，而授予她诺贝尔文学奖。

《三吴水利录》，4卷。内录周文英、苏轼、单锷、金藻、郑乔、郑亶等人关于太湖流域水利的论文7篇和自作《水利论》2篇与《三江图》。所谓三吴，说法不一，《水经注》说是吴郡、吴兴、会稽，《通典》与《元和郡县志》则说吴郡、吴兴、丹阳，还有其他说法。书名中的三吴泛指太湖流域。因太湖在历史上曾是吴国的中心，加上吴郡、吴兴便构成三吴。编撰者是明朝的归有光（1506～1571），字熙甫、开甫，号项脊生、震川，昆山人，自小聪明，9岁能属文，师从同县名儒魏校，嘉靖十九年（1540）中举，二十一年迁居嘉定之安亭江边，讲学授徒20年，从学的常达数百人。20年来，他先后8次入京会试，皆落第。60岁时，他再次参加会试、终获进士，历任长兴县令、顺德府通判、太仆寺丞等，参修《世宗实录》，还有作品《冠礼》、《宗法》、《御倭议》、《震川先生集》等。

《四六丛话》，骈文资料集。33卷。前28卷为明朝以前有关骈文的批评理论资料以及笔记、小说中的骈文等，后5卷为有关著者的小传。之中20卷有描绘先秦至清中叶骈文发展轨迹的凡例、叙论与按语等。作者是清朝的孙梅（？～1790），字松友，号春浦，归安人，少年攻诗，乾隆三十四年考中进士，在京任约10年的内阁中书舍人，出任太平府同知。

《一位自然主义者之死》，诗集。1966年出版。作者是爱尔兰的山姆斯·希尼（Seamus Heaney，1939～），出生于德里郡毛斯邦农场一位信奉天主教且世代务农的家庭，6岁时读书，1961年毕业于贝尔法斯特女王大学英文系，历任中学教师、大学讲师、教授等职。他还著有诗集《通向黑暗之门》、《在外过冬》、《北方》、《野外作业》、《苦路岛》、《山楂灯》、《幻视》，文论集《成见》、《舌头的管辖》，剧本《在特洛伊的治疗》，译作《迷途的斯威尼》等。1995年瑞典学院评审委员会以其作品"具有抒情美和伦理深度，使日常的奇迹和活生生的往昔得到升华"，而授予诺贝尔奖。

《十二生肖对联》，收集古今对联1054首。因每首对联内均嵌有中国古老的"干支纪年法与十二生肖"中的生肖动物的名（含谐音）或干支名，而故名。1990年中国黄山书社出版，10万字。陆伟廉等人辑撰。

《万首唐人绝句》，文集。100卷。每卷有绝句100首。其中：五言绝句25卷，七言绝句75卷，附37首的六言绝句1卷。辑编者是南宋时期的洪迈（1123～1202），饶州鄱阳人，字景卢，号容斋、野处，出生于一书香家庭，洪皓第3子。大哥洪适，进士，中书门下平章事，有著作多部。二哥洪遵，进士，位同宰相，有著作近 10 部。父亲洪皓，进士，提举万寿观，有文集 50 卷，出使金国，遭金人扣留，洪迈时年仅 7 岁，随兄适、遵读书，绍兴十五年（1145）考中进士，历任福州教授、国史馆编修、员外郎、知州、知府、侍讲、学士、提举佑神观等职，卒赠光禄大夫，谥文敏。他还著有文集《野处类稿》，志怪小说《夷坚志》，笔记《容斋随笔》，《四朝国史记》、《钦宗纪》等。他是一位勤奋博学的士大夫，并养成了做笔记的习惯，在读书之际，每有心得，便随手记下来，而后汇集成书。

《万叶集》，日本的诗歌集。收诗歌自 4 世纪至 8 世纪前半叶。成书年代和编者，历来众说纷纭，一般认为诗歌总集经多年、多人编选传承，约在 8 世纪后半叶由大伴家持（Otomono Yakamo-chi，约 718~785）完成。题名中的"万叶"含有"万言"、"万世相传"之意。书收长歌 265 首，短歌 4207 首，旋头歌 62 首，另有连歌、佛足石歌各 1 首与汉诗 4 首、汉文 22 篇等。大伴家持，出身于武门名族。曾祖父大伴长德，右大臣。祖父大伴安麻吕，在壬申之乱中支持天武天皇立功。父亲大伴旅人，官至大宰帅、大纳言。母亲去世较早，大伴家持由姑母大伴坂上郎女养育。其约 14 岁时，父亲离世，姑母坂上郎女供读书上学，16 岁时发表作品《大伴宿弥家持初月歌》，后历任内舍人、越中守、少纳言、少辅、巡察使、因幡守、大辅、大夫、上总、伊势、参议、中纳言、持节征东将军等职。

《万民法》，也称《各族人民的法》。是罗马奴隶制度时期依据《市民法》和吸收外来人员的习惯法所形成的一部法书。

《五七言今体诗钞》，18 卷。唐朝律诗集。作者是清朝的姚鼐（1731~1815），安徽桐城人，字姬传，一字梦谷，室名惜抱轩，世称惜抱先生、姚惜抱。出生于一书香人家。祖先姚旭为明朝云南布政司右参政，姚之兰（进士）为江州府知府。高祖姚文然，进士，刑部尚书。曾祖姚士基，举人，罗田知县。祖父姚孔瑛，26 岁去世。伯父姚范，进士，翰林院编修，著有《援鹑堂文集 - 诗集》。父亲姚淑，一介布衣文人。姚鼐出生时，家庭已衰落，但其幼年聪颖，跟伯父学经文，从刘大櫆习古文，于 1750 年考中举人后，经过 5 次礼部会试，均名落孙山，直到 1763 年第 6 次应试才中进士，历任庶吉士、礼部仪制司主事、刑部广东司郎中、《四库全书》纂修等职，后辞官南归，先后到扬州梅花、安庆敬敷、歙县紫阳、南京钟山等地书院讲学 40 年，弟子遍及南方各省。其还著有《九经说》、《三传补注》、《老子章义》、《庄子章义》、

《惜抱轩文集》、《文后集》、《诗集》、《法帖题跋》、《笔记》、《书录》、《尺牍》、《古文辞类纂》等。

《一个美丽纪元的结束》，诗集。1977年出版。作者是苏联移居美国的约瑟夫·布罗茨基（Joseph Brodsky, 1940~1996），生于列宁格勒一犹太人家庭，15岁读8年级时，因对学校正规教育不满，而退学、走向社会。其先后进工厂、锅炉房、医院太平间等地做杂务工，还到过许多荒无人烟的地方，历尽了苦难，深知文化知识的重要，便在劳动之余，坚持刻苦读书，自学波兰文和英文，不懈地写诗、译诗。其作还有诗集《罗马哀歌》、《约瑟夫·布罗茨基诗选》、《等等》、《言辞片断》、《短诗和长诗》、《驻足荒漠》，散文集《小于一》、《论悲伤与理智》等作品。1987年，瑞典学院以其在创作上"超越时空限制，无论在文学上或敏感问题方面，都充分显示出他广阔的思想和浓郁的诗意"，而授予他诺贝尔文学奖。

《十四行诗集》，写爱情与高山大海景色的。1826年出版。作者是波兰民族的亚当·密茨凯维奇（Adam Mickiewicz, 1798~1855），出生于立陶宛诺伏格罗德克附近的查阿西村，13岁时父亲（律师）去世，家庭贫困，1815年公费进维尔诺大学读书，1819年毕业任中学教师，1823年因参加"爱德社"被抓捕，1824年12月24日被迫离开祖国开始流浪生活，历任侨民杂志编辑、瑞士洛桑与法西兰大学文学教授等职，工作之余从事写作，还著有《诗歌集》，长诗《康拉德·华伦洛德》与《塔杜施先生》，诗剧《先人祭》等。

《七十家赋钞》，先秦至南北朝辞赋选集。有屈原《离骚》、庾信之文等70家206篇。辑者是清朝的张惠言（1761~1802），原名一鸣，字皋文，江苏武进人，少年时喜好《文选》辞赋，后来专意治经，从事古文写作，编纂《词选》，嘉庆四年（1799）考中进士，历任庶吉士、实录馆纂修、翰林院编修等职。此书为张氏自学与讲学所用，未及定稿便去世，由好友康绍镛（1770~1834）刊刻而成。康绍镛，字兰皋、镈南，山西省太原府兴县人，出生于书香之家。父亲康基渊，进士，知府，著书多部。叔父康基田，进士，江南河道总督。兄康纶钧，进士，陕西学政。康绍镛于嘉庆四年（1799）考中进士，历任内阁中书、军机章京、郎中、方略馆提调、大理寺少卿、安徽等4地区巡抚、两广总督、礼工部左侍郎、光禄寺卿等职，著有《钦定平定教匪纪略》（奉旨参修）、《筹补安省历年亏空疏》、刻印姚鼐的《古文辞类纂》（并作〈序〉）与李兆洛的《骈体文钞》等。

《四印斋所刻词》，词集。录南唐冯延巳词至清朝戈载《词林正韵》等25家。编者王鹏运（1848～1904），字幼遐，自号半塘老人，晚号鹜翁，广西临桂人，原籍浙江山阴，同治庚午（1870）中举，历任内阁侍读、监察御史、给事中等职，著有词集《庚子秋词》、《袖墨》、《虫秋》、《味梨》、《蜩知》、《半塘定稿》，另有汇刻的《宋元三十一家词》等。

《五百四峰草堂诗钞》，著者是清朝的黎简（1748～1799），字简民、未裁，号二樵、石鼎道士，广东顺德人，"十岁能诗，后举乾隆拔贡，但病足而未出岭南，乃以诗书花鸟为友。袁枚召之，黎简力辞不就。工书画，笔墨苍润淡远，颇负时誉。其诗与宋湘同为乾隆年间广东名家"（读书志·第八百六十四部．《五百四峰草堂诗钞》，夏三万，2011年3月5日 http：//blog.sina.com.cn/s/blog_495ced290100p7mt.heml.）。还著有《药烟阁词钞》等。

3 弹词、评书

弹词、评书很多。其中用数字与其他字词合成书名比较出名的如《一枝花》、《三笑姻缘》、《三国志平话》、《廿一史弹词》、《三弦铰子书》等。

《一枝花》，唐朝人"说话"的书。元稹在《酬翰林白学士一百韵》诗自注中云："尝于新昌宅说《一枝花》话。"

《三笑姻缘》，也名《三笑》。长篇弹词。内容是说明朝苏州才子唐伯虎，追恋大学士华鸿山家中的婢女秋香，卖身华家，骗取华鸿山信任，获娶秋香为妾的故事。作者不详。

《三国志平话》，讲史类的话本书。元朝刊印的《全相平话五种》内的一种。作者不详。述事，从司马仲相阴间断狱开始，到诸葛亮病死结束，民间传说的色彩较多。

《廿一史弹词》，文言文。文为每句10个字，后再系以诗或曲。题材源于正史所载的事迹。作者是明朝的杨慎（1488～1559），四川新都人，少时聪颖，正德六年（1511）状元，授翰林院修撰，修《武宗实录》，禀性刚直，每事必直书。武宗微行出居庸关，他"上疏抗谏"。世宗继位，其任经筵讲官。嘉靖三年（1524），因"议大礼"，违背世宗意愿受廷杖，"谪戍云南永昌卫，居云南30余年，死于戍地"（杨慎临江仙，zhexuan101，2011年10月4日 http：//www.doc88.com/p-14561072716html.）。此书为其谪戍云南时所作，原名《历代史略十段锦词话》，传世后易名为《廿一史弹词》，被誉为"后世弹词之祖"。

《三弦铰子书》，也名《三弦书》、《铰子书》。传说形成于明朝末年或清朝初年。流行于河南。开始为一人腿缚节子，抱三弦于怀中，自弹自唱。后逐渐发展成演唱者自击铰子（小铜钹）或八角鼓，以坠胡或三弦伴奏，形成1至3人演唱。篇幅有长、短两种，现当代的短篇居多。

4 礼仪、典章、制度

礼仪、典章、制度方面的，可以是礼仪，也可以是规章或制度、法律、历法、历表等。之内以数字与其他字词混合为书名的如《三礼》、《六典》、《三统历》、《七国考》、《九章律》、《五五宪草》、《五种遗规》、《六法全书》、《十二铜表法》、《四八〇号公法》。

《三礼》，即《仪礼》、《周礼》、《礼记》3部经典的合称。秦汉之前的各种礼仪作品选集。传为西汉戴圣编纂。今有东汉郑玄注本等。戴圣，生卒年不详，字次君，"西汉梁人，与叔父戴德（世称'大戴'）及庆普同学《礼》于后苍"，苦心钻研礼学，各有所得，逐步形成自己的学说体系，被称为"小戴"，"由是《礼》有大戴、小戴、庆氏之学"。宣帝时，戴圣以博士出任九江太守，讲授"礼学"，门徒颇多，曾传其学于梁人桥仁、杨荣等，于是，今文礼学"小戴学"又有了"桥、杨氏之学"（《汉书·儒林传》）。郑玄（127～200），字康成，北海高密人，字子徒，自幼从师学习书数，八九岁时就精通加减乘除的算术，十二三岁能诵读和讲述《诗》、《书》、《易》、《礼记》、《春秋》儒家"五经"，还喜欢钻研天文学，但因家境贫寒、迫于生计而辍学。然后边做事边自学，历任乡啬夫、乡佐、北海郡吏录等职。不久，辞吏职，入洛阳太学授业，之后周游各地拜访名师，学业猛进，已无人能比，便返回家乡种田、授徒、做学术研究。登门求学者，常常超过千人，弟子几遍天下，声名远播。官方先后14次以公车征左中郎、博士、赵相、侍中、大司农等职相许，都被他以各种理由谢绝或推辞。他"括囊大典，网罗众说"，从"通学"的角度遍注群经。史载，其注《易》、《尚书》、《毛诗》、《周礼》、《仪礼》、《礼记》、《论语》、《孝经》、《尚书大传》以及《中候》、《乾象历》，又著《天文七政论》、《鲁礼禘祫义》、《六艺论》、《毛诗谱》、《驳许慎五经异义》、《答临孝存周礼难》等百余万言。

《六典》，叙述3师、3公、3省、9寺、5监等职位的职司、官佐、品秩的书。题唐玄宗撰、李林甫等人注。玄宗，庙号，指的是李隆基（685~762），睿宗李旦第3子，母昭成窦皇后。其少有大志，在宫里自诩为"阿瞒"，7岁时，一次在朝堂举行祭祀仪式，金吾将军武懿宗大声训斥侍从护卫，隆基马上怒目而视，喝道："这里是我李家的朝堂，干你何事?! 竟敢如此训斥我家骑士护卫!"（李隆基，查字典网）弄得武懿宗目瞪口呆。武则天得知后，不但没有责怪隆基，反而对这孙子倍加喜欢，于次年将其封为临淄郡王。710年与太平公主联合发动宫廷政变，拥其父李旦复位，被其父立为太子。712年，睿宗退位，隆基成为皇上。他善骑射，通音律、历象之学，多才多艺，作有《霓裳羽衣曲》、《小破阵乐》、《春光好》、《秋风高》等百余首乐曲，现存其诗约70首等。卒谥至道大圣大明孝皇帝，简称唐明皇。

《三统历》，也名《三统历谱》。中国史书上首部记载完整的历法。规定一年分为二十四个节气，以立春开始，到大寒结束。从立春数起，逢单数的称为节气，逢双数的称为中气，无中气的月份为闰月，第一个月为孟春正月。著者是西汉末年的刘歆（约前50~后23），建平元年（前6）避讳哀帝而改为刘秀、字子骏、颖叔，皇族，楚元王刘交五世孙，宗正刘向之子，沛县人。其少年时通习今文《诗》、《书》、《易》和《谷梁春秋》，历任黄门郎、右曹太中大夫、中垒校尉、羲和京兆尹、少阿、扬武将军、国师一号"嘉新公"等，被封红休侯，还有著作《别录》（合撰）、《山海经》、《刘向评传》、《移让太常博士书》、《尔雅注》、《钟律书》等。其创造圆柱形的标准量器，计算圆周率常数为3.1547，第一个提出接近正确的交食周期，发现一批晚出先秦《周礼》、《左传》、《毛诗》等经书，开辟用古文的字体笔意解经法，首次披露了《古文尚书》和《逸礼》的来历，首次把《毛诗》归于古文经典，首次把《周官》称为"经"并列入古文经典，重新整理《左氏春秋》，探求全书的义理。他继承父亲刘向遗业，将当时在宫廷能见到的优秀作品，经过校勘、分类、编目、写出总论与分论，汇成巨著《七略》。

《七国考》，战国时期的典章制度。著者是明朝末年的董说（1620~1686），字若雨，号西庵、鹧鸪生、漏霜，乌程人。世代显贵，至其父时已趋衰落。他始学四书五经，5岁会读《圆觉经》，10岁会作文，16岁补廪，20多岁便善观天象，精通天文学，而无意功名，隐居丰草庵，改姓林，名蹇，又名林胡子，字远游，号南村，自称槁木林，时已有6子。不久便离开母亲

书的命名 >>>

与妻儿，跟随苏州灵岩寺大师灵岩为僧，法名南潜，字月涵，后任该寺住持。他博学多才，据《南浔志》载其著有《丰草集》千余章、诗词乐府10余卷、《丰草庵杂著》数十种、《上堂晚参》、《唱酬语录》、《易发》、《运气定论》、《天官翼》、《薄镜歌发》、《楝花矶随笔》、小说《西游补》、《昭阳梦史》、《梦乡志》、日记《蓂屋记》、随笔《樵堂说略》等作品100多种。

《九章律》，因内容由《兴律》、《厩律》、《户律》、《杂律》、《具律》、《捕律》、《盗律》、《贼律》、《囚律》9章组成而得名。著者是秦汉之际的萧何（前257～前193），出生于泗水郡丰邑县东护城河西岸。早年担任沛县功曹，于秦朝末年辅佐刘邦起义。汉朝建立后被封为"酂侯"，高帝十一年（前196）协助皇上消灭韩信与英布等异姓诸侯王而进位丞相，卒谥文终侯。

《五五宪草》，由1936年5月5日问世故名。是一种宪法草案。原名《中华民国宪法草案》。国民党政府制定并宣布执行。

《五种遗规》，搜辑历代关于修身、处世、教育、治家、居官等方面的言论、事迹、资料而编成的一部书。之中的《养正遗规》是教少年如何读书、立志，《训俗遗规》教士、农、商贾等如何处世做人，《从政遗规》教从政者要"上符圣训、下合民望"，《教女遗规》教女孩要重视道德智力的修养，《在官法戒录》教胥吏"见善而以为法，见不善而以为戒"。清朝末期规定为中学堂科修身的读本，民国年间被定为官员从政的必读书。著者清朝的陈宏谋（1696～1771），字汝咨，号榕门，原名弘谋，晚年避讳弘历帝改为宏谋，广西临桂县四塘乡横山村人，幼年家境贫寒，读书刻苦，雍正元年（1723）考中进士，历任翰林院检讨、知府、布政使、天津道、按察使、巡抚、总督、尚书、大学士等职，后因病请求回乡，加太子太傅衔，死谥文恭。他宦海生涯48年，先后到12省，任21职，受降革职处分达6次，经历坎坷。但其不计个人得失、勤政爱民、从政之余笔耕不辍尽心治学，还编写有《纲鉴正史约》（增订）、《司马文公年谱》、《三通序目》、《甲子纪元》、《培远堂偶存稿》、《大学衍义辑要》、《大学衍义补辑要》、《吕子节录》、《女训约言》、《培远堂文集》、《手札节要》、《课士直解》、《培远堂文录》、《湖南通志》（监修）、《陈榕门先生遗书补遗》等教育方面的著作10多种，近300万字。其晚年在京还辑录《学仕遗规》，提出为官与读书治学不能矛盾的观点，与上述的《养正》、《训俗》、《从政》、《教女》四者合刻成书，也称《五种遗规》。

《六法全书》，两种：一、中国国民党政府将宪法、刑法、民法、商法、刑事诉讼法、民事诉讼法汇编为一体的书，也名《六法大全》；二、对一些国家此6类法典的合称。

《十二铜表法》，也名《十二表法》。古罗马首部成文法。约在公元前450年颁布。由文字刻在12块铜牌（一说是涂上色的木牌）上故名。内容为债权、债务、财产继承、刑事、诉讼等方面的规定。被一些学者视为欧洲法学之源。

《四八〇号公法》，是美国对外倾销剩余农业产品的法规。因由1954年国会四八〇号法案通过而得名。也称《农业贸易发展与援助法》。内容有向国外出售农产品、交换战略物资或所需物资、赠送其他国家物品等。

5　工具书

工具书，所属的内容较多，有字书、丛书、类书、字典、辞书、词典、百科全书、书目、索引、政书、文摘、辑佚书、文征书、表谱、图谱、手册、年鉴、综述等。其中以数字与其他字词作书名的如《三苍》、《六书通》、《六书故》、《七音略》、《一字索引》、《七录》、《七略》、《七志》、《三才图会》、《两京遗编》、《四部丛刊》、《四部备要》、《四元玉鉴》、《四部总录》、《九宫正始》、《九畹遗容》、《十通索引》、《十三经索引》、《百局象棋谱》、《百家姓解释》、《一切音义通检》、《二金蝶堂印谱》、《四库全书总目》、《五讲四美手册》、《十钟山房印举》、《二十史朔闰表》、《三国志地名索引》、《四角号码新词典》、《四部总录·艺术编》、《四库全书简明目录》、《八旗满洲氏族通谱》、《九宫大成南北词宫谱》、《万姓统谱》、《四柱清册》、《五雅全书》、《百陵学山》、《百川学海》、《廿一史四谱》、《四库全书荟要》、《四库全书存目丛书》等。

《三苍》，也名《三仓》，是秦朝李斯的《仓颉篇》、赵高的《爰历篇》、胡毋敬（一作胡母敬，"胡母"姓也作"胡毋"姓）的《博学篇》集合而成。后有人又将汉朝扬雄的《训纂篇》、贾鲂的《滂喜篇》纳入《仓颉篇》（含赵高的《爰历篇》、胡毋敬的《博学篇》），也合称《三苍》，均为字书。李斯（约前281～前208），名斯，字通古，战国末年楚国上蔡人，"初为上蔡郡小吏，后入秦辅助秦始皇，完成了统一六国的大业，官拜丞相"（李斯墓，zgyeg，2006年4月26日，http：//www.baike.com/wiki李斯墓），被世人尊称为"千古一相",还有作品《谏逐客书》、《小篆》、刻石《泰山封山刻石》、《琅琊刻石》、《峄山刻石》、《会稽刻石》等。赵高（？~前207),秦国宗室远亲,历任中车府令、郎中令、丞相等职。胡毋敬,秦朝栎阳狱吏,后为太史令。扬雄（前53~后18),本姓杨,好奇,特自标新,易姓为扬,字子云,西汉蜀郡成都人,家贫,少好学,博览群书,长于辞赋,口吃,不善言谈,而好深思,不慕富贵,历任大司马王音召为门下史、成帝时的给事黄门郎、王莽帝的大夫,校书天禄阁。其还有《解嘲》,政论文《谏不受单于朝书》,语言作品《方言》,小赋《逐贫赋》和咏物赋《酒箴》。他是文学上的模仿大师,仿司马相如的《子虚赋》、《上林赋》作《甘泉赋》、《羽猎赋》、《长杨赋》,被后世称为"扬马";散文仿《易经》作《太玄》,仿《论语》作《法言》,仿屈原《楚辞》作《反离骚》、《广骚》、《畔牢愁》等;几乎无一作不模仿。贾鲂,东汉和帝时郎中,著名书法家。

《六书通》,内容依《洪武正韵》的部次列排,首排《说文》篆文,下列古文、籀文、金文、印章文字。明末清初的闵齐伋辑撰,毕宏述增订。闵齐伋,生卒年不详,字寓五,乌程人,自幼读书勤奋,好作诗文,以刻书为业。其于万历四十四年（1616)主持采用朱、墨两色套印《春秋左传》获得成功,后又改为五色套印,先后刻印经、史、子、集等一批古书及诸多戏曲、小说。

《六书故》,字书,33卷,分为天文、地理、人事等9部,细分为479目。书中不设部首,每部按指示、形象、会意、转注、谐声、假借等"六书"进行排列。作者为宋末元初的戴侗（1200~1285),字仲达,浙江永嘉人,淳祐元年（1241)进士,历任国子监主簿、知州、秘书郎、军器少监等职。父戴蒙,进士,授丽水尉,后辞官学习研究"六书"。兄戴仔,不事科举,对诗、书、易、礼和文字学都有研究。戴蒙、戴仔都对许慎的《说文解字》作过订正工作,但未成专书就先后去世。戴侗继承父兄的遗愿,继续从事"六书"的研究。他认为"许慎的《说文解字》部首杂乱,本末离散。采用小篆字体只是笔势整齐,增损字画,移易位置,使人不知制字的本源"（南宋著名文学家戴侗,张维玉,2009年10月28日,https://c/ub.1688.com/threadview/26861365.ntml.),采用钟鼎文,打破《说文解字》的部首排列法。此书除了汇集其父兄的成果外,还收录了他的弟弟、外祖父、舅父等人的研究资料,"成为一部集中家族和姻戚智慧别具特色的文字学专书"（南宋著名文学家戴侗，张维玉，2009 年 10 月 28 日，https：//c/ub.1688.com/threadview/26861365.ntm/.)。其著还有《六书通释》、《易书家说》、《四书家说》等。

《七音略》，音韵书。内分43图。各图均标明具体含义。著者为南宋时期的郑樵（1104~1162），字渔仲，自号溪西遗民，南宋时期的莆田人，出身书香门第，高祖郑冲、曾祖郑子堂、祖父郑宰、父郑国器，都是读书立业。郑樵自幼就受到良好的家庭教育，16岁时，父亲不幸病逝，家道衰落，开始清贫的生活。其为了克服无书读之难，便和从兄郑厚一起背上包袱，向四方藏书人家求借书读，不事科举，潜心治学。其著有《尔雅注》、《诗辨妄》、《诗传》、《说字》等95种、千卷之多。之中影响最大的是《通志》200卷，"堪称世界上最早的一部百科全书"。他第一个想建设科学，第一个以山林穷儒之身成为名垂千古的史学大家，第一个提倡知识分子要向劳动人民学习，第一个发出"《诗》、《书》为可信，但不必字字都信"的破除迷信、解放思想号召，第一个强调学习自然科学知识与学习儒家经典一样重要，第一个倡议建立翻译学、吸收外来先进文化和传播中华文明。

《一字索引》，单字索引书。也名《老解老》。1922年8月刊行。是索引中的首创。作者蔡廷干（1861~1935），字耀堂，香山县上恭都上栅村人，幼年寄居唐家村读私塾，1873年预备学校毕业，被选派为第二批留美幼童，到中学、高校、机械厂学习8年，1881年清廷下令撤回，进大沽水雷学堂学习，1884年在北洋舰队实习毕业，后历任水师士官、鱼雷艇管带、中将海军副司令、总统府副大礼官、中国红十字会副会长、外交总长、代理内阁总理、大学客座教授等职。其作还有《唐诗英著》、《阅微草堂笔记》、《红楼梦选篇》、《古君子》、《大东诗选》等。

《七录》，中国最早的图书目录书。因内分经典、记传、子兵、文集、术伎、佛法、仙道7个大类而得名，录书55部、6288种、44520卷。著者是西汉时期的刘向（约前77~前6），原名刘更生，字子政，沛县人，楚元王刘交四世孙，因反对宦官下狱，得释后免为庶人。成帝即位后，起用，改名为"向"，历任谏议大夫、宗正、光禄大夫等职，官至中垒校尉，故又世称刘中垒。其还著有《春秋谷梁传》、《五经通义》、《楚辞》、赋33篇、历史故事集《新序》与《说苑》及《古列女传》等。

《七略》，在《别录》基础上修订的成中国历史上首部图书分类目录。因总为7卷，每卷为一略而获名。其《辑略》为全书的叙录，余6卷为《六艺略》、《诸子略》、《诗赋略》、《兵书略》、《术数略》、《方技略》。将著录的图书分为6大类，38种，603家，13219卷。作者是西汉刘向之子刘歆（约前50~23）。

《七志》，目录书。因内分文翰、图谱、阴阳、艺术、经典、诸子、军书7志而得名。作者南朝齐国的王俭（452~489），字仲宝，祖籍琅琊临沂，东晋时期的名相王导5世孙。父亲僧绰、叔父僧虔，均有文才。王俭1岁时，父亲被害，为叔父所养。其自幼勤学，手不释卷。宋明帝时，王俭娶阳羡公主，拜驸马都尉，历任秘书郎、秘书丞、义兴太守、太尉右长史、义兴太守等职。后辅佐齐太祖萧道成即位，礼仪诏策，皆出其手；以佐命之功封南昌县公，升尚书左仆射，领吏部、兼丹阳尹。齐武帝时，任侍中、尚书令、国子祭酒、太子少傅、卫军将军、中书监，死谥文宪。另著有《宋元徽元年四部书目录》、《王俭集》51卷（诗词文章）等。

《三才图会》，类书。内分草木、鸟兽、珍宝、衣服、器用、宫室、身体、时令、仪制、人事、文史、人物、地理、天文等14个门类，各种事物，均画有图像，并予以说明。辑者为明朝万历年间的王圻、王思义父子。王圻（1530~1615），字元翰，号洪洲，上海人，祖籍江桥，幼年就读于诸翟，嘉靖四十四年（1565）考中进士，历任知县、御史、福建按察签事、邛州判官、知州、陕西布政参议等职，辑有《续文献通考》、《稗史汇编》、《两浙盐志》、《古今考》、《洗冤录》，注有《周礼》、《武经》，著有《青浦志》、《海防志》、《吴淞江议》、《洪洲类稿》、《水利考》、《明农稿》等。王思义，字允明，著有《宋史纂要》、《香雪林集》、《故事选要》等。

《两京遗编》，丛书。内收陆贾的《新语》、桓宽的《盐铁论》等两汉时期的书10种与文风相似的魏国刘劭的《人物志》、梁朝刘勰的《文心雕龙》共12种书。著者是明朝万历时期的胡维新，余姚人，嘉靖己未进士，官至监察御史。

《四部丛刊》，丛书。书分三编：初编350种（后来重印时更换21种相同的更好版本），续编81种，三编73种；为宋元两朝旧刻、明清两朝精刻、抄本、校本、手稿本。选辑者张元济（1867~1959），字菊生，浙江海盐人，清朝光绪年间的进士，担任过刑部主事、总理各国事务衙门章京，后主持商务印书馆工作，参加过新中国政治协商会议，当选为国家人大代表；校印百衲本《二十四史》，影印《四部丛刊》，著有《校史随笔》、《涵芬楼烬余书录》，辑有《续古逸丛书》等。

《四部备要》，丛书。内收文献336种，有清朝学者整理过的资料，均为古籍研究的难得著作。中华书局选辑印刷出版。

《四元玉鉴》，有288题，划分24个门类，用天元术或四元术来解答等，1303年完成问世。其中最杰出的数学创造有"四元术"、"垛积术"与"招差术"。作者是元朝的朱世杰（1249～1314），字汉卿，号松庭，燕山人，毕生从事数学教育，还著有《算学启蒙》等。

《四部总录》，是清朝的丁福保为补充修订《四库全书总目提要》而编撰，未完成，即逝世；其弟子周云青续补而成。丁福保（1874～1952），字仲佑（祐），号梅轩、畴隐居士、晋陵下工、济阳破衲，原籍常州，生于无锡，7岁入家塾就读，自说天性甚钝，读书不上百遍不能背诵，每夜苦读到三更始就寝。1895年肄业于江阴南菁书院，后随华蘅芳学算术、代数、几何、三角，后到上海学医与日本文字，1904年任京师大学堂教习2年辞职，到上海行医、创办丁氏医院、医学书局。1910年被两江总督端方聘为考察日本医学专员，到日本考察医学设施，并入日本千田医科学校进修了一段时间，返回上海，创办了一个"中西医学研究会"，与医界同仁探讨医学，并作深入研究。其在上海行医30年，于应诊之余注经著书，每日常鸡鸣即起，开始工作，白天应诊，晚间灯下著书，虽严冬盛暑，也从不间断，编著有《医学丛书》、《文学丛书》、《进德丛书》、《古泉丛书》、《说文解字诂林正续篇》、《古钱大辞典》、《历代医学书目提要》、《文选类诂》、《文选类话》（历时20年始成）、《尔雅诂林》、《笔算数学》、《代数备旨》、《形学备旨》、《佛学丛书》、《佛学指南》、《佛学初阶》，翻译日本《织田佛教大辞典》，编辑《汉魏六朝名家集初刻》、《全汉三国晋南北朝诗》、《历代诗话》、《历代诗语续编》、《清诗话》，编纂《说文诂林》等，之中编译出版的国内外医学书籍近80种。他喜藏书，建"诂林精舍"聚书达15万卷。

《九宫正始》，南曲曲谱。也名《汇纂元谱南曲九宫正始》。内容是考证南曲曲牌的源流与一些罕见的宋元两朝的南戏曲词。著者是明朝末年的徐于室（一作徐子室）。

《九畹遗容》，图谱。也名《兰谱》。内有画兰图式等。作者是明朝的周履靖，秀水人，生卒时间不详，字逸之，号海墟、螺冠子、梅颠道人，隐居不仕，聚书治学。其著有金石书法绘画类的《天形道貌》、《淇园肖影》、《罗

书的命名 >>>

浮幻质》、《春谷嚶翔》，古文诗词集《闲云稿》、《泛泖吟》、《咏物诗》、《螺冠子诗余》、《梅墟杂稿》，谈文论诗之作《狂夫酒语》、《骚坛秘语》，戏曲研究传奇《锦笺记》，辑有服气导引食养之法《夷门广牍》，注疏《鹖冠子》，校勘《天文占验》、《占验录》，撰成民俗、天文气象等方面的《风角书》（"关注海洋风向，开气象科学之先"——梅颠道人.奇逸隐士，二水居士，2004年4月17日http：//blog. tianya. cn/post－405－219585－/shtm/.）、《群物奇制》、《促织经》（"论形取象，论声取象，详列蟋蟀80多类，且加以命名之。对斗法尤为精到"，"防敌"、"择牵"、"接力"、"斗法"、"审势"、"惜才"、"斗败"、"茭法"，"几可与兵法媲美"——梅颠道人.奇逸隐士，二水居士，2004年4月17日http：//blog. tianya. cn/post－405－219585－/shtm/.）、《茹草谱》（记野菜105种，都有附图），作《续易牙遗意》（分述造脯、蔬菜、笼造、炉造、糕饼、斋食、诸汤和诸药等类），写出花鸟虫草无所不涉的《菊月令》、《菊谱》，增补《兽经》等。他藏书万卷，刻印有《十六名姬诗》、《艺苑》、《绘林》、《画薮》等。

《十通索引》，因索引的10部书名中都有"通"字，故取此名，既简洁，又有个性，是一部"关键词语"索引书。1938年商务印书馆编辑、出版。内容是对《通典》、《通志》、《文献通考》、《续通典》、《清通典》、《续通志》、《清通志》、《续文献通考》、《清文献通考》、《清续文献通考》里的典章制度名、人名、书名、地名、物名、短语、术语等关键词语进行的索引。这种索引的基本要求是，辑录的词语，必须对揭示所在文献的原文内容有实质性的意义；目的是使读者能快速查找、了解、使用文献中的有关信息。

《十三经索引》，是将"十三经"中的语句都分列为条，依各条首字笔画为序编排，首字相同者，再依第二字笔画为序，依次类推，且于每条之下注明出处而形成的书。由叶圣陶利用工作之余，于1929年秋组织全家人辑编一年半而成。叶圣陶（1894～1988），原名绍钧，字秉臣、笔名圣陶，出生于苏州吴县，父亲帮当地一个地主做账房，家境贫寒。叶圣陶6岁入当地的私塾就读，1907年考入草桥中学，毕业后历任小学教员、中华文艺协会总务部主任、大学教授、报刊主笔与主编、出版社长、教育部副部长、中国作协顾问、中央文史馆长、全国政协副主席、民进中央主席等职。其著作还有小说《春宴琐谭》、《抗争》、《平常的故事》、《微波》、《潘先生在难中》，短篇小说集《隔膜》、《火灾》、《线下》、《城中》、《未厌集》、《四三集》，长篇小说

《夜》、《倪焕之》，散文集《脚步集》、《未厌居习作》、《西川集》，诗集《雪朝》、《存集》、《箧存集》，童话《稻草人》、《古代英雄的石像》、《旅行家》、《小白船》、《一粒种子》、《玫瑰和金鱼》、《月亮姑娘的亲事》、《含羞草》、《快乐的人》、《芳儿的梦》，理论《写作杂谈》、《叶圣陶论创作》，教育论著《叶圣陶语文教育论集》、《文心》（合著）、《略读指导举隅》（合著）、《儿童文学研究》、《精读指导举隅》、《文章讲话》（合著）、《文话七十二讲》（合著），文集《叶绍钧选集》、《叶圣陶出版文集》、《叶圣陶文集》、《我与四川》（散文和诗），其他《牛郎织女》、《五月卅一日急雨》、《藕与莼菜》、《爬山虎的脚》、《苏州园林》、《荷花》、《记金华的双龙洞》等。

《百局象棋谱》，8卷。卷1，第1局　七星聚会；卷2，第2局　鸿雁双飞；卷3，第6局　金鸡独立；卷4，第12局　鸳鸯二炮；卷5，第29局跨海征东；卷6，第46局　鸿门夜宴；卷7，第67局　落花流水；卷8，第87局　五虎下川。内容是介绍以和局为主的排局方法。总设107局。清朝三乐居士著，杨明忠、陶诒谟诠注。后人不断改编，不断纠正所发现的错误，变更了之中的一些布局名称，仍使用原书名。

《百家姓解释》，此书在原《百家姓》的基础上，进行了扩充，增加了一些常见的姓氏，共收单姓537个，复姓63个。华云、纪林辑编。

《一切音义通检》，汇集了《一切音义》（含辽朝希麟的《续一切音义》）所注释的各种词语，以其中作为主要实词的单字（若一词由多字组成，一般用末字）进行分类，按笔画多少为序编列条目，各字下注所在《一切音义》的卷次、页码。著者清朝的陈作霖（1837～1920），字雨生，号伯雨、可园，江宁人，生于南京城，族人以诗书传家。陈作霖幼承家学，聪明颖悟，1875年中举，后在安品街20号利用宅后空地筑"可园"而居，著书立说，有专著《可园文存》、《可园诗存》、《可园词存》、《可园译孙史略》、《可园备忘录》、《可园诗话》、《可园藏书目录、跋尾》、《瞽说》、《寿藻堂文集》、《寿藻堂文续》、《寿藻堂诗集》、《寿藻堂杂存》、《养和轩随便笔》、《历代遗民传》、《艾辞选》、《金陵通纪》、《金陵通传》、《金陵先正言行录》、《金陵大事记》、《金陵列女传》、《江苏兵事记略》、《江苏古迹志》、《上元江宁乡土合志》、《先正传》、《仕迹传》、《文彦传》、《运渎桥道小志》、《凤麓小志》、《东城志略》、《金陵物产风土志》、《南朝佛寺志》（合著）、《炳烛里谈》、《金陵陈氏考》、《金陵陈氏谱略》、《葆常府君行述》、《泾舟老人年谱》，编著《续金陵

69

诗征》（合编）、《国朝金陵词钞》、《国朝金陵文钞》、《冶麓山房丛书》（20种）、《上江两县采芹录》等。

《二金蝶堂印谱》，著者是清朝的赵之谦（1829～1884），浙江会稽人，字撝叔、益甫，号悲盦（庵）、铁三、无闷、冷君、憨寮、子欠、梅庵、笑道人等，"一岁，即能把笔作字；稍长，读书过目辄成诵。又好深湛之思，往往出新意以质塾师，塾师不能答"（赵寿钰《府君行略》）。然其后家道中落与讼案失败而导致财产殆尽，"不得不过早就鬻书画"（赵之谦印谱，蔚蓝网）、当塾师，且以自己"琅琅若金石"的读书声来"精神充饥"（赵之谦印谱，蔚蓝网）。其仕途也不顺畅，38岁才中举，之后进士会试3次落榜，44岁才谋到《江西通志》的主编，后历任鄱阳、奉新、南城知县。但是，他没有向命运屈服，而是苦心钻研金石、书画、印艺，著成金石碑版考证之作《补寰宇访碑录》、《六朝别字记》，印作《赵之谦印谱》、《二金蝶堂双钩碑十种》、《仰视千七百二十八鹤斋丛书》，杂著《悲盦居士文》、《悲盦居士诗》、《勇庐闲话》、《章安杂说》等，最终在篆刻上跻身于"晚清四家"与"晚清六大家"而印史留名。

《四库全书总目》，又名《四库全书总目提要》，200卷。收清朝乾隆之前中国优秀作品10000多种的提要与书目。书名中的"四库"来源于唐玄宗时期，为储藏国家的经、史、子、集四大类书籍，在宫廷分别修建的四个书库。著者是清朝乾隆帝之子永瑢、永璇与汉族大臣纪昀等人。

《五讲四美手册》，内容有"五讲四美"方面的名词解释、中央领导的有关讲话资料、中央有关部门关于开展"五讲四美"活动的倡议、通知等。共青团中央宣传部组织52名人员编写而成。

《十钟山房印举》，古代的玺、印谱书。由清朝同治十一年（1872）的多家藏之印钤拓汇集而成。因书内为举类列分各种印式，故名"印举"。光绪九年（1883）增编，印逾万枚。著者是陈介祺（1813～1884），字寿卿，号簠斋、海滨病史、齐东陶父，山东潍县城人，吏部尚书陈官俊之子，少年时随父在京求学，道光二十五年考中进士。此后10年里，一直供职翰林院，官至编修。他不惜巨资收集秦汉器物80余种，三代、秦汉古印7000余方，商、周古钟11件等。其在京期间，目睹朝廷丧权辱国与官场腐败，极为不满，于咸丰四年借口处理母亲的丧事返归故里，专心从事金石研究，手拓铜器、陶、玺、石刻等拓片上的文字，逐一考证其渊源价值和解奇释疑，然后分类整理编纂成书，著有《簠斋印章》、《簠斋金石文考释》、《陈簠斋写东武刘氏款识》、《簠斋传古别录》、《簠斋藏陶》、《封泥考略》（合辑）、《簠斋藏古目》、《簠斋藏古册目并题记》、《簠斋古金录》、《簠斋藏镜》、《簠斋藏镜全目抄本》、《簠斋藏古玉印谱》、《陈簠斋尺牍》、《簠斋吉金录》与还未曾传世的10多种著作等。

《二十史朔闰表》，记时2000年（上起汉高祖元年）的著作。书中以中历为主，附注西历回历。编撰者陈垣（1880～1971），字援庵、圆庵，笔名谦益、钱罂等，广东新会人，出身药商家庭，自幼好学，无师承，靠自学，1897年赴京应试不第，1910年于光华医学院毕业，历任众议院议员、大学校长与教授和导师、中央研究院院士、图书馆长、研究所长、全国人大常委等职。一生从事教学74年，教过私塾、小学、中学。其著有论文《南宋河北新道教考》、《明季滇黔佛教考》、《清初僧诤记》、《中国佛教史籍概论》、《通鉴胡注表微》、《元西域人华化考》等百余篇，专著有《回回教入中国史略》、《校勘学释例》、《旧五代史辑本发覆》、《中西回史日历》、《史讳举例》、《古教四考》、《开封一赐乐业教考》、《火祆教入中国考》、《摩尼教入中国考》、《四库书名录》、《四库撰人录》、《基督教入华史略》、《元朝六十家文集目录》等10多种。

《三国志地名索引》，1980年中华书局出版。作者王天良，依据1959年中华书局出版的点校本《三国志》中的政区的州、郡、郡国、属国、县、城邑、乡、里、亭等县级以下的地名、山川、湖泊、海洋、陂泽、池塘、津渡、堤堰、关隘、塞、坂、岭、桥、宫、殿、门、台、苑、坞、陵、园、观、庙、馆、仓、地区、道路名等，用四角号码检字法立目，下注所在的卷次、页码之后汇集而成的书，书后附笔画检字表。

《四角号码新词典》，商务印书馆编，原本为建国之前编成，1950年出版。之后不断修改。至1962年，先后修订7次。1973～1976年继续进行大规模修改，1977年重新排本，1978年出版等。

《四部总录·艺术编》，收书约1500种。是《四库全书总目》有关内容的补充与修订之作。丁福保辑，周云青补遗。周云青，江苏无锡人，参与《中华大字典》1935年重修版的编写，著有《〈道德经〉书目考》、《四库全书提要叙》、《四库全书提要八叙（第二版）》、《四部书目总录样本》（与丁福保合编）、《〈秦妇吟〉笺注》、《四库未收书目提要补》、《钱辛伯〈读说文段注〉

札记》、《音韵辑要·跋》、《吴稚晖先生文存》、《俞曲园先生年谱》、《越缦堂读书记》、《革命文豪吴稚晖》、《现存医学丛书总目》、《中国医学大辞典著录医学书目》、《中国见存算学丛书总目》、《〈永乐大典〉的编修与佛典》等。

《四库全书简明目录》，是在《四库全书总目》的基础上删改压缩而成。收3470种图书目录和每种书的"提要"，但"提要"的内容比"总目提要"少，仅具"提要"性质。作者是纪昀（1724～1805），字晓岚、春帆，号石云、观弈道人，出生于河间府献县崔尔庄一书香世家。祖父纪天申，监生，县丞。父亲纪容舒，举人，姚安知府，著书多部。纪昀4岁开始启蒙读书，31岁考中进士，历任编修、侍读学士、日讲起居注、三通馆提调、《胜朝殉节诸臣录》与《四库全书》总纂、左都御史、会试正考官、兵部尚书、高宗实录馆总裁、《大清会典》馆副总裁等职，加封太子少保，死谥文达。其以文名世，著有《纪文达公遗集》、《评文心雕龙》、《历代职官表》、《史通削繁》、《河源纪略》、《镜烟堂十种》、《畿辅通志》、《沈氏四声考》、《唐人诗律说》、《才调集》、《瀛奎律髓》评、《景成纪氏家谱》、《李义山诗》、《陈后山集钞》、《张为主客图》、《史氏风雅遗音》、《庚辰集》，5种笔记小说的合集《阅微草堂笔记》等。

《八旗满洲氏族通谱》，80卷。内容为叙述明末清初东北八旗满洲各氏族的世系源流、居住地与"归附年月"等。全书共录满洲姓氏1114个，并为每个姓氏中勋业最显著者立传，事迹不显著者亦简记之，称为"附载"。清朝的弘昼等人于雍正十三年（1735）奉高宗之命编纂。弘昼（1712～1765），全名爱新觉罗·弘昼，雍正帝第五子，被封和亲王，历任正白旗与镶黄旗满洲都统、玉牒馆总裁等职。其喜好办丧事、吃祭品，疯疯癫癫，被认为是历史上著名的荒唐王爷。但是，也有一些人认为他是为免卷入弘时和弘历对皇位的争夺，而以"荒唐"出名，实为生存、避开杀身之祸的一种韬光养晦、大智若愚之术。

《九宫大成南北词宫谱》，82卷。也名《九宫大成谱》。书中收录南曲的引、正曲、集曲、北曲的只曲2094个曲牌，连同变体达4466个曲调与北曲套曲185套、南北合套36套。选用了唐、五代、宋人词，金元诸宫调，元明散曲、南戏、杂剧，明清昆腔、清代宫廷承应戏、御制腔等不同时期、不同剧种、曲种的唱词和曲调。是清朝庄亲王允禄奉乾隆帝之命组织乐工周祥钰、邹金生、徐兴华、王文禄、朱廷镠、徐应龙和大批民间艺人修纂。允禄，康熙三十四年六月十八日生，为皇 15 子允裪同母弟。雍正元年三月，命其出继为庄靖王博果铎后，袭封庄亲王，历任议政大臣、摄理藩院尚书、乐部总理等职，73 岁去世，谥恪，有诗《熙朝雅颂集》。

《万姓统谱》，也名《古今万姓统谱》。140 卷。各姓之下按时代先后注历代名人生平事迹。辑录者是凌迪知（1529～1600），字稚哲，浙江湖州织里镇晟舍人，明嘉靖三十五年（1556）丙辰科进士，历任工部郎中、定州与常州府同知、大名府通判、兵部员外郎等职，38 岁罢官，闭门著书、校书、雕版印书到逝世。其著有《史汉评林》、《增定荆川史纂》、《大学衍义补英华》、《左国腴词》、《太史华句》、《楚骚绮语》、《两汉隽言》、《文选锦字》、《名世类苑》、《名公瀚藻》、《学海清澜》，刊印有《国朝名公瀚藻》、《皇名经世类苑》、《文林绮绣》等。

《四柱清册》，也称《四柱册》。中国历史上一些朝代的官府用于办理钱粮移交、报销等事项所编制的表册。类似近现代会计的财务账表册（簿）。

《五雅全书》，是明朝天启年间的郎奎金将《尔雅》、汉朝孔鲋的《小尔雅》、汉朝刘熙的《释名》（郎氏改成《逸雅》）、魏国张揖的《广雅》、宋朝陆佃的《埤雅》5 部通释古文字词义的合编书。孔鲋（约前 264～前 208），字甲，孔子后裔，秦朝人，始皇焚书坑儒时其隐居嵩山，教授弟子百余人，历任鲁国少傅、陈胜反秦起义军博士。刘熙（生卒年不详），也称刘熹，字成国，北海人，官至南安太守，还有《孟子注》等。张揖（约公元 212～270），字稚让，清河人，太和年间（227～232）任博士，著有《埤仓》、《古今字诂》等书。陆佃（1042～1102），字农师，号陶山，越州山阴人。其家贫苦学，"映月读书"，宋朝熙宁三年（1070）考中进士，历任蔡州推官、国子监直讲、中书舍人、给事中、邓泰海 3 地知州、礼部侍郎、尚书左右丞等职，奉命参与修纂《哲宗实录》，著有《陶山集》、《礼象》、《春秋后传》、《鹖冠子注》等 242 卷。

《百陵学山》，丛书。原辑编书 100 种。大部分是明朝的风俗习惯、农业生产、学术思想等方面的书籍。著者是明朝隆庆、万历年间王文禄，生卒时间不详，字世廉，号沂阳子，海盐人，嘉靖十年（1531）举人。其"性嗜书籍，购书极多。历时数十年，所积缥缃万轴，贮于书楼中"。（王文禄，工具书库网）后来书楼不慎遇火，他大呼道："但力救书者有赏，他不必救也！"（王文禄，工具书库网）著有《王生艺草》、《竹下寱言》、《文脉》、《策枢》、

73

《书牍》等。

《百川学海》，中国最早雕版印刷的一部丛书。收书100种，分10集汇总。内容多是唐宋两朝的文人所著的野史杂说。辑者为宋朝咸淳年间的左圭。

《廿一史四谱》，54卷。"廿一史"是指西汉到元朝的历朝正史。"四谱"指的是书内的4卷《纪元谱》、24卷《封爵谱》、10卷《宰执谱》、16卷《谥法谱》。著者是清朝的沈炳震（1679~1737），字寅驭，号东甫，归安竹墩村人，"少好博览，纪传年月、世系，他人所不经意者，必默识之。及长才益闳雅。乡试八次，皆因言论激烈而未中，决意杜绝科举，专攻经史"（沈炳震，孔夫子旧书网）。其著有《增默斋诗》、《井鱼听编》、《唐诗金粉》、《历代帝系纪元歌》、《新旧唐书合钞》、《九经辨字蒙渎》、《清史列传》、《蚕桑乐府》、《四库总目》等。

《四库全书荟要》，丛书。内收文献464种。由清朝的于敏中、王际华等人奉命从《四库全书》中选录的精华而得名。于敏中（1714~1779），字叔子、重棠，号耐圃，江苏常州金坛人，曾祖到父亲都是以官为业。敏中于乾隆二年（1737）考取状元，历任翰林院修撰、学政、侍郎、尚书、《四库全书》正总裁、文华殿大学士等职，加太子太保衔，赏一等轻车都尉，卒谥文襄。他擅长翰墨，是当时颇有影响的书法家，有著作《临清纪略》等。然而，因其生前收受地方官员贿赂，死数年后事情败露，被皇上下令撤出贤良祠，剥夺子孙世职。王际华（1717~1776），字秋瑞、秋水，号白斋，钱塘人，乾隆十年考中进士（探花），历任编修、侍读学士、学政、侍郎、《四库全书》总裁、尚书等职，加封太子少傅，赠太子太保，卒谥文庄，著有《大方便佛报恩经》7卷等。

《四库全书存目丛书》，汇书4000多种、60000余卷。季羡林、刘俊文、张忱石等人编纂。季羡林（1911~2009），字希逋、齐奘，出生于山东省清平县康庄镇一农民之家，自幼读书，1930年考入清华大学西洋文学系，1935年9月报考研究生，被德国哥廷根大学录取，1941年2月获博士学位，历任大学教授、系主任、副校长、研究所长、中科院学部委员、全国政协委员、人大常委、文化书院院务会主席、史学会常务理事、高等教育学会副会长、中国亚非学会会长等职。其著作有论文集《中印文化关系史论丛》，理论《〈罗摩衍那〉初探》，散文集《天竺心影》、《季羡林选集》、《朗润集》、《季羡林散文集》、《牛棚杂忆》等。刘俊文，出生于1944年11月15日，1982年8月北京大学研究生院毕业，获历史学硕士学位留校工作，历任讲师、副教授、教授等职，著有《唐代法制研究》、《唐律疏议笺解》、《敦煌吐鲁番唐代法制文书考释》、《唐律疏议》、《折狱龟鉴译注》、《通典》（点校选举、乐、兵、刑法典）、《四库全书存目丛书补编》、《官箴书集成》、《中日文化交流史大系法制卷》、《日中文化交流史丛书法制卷》，译著《日本学者研究中国史论著选译》、《日本中青年学者论中国史》，论文《唐律与礼的关系试析》、《唐代水害史论》、《唐律渊源辨》、《新唐书证误》、《唐格试论》、《唐代狱讼制度考析》、《四库存目与四库全书存目丛书》等。张忱石，1940年4月生，江苏宜兴人，1964年毕业于北京大学中文系，历任中华书局古代史编辑室副编审、主任等职，著有《晋书人名索引》、《二十四史纪传人名索引》、《全唐诗作者索引》、《北宋经抚年表、南宋制抚年表》（点校）、《唐五代人物传记资料综合索引》（合作）、《南朝五史人名索引》、《永乐大典史话》、《建康实录》（点校）等。

6 乐曲

乐曲，种类较多，也多是从民间形成。其中以数字与其他字词合成的书名如《十二平均律钢琴曲集》、《十二木卡姆》等。

《十二平均律钢琴曲集》，器乐书。也名《平均律钢琴曲集》。音乐史上首部将"十二成平均律乐制"系统的应用到创作实践的作品。书成于1722年。作者为德国作曲家巴赫（Johann Sebastian Bach，1685~1750），出身于乐师世家，历任琴师、教师、宫廷乐长等职。其创作的声乐作品有《b小调弥撒曲》、《马太：受难曲》、《约翰：受难曲》、230多部世俗与宗教康塔塔，器乐作品古钢琴、创意曲，古钢琴《英国组曲》、《法国组曲》、《帕蒂塔》，管风琴曲《众赞歌前奏曲》、《托卡塔与赋格》，管弦乐《勃兰登堡协奏曲》，大、小提琴无伴奏奏鸣曲，《赋格的艺术》、《音乐的奉献》等。

《十二木卡姆》，2卷，1960年出版。维吾尔族大型传统的套曲。"木卡姆"意为"最高的位置"（源自阿拉伯文）因有12套而得名。内容为序歌、间奏曲、叙事组歌、舞蹈组歌、叙诵组歌等12套、70余首乐曲、170多个曲牌，无歌词。是由吐尔地阿洪（1881~1956）的演唱录音，进行记谱、整理编辑而成的。阿洪，新疆维吾尔族人，喜爱歌唱，幼年从父学习传统的维吾尔族音乐木卡姆，之后便到和田、喀什、莎车等地区演唱50多年，1951年后历任喀什、莎车文工团音乐教员等职。

7 兵书

兵书，是指对军队作战具有直接指导作用的书。之中以数字与其他字词作书名的如《六韬》、《八阵总述》、《三十六计》、《百战奇略》、《八一南昌起义》等。

《六韬》，兵书。以太公答周文王、周武王之问的形式写成。内容包括文韬、武韬、龙韬、虎韬、豹韬、犬韬6个部分，共60篇。作者是西周时期的丞相姜尚（约前1128～约前1015），本名吕尚，也名吕望，字子牙，被尊称为太公望、姜太公。其祖先伯夷助大禹治水立功被封在吕，后人皆以封地为姓。姜是其族姓。姜子牙出世时，家境已经败落，成年后靠宰牛卖肉、开酒店来了补无米之炊。但他志向远大，在做生意之余勤奋刻苦学习天文地理、军事谋略，研究治国安邦之道，商朝末期其已满腹经纶，但却怀才不遇，年过60，满头白发，仍在寻找所希望的工作。后遇文王，辅佐灭商，功成名就，成为中国历史上享有盛名的政治家、军事家和谋略家。

《八阵总述》，内容分3个大部分，每一个部分又分若干个小节，陈述8种阵法的相互关系、各自的作用、使用的效果、要注意的事项等。著者佚名。北京银冠电子出版有限公司制作的光盘《中华古典精华文库·诸子百家之兵家·八阵总述》，使用比较方便。

《三十六计》，论述军事谋略的书。基本内容始见于《南齐书·王敬则传》。独立成书于何时？作者是谁？至今仍是个谜。1995年11月中国人事出版社出版了普颖华等人编的《白话三十六计》，各条计谋的标题为：瞒天过海、围魏救赵、借刀杀人、以逸待劳、趁火打劫、声东击西、无中生有、暗渡陈仓、隔岸观火、笑里藏刀、李代桃僵、顺手牵羊、打草惊蛇、借尸还魂、调虎离山、欲擒故纵、抛砖引玉、擒贼擒王、釜底抽薪、浑水摸鱼、金蝉脱壳、关门捉贼、远交近攻、假途伐虢、偷梁换柱、指桑骂槐、假痴不癫、上屋抽梯、树上开花、反客为主、美人计、空城计、反间计、苦肉计、连环计、走为上。普颖华，出生于爱新觉罗世家。祖上属镶白旗，是八旗里的上三旗，祖母早年在慈安太后宫中任较高的职位，境遇较好，祖父则是内务府官员。父亲是第一届北京警察学校的毕业生，思想开放，教育女儿不要贪恋祖辈获得的荣华富贵，要做普通人。因此，普颖华选择了平民生活，不问政治，潜心治学，读完大学后，担任了大学教授、未来学会军事分会常务理事，创作的《禅宗美学》、《资治通鉴演义》、《国学寻美》、《孙子兵法中的智慧》、《发现国学之美》等陆续问世。

《百战奇略》，10卷。每卷分若干篇，每篇均由"提示"、"译文"、"原文"、"注释"四个部分的内容构成。作者是明朝的刘基（1311~1375），字伯温，温州文成县南田人，自幼好学，元统元年（1333）考中进士，历任元朝的县丞、行省考试官、检举监察御史、江浙省元帅府都事、明朝的弘文馆学士、资善大夫、上护军、太史令，赠封永嘉郡公。其作诗1301首，词有211首，《春秋明经》40篇，序、记、跋、赋等121篇，著有《刘伯温密授玄机通旨滴天髓》、《重纂诸葛忠武侯兵法心要》、《新锲诚意伯烟波钓叟奇门定局》、《解皇极经世稽览图》、《大明清类天文分野之书》、《天文风雨赋注解》、《刘青田剑法全集》、《洪武戊申大统历》、《佐元直指图解》、《八门禽遁大全》、《先天禽遁大全》、《大六壬银河棹》、《火龙神器阵法》、《时务十八策》、《国初礼贤录》、《披肝露胆经》、《白猿风雨图》、《观象玩占》、《灵城精义》、《灵棋经解》、《天文秘略》、《多能鄙事》、《犁眉公集》、《卖柑者言》、《玉洞金书》、《玉尺经》、《兵机赋》、《覆瓿集》、《写情集》、《烧饼歌》等。

《八一南昌起义》，是上海人民出版社约请南昌八一起义纪念馆、江西师范学院等单位的人员——署名写作组创作而成的。1977年7月出版发行。内容分为"起义的准备"、"起义的经过"、"起义军南进和井冈山会师"3个大类，每个类下有前后照应的若干篇文章。

8　戏曲、电影、电视剧本

戏曲、电影、电视剧本，有京剧、传奇剧、独幕剧、活报剧、秧歌剧、独幕话剧、话剧、多幕剧等。其中用数字与其他字词合作书名的如《一箭仇》、《一捧雪》、《二进宫》、《二颗心》、《三关宴》、《三岔口》、《四声猿》、《五支歌》、《九件衣》、《十字坡》、《千金记》、《万象楼》、《一只马蜂》、《一条战线》、《一坛金子》、《一页日记》、《一幅壮锦》、《一针见血》、《一串钥匙》、《两个心眼》、《三八河边》、《八能奏锦》、《八出喜剧和八出幕间短剧集》、《七巧姻缘》、《四十不惑》、《六十种曲》、《百年老屋》、《万水千山》、《一部体育剧》、《三分钱歌剧》之一、《三分钱歌剧》之二、《七将攻忒拜》、

书的命名　>>>

《十九号蓝图》、《万能机器人》、《一封遗失的信》、《十四岁的新郎》、《四大王歌舞丽春堂》、《一个旧友胜过两个新友》、《五谷丰收》、《四郎探母》等。

《一箭仇》，剧本。著名的京剧演员盖叫天（1888～1970，原名张英杰，号燕南，河北省人）擅长扮演此剧。

《一捧雪》，传奇剧本。书中描写的是一个名为莫怀古的朋友汤勤，讨好权贵严世蕃，献出计策夺取莫的玉杯"一捧雪"，使得莫家破人亡，莫的仆人为主替死，莫的侍妾把汤勤刺死而后自尽的动人故事。作者是明末清初的李玉（1610～1672），字玄玉，号苏门啸侣、一笠庵主人，吴县人，出身低微。父是明朝大学士申时行府中的奴仆。为此，李玉也受压抑，至明末始中副贡，进入清朝后，无意进仕，便致力于戏曲创作和研究。他的剧作，见于各种曲目书中著录的有42种，之中有《人兽关》、《永团圆》、《占花魁》、《清忠谱》、《眉山秀》、《两须眉》、《太平钱》、《千钟禄》、《万里圆》、《牛头山》、《麒麟阁》、《七国记》、《昊天塔》、《风云会》、《五高风》、《连城璧》、《一品爵》等。

《二进宫》，剧本。剧中的花脸人物徐延昭，登场时手持御赐铜锤，既唱又舞，八面威风，为众多的戏迷们所喜爱。

《二颗心》，剧作。著者是文学家陈其通（1916～2001），四川省巴州区梓潼庙乡人，出身贫农，读过一年半私塾，1932年参加入共青团，同年参加工农红军，1933年转入中国共产党，历任少共巴中县委书记、辽南军区武装部部长、总政文化部副部长、中国剧协与作协理事、社科院学部委员、国文改革委员等职，1961年晋为少将军衔，获二级功勋章三枚，一级红星功勋章。其创作有小歌剧、活报剧、话剧、秧歌剧、歌剧、歌舞剧、京剧、改编剧与整理改编的戏曲《王魁》、《敲窗》、《穆桂英》、《西厢记》、《梁山伯与祝英台》等各类剧目百余个。获各类创作、导演奖28次。

《三关宴》，剧本。作者是吴祖光（1917～2003），又名吴召石、吴韶，原籍江苏武进，出生于世代书香人家。直系祖上出过18位文武进士，有大学士吴宗达、执掌翰林院的吴中行、清朝末年钱塘知府兼盐运使的吴殿英等。父亲吴瀛24岁任京都市政督办公署坐办，精于诗文书画、篆刻和古文物鉴赏。吴祖光幼时有神童之称，肄业于中法大学，历任学校讲师、杂志主编、电影导演、文工团编导、剧团编剧、中国戏剧家协会副主席、全国政协委员等职，著有小说《宫娥怨》，剧本《凤凰城》、《正气歌》、《牛郎织女》、《夜奔》、

《孩子军》、《风雪夜归人》、《少年游》、《嫦娥奔月》、《林冲夜奔》、《捉鬼传》、《风雪集》、《求凰集》、《咫尺天涯》、《闯江湖》、《童童》、《牛女集》、《踏遍青山》、《荒山泪》、《花为媒》，散文集《后台朋友》、《艺术的花朵》，诗集《枕下集》，评论《吴祖光论剧》，传记《吴祖光悲欢曲》，报道《画家齐白石》等专著、文集50多部，一些作品获过奖。

《三岔口》，京剧剧本。取材于民间传说中的"杨家将"，是描写宋朝将官焦赞充军，到三岔口与人发生冲突、进行打斗的故事。秦腔、汉剧等类剧种也有此剧目。

《四声猿》，为《狂鼓史》、《玉禅师》、《雌木兰》、《女状元》4个杂剧本的汇编书。作者是明朝的徐渭（1521~1593），山阴人，字文清、文长，号天池、天池山人、田水月、田丹水、青藤、青藤老人、青藤道人、青藤居士、天池渔隐、金垒、金回山人、明山阴人、山阴布衣、白鹇山人、鹅鼻山侬等，出身于绍兴府山阴城大云坊的一富贵之家，出生3个多月，父亲徐鏓去世。母为侍女小妾，在徐渭10岁时，因徐氏家道中落被遣散出门。徐渭幼时于徐氏私塾学习，"六岁受《大学》，日诵千余言"（明代徐渭《野秋千诗十一首》《煎茶七类》等，张铁民，2010年7月31日 http：//blog.sina.com.cn/s/blog-62976blfolookyzihtml.），"书一授数百字，不再目，立诵师听"（明代徐渭《野秋千诗十一首》《煎茶七类》等，张铁民，2010年7月31日 http：//blog.sina.com.cn/s/blog-62976blfolookyzihtml.），9岁便能作文，10岁仿扬雄《解嘲》作《释毁》，"指掌之间，万言可就"（明代徐渭《野秋千诗十一首》《煎茶七类》等，张铁民，2010年7月31日 http：//blog.sina.com.cn/s/blog-62976blfolookyzihtml.）。但是，其对八股文无有兴趣，致使17岁参加童试，不中；20岁再次童试，经过申请参加复试，才录取为童生；之后的8次乡试，均未中举。他性情豪放，擅长杂剧，自称书法第一，26岁就在山阴城东赁房设馆授徒，吟诗作画，著书立说，作有《墨葡萄图》、《山水人物花鸟》、《牡丹蕉石图》、《墨花》、《杂花卷》、《花卉十六种》、《墨花图》、《杂画卷》、《花卉图卷》、《花卉卷》、《畸谱》（记述自己坎坷的人生经历）、《南词叙录》、《徐文长文集》等。

《五支歌》，反映世界妇女命运。由中、苏、意、巴、法五国摄制成电影，在世界各国首都放映。是中国的柳溪（1924~）执笔合作撰写而成。柳溪，原籍河北献县，乳名慈恩，本名纪清俤，是纪昀六世孙女。母亲生下她时便离开人间。其自幼饱尝了被后母打骂的痛苦，在护送妹妹进校读书时，老师看其可怜，让当旁听生才得以学习识字，1939年考入北京师范大学历史系，1943年冬参加工作，历任报刊编辑、冀中军区司令部秘书、中学教师、河北文联编辑部副部长、天津市作协副主席与党组负责人、全国作协理事等职。著有短篇小说集《挑对象》、《爬在旗杆上的人》、《柳溪短篇小说集》，理论集《试谈写小说》，中篇小说《四姊妹》、《生涯》、《男人的弱点》，长篇小说《功与罪》、《燕子李三传奇》、《风流女谍》，中短篇小说集《大盗"燕子"李三传奇》，长篇小说《超级女谍金碧辉外传》，散文集《若梦集》等，有多篇作品获奖。

《九件衣》，京剧剧本。合著。作者宋之的（1914~1956），原名宋汝昭，笔名一舟、艾淦、宋人等，出生于河北风南县宋家口头村一贫苦农民家庭，11岁时，家中生活难以为继，被寄养到绥远的二伯父家。1930年春在中学读书时，因家庭经济拮据，被迫辍学，只身赴北平谋生；工作之余，阅读文艺刊物，萌发了文学创作的欲望；5月，首次以宋之的为笔名在《新晨报》副刊发表处女作《黎曙》；同年夏天，考上北平大学法学院俄文经济系；1932年参加中国左翼戏剧家联盟，1933年白色恐怖加剧，为躲避国民党宪兵搜捕，被迫中断了学业离京赴沪进行文学活动；1948年加入中国共产党，同年参加中国人民解放军；历任报刊主编、影剧社编剧、大学教授、总政治部文化处处长、中国文联委员、作协理事、政协常务理事等职。他著有电影文学剧、京剧、歌剧、话剧、历史剧、短剧、独幕剧本等40个，还有通讯、短篇小说集、论文集、报告文学、散文集、评论、杂文等，有不少作品获奖。

《十字坡》，剧本。主要人物有武松等。著名的京剧演员盖叫天所演的此剧影响较大。为此，田汉送给盖叫天的一副对联——英明盖世三岔口，杰作惊天十字坡。联中嵌有盖叫天的本名（张英杰）和艺名，对仗工整，列举了他的两出拿手好戏，显示其凌厉的英雄气概，盖叫天得意万分。之后，他每次上台唱戏，舞台两侧则一定要挂上此副对联，以显其威。

《千金记》，传奇剧本名。内容讲的是刘邦、萧何、韩信、项羽等人在楚汉战争中斗智、斗勇、斗谋略的故事。作者为明朝的沈采，生卒时间不详，字练川。吕天成《曲品》说："沈练川名重金陵，才倾万斛。纪游适则逸趣寄于山水，表勋猷则雄心畅于干戈。元老解颐而进卮，词豪掘指而搁笔。"其著还有传奇《还带记》、《四节记》（一作《四游记》）等。

《万象楼》，剧本。1950年问世。作者是赵树理（1906~1970）。他还有名剧本《开渠》、《十里店》、《三关排宴》、上党梆子等作品。

《一只马蜂》，喜剧。作者丁西林（1893~1974），出生于江苏泰兴县黄桥镇，自幼读书，成人后留学英国，攻读物理专业，回国历任大学教授、文化部副部长、中国文改委副主任、科协副主席、对外友好协会副会长、戏剧协会常务理事等职。其著还有独幕剧《压迫》、《三块钱国币》、《亲爱的丈夫》、《酒后》、《北京的空气》、《瞎了一只眼》，四幕喜剧《等太太回来的时候》、《妙峰山》，依弹词《再生缘》改编而成的喜剧《孟丽君》，戏曲剧本《雷峰塔》、《胡凤莲与田玉川》等。

《一条战线》，话剧。作者吴强（1910~1990），原名汪大同，笔名吴蔷、叶如桐，祖籍四川内江，生于江苏涟水县高沟镇一贫苦家庭，在极其艰难条件下由小学、中学而读书至大学，此间因生活所迫几度辍学，做过酒店学徒和小学教师。其爱好文学，学生时代便在报刊上发表散文、特写及短篇小说，1938年参加新四军，历任文艺干事、科长、副处长、上海市文联党组副书记与副主席及作协副主席、中国作家协会理事等职。其作有短篇小说《电报杆》、《苦脸》、《激流下》、《三战三捷》（合作）、《灵魂的搏斗》，散文《夜行》、《老黑马》、《英雄的业绩》，话剧《激变》、《繁昌之战》、《丁赞亭》、《皖南一家》、《黄桥决战》，中篇小说《叶家集》、《小马投军》，长篇小说《堡垒》、《红日》，文艺评论集《文化生活》，小说散文合集《心潮集》等。

《一坛金子》，剧本。写得金子后，患得患失的笑话。作者是古罗马的提图斯·马克齐乌斯·普劳图斯（Titus Maccius Plautus，约前250~184），出生于意大利半岛的萨耳栖那城，后到罗马，工作于剧场，积攒些钱后经商，折本后受雇于一家磨坊，同时写剧本。他的剧本还有《安菲特律昂》（写爱情的）、《孪生兄弟》（写幼年失散，寻找时误认，闹出笑话的）、《凶宅》（描写机智的奴隶愚弄主人，帮助小主人解脱爱情困境）、《俘虏》（描写奴隶冒险救主人，最后共免于难的）、《行囊》、《吹牛军人》等100多部喜剧，而传下来的仅有21部。是罗马史上，第一位有完整作品传世至今的作家。

《一页日记》，剧本。1964年问世。写文艺问题的。作者是原苏联的亚历山大·叶夫达基莫维奇·柯涅楚克（АЈlekcaHдp EB-докимович КорнейЧук，1905~1972），出生于一工人家庭，1929年毕业基辅国民教育学院文学系，历任苏共中央委员、乌克兰最高苏维埃主席、乌克兰苏维埃联盟部长会议副主席等职，并被遴选为乌克兰科学院和苏联科学院院士。其作品还有《舰队被毁灭》、《普拉东·克列契特》、《真理》、《波格丹·赫梅里尼茨基》、《前线》、《在乌克兰的草原上》、《马卡尔·杜勃拉瓦》、《雪球花林》、《翅膀》、《星星为什么微笑》、《在第聂伯河上》、《心的记忆》等。其于1925年学生时期就开始从事文学创作，后有5部作品获斯大林文学奖，1部获谢甫琴科奖。因其文学成就卓越，被授予"社会主义劳动英雄"称号。

《一幅壮锦》，剧本。作者是肖甘牛（1905～1982），原名肖钟棠，壮族，永福县广福乡马陂村人，生于书香之家。祖父是私塾先生，父亲是古文教师。肖甘牛于1932年考入上海大学文学院，1934年毕业，历任学校教师、班主任、教务主任、校长、专业作家、广西壮族自治区政协委员与民间文艺家研究会常务理事及儿童文委会副主任、中国民间文艺家研究会理事等职。其还著有民间文学《刘三姐》（改编），小说集《壮锦里的花纹》，散文诗歌集《悲讯》，论文集《中国文词辨正》、《中国修辞学讲话》，长诗集《眼泪河》、《双棺岩》、《苗山走寨歌》、《哈迈》，小说集《韦拔群》，剧本《金耳环和铁锄头》、《孩子流亡曲》、《兄和妹》、《家何在》、《平倭塔》等60多部。其中有些作品获奖。日本伊豆半岛一位家庭遭遇不幸的妇女北岛岁枝，原准备一家三口跳海轻生，在读了《灯花》的故事以后，受到鼓舞和启发，放弃了自杀的念头，重新获得了生活的勇气，并专程来中国拜谢作者肖甘牛，称其为"中国神笔"。

《一针见血》，剧本。1954年问世。讽刺装腔作势的人。作者意大利的达里奥·福（Dario Fo），1926年于意大利北部马乔列湖畔的桑贾诺镇一铁路工人家庭出生，自幼读书，先后到米兰布莱拉美艺术学院与工学院学习绘画和建筑，由于酷爱戏剧，便于1952年改行从艺，成立剧团，担任编剧、编舞、导演、演员舞台设计等。其还有剧本《天使不玩台球》（讽刺政府官员恶习的）、《他有两支长着白眼睛和黑眼睛的手枪》（写政权机构与黑社会狼狈为奸的）、《总是魔鬼的不是》、《工人认识三百个，老板识字一千个，所以他是老板》、《滑稽神秘剧》（写社会黑暗的，对不正之风嘲讽深刻尖锐，在当时剧坛上引起轰动）、《一个无政府主义者的突然死亡》（写司法当局诬陷人丑恶行为的）、《突击队员》（写巴勒斯坦人民斗争的）、《砰，砰，谁来了？警察》（写意大利当局暴行的）、《伊丽莎白塔》、《教皇与女巫》、《有乳房的魔鬼》等70多部。1997年，以"他在捉弄权贵和维护压迫者尊严方面堪与中

<<< 第六章 书的命名方法

世纪的弄臣媲美",而授予诺贝尔文学奖。

《一串钥匙》,戏曲作品。作者李准,出生于1928年5月17日洛阳下屯村,蒙古族人,原姓木华犁,后改李姓,读书至中学一年级回家跟祖父学习,历任银行职员、干部文化学校教师等职,1954年从事专业创作。他还有戏曲《杏花营》,电影剧本《老兵新传》、《小康人家》、《李双双》、《龙马精神》、《耕耘播雨》、《壮歌行》、《大河奔流》、《走乡集》、《牧马人》、《吉鸿昌》、《李准电影剧本近作选》,短篇小说集《卖马》、《不能走那条路》、《芦花放白的时候》、《车轮的辙印》、《李双双小传》、《春笋集》、《李准小说选》,长篇小说《黄河东流去》等作品,共发表50多篇小说、近20部电影文学剧本、2部散文集。

《两个心眼》,话剧。被译成英、日、俄、德、越南等多种文字和改编成多种地方戏曲流传。作者是赵羽,祖籍辽宁开原县,1928年2月出生于吉林省东辽县,3岁丧母,15岁丧父,靠亲友资助读书到师范一年级,1947年开始工作,历任小学教员、吉林戏剧家协会副主席、县文化馆馆长等职,先后创作有《初试》(独幕话剧集)、《山村新人》(合著,多幕话剧)与独幕话剧《早晨》(合著)、《关不住》(1956年第一届全国话剧会演获创作三等奖)、《春分头一天》、《惊蛰时节》、《战士》、《八垧地》等。

《三八河边》,剧本。作者是鲁彦周(1928～2006),安徽巢县人,出生于鲁集村一农民家庭,1946年进高级中学读书,1948年参加革命,1960年加入中国共产党,历任《皖北文艺》编辑、安徽文联与作协及剧协和电影文学学会副主席、安徽影协主席、《清明》杂志主编、中国作协第四届理事、中共十二大代表等职。其著有剧作《雏鹰》、《春天来了》、《风雪大别山》、《卧龙湖》(合著)、《巨澜》、《柳暗花明》(合著)、《王金凤》(大型戏曲)、《波澜》(大型话剧)、《大河春秋》(合著,大型话剧)、《归来》(独幕话剧)、《凤凰之歌》、《廖仲恺》,中篇小说《逆火》、《乱伦》、《苦竹溪,苦竹林》、《啊,玛阿特》、《天云山传奇》,短篇小说集《桃花风前》,长篇小说《古塔上的风铃》、《梨花似雪》、《彩虹坪》(最早表现农村改革的)、《古塔上的风铃》、《双凤楼》、《阴阳关的阴阳梦》,散文集《淮北寄语》以及《鲁彦周小说散文集》、《鲁彦周电影剧本选集》,儿童文学《找红军》等,有多部作品获奖。

《八能奏锦》,戏曲时调选集,也名《昆池新调乐府八能奏锦》。书中选辑戏曲 48 种（昆山腔与弋阳腔中的折子戏较多），小曲 100 首，多为当时的流行歌曲。选录者是明朝万历时期的黄文华，号玄明壮夫，临川青云峰人，生卒时间不详，还编有《词林一枝》（也名《新刻京板青阳时调词林一枝》）、《玉树英》（藏丹麦哥本哈根的皇家图书馆）。

《八出喜剧和八出幕间短剧集》，剧作集。写贵族自私、迷信等精神面貌的。1615 年出版。作者是西班牙的米盖尔·德·塞万提斯·萨阿维德拉（Miguelde Cervantes Saavedra，1547～1616），出生于西班牙中部的一位破落贵族家庭，自幼喜好读书，因生活贫困，仅上到中学，就终止了学业；1570 年参军，在作战中负重伤，左手残废；1575 年回家的途中被土耳其海盗俘虏至阿尔及尔，5 年半后回到自己的国家，发现家中一贫如洗，又找不到工作，便下定决心以写作为业。他先后撰写有小说《伽青苔亚》，长篇小说《堂吉诃德》、《贝雪莱斯和西吉斯蒙达历险记》，短篇小说集《惩恶扬善的故事集》（之中有讽刺社会恶习与虚伪的《狗的对话》、抨击丑恶的社会现象的《玻璃博士》、抗议社会制度不公平的《吉卜赛姑娘》等），长篇诗《巴尔纳斯游记》，诗歌《致马特奥·瓦尔盖斯》、《在塞维尔市腓力二世陛下灵柩台前》，剧本约 30 个等。值得说明的是由于写作的报酬菲薄，无法维持生活，在 1584 年之后又另找了工作；从 1587 年开始，先后担任了军需官、格拉那达省的税吏等职共达 15 年之久。

《七巧姻缘》，剧本。作者石凌鹤（1906～1995），学名石联学，字时敏、石敏，号逊轩，出生于江西省乐平县大田村，幼年读书，中学毕业后担任小学教师，之后参加革命，1927 年加入中国共产党，历任报社记者、电影戏剧创作、编辑、导演、江西省文化局长、省文联与剧协主席、上海戏协副主席、中国剧协常务理事等职。著有剧本《凌鹤戏剧选集》、《黑地狱》、《高贵的人们》、《嫦娥》、《梁祝姻缘》、《还魂记》（改编）、《珍珠记》（改编）、《西厢记》、《西域行》、《玉茗花笑》、《方志敏》、《战斗的女性》、《乐园进行曲》、《保卫卢沟桥》、《火海中的孤军》、《铁蹄下的上海》、《法西斯丧钟响了》，诗词集《放怀吟选集》、《放怀吟二集》，传记文学《方志敏传》，影视评论、小说、散文等。

《四十不惑》，电影剧本。作者是刘恒（1954～），本名刘冠军，出生于北京，1987 年毕业于北京师范大学分校中文系，历任《北京文学》主编、北京市作家协会主席、文联副主席、人大常委、中国作协委员等职。其还有报告文学《老卫种树》，长篇小说《黑的雪》、《逍遥颂》、《苍河白日梦》，中篇小说《白涡》、《虚证》、《教育诗》、《伏羲伏羲》、《天知地知》、《贫嘴张大民的幸福生活》等近20部，短篇小说《拳圣》等数十篇，电影剧本《红玫瑰白玫瑰》、《画魂》、《漂亮妈妈》、《菊豆》（改编）、《野草根》、《秋菊打官司》、《张思德》、《本命年》（改编）、《大路朝天》（改编）等十余部，改编并导演电视连续剧《少年天子》等。这里改编所依据的小说，都是刘恒自己创作的，有多部作品获奖。

《六十种曲》，是60个剧本集，也名《汲古阁六十种曲》。内收元朝《西厢记》杂剧一个、明朝的《玉茗堂四梦》、《幽闺记》、《鸣凤记》、《白兔记》、《琵琶记》、《荆钗记》等传奇剧59个。选编、校刻者是明朝末年的毛晋（1599～1659），原名凤苞，异名晋，字子九、子晋，号潜在、隐湖等，室名绿君亭、汲古阁等，常熟县昆承湖七星桥人，出生一富裕家庭。父亲毛清"精于农事"，为富甲一方的地主。毛晋自幼读书，15岁考中秀才，到28岁屡试不第，便在家从事聚书、校书、编书、抄书、刻版印书、卖书、著书，呕心沥血。他在刻完3部达50776页的《十三经》、《津逮秘书》、《十七史》后说："回首丁卯至今三十年，卷帙从衡，丹黄纷杂，夏不知暑，冬不知寒，昼不知出户，夜不知掩扉，迄今头颅如雪，目睛如雾，尚不休者，惟惧负吾母读尽之一言也。"（毛晋刻书功过谈，曹之，http：//www.cbks.com/2001-4/142.shtml.）又对季子说："吾缩衣节食，遑遑然以刊书为急务，今板逾十万，亦云多矣。"（毛晋刻书功过谈，曹之，http：//www.cbks.com/2001-4/142.shtml.）其陆续藏书8.4万多册，辑有《津逮秘书》丛书15集、141种，编有《汲古阁书目》，著有《隐湖山志》、《海虞古今文苑》、《词苑英华》、《毛诗名物考》、《宋词选》、《野外诗题跋》（152篇，或考书籍源流，或辨其真伪，或述其要点；后潘景郑为之补辑，得249篇，名为《汲古阁书跋》）、《虞乡杂记》、《明诗纪事》、《僧宏秀集》、《毛诗陆疏广要》、《苏米志林》、《隐秀集》、《隐湖题跋》等数百卷，校刻《文选李注》、《汉魏六朝百三名家集》等书600多种。其聚书办法：一是高价收购各种善本旧抄。在家门前贴一广告："有以宋椠本至者，门内主人计叶酬钱，每叶出二佰；有以旧抄本至者，每叶出四十，有以时下善本至者，别家出一千，门内主人出一千二佰"（汲古阁，爱坛雪个，2007年3月5日http：//blog.sina.com.cn/s/blog-4843252F010008cg.htm）。因价格优厚，一时书商竟云集于毛氏之门。二是寻访、借抄他人的善本，用影写的方法复录，以保持书的原貌，是一大创造。他不仅亲自干，还雇佣多达200人帮助抄书，有"入门僮仆尽抄书"（汲古阁，爱坛雪个，2007年3月5日http：//blog.sina.com.cn/s/blog-4843252F010008cg.htm）之惊叹。在校勘、刻印等事务上，也是如此，不仅令全家人参与，还以高薪聘请名士校勘书稿和书写版样。其建书楼"汲古阁"、"目耕楼"、"绿君亭"三座，其中"汲古阁"藏精椠，"目耕楼"藏通用本及抄校本，"绿君亭"供被请来的人员住宿与工作之用。

《百年老屋》，1993年创作的电影剧本。获中国首届优秀电影剧本奖。作者是李存葆，曾用笔名茅山，1946年2月19日生，山东五莲县人，中共党员，1964年应征入伍，1986年毕业于解放军艺术学院文学系，历任战士、排长、军区文工团编导、政治部创作室主任、艺术学院副院长、中国作协副主席、报告文学会副会长、全国政协委员、专业作家等，获少将军衔，享受政府特殊津贴，1983年全国十大新闻人物之一。其著作有中篇小说《高山下的花环》、《山中，那十九座坟茔》，长篇报告文学《大王魂》、《沂蒙九章》（与王光明合作）、《将门虎子》、《沂蒙匪事》、《丹青十字架》、《祖槐》，散文《我为捕虎者说》、《鲸殇》、《大河遗梦》、《火中凤凰》（合著），长篇散文《飘逝的绝唱》，还有近千首（篇）诗歌、歌词、小说、散文和大中型剧本等，有10多部作品获奖。

《万水千山》（合编），电影剧本。作者是孙谦（1920~1996），山西文水人，原名孙怀谦，中共党员，出生于一清贫之家，因生活所迫，小学未读完便被家人送去学商，1937年加入青年抗日决死队，1940年入延安鲁艺学习，历任保德县三区文化部长、剧社与电影厂及剧本创作所编剧、山西省文联与作协副主席、山西电影家协会主席、中国影协与作协理事、专业创作员等职。其著有短篇小说集《伤疤的故事》、《南山的灯》，长篇报告文学《大寨英雄谱》，剧本《红手帕》、《闹嘴舌》、《闹对了》、《王德锁减租》（合著）、《大家办合作》（合著）、《农家乐》、《陕北牧歌》、《葡萄熟了的时候》、《春山春雨》（合著）、《谁是被抛弃的人》、《山花》、《高山流水》（合著）、《丰收》（合作）、《未完成的旅程》（合作）、《夏天的故事》、《谁是凶手》、《奇异的离婚故事》、《马烽、孙谦电影剧作选》、《新来的县委书记》（合作）、《咱们的退伍兵》（合作）、《黄土坡的婆姨们》（合作）等，有多部作品获奖。

《一部体育剧》，1998年问世。作者是奥地利的女作家埃尔弗里德·耶利内克（Elfried Jelinek，1946~），出生于奥地利中部施蒂利亚州米楚施拉克市（父亲是犹太人、化学家，母亲是维也纳的一位富家女），在维也纳长大后，相继进小学、中学、维也纳音乐学院、维也纳大学读书，21岁走上了文学创作的道路。其著有诗集《丽莎的影子》，长篇小说《我们是诱鸟，宝贝》、《米歇尔——一部为幼稚社会写的青年读物》、《女情人们》、《钢琴教师》（自传体，被改编为同名电影，获2001年戛纳国际电影节大奖）、《情欲》、《死者的孩子们》、《贪婪》，长篇散文《啊，荒野，啊，保护荒野》，剧本《克拉拉》、《疾病，又名现代妇女》、《云，家园》、《图腾瑙贝格》、《告别》、《死亡与少女1~5》等各种类型的作品30多部。她的作品在不少国家流传，深受读者喜爱，先于1986、1994、1998、2002、2003年陆续获得海因里希·伯尔奖、彼得·魏斯奖、毕希纳奖、柏林戏剧奖、拉斯克-许勒剧作奖等。其作品主要表现的是"世界充斥着享乐、贪婪、暴力以及权利的滥用"，认为应该同这些行为"进行不屈不挠的斗争"。2004年，瑞典学院评审委员会因"她用充满激情的语言揭示了社会上陈规旧俗的荒谬以及这种枷锁对人施加的压力"，而授予其诺贝尔文学奖。

《三分钱歌剧》之一，剧本。著者是德国的贝托尔特·布莱希特（Bertolt Brecht，1898~1956），出生于奥格斯保一造纸厂老板之家，在大学攻读的是医学专业，因在战场上看护伤员时唱了一首不利于德国战争宣传的歌谣《死兵的传说》，在希特勒上台后被迫流亡国外，开始诗剧创作。其剧本还有《夜半鼓声》（1922年9月22日上演，同年获克莱斯特奖金）、《马哈哥尼城的兴衰》、《屠宰场的圣约翰娜》、《母亲》（根据高尔基同名小说改编，首演引起轰动，1932年罗莎·卢森堡遇难13周年连续上演30多场后再演时，警方干涉，但观众不肯离开座位，演员们则采取读剧本的方式和观众同时对抗警察，社会影响很大）、《卡拉尔大娘的枪》、《伽利略传》、《大胆妈妈和她的孩子们》、《第三帝国的恐怖和灾难》（短剧集）。另外还有用同名小说改编的《西蒙·玛卡尔的梦》与《第二次世界大战中的帅克》、用同名杂剧创作的《蓬蒂拉老爷和他的仆人马狄》、《高加索灰阑记》等，是"史诗剧"理论和表演体系的创立者，还称"史诗剧"为"辩证剧"。

《三分钱歌剧》之二，1977年问世。依据德国的布莱希特的同名杰作改编而成。作者是尼日利亚的沃尔·索因卡（Wole Soyinka），1934年7月13日于阿贝奥塔城的一知识分子家庭出生，中学时期因写作成绩优异而数次获奖，

书的命名 >>>

1957年获利兹大学文学学士学位,后历任一些国家的大学戏剧文学教授、研究员等职。其剧本还有《沼泽地居民》、《狮子与宝石》、《森林舞蹈》、《裘罗教士的磨难》、《孔其的收获》、《强种》、《路》、《疯子与专家》、《死神和国王的马夫》等,还写出许多诗歌、小说等作品。1986年,"以其广阔的文化视野和富有诗情画意的遐想影响了当代戏剧的"作品,而获得诺贝尔文学奖,填补了非洲人没获此奖的空白。

《七将攻忒拜》,剧本,公元前467年完成,颂扬公民爱国精神的。作者是古希腊的埃斯库罗斯(约前525~前456),出生于阿提卡西部的厄琉西斯一贵族家庭。拉法格回忆录记载,"埃斯库罗斯是马克思最喜爱的作家之一,马克思每年都重读一遍埃斯库罗斯的原文剧本"。被恩格斯称为"悲剧之父"、"有强烈倾向的诗人"。其剧作还有:《乞援人》,描写国王民主的。《波斯人》,赞扬雅典民主,批判波斯帝国独裁的。《被缚的普罗米修斯》,也译为《被锁链锁住的普罗米修斯》,同《被释放的普罗米修斯》及《带火的普罗米修斯》合成三部曲。《俄瑞斯忒斯》,三部曲,包括《阿伽门农》、《奠酒人》、《厄默尼德》(也译为《报仇神》),反映的内容为父权制度战胜母权制度,是古希腊唯一尚存的悲剧三部曲。他一生撰写了90个悲、喜剧本,尚存完整的仅有以上7部。

《十九号蓝图》(合著),剧本。作者是所云平,原名所如义,山东掖县人,农历1928年1月9日出生于凤毛寨的一农民家庭,7岁读书,9岁加入抗日儿童团,1940年高小毕业参加"孩子剧团",1945年加入中国共产党,1946年参军,历任战士、班长、军事学院文工团编导组长、话剧团团长、一级编剧、湖北作协副主席、中国戏协理事、中国话剧艺术研究会常务理事等职。其还著有剧本《在前进的道路上》、《水往高处流》(合著)、《东进序曲》、《针锋相对》、《东进/东进/》(合著)、《我是一个兵》(合著)、《朱德军长》、《决战淮海》、《拖拉机出厂之前》、《传枪记》、《战斗的山村》、《黄桥决战》、《哥俩好》、《啊,盟军》等,有多篇作品获奖。

《万能机器人》,科学幻想戏剧,1920年问世。作者是捷克的卡雷尔·恰佩克(Karel Capek,1890~1938),出生于捷克北部马列斯瓦托尼奥维采城的一乡村医生家庭,从小读书,于布拉格查理大学哲学专业毕业后,任新闻记者,之后从事文学工作,首创"机器人"一词。其还有戏剧《昆虫生活》、《白色病》(剖析法西斯制度的)、《母亲》,散文《明亮的深潭》、《克拉科诺什山的花园》，科学幻想小说《专制工厂》、《原子狂想》、《大战蝾螈》，长篇小说《第一个小组》（歌颂矿工的）等。

《一封遗失的信》，喜剧本，写城市生活的。作者是罗马尼亚的伊昂·卢卡·卡拉迦列（Ion Luca Garagiale，1852~1912），出生于普洛耶什蒂城附近的一村庄。父亲是位律师，喜爱戏剧。两位叔叔都是演员和剧作家，对他影响很大。其中学4年后，因父亲离世，生活贫困，被迫走上社会谋生，历任舞台提词人、抄校员、杂志编辑、学监、教师、国家剧院经理等职。他利用工作之余，从事文学创作，有《冤狱》（悲剧，反映农村生活的）、写城市生活的喜剧《暴风雨之夜》、《约尼达先生遇到"反动派"的时候》、《狂欢节》等。在写剧本的同时，他还写出了不少的小说、小品、论文、寓言故事、回忆录等。1944年解放后，罗马尼亚政府追认他为"科学院院士"，以表明其对文学的突出贡献。

《十四岁的新郎》，喜剧本，反对封建买办婚姻制度的。作者是阿尔巴尼亚的安东·扎科·恰佑比（Andon Zako Cajupi，1866~1930），原名为安东·扎科，出生于阿尔巴尼亚南方扎戈利地区赛贝尔村的一烟商家庭，自幼在当地学校学希腊语，1887年毕业于埃及的一所法语专科学校，1890年于日内瓦高等学校法律系毕业，之后便走上文学创作之路，著有诗集《父亲－托莫里山》（分祖国、爱情与真理、童话三个部分），独幕剧《死后》（描写民族叛徒丑恶行为的），诗剧《祖国的英雄》（写一位民族英雄不朽业绩的）等。

《四大王歌舞丽春堂》，杂剧。作者是元朝的王实甫，名德信，大都人，出身名门。父亲，太原郡侯。王实甫的生平难以考证，"先以县官入仕，因治县有声，后提升为陕西行台监察御史，但总因'与台臣议不合，40岁即弃官不复仕'……一头扎进关汉卿的'玉京书会'，出入于歌台舞榭之中，厮混于勾栏瓦舍之间，开始了他的戏剧创作生涯"（王实甫诗词作品，查字典网）。其子王结"以宿卫入仕，官至中书左丞、中书参知政事，地位显赫"（王实甫诗词作品，查字典网），"劝解父亲不要涉足'歌吹之地'，在家安心养老"（王实甫诗词作品，查字典网），而王实甫却痴迷于"风月营，密匝匝，列旌旗。莺花寨，明飙飙，排剑戟。翠红乡，雄赳赳，施谋智。作辞章，风韵美。士林中，等辈伏低……乐此不疲"（王实甫诗词作品，查字典网）。其通过这种场所对下层生活的体验，掌握了充足的创作素材，著成杂剧《崔莺莺待月西厢记》、《吕蒙正风雪破窑记》、《韩彩云丝竹芙蓉亭》、《苏小卿月夜贩茶船》、《东海郡于公高门》、《曹子建七步成章》、《赵光普进梅谏》、《诗酒丽春园》、《陆绩怀桔》、《双蕖怨》、《娇红记》、《多月亭》、《孝父母明达卖子》等14种与一些散曲，代表作《西厢记》在中国文学史上首次表达地"愿普天下有情人都成眷属"（王实甫诗词作品，查字典网）的思想和"碧云天，黄花地，西风紧，北雁南飞。晓来谁染霜林醉？总是离人泪……"（王实甫诗词作品，查字典网）的华彩辞章，令人拍案叫绝！

《一个旧友胜过两个新友》，剧本，1860年问世。作者是俄国的亚历山大·尼古拉耶维奇·奥斯特罗夫斯基（АЛeКcaНдр Ни-КoЛaеВич OcTpoB-cКНй，1823～1886），还有剧本《自己的人好算账》（1849年问世，即刻轰动了俄国，获得人民的喝彩；剧情嘲讽了俄国的不平等的社会关系，引起当权者的恐慌，沙皇尼古拉一世下令禁演）、《大雷雨》（控诉陈腐的旧制度罪行的）、《各守本分》、《贫非罪》、《代人受过》、《肥缺》、《女学员》、《沉重的日子》、《闹市》、《深渊》、《火热的心》、《来得易去得快》、《狼与羊》、《没有陪嫁的女人》等，几乎是连续不断地创出新作，有俄国的剧院都在靠其剧本过日子之说。

《五谷丰收》，剧作。作者梁斌（1914～1996），原名梁维周，河北蠡县人，自幼好学，尤喜欢戏剧、文学，1934年考入山东剧院读书，1937年加入中国共产党，历任剧社社长、县委副书记、地委宣传部长、报社社长、河北省文联副主席、中国作家协会理事、天津文联名誉主席等职。他还有剧本《爸爸做错了》、《血洒卢沟桥》、五幕剧《堤》、短篇小说《夜之交流》、《三个布尔什维克的爸爸》、《抗日人家》，中篇小说《父亲》、《播火记》、《烽烟图》，长篇小说《翻身记事》、三部曲《红旗谱》，作品集《笔耕余录》、《春潮集》，长篇回忆录《一个小说家的自述》与《梁斌画选》等。

《四郎探母》，戏曲剧本。叙述的是宋辽两国交战，宋将杨延辉成俘虏后隐姓改名木易，被诏为辽国驸马；15年后，两国再战，杨延辉向妻子说明改名的原委，获得帮助，骗取令箭，出辽国到宋营见过母亲，仍归辽国的故事。

9 地志

地志方面的，有省志、县志、地区志等。之中以数字与其他字词合作书名的如《三山志》、《四洲志》、《三辅黄图》、《八旗通志》《三楚新录》、《九边图说》、《四川土夷考》、《十洲三岛记》、《三吴水利便览》、《三省边防备览》等。

《三山志》，南宋时期的地方志，成书于淳熙九年（1182）。作者是南宋时期的梁克家（1128～1187）。三山是福州的别称。原本40卷。书中淳熙之后的事迹，为后人补增。全书分地理、公廨、财赋、版籍、秩官、兵防、人物、土俗、寺观九个门类。梁克家，字叔子，福建泉州晋江人，"幼聪敏绝人，书过目成诵"（《宋史·梁克家传》），绍兴二十九年（1159）乡试解元，次年考中状元，历官平江签判、秘书省正字、著作郎、除醴泉观使、中书舍人、给事中、端明殿学士、右丞相兼枢密使、福州知州、右丞相等职，封仪国公，进封郑国公，卒赠少师，谥文靖。其还著有《中兴会要》200卷、《梁文靖集》等。

《四洲志》，是清朝末年的林则徐（1785～1850）在广东禁烟时，为了解西方国家的情况，根据别人译述英国人慕瑞的《世界地理大全》辑编而成。内容为世界5大洲中的30多个国家的地理与历史。林则徐，字少穆，福建侯官人，嘉庆年间的进士，官至两广总督，受陷害，被革职，后起用不久因病辞职。1850年被起用为钦差大臣去广西镇压农民起义，病死于潮州途中。其著作还有《林文忠公政书》、《信及录》等。

《三辅黄图》，中国古代的地理书。原书为1卷。作者何人？众说不一，晁公武的《读书志》说是梁陈时期的人创作，程大昌的《雍录》说是唐朝肃宗之后的人撰写等。依据被著录、引用的时间推算，成书可能在南北朝或之前。后人改编成2卷本、6卷本等。有学者怀疑可能加入了其他内容。

《八旗通志》，清朝的鄂尔泰等人奉命修纂，从雍正五年（1727）开始，到乾隆四年（1739）书成。内分8志（兵制、职官、典礼、艺文、学校、旗分、土田、营造）、8表（选举、世职、封爵、宗人府、八旗大臣、内阁大臣、部院大臣、直省大臣）、列传。初集250卷，2集356卷，叙事迄于世宗朝。嘉庆元年（1796）续修2集，增录乾隆一朝的事迹。

《三楚新录》内容是五代时期的马殷据长沙、周行逢据武陵、高季兴据江陵，均在古代的楚地，故名之"三楚"。著者是宋朝的周羽翀，生平不详，"自署称儒林郎、试秘书省校书郎、前桂州修仁令"。

《九边图说》，作者是明朝的孙应元，因是霍冀呈奏给皇帝御览，故也题霍冀撰。书成于隆庆三年（1569）。内容为蓟镇、辽东镇、宣府镇、大同镇、山西镇、延绥镇、宁夏镇、甘肃镇、固原镇等9个地区形势、钱粮、军备等情况，附有各镇的总图与分图。霍冀（1516~1575），字尧封，号思斋，山西孝义人，嘉靖二十三年（1544）进士，历任永平府推官、监察御史、宁夏巡抚、陕西三边总督、兵部尚书等职。孙应元，湖广承天人，嘉靖四十一年（1562）任兵部职方主事。

《四川土夷考》，内容为明朝四川境内各个少数民族地区位置、经济发展、土司制度、民族分布、军事情况等。附有图说，78篇。著者是万历年间的谭希思，字子诚，茶陵人，进士，历任四川巡抚等职，还著有《明大政纂要》等。

《十洲三岛记》，因内记巨海之中有祖、瀛、玄、炎、长、元、流、生、凤鳞、聚窟10洲，又有蓬丘、方丈、昆仑3岛而得名。著者是西汉时期的东方朔（前154~前93），字曼倩，平原厌次人。"汉武帝即位，征四方士人，东方朔上书自荐，诏拜为郎"，后历任常侍郎、太中大夫等职。其"性格诙谐，言词敏捷，滑稽多智，常在武帝前谈笑取乐"，"然时观察颜色，直言切谏"（《汉书·东方朔传》）。"武帝好奢侈，起上林苑，东方朔直言进谏"，认为是"取民膏腴之地，上乏国家之用，下夺农桑之业，弃成功，就败事"（《汉书·东方朔传》）。他常"言政治得失，陈农战强国之计"，而武帝始终把其当俳优看待，没有重用，于是便写《答客难》、《非有先生论》，陈述自己的志向和不满。《汉书艺文志》录《东方朔》20篇。

《三吴水利便览》，1613年成稿，内分《太湖原委》、《三江故道》、《蒲荡分流》、《开浚要务》、《治河工次》、《筑岸程法》，《置闸便宜》、《绘画成规》共8章。前3章论述太湖流域的地形水势，中间四章讲水利工程技术，最后1章是前人有关太湖水利论述的摘抄。作者是明代的童时明，浙江淳安人，选贡出身，万历三十六年（1608）任常熟县丞，四十年为淳安知县。

《三省边防备览》，18卷。分舆图、水道、道路、险要、军制、策略、史论、艺文、山货、民食、额勒登保行营日记等门类，表述的是湖北、陕西、四川3省的历史沿革、农业生产、手工业发展、风土人情、地区形势等。成书于道光二年（1822）。作者清朝时期的严如熤（1760~1826），字炳文，自号乐园，湖南溆浦人，"年十三，补诸生，就读岳麓书院，举优贡"（严如熤，在线百科全书查询网），历任南巡抚姜晟幕僚、明山书院主讲、洵阳知县、潼关厅同知、汉中知府、贵州按察使、陕西陕安道员等职，赠布政使。其著有《洋务辑要》、《苗防备览》、《乐园文钞》、《乐园诗钞》、《屯防书》、《汉江南北》、《三省山内各图》，《汉中府志》、《乐园诗文集》等。

10　教育

教育，有小学、中学、大学教育等。其中用数字与其他字词合成书名的如《四书》、《三字经》、《百家姓》、《千字文》、《五经大全》、《五经正义》、《一百分钟一类文》等。

《四书》，南宋淳熙时期的朱熹撰写《四书章句集注》时，将《论语》、《大学》、《中庸》、《孟子》合为《四书》。自此，"四书"之名开始确立。之后"四书"成为历代王朝科举取士的标准书。

《三字经》，中国古代流传下来的蒙学课本。作者何人？说法不一，有的说是南宋时期的王应麟，也有的说是区适子。王应麟（1223～1296），字伯厚，号深宁居士、厚斋，祖籍开封，后迁居鄞县。父亲王撝，是吕祖谦与楼昉的学生，温州知州。应麟从小受父亲培养教育，19岁考中进士，官至吏部尚书，后因屡受权臣欺压而辞官隐居家乡著书立说。其著有《困学纪闻》、《玉海》、《诗考》、《诗地理考》、《汉艺文志考证》、《玉堂类稿》、《深宁集》等20余种、600多卷。区适子（1234～1324），字正叔，登洲人，自号"登洲先生"，出生于书香之家，祖辈多是顺德早期的进士。父亲区玙，进士出身，在德庆为官。区适子自幼读书，长大后，精通经史，工文善词，"入元抗节不仕"（《广东新语》卷十一），以知识渊博称著乡里，每年都有几百人投其门下学习，著有《绮业集》等。

《百家姓》，蒙学书。开头是"赵钱孙李"。依据敦煌遗书，其形成至迟是在北宋时期。作者佚名。后人对内容不断扩充。明朝出现《皇名千家姓》，改"朱"为第一。清朝康熙时期又出现《御制百家姓》，"孔"居首位等等。

《千字文》，蒙学课本。是取王羲之书法中1000个不同的字，分类组合成四言韵语，以"天地玄黄，宇宙洪荒"开始，述说自然、历史、社会、教育、伦理、道德等而成。著者梁朝的周兴嗣（？～521），字思纂，陈郡人，西汉太子太傅周堪的后代。曾祖父周凝，宜都太守。周兴嗣13岁到建康游学，隆昌年（494）被推举为桂阳郡丞，后历任"安成王国"侍郎、新安郡丞、给事中等职。撰有文集10卷与《皇帝实录》、《皇德记》、《起居注》、《职仪》等专著百余卷。

《五经大全》，科举取士的标准书。内容为《周易大全》——宋朝朱熹、程颐注与宋朝董楷、元朝胡一桂、胡炳文、董真卿疏；《春秋大全》——宋朝胡安国注、元朝王克宽疏；《诗经大全》——宋朝朱熹注、元朝刘瑾疏；《礼记大全》——元朝陈澔注，杂取诸家疏；《书传大全》——宋朝蔡沈注、元朝陈栎、陈师凯疏。明朝的胡广（1370～1418）等人奉旨搜集修编。胡广，字光大，号晃庵，江西吉水人，建文二年（1400）考中状元，授翰林修撰，赐名靖。成祖继位，复名广，官至文渊阁大学士，卒赠礼部尚书、谥文穆，洪熙初年加赠少师，著有《胡文穆集》等。

《五经正义》，唐朝的孔颖达等人奉太宗之命搜集修编的科举取士标准书。内容为《礼记》——东汉时期的郑玄注；《左传》——西晋时期的杜预注；《毛诗》——西汉时期的毛公传、郑玄笺；《易》——三国时期魏国的王弼注；《书》——伪孔安国传。孔颖达（574～648），字仲达、仲远、冲远，冀州衡水人，孔子第32代孙，自幼学习勤奋，师从于当时著名经学家刘焯，学成之后，便居家兴办私学，以教书为业。隋大业初年，"举明经高第"，授河内郡博士，后历任太学助教、唐朝秦府文学馆学士、太子右庶士、祭酒，与魏徵受命撰《隋书》，为太子李治写《孝经章句》，长期在国子监讲经，追赠太常卿，卒谥宪。

《一百分钟一类文》，高中学生作文写作指导书。内分"准备"、"总体设计—临场发挥"、"选材"、"立意"、"作文结构"、"内容和方法"、"语言与表达"、"作文的检查与修改"、"实例分析"等9章，每章下有若干篇文章。郑令中等人编撰。1990年4月北京师范学院出版社出版。

11 农学

农学，指农业方面的学说，有作物的选种、育苗、栽培、浇水、施肥、锄草等理论。已经问世的书籍中，有农学专书，也有与其他学科内容相混在一起或以农学为主的书。之内以数字与其他字词合成书名的如《三农记》、《四时纂要》等。

《三农记》，内容分农作物、水利、蔬果、树木、畜牧、药材、鱼、蜂、蚕、选择、救济、谋生修藏等条目。多是根据古书编写。作者是清朝的张宗法，四川什邡人，字师古，别号未了临，擅长草书，终生不仕，卒年80有余，还著《益州书画录》等。

《四时纂要》，内容可分为农业生产、农副产品加工和制造、医药卫生、器物修造和保藏、商业经营、教育文化等。作者为唐末五代初期的韩鄂（一作谔），籍贯与生卒年不详。《新唐书》卷七十三《宰相世系表》上有韩鄂和韩谔两个名字。前者为唐玄宗时宰相韩休之兄，韩偲的玄孙；后者为韩休之弟，韩倩的玄孙。二人同祖、同辈。又《新唐书·艺文志》和《宋人书目》著录的《四时纂要》，均题作韩鄂撰。农史研究者多数认为韩谔和韩鄂为同一人。

12 史学

史学，是有关历史的学问。有记述，也有评论；有注释，也有质疑；有正史，也有野史；有一个时代形成的书，也有多个时代合成的作品。之中以数字与其他字词合为书名的如《三国志》、《九国志》、《三国会要》、《三朝野史》、《五代史记》、《五代会要》、《十国春秋》、《二十四史》、《二十五史》、《二十六史》、《十六国春秋》、《二十五史补编》等。

《三国志》，内有：《魏书》30卷，《蜀书》15卷，《吴书》20卷，共65卷。记述魏文帝黄初元年（220）到晋武帝太康元年（280）60年的历史。魏、蜀、吴三书，原各自独立，到北宋才合三为一，改称《三国志》。作者是陈寿（233~297），字承祚，巴西安汉人。父为马谡的参军，失街亭后，与马谡一同受处罚（剃发，逐出军营。对此，《三国志》中只字未提，却对诸葛亮大加颂扬）。陈寿幼时好学，师从同郡名人谯周，历任蜀汉时期的东观秘书郎、观阁令史、散骑黄门侍郎、晋朝的著作郎、长平太守、治书侍御史等职。还著有《益部耆旧传》、《古国志》等书，整理编辑《诸葛亮集》。

《九国志》，是以纪传体形式纂修而成的五代时期的10国史书。作者是北宋时期的路振（957~1014），字子发，祁阳人，自幼聪悟，5岁诵《孝经》、《论语》，"10岁听讲《阴符》到百言而止，父洵美责怪他，希望他学完。路振说：'百言说明道理足够了，其余的何必再学？'父亲甚是惊奇"（路振，湘潭宋代人物路振专题）。12岁时父亲去世，母亲怕其荒废学业，亲自严加教诲，淳化年间考中进士，历任大理评事、太子中允、大理寺判、知府、知州、巡抚、博士、左司谏、知制诰等职，著有《祭战马文》、《伐棘篇》、《乘轺录》（述出使辽国经过）等。

《三国会要》，有两种：一是清朝的杨晨（1845~1922）辑撰，总22卷，分15类、98个子目，中华书局出版；二是清朝的钱仪吉（1783~1850）辑

书的命名　>>>

撰，40卷，分19类、250个子目，上海古籍出版社出版。杨晨，名保定，字定孚、蓉初，号月河渔隐，浙江黄岩路桥河西人，少时聪颖好学，光绪三年（1877）考取进士，历任文达书院主讲、国史馆协修、御史、乡试同考官、道御史、给事中、刑部掌印执事中等职。其好收藏书籍，聚书数万卷，还著有《三国志札记》、《定兴县志》、《临海县志（稿)》、《河西杨氏家谱》、《崇雅堂诗稿》、《崇雅堂文稿》、《台州访书约》，奏疏《富强本计疏》与《请移民实边疏》及《裕国计疏》和《再陈军务疏》等，续刻《台州全书》，校刻《杨定夫过录归方评点史记》、《杨定夫校东坡诗钞》等20多种，编刻《台州丛书后集》17种，刊印《台州丛书已集》，编《路桥志略》，辑有《临海异物志》、《修复宋理学二徐先生祠墓录》、《二徐祠墓录》、《敦书呓闻》、《瀛洲呓闻》、《赤城别集》、《生辰唱和集》、《湖墅唱和集》、《定叟自订年谱》，校勘《永嘉丛书》等。钱仪吉，初名逵吉，字蔼人，号衎石、新梧、心壶，浙江嘉兴人，钱陈群曾孙，幼年好诗能文，12岁作《山赋》千言，嘉庆十三年（1808）考中进士，历任庶吉士、户部主事、刑科给事中等职；后因事降职，遂绝意仕进，于道光中期开始讲学与著书立说；先至广东主讲学海堂，此后到大梁书院任10余年的主讲。其著有《碑传集》、《三国晋南北朝会要》、《补晋书兵志》、《黄初朝日辨》、《历考》，自撰文集《衎石斋记事》，辑有《经苑丛书》、《北郭集》、《澄观集》、《定庐集》、《衎石斋晚年诗稿》、《飑山楼初集》、《飑山楼骈文稿》、《衎石先生刻稿》、《刻楮集》、《旅逸小稿》、《皇舆图说》、《国朝献徵集》等。

　　《三朝野史》，作者元朝的吴莱（1297~1340），字立夫，本名来凤，集贤殿大学士吴直方长子。吴莱幼时聪敏好学，7岁时能作文赋诗，延祐年间考进士，未中，七年（1320）被推荐为礼部编修，后因与礼部官员相处不合，便退居家乡深袅山中，自号深袅山道人，不久又出游舟山普陀、京师等地讲学，到诸暨白门义塾、浦江郑义门东明精舍主教。著有《尚书标说》、《春秋世变图》、《乐府类编》、《唐律删要》等11种、215卷与《诗传科条》、《春秋经说》、《胡氏传考误》等未完稿。

　　《五代史记》，纪传体的史书。作者为宋朝的欧阳修（1007~1073），字永叔，自号醉翁、庐陵，出生于吉安永丰，谥号文忠，世称欧阳文忠公；幼年家贫无资，4岁丧父，随叔父在现湖北随州长大，读书刻苦勤奋，常借书抄读，仁宗天圣八年（1030）考中进士，历任西京留守推官、宣德郎、馆阁校勘、夷陵县令、知谏院、右正言、知制诰、太守、知府、翰林学士、史馆修撰、龙图阁学士、兵部尚书、太子少师等职。其著有散文500多篇、《集古录》、《醉翁琴趣外编》、《洛阳牡丹记》（是历史上第一部具有重要学术价值的牡丹专著），《欧阳修全集》（有文章2651篇，应用文2619篇），词集《欧阳文忠公近体乐府》，与宋祁合修《新唐书》等。

《五代会要》，记述五代十国50年间的典章制度。作者是宋朝的王溥（922~982），字齐物，并州祁人，自幼喜读书，才思敏捷，后汉乾祐元年（948）考中状元，历任秘书郎、后周的左谏议大夫、枢密直学士、中书侍郎、平章事、礼部尚书、北宋司空、太子太保、太子太傅、太子太师等，封祁国公，赠侍中，卒初谥文献，后改谥文康。其首创"会要"史书之作新体例，还编撰有《世宗实录》、《唐会要》、《王溥集》、《翰林酬唱集》。

《十国春秋》，114卷。五代时期的10国史书。内分纪事、纪元、世系、地理、藩镇等。尾附周昂的《拾遗》、《备考》各1卷。作者是清朝的吴任臣，生卒年不详，初名鸿往，学名志伊，字征鸣、任臣、尔器，号托园，兴化府人，出生一农耕之家，幼时聪颖好学，参加县试、府试、院试均名列第一，后在家乡办私塾，教授家乡儿童，虽然生活不富裕，所得菲薄收入都用以购买书籍，藏书丰富，并进行研究，于康熙十八年（1679）参加博学鸿儒科考试成功，历任翰林院检讨、《明史》纂修等职。其还著有《周礼大义》、《礼通》、《春秋正朔考辨》、《南北史合注》、《山海经文注》、《字汇补》和《托园诗文集》等。

《二十四史》，清朝乾隆年间，皇帝在下诏刊印二十二史之后，又诏增《旧唐书》，并从《永乐大典》中辑出《旧五代史》汇集而成。《旧唐书》，记唐高祖武德元年到唐哀帝天祐四年事；书中叙事追溯到隋大业十三年、补叙天祐五年；后晋时期的刘昫（888~947）等人著。《旧五代史》，记梁太祖开平元年朱温称帝建立后梁——周恭帝显德六年事；书中还追溯了唐朝末年农民战争的形势与朱温的活动，并补叙了显德七年赵匡胤陈桥兵变灭亡后周的情形；北宋初年的薛居正（912~981）等人于开宝六年四月奉诏修撰。

《二十五史》，是1921年徐世昌以北洋军阀政府大总统的名义，命令将《新元史》纳入正史行列，于是便产生了此书。《新元史》，是《元史》修成后550年出现的又一部元朝史书，记元太祖称成吉思汗之年至元昭宗宣光八年事；清朝末年至民国初年的柯劭忞（1850~1933）著。

《二十六史》，是二十五史与《清史稿》汇集而成。《清史稿》记清太祖天命元年到宣统三年十二月溥仪"逊位"事；由北洋军阀时期的赵尔巽（1844～1927）等100名编撰与200多名辅助人员协作，于"民国"十七年完成。

《十六国春秋》，北魏时期的传记体书。记述晋朝北方16国历史。作者是北魏的崔鸿（478～525），本名孝伯，孝文赐名崔鸿，字长仁、彦鸾，清河人，出身于书香世家。曾祖崔旷，乐陵太守。祖父崔灵延，关内侯。父亲崔敬友，梁郡太守。伯父崔光，国子祭酒，参与修撰北魏国史。崔鸿"少好读书，博综经史"（《北史》本传），历任左常侍、员外郎、尚书虞曹郎中、起居注、给事中、郎中、将军、大夫、长史、侍郎、常侍、齐州大中正、《魏书》总纂等职，卒赠镇东将军、度支尚书、青州刺史。

《二十五史补编》，由二十五史刊行委员会编辑。1936～1937年上海开明书店出版。全书共汇编清朝和近代人的补作、表校、志校、考订等作品240多种（旧刊本约180种，稿本约60种）。

13 佛教、道教

佛教、道教方面的书籍很多，之中以数字与其他字词组合命名的书也不少，如《四分律》、《三国遗事》、《五灯会元》、《十二门论》、《四十二章经》、《百句譬喻经》、《十地断结经》等。

《四分律》，60卷，佛教的一部戒律书。为纪念释迦牟尼逝世100年，印度僧人昙无德采录上座部律藏，历经4次分成才辑编成书而得名。后秦时期佛陀耶舍、竺佛念二人翻译。

《三国遗事》，是朝鲜的编年体佛教史书。13世纪的高丽僧人一然用汉文撰写而成。内容是新罗、百济、高句丽3国的佛教传播和历史。一然（1206～1287），本姓金，名见明，后更名一然，字晦然，法名普觉，生于庆州獐山县，9岁出家当和尚，20岁时就以学业优秀而闻名遐迩。后在多座寺庙攻读禅经，招收诸多弟子。76岁时，忠烈王赐予其冲照之号，被册封为国尊。其撰有佛教书籍百余种。

《五灯会元》，佛教书。由《景德传灯录》、《天圣广灯录》、《建中靖国续灯录》、《嘉泰普灯录》、《联灯会要》汇编成书而得名。是用师徒问答的形式，裁辑5种书内七佛（含释迦牟尼）至宋朝禅宗各派名僧对佛教教义的论证与有关故事。编者为宋朝的普济。

《十二门论》，为内分 12 门而得名。宣扬性空理论。古代印度的龙树著，后秦时期的鸠摩罗什译。龙树，又称龙猛，是公元 3 世纪的大阿阇梨，出生于南印度案达罗王朝的婆罗门家庭，后入寺庙潜心研究法藏学问，还有《中论》、《大智度论》、《回诤论》、《七十空性论》、《十住毗婆沙论》、《菩提资粮论》等论著，有"千部论主"之称。鸠摩罗什（梵语 Kumārajīva，344~413），原籍天竺，生于西域龟兹国一书香家庭。父鸠摩罗炎，龟兹国师。母亲，是龟兹王白纯的妹妹耆婆，聪敏才高，无师自通天竺语，能过目不忘且解悟其中妙义，在鸠摩罗什 7 岁时，带其一同出家，"正式受戒，进而修习禅法，专精不懈，终于证得须陀洹初果"（鸠摩罗什，百科名片，2011 年 6 月 18 日 http://www.360doc.com/content//11/0618/22/812811-127903132.shtml）。鸠摩罗什，"初学小乘，后遍习大乘，尤善般若，并精通汉语文，曾游学天竺诸国，遍访名师大德，深究妙义"（鸠摩罗什，百科名片，2011 年 6 月 18 日 http://www.360doc.com/content//11/0618/22/812811-127903132.shtml）。东晋后秦弘始三年（401），姚兴派人迎其至长安从事译经。其率弟子僧肇等 800 余人，译出《摩诃般若》、《妙法莲华》、《维摩诘》、《阿弥陀》、《金刚》等经和《中》、《百》、《大智度》等论，共 74 部，384 卷。

《四十二章经》，佛教经文。为撮取小乘群经而成。由中天竺僧人迦叶摩腾、竺法兰合译而成。迦叶摩腾（Kasyapa-matanga，?~73），一名摄摩腾，简称摩腾。竺法兰，Dharmaratna，意译法宝，少时就会汉语，熟悉西域经，自言诵经论数万章，为天竺学者之师。汉明帝永平七年（64），中郎将蔡愔、博士秦景等 18 人奉命去大月氏国求佛法，于永平十年（67）请得迦叶摩腾及竺法兰二僧归，以白马载佛像及经典至洛阳。次年，建白马寺，供迦叶摩腾、竺法兰讲经，并请从事梵本佛经的汉译。该书即于此时译出，为中国汉译佛经之始，也为佛教传入中国内地之始。

《百句譬喻经》，也名《百喻经》、《百譬经》。是一部具有佛教文学性质的书。以故事的形式宣传宗教思想。著者为古代印度的僧人伽斯那，译者是中国南齐时期的僧人求那毗地。伽斯那生活于公元 5 世纪。求那毗地（?~502），梵名 Gun! avr! ddhi，意译作德进、安进，早年出家，就学于大乘法师伽斯那，"常事讽诵，熟谙大小乘经 20 多万言，通达内外经典，并精研阴阳、卜筮之术、占时验事。"（佛学大辞典，丁福保编，文物出版社，1984 年

1月版，求那毗地条目)

《十地断结经》，佛教经书。是中天竺僧人竺法兰于白马寺翻译而成，还翻译有《佛本生经》、《佛本行经》、《法海藏经》等5部13卷经文。为中国佛经翻译传播的首批文献。

14 评论

评论的门类较多，有对人的思想观点的品评、文学评论、诗文艺术赏论等。之中以数字与其他字词合成书名的如《四六话》、《四存编》、《六艺论》、《二十四诗品》、《五经通论》等。

《四六话》，论著。论述的多属于字句、对偶等方面的问题。著者是宋朝的王铚，生卒年月不详，汝阴人，字性之，自号雪溪、雪溪居士、汝阴老民，出生于世代书香之家，宋朝初期著名学者王昭素的后裔。父亲王莘，进士，江州知府。王铚性聪敏，读书一目十行，记忆超群，幼承家学，成年后喜聚书、研究学问，收藏图书数万卷，均亲自校勘，著有《默记》、《杂纂续》、《侍女小名录》、《国老谈苑》、《雪溪集》、诗6卷等，还纂《枢庭备检》、续《七朝国史》、辑欧阳修别集等。其还担任枢密院编修、右承事郎、湖南安抚司参议等职，"晚年遭秦桧摈，避地剡溪山中，日以觞咏自娱，人称'雪溪先生'"（四库全书总目提要卷141 子部51 小说家类一杂事之属一默记条点校说明）。

《四存编》，是《存性编》、《存学编》、《存治编》、《存人编》各首尾2字合称。前3编主要是"反对程朱派理学"的。最后1编是反对佛教、道教、伪道门等迷信思想的。著者是清朝初年的颜元（1635～1704），字易直、浑然，号习斋，博县北杨村人，8岁跟吴持明学骑、射、剑、戟、医术、术数，19岁师从贾珍，同年中秀才，不久"遂弃举业，20岁究天象、地理及兵略。21岁阅《通鉴》，忘寝食，22岁学医。23岁，学兵法，究战守机宜，尝彻夜不寐"（2006年9月14日互动百科网 http：//www.baike.com/wiki/颜元，zhangsh）。24岁开私塾教书，此后主要靠开药铺行医为生。其著有《总论诸儒讲学》、《上太仓陆桴亭先生书》、《性理评》、《漳南书院记》、《四书正误》、《习斋记馀》等。

《六艺论》，内容是论述《易》、《书》、《诗》、《礼》、《春秋》、《乐》6种经学传授的流源。作者是东汉时期的郑玄（127～200），字康成，北海高密人，自幼读书，成年后聚徒讲学，注《易》、《书》、《诗》、《礼》、《论语》与纬书，作《发墨守》、《箴膏肓》、《起废疾》，撰《驳五经异义》等。

《二十四诗品》，论述诗歌风格等。作者是司空图（837~908），字表圣，号知非子、耐辱居士，祖籍临淮，后迁居河中虞乡。曾祖父、祖父和父亲都官至郎中。司空图于唐朝懿宗咸通十年（869）考中进士，历任殿中侍御史、光律寺主簿、礼部员外郎、郎中、知制诰、中书舍人。之后，朝政混乱，先后委任他为谏议大夫、户部侍郎、兵部侍郎，而他均说自己有病，坚持请辞不就，告老还乡。其还预先准备了棺材坟地，遇到好天气就领客人们坐在墓穴里饮酒赋诗，任人羞辱（"耐辱居士"之名就是这时自号的），以避祸害。他在后梁开平二年（908），听说唐哀帝被杀，绝食而亡。其还著有诗3卷等。

《五经通论》，内容说《易》、《诗》、《书》、《三礼》、《春秋》是经过孔子整理后，才成为"微言"含有"大意"之"经"的。作者是清朝的皮锡瑞（1850~1908），字鹿门、麓云，湖南善化人，12岁补县学生员，光绪九年（1883）举人，后多次参加会试皆落第，便绝意科举，潜心讲学与著书立说。其因景仰西汉经学大师伏生，为自己住所起名"师伏堂"，因此被称之"师伏先生"，历任桂阳与龙潭书院主讲、南学会会长、长沙定王台图书馆纂修等职，著有《今文尚书考证》、《尚书大传疏证》、《古文尚书冤词平议》、《尚书古文疏证辩证》、《尚书中候疏证》、《史记引尚书考》、《郑志疏证》、《三疾疏证》、《圣证论补评》、《鲁礼禘祫义疏证》、《六艺论疏证》、《孝经郑注疏》、《驳五经异义疏证》、《春秋讲义》、《王制笺》、《汉碑引经考》、《师伏堂笔记》、《自课文》、《经学历史》、《师伏堂丛书》、《师伏堂日记》、《皮氏八种》、骈文4卷、诗草6卷、咏史等百余卷。

15 笔记

笔记，是指文人在日常生活、学习、工作中对所见所闻所做之事（产生的感想体会，或觉得新奇）予以记录的称谓。由笔记资料形成的书名不少，之中以数字与其他文字组成的书名也占有一定的比例，如有《五杂俎》、《七修类稿》、《三借庐笔谈》、《四友斋丛说》、《四朝闻见录》、《万历野获编》、《两般秋雨庵随笔》、《十驾斋养新录》等。

《五杂俎》，之中"俎"即"组"。分天、地、人、物、事5大类内容，于是起此名。记述明朝的文化、经济、社会、政治与一些风物掌故。被清朝

书的命名 >>>

列为禁书。作者是明朝的谢肇淛（1567~1624），字在杭，号武林、小草斋主人、山水劳人，生于钱塘一书香之家。父谢汝韶，举人出身，钱塘教谕、安仁知县。谢肇淛自幼勤奋好学，万历二十年（1592）考中进士，历任南京刑部主事、兵部郎中、员外郎、广西按察使、右布政使等职，著有《太姥山志》、《尘史》、《尘余》、《居东杂纂》、《四部丛谈》、《文海披沙》、《百粤风土记》、《北河纪略》、《纪余》、《谢在杭文集》、《诗集》、《续集》、《郡国考》、《红云续约》、《吴兴友乘》、《滇略》、《泊堂台墨》、《长溪琐语》、《小草斋诗话》、《小草斋集》、《续集》、《方广岩志》、《晋安艺文志》、《太姥山志》、《鼓山志》、《支提山志》、《万历永福县志》、《八闽蹉政志》等。

《七修类稿》，刊修时因义立为7类而故名。内容有元朝、明朝史事、诗文、小说等。著者是明朝的郎瑛（1487~1566），字仁宝，仁和人，幼年失父，成年后因身患疾病，而淡于功名，悉心治学。他家开古董铺，藏有"经史文章、杂家之言、乡贤手迹等书籍。"（napaeric，2006年12月17日，http://www.baike.com/wiki/郎瑛）其每日于书斋中翻阅，"揽其要旨，撮取精华，辨同异，考谬误，"（napaeric，2006年12月17日，http://www.baike.com/wiki/郎瑛）著成《青史衮钺》60卷、《萃忠录》2卷等。

《三借庐笔谈》，笔记。内容为清朝的文学故事。作者是清朝的邹弢（1850~1931），字翰飞，号酒丐、瘦鹤词人、潇湘馆侍者，也称司香旧尉，江苏无锡人，担任过《苏报》主编，晚年到上海启明女学任教。其著有《断肠碑》（一名《海上尘天影》）60回、《中国通俗小说书目》、《三借庐丛稿》、《浇愁集》8卷等。

《四友斋丛说》，内容有诗文词曲、旧闻、明朝史料、苏州与松江地区的掌故和各类专门的评述等。作者为明朝的何良俊（1506~1573），字元朗，号柘湖，松江府华亭县人，嘉靖贡生，筑有清森阁，藏书4万余卷与名画百余幅、古法帖、彝鼎数十种，20年不下楼，遍览群书；嘉靖中（1544年左右），任南京翰林院孔目，"久而厌倦，称病归家，专心著述。自称与庄周、王维、白居易为友，题书房名'四友斋'。后避倭寇乱，居金陵数年，又在苏州买宅居住。隆庆三年（1569）始返松江，筑室于府城南，建望洋楼，厌俗傲世，芒鞋竹笠，放情峰泖间。"（何良俊，宽带山，2010年11月11日http://www.kdslife.com/thread-1-2000000-5908997-1-TRUE.html）其作还有《清森阁集》、《柘湖集》、《何氏语林》、《书画铭心录》等。

102

《四朝闻见录》，记述南宋时期高宗、孝宗、光宗、宁宗4朝轶事和宁宗受禅、庆元党禁2事。作者是南宋中期的叶绍翁（1194~?），字嗣宗，号靖逸，祖籍建安，"长期隐居钱塘西湖之滨，与葛天民互相酬唱"（叶绍翁简介，古诗文网）。其《游园不值》"应怜屐齿印苍苔，小扣柴扉久不开。春色满园关不住，一枝红杏出墙来"等为后所传诵，有诗集《靖逸小集》等。

《万历野获编》，内容多为明朝万历以前的朝章掌故、士大夫的政治生活与一些有关的戏曲小说资料等。作者是明朝的沈德符（1578~1642），字景倩、景伯、虎臣，号他子，秀水人，生于北京一书香之家。父亲沈自邠，进士，授翰林院检讨，参与编修《左明会典》。沈德符12岁时父亲去世，便随母回乡。祖父沈启原原任陕西按察司副使，因简慢抚台被弹劾，自解任归乡，将父沈谧所建的"万书楼"扩建为"芳润楼"，终日读书聚书，足不入城。沈德符回乡后即由祖父教读，不幸祖父2年后也去世了。万历四十六年（1618年）沈德符考中举人，次年会试落第，返乡专心著述，有《万历前三朝朝章国故里巷琐语》、《靡不备战》、《飞凫语略》、《清权堂集》、《敝帚轩剩语》、《顾曲杂言》、《秦玺始末》等。

《两般秋雨庵随笔》，也名《秋雨庵随笔》。内容有风土名物、诗文评论、文学故事等。此笔记自成一家。如其中所编记的一女子给情郎写的《圈儿词》："相思欲寄无从寄，画一个圈儿替；话在圈儿外，心在圈儿里。我密密加圈，你须密密知侬意：单圈儿是我，双圈儿是你；整个圈儿是团圆，破圈儿是别离，还有那说不尽的相思，把一路圈儿圈到底"等，极具个性。作者是清朝的梁绍壬（1792~?），字应来，号晋竹，钱塘人，道光辛巳举人，承家学，工诗文，学问渊博，嗜酒，官至内阁中书，还著有《两般秋雨庵诗》等。

《十驾斋养新录》，是对金石、地理、辞章、小学、经学、史学等方面内容的考释而形成的书。作者是清朝的钱大昕（1728~1804），字晓征、辛楣，号及之、竹汀，江苏嘉定人，自幼读书、聪慧，15岁便评论马瑞临的《文献通考》，乾隆十九年（1754）考中进士，历任翰林院庶吉士、编修、乡试正考官、侍讲学士、少詹事、提督广东学政等职，四十年（1775）"因父丧去职，服阕后又遇母丧，以病不再复出"（钱大昕-维基百、自由的百科全书，wikipedia. kfd. me/zh-cn/钱大昕-快照）；"归田三十年，潜心著述课徒，历主钟山、娄东、紫阳书院讲席，出其门下之士多至2000人，晚年自称潜研老人"

(互动百科，2009 年 5 月 8 日，http：//www.baike.com/wiki/镜喻)；奉命修纂《热河志》、《续文献通考》、《续通志》、《音韵述微》、《一统志》、《天球图》等，还著有《宋辽金元四史朔闰考》、《宋学士年表》、《元史氏族表》、《元史艺文志》、《元诗记事》、《三史拾遗》、《诸史拾遗》、《潜研堂金石文跋尾》、《三统术衍》、《四史朔闰考》、《潜研堂文集》等。

16 诗

诗，是文学中的一个门类。其突出的特点是：以高度概括、十分凝练、极为和谐与优美的语言，来表达作者丰富多彩的思想情感。文字的数量上，可分为长篇与短篇。作为书，多由长篇或短篇集而形成。其中以数字与其他字词合为书名的如《五诗集》、《百鸟衣》、《四夜组诗》、《一个怪影在欧洲游荡》等。

《五诗集》，是用乌兹别克语写成的叙事诗。53000 多行。作者是乌兹别克的尼扎马金·阿里舍尔（НизамаддинAЛиШеР，1441～1501），笔名纳沃依（HaBou），出身于官僚贵族家庭，自幼读书，十分聪颖，7 岁就能背诵许多大诗人的著名篇章，15 岁即能用波斯和乌兹别克两种语言作诗，1468 年被任命为出版印刷业主管，工作之余进行写作，还有诗集《思想的宝库》（约有 2500 首嘎泽拉。嘎泽拉，一种格律严整的抒情诗体裁）等。

《百鸟衣》，是依据壮族人民广泛流传的民间故事"百鸟衣"撰写的长篇叙事诗（1955 年完成）。讲述一贫苦的男子，用一百只鸟的羽毛，制作成神衣，反抗强暴，争取自由的故事。著者韦其麟，1935 年 1 月出生于广西横县校椅镇文村，1983 年 3 月加入中国共产党，武汉大学中文系毕业，历任广西文联创作员、文艺报编辑、南宁师范专科学校教授、自治区社科联副主席、广西文联主席、党组书记、中国作协副主席、全国政协委员等职。其著有《玫瑰花的故事》（叙事诗）、《凤凰歌》、《寻找太阳母亲》、《童心集》、《含羞草》、《梦的森林》、《苦果》、《周民震、韦其麟、沙红研究合集》、《壮族民间文学概观》、诗集《依然梦在人间》等，有多部作品获奖。

《四夜组诗》，是《五月之夜》、《十二月之夜》、《致拉马丁的信》、《八月之夜》、《十月之夜》、《回忆》等抒情诗汇集而成，内容为主人公表白自己失去爱情痛苦、绝望、孤独、渴望慰藉和重新燃起生活希望后精神日趋安定。著者是法国的阿尔弗雷德·德·缪塞（Alfred de Musset，1810～1857），出生于巴黎，自幼喜爱文学，14岁便能作诗，中学毕业后，先后学习过法律、医学、绘画，1852年被选入法兰西学士院。其作品还有诗集《西班牙和意大利的故事》，长诗《罗拉》（写主人公变坏自尽的），诗剧《酒杯与嘴唇》，喜剧《方达西奥》，剧本《威尼斯之夜》，五幕历史剧《洛朗查丘》，格言剧，长篇小说《世纪儿忏悔录》，短篇小说等。

《一个怪影在欧洲游荡》，1933年问世。作者是西班牙拉斐尔·阿尔维蒂（Rafael Alberti，1902~），旧译阿尔贝蒂，出生于西班牙南部的马利亚港。他开始学绘画，20岁时转入诗歌写作，有诗歌集《陆地上的海员》（获国家奖）、《情人》、《紫罗兰的黎明》、《坚实之歌》、《关于天使》、《加勒比海之歌》、《街头诗人》、《随时随刻》、《在石竹花和剑之间》、《潮汐》、《今天的标记》、《中国在微笑》、《人民的雄牛正归来》、《给被出卖的西班牙》等。他还创作了一些剧本、散文等作品，但都不如诗歌的影响大。

17 经解注疏

在漫长的历史中，产生的经解注疏书很多，之中以数字与其他字为书名的也不少，如《九经解》、《四书集注》、《十三经注疏》、《十三经》、《三经新义》、《五经异义》、《七经小传》、《九经古义》等。

《九经解》，集唐、宋、元、明4朝有关《诗》、《书》、《易》、《三礼》、《春秋》、《孟子》、《孝经》、《论语》、《四书》等经的注释146部汇刻而成。1860卷。主持编纂汇刻的是清朝的纳兰成德（1655~1685），小名冬朗，又名性德，字容若，号楞伽山人，满洲正黄旗人。父是宰相明珠。母亲觉罗氏，为英亲王阿济格第五女，一品诰命夫人。成德，自幼聪颖，读书过目不忘，数岁时即习骑射，22岁考中进士，被破格授予3等侍卫，以后升2等，再升为1等。其著有《饮水词》（词集）、《通志堂集》、《渌水亭杂识》、《词林正略》，辑《大易集义粹言》、《陈氏礼记说补正》，编选《近词初集》、《名家绝句钞》、《全唐诗选》等书。其以词闻名，当时盛传，"家家争唱饮水词，纳兰心事几人知"（曹寅《题楝亭夜话图》－楝亭诗钞卷2）。

《四书集注》，由《大学章句》、《中庸章句》、《孟子集注》、《论语集注》汇集而成。也名《四书章句集注》，"四书"之名即出于此。明清两朝定为文人必读的注本。编注者为南宋时期的朱熹（1130~1200），字元晦、仲晦，号晦庵、晦翁、紫阳、考亭先生、云谷老人、沧州病叟、逆翁，婺源县人。父

105

书的命名

朱松,进士,饶知州。朱熹出生于尤溪县,受教于父,聪明过人。4岁时其父指天说:这是天。朱熹则问:天上有何物?8岁能读懂《孝经》,在书题字自勉说:不若是,非人也。10岁时父亲去世,随母迁居建阳崇安县。19岁考中进士,历任南康知军、秘阁修撰、侍讲、焕章阁待制等职,先后到一些书院讲学50多年,著有《四书或问》、《太极图说解》、《通书解》、《西铭解》、《周易本义》、《易学启蒙》、《蓍卦考误》、《诗集传》、《大学中庸章句》、《楚辞集注辨正》、《韩文考异》、《参同契考异》、《中庸辑略》、《孝经刊误》、《小学书》、《通鉴纲目》、《宋名臣言行录》、《家礼》、《近思录》、《河南程氏遗书》、《伊洛渊源录》、词集《晦庵词》等。卒谥文,赠中大夫,特赠宝谟阁直学士,加赠太师,追封信国公,改徽国公。

《十三经注疏》,因是由13部儒家经典的注疏刊刻汇成而得名。问世于宋朝。清朝的阮元重刊时,撰写了校勘记。阮元(1764~1849),字伯元,号云台、雷塘庵主,晚号怡性老人,出生于扬州一文武兼备的世家。祖父阮堂,武进士,湖南参将。父亲阮承信,国学生,纂修《左氏春秋》。母亲林氏,通晓诗书。阮元5岁始跟母亲学字,6岁进私塾就学,并由父教骑马和射箭,乾隆五十四年(1789)考中进士,历任编修、侍讲、侍郎、巡抚、国史馆总编、总督、太子少保、体仁阁大学士等,晋加太子太保太傅衔,还著有《三家诗补遗》、《考工记车制图解》、《诗书古训》、《仪礼石经校勘记》、《儒林传稿》、《畴人传》、《积古斋钟鼎彝器疑识》、《定香亭笔谈》、《小沧浪笔谈》、《选项印宛委别藏提要》、《揅经室集》、《十三经注疏校勘记》等30多种,编纂《经籍纂诂》、《皇清经解》、《两浙金石志》、《诂经精舍文集》、《淮海英灵集》、《八砖吟馆刻烛集》、《嘉庆嘉兴府志》、《广东通志》等,校勘刻印《十三经注疏》与钱大昕、钱塘、汪中、刘台拱、孔广森、张惠言、焦循、凌廷堪等名家文集。卒谥文达。

《三经新义》,由《周礼义》、《书义》、《诗义》3书汇集而成。著者为北宋时期的王安石(1021~1086),字介甫、獾郎,号半山,北宋临川人,世称临川先生。父亲王益,县官。王安石少时跟随父亲识字学习,受到良好的教育,庆历二年(1042)考中进士,先后担任淮南判官、鄞县知县、舒州通判、常州知州、提点江东刑狱、江宁知府、翰林学士、同中书门下平章事等职,被封荆国公,又称王荆公。其因奉旨推行所主张的一系列改革变法,遭到司马光(跟皇帝闹辞职,隐居洛阳编纂《资治通鉴》)、苏东坡父子等官僚地主

106

集团的坚决反对，熙宁九年第二次被罢相，改任江南签判，次年隐退江宁钟山，闲居江宁府。其著有《字说》、《钟山日录》、诗词、《临川先生文集》100卷等。卒谥文，被称王文公。

《五经异义》，内容是说今文经学与古文经学不同。作者为东汉时期的许慎（约58～约147），字叔重，名慎，汝南召陵人，"性纯笃，少博学经籍"（《说文解字》，富兰克林，2008年11月3日，http：//www.baike.com/wiki/《说文解字》），任太尉府祭酒。因其著成此书，被赞为"五经无双许叔重"，又因著成《说文解字》（是中国首部字典），被誉为"字圣"，还著有《淮南鸿烈解诂》等书。

《七经小传》，是以义说经之作。内容是阐释《公羊传》、《论语》、《毛诗》、《周礼》、《仪礼》、《礼记》、《尚书》等7部经典。首开个人解释古代经典之风。作者是北宋时期的刘敞（1019～1068），字原父，号公是，临江新喻人，自幼好学，熟读经书，庆历六年（1046）与弟刘敛同时考中进士，廷试时本为第一，因编排官王尧臣为敞内兄，为避嫌疑，列为第二；历任大理评事通判、太子中允、三司使、起居舍人、知州、侍读、学士、京东路安抚使、礼部主考官等职，病卒于官舍，门人私谥"公是先生"，著有《公是集》、《春秋权衡》、《春秋传》、《春秋传说例》、《春秋意林》等，还与弟刘敛、子刘奉世合著《汉书标注》。其首开中国金石学之门，创私人收藏著录之先例，把家藏的11件古器物，使人摹其铭文，绘其绘画，刻之于石，名为《先秦古器图碑》。

《九经古义》，以汉儒训诂与其他旧文来解释《易》、《诗》、《书》、《周礼》、《仪礼》、《礼记》、《论语》、《公羊传》、《谷梁传》9经所形成的书。作者是清朝的惠栋（1697～1758），字定宇，号松崖，吴县人，自幼好学，家多藏书，日夜翻阅，康熙五十五年（1716）考中生员，后仕途不畅，便专心授徒治学，著有《周易述》、《易汉学》、《易例》、《春秋左传补注》、《明堂大道录》、《后汉书补正》、《周易本义辨证》、《山海经训纂》、《松崖笔记》、《松崖文钞》等。其弟子很多，著名者有余萧客、江声、王鸣盛、钱大昕、戴震、王昶、江藩等。

18　考证

考证，研究历史语言文学等问题的一种方法。是根据事实的考核和例证

书的命名 >>>

的归纳，提供可信的材料，作出相应的结论。刘因的诗《夏日饮山亭》说："人来每问农桑事，考证床头种树篇。"姚鼐的《夏秦小砚书》："天下学问之事，有义理、文章、考证三者之分，异趋而同为不可废"。内容为考证所起的书名不少。之中以数字与其他字词合为书名的如《五礼通考》、《九朝律考》、《两汉书疏证》、《三礼图集注》、《十七史商榷》、《四库提要辨证》、《二十二史札记》、《四库全书总目提要补正》、《十六长乐堂古器款识考》等。

《五礼通考》，收录吉、凶、军、宾、嘉五个方面的资料。作者是清朝的秦蕙田（1702～1764），字树峰、树沣，号味经，江苏金匮人，一门四进士。祖父秦松龄，顺治十二年（1655）进士，授国史院检讨。父道然，康熙四十八年进士，礼部给事中。子泰钧，乾隆十九年进士，翰林院编修。秦蕙田，乾隆元年（1736）进士（探花），授编修，后历任顺天武乡试副主考、侍读、右庶子、右通政、内阁学士、礼部侍郎、经筵讲官、工刑部尚书，加封太子太保，还著有《周易象日笺》、《味经窝类稿》等，卒谥文恭。

《九朝律考》，内容为《汉律考》、《魏律考》、《晋律考》、《梁律考》、《陈律考》、《后魏律考》、《北齐律考》、《后周律考》、《隋律考》等9个朝代的律文考证汇集而成。作者是程树德（1877～1944），字郁庭，福建闽县人，"10岁丧母，孤苦无依，但少年有志，勤奋自学，通宵达旦，熟读经、史，博览群书"（论语集释，程树德撰，程俊英、蒋见元点校．中华书局出版社1990年8月版，前言），中举后留学日本，毕业于日本法政大学法律科，宣统元年（1909）回国参加留学生授职考试，赐予法政科进士出身，授翰院编修，历任法典编纂会纂修、福建法政学堂教务长、国务院法制局帮办、大学教授等职，著有《国际私法》、《中国法制史》、《比较国际私法》、《说文稽古编》、《论语集释》（40卷，是在积劳成疾、血管硬化、家子女多而幼弱、生活贫困、无钱医治、病况不断恶化，最终瘫痪，"目难睁不能视，手颤抖不能书"（论语集释，程树德撰，程俊英、蒋见元点校．中华书局出版社1990年8月版，前言）的情况下，自己口述，由亲戚笔录，历时九年才完成的。精神可动天地）等约400余万字。

《两汉书疏证》，作者为清朝的沈钦韩（1775～1832），字文起，号小宛，原籍湖州，后居苏州木渎，家贫，学习刻苦，借人书读，嘉庆十二年（1807）中举，授安徽宁国府训导，著有《幼学堂文集》、《幼学堂诗集》、《水经注疏证》、《左传补注》、《左传地理补注》、《韩昌黎集补注》、《王荆公诗补注》、

108

《王荆公文集注》、《苏诗查注补正》、《范石湖集注》等。

《三礼图集注》，是五代后周显德年间的聂崇义奉命采用东汉以来郑玄、阮谌、夏侯伏朗、张镒、梁正与隋朝开皇年间官撰的6种《三礼》旧图参定郊庙等礼制而著成。因书中的内容是对所汇集的资料的重新考订，又加以图说，故取此名，后人为简便，改称《三礼图》。聂崇义，洛阳人，少学《三礼》，精通经旨，后汉乾祐年间官至国子礼记博士，校定《公羊春秋》，后周显德年间任国子司业兼太常博士等职。

《十七史商榷》，是对上起《史记》，下讫《五代史》史事与文字的考订。内容不止十七史，还有《旧唐书》、《旧五代史》，共十九史。作者是清朝的王鸣盛（1722~1797），字风喈，号礼堂、西庄、西沚、西芷，江苏嘉定人。祖父王大生，举人。父亲王尔达，以教书为生。王鸣盛自小天资聪颖，受到良好教育，四五岁时便能识数百字，乾隆十九年考中进士（榜眼），授翰林院编修，历任侍读学士、日讲起居注、乡试正考官、礼部侍郎、内阁学士。后因"坐事滥用驿马"（王鸣盛，科举辑萃），被贬为光禄寺卿，便"以父亲年事已高需要抚养而辞官"（王鸣盛，科举辑萃）到苏州，著书立说、卖文以自给，著有《蛾术篇》（100卷，考证中国古代的人物、碑刻、文字、器物、地理、制度等）、《尚书后案》、《后辨》、《续宋文鉴》、《周礼军赋说》、《耕养斋诗文集》、《西沚居士集》等。

《四库提要辨证》，是清朝余嘉锡研读《四库全书总目提要》50多年的随笔考证。余嘉锡（1884~1955），又名钟仪，字季豫，自号狷庵（取有所不为之义），湖南常德人。父嵩庆，进士，商丘县令。余嘉锡出生于父亲任所，自幼接受父亲教育，光绪二十七年（1901）参加乡试中举，历任吏部文选司主事、师范学堂教员、大学教授、中央研究院院士、中科院语言研究所专门委员等职。其博览群书，发表论文25篇、序跋18篇，著有《宋江三十六人考实》、《余嘉锡论学杂著》、《目录学发微》、《世说新语笺疏》、《古书通例》、《余嘉锡说文献学》、《孔子弟子年表》、《吴越春秋注》等。

《二十二史札记》，是考订24部正史（从《史记》到《明史》）形成的书。书名之所以为二十二史，是因为当时此书中考订的《旧唐书》与《旧五代史》尚没认可为正史。作者是清朝初期的赵翼（1727~1814），字云崧、耘崧，号瓯北，晚号三半老人，阳湖人，出生于武进洛阳镇干圻头村，全家9人，仅有田1亩8分，全靠父亲教书度日。6岁便随父漂泊在外学习，悟性较高，12岁时能一天做7篇文章。15岁时父亲突然病故，经济顿失支柱，无奈承继父业，开始了少年家庭教师的生涯。1761年他第6次参加科考获殿试第一，但因江浙多状元，陕西本朝还没有，帝将其与第三名陕西的王杰对调，改成探花。其后历任礼部教习、授翰林院编修、《平定准噶尔方略》和《御批通鉴辑览》编撰、乡会试主持、知府、贵西兵备道等职。乾隆三十七年十月，因在广州处理一旧案失误被朝廷追究，受降一级调用处分，遂以母亲年迈需侍养为由辞职，从此开始讲学、著书立说。现存赵翼诗4800多首，还有诗集53卷及《瓯北诗话》、《唐宋十家诗话》，史学之作《陔余丛考》、《檐曝杂记》、《皇朝武功纪盛》等。他论诗重创新，其《论诗》中的"李杜诗篇万口传，至今已觉不新鲜。江山代有才人出，各领风骚数百年"已传为佳话。

《四库全书总目提要补正》，是对"总目提要"的失误进行修正而成的书。62卷（含《未收书目提要补正》2卷）。补正古书2300多种。著者初为胡玉缙（1859~1940），去世后由王欣夫（1901~1966）继续搜辑整编完成。胡玉缙，字绥之，号许庼，江苏元和人，肄业于正谊书院，光绪十七年（1891）中举，历任学部主事、员外郎、礼学馆纂修、大学教授、国立历史博物馆筹备处主任等职，著有《甲辰东游日记》、《四库未收书目提要续编》、《说文旧音补注》、《许庼经籍题跋》、《续修四库全书总目提要礼类稿》等。王欣夫，名大隆，字欣夫，号补安，祖籍浙江秀水，后移居江苏吴县，出生于书香家庭。曾祖父边经商边习文，撰有《资敬堂家训》。父王祖询，藏书数千卷。王欣夫受家庭环境和师友熏陶，自幼读书用功，学业有成，历任上海圣约翰与复旦大学教授等职，著有《文献学讲义》、《补三国兵志》、《藏书纪事诗补正》、《蛾术轩箧存善本书录》及《题跋》、《黄荛圃先生年谱补》，整理编辑《许庼学林》等。

《十六长乐堂古器款识考》，作者是清朝的钱坫（1744~1806），字献之，号小兰、十兰、泉坫，江苏嘉定人，钱大昕之侄，乾隆三十九年（1774）中举，官至乾州知州，擅长篆书，著有《十经文字通正书》、《汉书十表注》、《圣贤冢墓志》、《浣花拜石轩镜铭集录》、《篆人录》、《说文解字斠诠》等书。

19　术数

术数，指的是算术、代数、几何、数学。之中用数字与其他字词合为书名的如《四方连续》、《五经算术》、《九章算术》、《九章详注比类算法大全》等。

《四方连续》，是正方形、长方形、菱形、梯形等能向四周重复连续延伸扩展的图案的合称。相关图案又可分别称名为四切（长方形、正方形）连续、四方梯形连续、四方菱形连续等图案。多见于纺织印染行业。

《五经算术》，其内容是解释《易》、《诗》、《书》、《仪礼》、《周礼》、《左传》、《论语》等经籍的古注中有关数字计算的词语。作者是北周时期的甄鸾（535~566），字叔遵，中山无极人，历任北周司隶校尉、汉中郡太守等职；好学精思，擅长精算，编订的《天和历法》于天和元年（566）被采用颁行；著有《五曹算经》、《数术记遗》（自撰自注书）、《算经十书》（除《缀术》、《缉古算经》外，都由其撰注），另有周天和年历1卷、《七曜算术》2卷等。

《九章算术》，是经过不同时期的许多人增补而成。约在公元一世纪就有了现传本的内容。内分方田、少广、尚功、方程、勾股、粟米、均输、盈不足、衰分9章，记述中国先秦到东汉初期的数学成就。

《九章详注比类算法大全》，古算书。在古代的算书中，首次使用"算盘"名称。算盘约从明朝初年开始流行，后来逐渐传到东南亚各国。著者为明朝的吴敬，字信民，号主一翁，浙江仁和人，生卒年不详，曾任浙江布政使司的幕僚，掌管全省田赋和税收的会计工作，以善算而闻名当地。

20 医学

医学，是学科中的一个大门类，有妇、儿、外、内等科之分与望、闻、问、切等诊断及用药、针灸、导引、按摩等治疗方法所形成的许多书籍。之内以数字与其他字词合作书名的如《四诊抉微》、《六科准绳》、《千金要方》、《四科简效方》、《十四经发挥》等。

《四诊抉微》，中医诊断学专著。成书于1723年。内容是对历代医疗文献中的望、闻、问、切四诊进行的论述，观点是四诊并重、缺一不可。尾附《运气要略》。作者是清朝的林之翰，字宪百，号慎庵、苕东逸老，浙江乌程人，年轻时喜爱医学，博览群书，"寒暑不辍，并游历四方，遇岐黄宿硕名流，虚心请教，学成后行医"（四诊抉微，骏青追日，2009年11月19日www.docin.com/p-35245584.html—快照—豆丁网），求其治者很多，"户外之履恒满"（四诊抉微，骏青追日，2009年11月19日 www.docin.com/p-

35245584.html—快照—豆丁网)。他"医德高尚,对待患者一视同仁,且不计报酬,总以济世为务" (四诊抉微,骏青追日,2009 年 11 月 19 日 www.docin.com/p - 35245584.html—快照—豆丁网);"对疑难疾病,常有真知灼见" (四诊抉微,骏青追日,2009 年 11 月 19 日 www.docin.com/p - 35245584.html—快照—豆丁网);还著有《嗽证知原》等。

《六科准绳》,初名《证治准绳》。后人因内分为疡医、类方、伤寒、幼科、女科、杂病六门而改名。著者为明朝的王肯堂(1549~1613),字宇泰、损仲,号损庵、念西居士,镇江府金坛人。一家三进士。祖父王皋,进士,官至兵部主事。父王樵,进士,刑部侍郎。王肯堂,少时就喜欢阅读医书,因母亲有病未遇良医,而主攻医学,1589 年考中进士,任翰林检讨。1592 年因上书抗御倭寇事,被诬以"浮躁"(王肯堂,360 百科)降职,于是称病返回故里。之后行医治学,成功地为一位眼窝生毒瘤患者行切除手术,不仅保住了患者的视力,还不留刀痕;做成落耳再植手术;"以惊驱惊"(王肯堂,360 百科)治愈一富家子弟因科举得中惊喜过度而得的精神病等。1606 年重被起用,担任南京行人司副、福建布政使司右参政等职。其还辑成《古代医统正脉全书》与"郁冈斋帖数十卷,手自钩揭,为一时石刻冠"(王肯堂,360 百科);参与国史编修,著有《医论》、《医辨》、《胤产全书》、《医镜》、《针灸准绳》、《医学正宗》、《念西笔尘》、《郁冈斋医学笔麈》、《灵台要览》、《医学穷源集》、《郁冈斋笔麈》、《〈尚书〉要旨》、《〈论语〉义府》、《律例笺释》等。

《千金要方》,中医书。被后人称为方书之祖。内收东汉至唐以前方论 5300 多首。第一次完整地提出了以脏腑寒热虚实为中心的杂病分类辨治法与伤寒禁忌 15 条。著者为唐朝的孙思邈(581~682),京兆华原人,有文说其"幼聪颖好学,自谓'幼遭风冷,屡造医门,汤药之资,罄尽家产'。及长,通老、庄及百家之说,兼好佛典"(孙思邈,360 百科)。他认为"走仕途,做高官太过世故,不能随意" (孙思邈,360 百科),故于北周大成元年(579),隐居太白山学道、炼气、养形、研究养生长寿之术。后朝廷多次请其出山为官,均坚辞不就。咸亨四年(673),高宗患疾,令其随御,而于次年,又辞疾还山。其首创导尿术,有一个病人得了尿潴留病,撒不出尿来,吃药来不及,就挑选出一根适宜的葱管,插进病人的尿道里,再用力一吹,尿顺着葱管流了出来,病就好了。其《丹经》一书,首次把火药的配方记录下来。

还著有《太清丹经要诀》、《摄养论》、《枕中方》、《老子注》、《庄子注》、《枕中素书》、《会三教论》、《福禄论》、《摄生真录》、《龟经》、《大医精诚》、《千金翼方》等 30 多种、80 余部。其被誉为药王、医神，宋徽宗崇宁二年（1103）被追封为妙应真人，隐居过的五台山，被改名为药王山等。

《四科简效方》，著者是清朝的王孟英（1808～1867?），又名王士雄，字孟英、篯龙，号梦隐、半痴山人，出生杭州，远祖甘肃安化人，乾隆年间迁居钱塘。曾祖王学权，精于医，著有《医学随笔》。祖父及父亲皆行医。有文说：王孟英"自幼失怙，历经贫困"（王孟英，360 百科），14 岁"立志习医，深得舅父俞桂庭之助，并为其书斋题名'潜斋'。"（王孟英，360 百科）其成年后秉承家训"精神到处文章老，学问深时意气平"（王孟英，360 百科），刻苦治学。《潜斋医书》赵序说其"综览群书，夜以继日"、"于是灯燃帐内，顶为之黑"。《愿体医话》俞桂庭"按语"说"如甥孟英之锐志于医也，足不出户庭者 10 年，手不释卷者永处"。其著有《温热经纬》、《随息居重订霍乱论》、《随息居饮食谱》（营养食疗专著）、《王氏医案》、《王氏医案续编》、《王氏医案三编》、《归砚录》、《乘桴医影》、《潜斋简效方》、《鸡鸣录》、《重庆堂随笔》、《女科辑要按》、《古今医案按选》、《医砭》、《言医选评》、《校正愿体医话良方》、《柳州医话良方》、《泂溪医案按》、《叶案批谬》等。

《十四经发挥》，是依据《内经》与《金兰循经》，对 14 经的循环路径、气血流注等进行的论述。作者是元末明初的滑寿（1304～1386），字伯仁、伯本，原籍河南襄城，后居余姚。有文载：其"学儒于韩说，善文能诗。学医初从王居中攻《素问》、《难经》，订正《素问》，按脏象、经络、脉候、病能、摄生、论治、色脉、针刺、阴阳、标本、运气，荟萃 12 项类聚经文，集为《读素问钞》；订误、疏义《难经》，撰《难经本义》。……后从高洞阳学针灸，确定人体 647 个穴位，能用针砭法治疗难产等多种病症。精于诊而审于方，针灸、药剂并用，尤长妇科。尝谓'医莫先于脉'，撰《诊家枢要》，类列 29 脉，颇有发挥"（滑寿，慈湖书院，2008 年 9 月 19 日，blog.sina.com.cn/s/blog-69a8e6960/00—快照—新浪博客）。其还著有《撄宁生要方》、《痔瘘篇》、《滑氏脉诀》、《撄宁生补泻心要》、《滑氏方脉》、《滑氏医韵》、《滑伯仁正人明堂图》、《本草韵合》、《伤寒例钞》、《脉理存真》、《医学引彀》、《医学蠹事书》等 17 种。之中的《麻疹全书》，提出用检查"口腔黏膜斑"诊断早期麻疹患儿，比欧洲人的"科氏斑"发现早几个世纪。

21 音韵

音韵，又称声韵，是一门传统学问，通常包括古音、今音和等韵学3部分，具体是研究每一个字的声、韵、调的分合异同。之中用数字与其他字词合为书名的如《四声韵谱》、《五方元音》、《四声切韵表》、《四声实验录》等。

《四声韵谱》，作者为清朝的江有诰（？～1851），字晋三，号古愚，歙县人，还著有《诗经韵读》、《群经韵读》、《楚辞韵读》、《先秦韵读》、《汉魏韵读》、《谐声表》、《入声表》、《唐韵四声正》、《廿一部韵谱》、《等韵丛说》等。

《五方元音》，韵书。删补《韵略易通》而成。分12韵、20声母，列12图，增4声为5声（阴、阳、上、去、入），用入声韵配阴声韵。作者是明末清初的樊腾凤（1601～1664），字凌虚，生于直隶顺德府唐山县西良村。根据他的10代孙樊洛设介绍，其"是一秀才，清兵入关后，积极参加反清活动，自为军师，联合本村人高唐、高殿弟兄，邻村人梁路头、贾二杆杖等人为大将，拥戴进士赵渔之弟，一个名叫赵二疯子的为皇帝，抗击清兵。后来失败，赵二疯子等被杀。樊腾凤在地窖里藏了3年"（樊腾凤-360百科），写成此书。

《四声切韵表》，是对《广韵》的分韵与各韵的字音原理的说明。作者为清朝的江永（1681～1762），字慎修、慎斋，婺源县人。祖父江人英，父亲江期寄，均是县学庠生出身，"淹通经史"（江永-360百科）。江永幼承家学，6岁"能写下数千言日记"（江永-360百科），21岁考中秀才，之后无心博取功名，27岁始以教书为业，先后在婺源、休宁、歙县等地开馆收徒授业、著书立说。其书房取名"弄丸斋"（江永-360百科），自号"弄丸主人"（江永-360百科），著有《礼书纲目》、《春秋地理考实》、《周礼疑义举要》、《翼梅》，续《正弧三角疏义》、《推步法解》、《律吕新论》、《律吕阐微》、《古韵标准》、《音学辨微》、《近思录集注》、《乡党图考》、《四书典林》、《四书古人典林》、《深衣考误》、《礼记训义释言》、《河洛精蕴》、《孔子年谱辑注》、《群经补义》、《仪礼释例》、《仪礼释宫谱增注》、《历学补论》、《考订朱子世家》、《读书随笔》、《兰陵萧氏二书》、《卜易圆机》、《论语琐言》、

《纪元部表》、《慎斋文钞集》、集注朱熹与吕祖谦同撰之《近思录》等约有39种、260余卷。

《四声实验录》，音学书。先叙音高、音强、音长、音质四要素与声音变化的关系，再述所用的实验方法及实验结果，后列北京、南京等地区的12种方言四声的实验纪录。作者是刘复（1891～1934），原名寿彭，字半农，号曲庵，笔名寒星，江阴县人，1925年春季以《汉语字声实验录》与《国语运动史》获法国国家文学博士学位，并成为巴黎语言学会会员，得法国学院的伏尔内语言学专奖。其历任《中华新报》特约编译、中华书局与《新青年》及《世界日报》副刊编辑、北京大学教授、中法大学国文系主任、辅仁大学教务长、北平大学女子文理学院院长、北京大学研究所文史部主任、历史语言研究所研究员等职，还著有《中国文法通论》、《中国文法讲话》、《字学十书通检》、《标准国音中小字典》、《敦煌掇琐》、《宋元以来俗字谱》（合作）、《中国俗曲总目稿》（合作）、《十韵汇编》（合作），诗集《扬鞭集》《瓦釜集》，翻译法国帕西的《比较语音学概要》等。

22　书法绘画

书法绘画，是一门实学技巧，所产生的成果，历来受世人的青睐与爱好收藏者的追捧。之内以数字与其他字词合成书名的如《十三行》、《十七帖》、《四体书势》等。

《十三行》，小楷法帖。元朝的赵孟頫在《松雪斋集》中说："墨迹有两本，一是晋朝时期的麻笺纸本，宋朝的高宗先得九行，后至贾似道手，道又续活四行；二为唐朝人的硬黄纸本，后有柳公权跋二行，故又被称《柳跋十三行》。"著者是东晋时期的王献之（344～386），字子敬，小名官奴，会稽山阴人，王羲之第七子，历任州主簿、驸马都尉、将军、太守、中书令等职。其诗文皆能，但以书法扬名，著有行书为《鸭头丸帖》、《地黄汤帖》、《九日帖》、《鹅群帖》，小楷《洛神赋（玉版十三行）》，草书《中秋帖》、《侍中帖》、《奉别帖》、《送梨帖》与诗文集等。赵孟頫（1254～1322），字子昂，号松雪、松雪道人、水晶宫道人、鸥波、孟俯，湖州人，父亲赵与告官至户部侍郎，善诗文。赵孟頫，"自幼聪明，读书过目成诵，为文操笔立就"（赵孟頫-360百科）。其11岁时，父亲去世，家境每况愈下，度日艰难。后被人推荐，得到元世祖接见，并赞赏其才貌，惊呼为"神仙中人"（赵孟頫-360

百科），命为兵部郎中，后历任集贤侍讲学士、翰林学士承旨、荣禄大夫等职，卒谥文敏，追封魏国公。其治学刻苦，著有诗文《玄妙观重修三门记》、《临黄庭经》、《四体千字文》、《洛神赋》、《胆巴碑》、《归去来兮辞》、《兰亭十三跋》、《赤壁赋》、《道德经》、《仇锷墓碑铭》、《尚书注》、《松雪斋文集》，书画《重江叠嶂图》、《双松平远图》、《红衣罗汉》、《鹊华秋色图》、《秋郊饮马图》等。鉴于其学术成就，1987年，国际天文学会以其名字命名了水星环形山。

《十七帖》，草书法帖。因首札前有"十七"而得名。原为唐朝太宗收藏，并在卷末亲书"敕"字，故后又称《敕字本十七帖》，弘文馆的摹勒拓本又名《馆本十七帖》。作者是东晋的王羲之（321～379），字逸少，号澹斋，祖籍琅琊临沂，后迁会稽，出身于两晋时期的名门望族。曾祖王览官大中大夫，王祥官至太保。从伯父王导，太傅。父王旷，会稽内史。王羲之，幼爱书法，练习刻苦，"日久，用于清洗毛笔的池塘水都变成墨色"（王羲之－360百科）。16岁时，被太尉郗鉴选为东床快婿，历任秘书郎、将军、刺史、会稽内史等职。因与扬州刺史王述有矛盾，称病辞官归隐、著书立说，有《乐毅论》、《黄庭经》、《东方朔画赞》、《孔侍中帖》、《兰亭序》、《快雪时晴帖》、《哀帖》、《丧乱帖》、《远宦帖》、《姨母帖》、《平安何如奉橘三帖》、《寒切帖》、《行穰帖》等，被誉为"书圣"，卒赠金紫光禄大夫。

《四体书势》，书法论著。作者为西晋时期的卫恒（？～291），字巨山，河东安邑人。祖父卫觊，闵乡侯，爱好古文，擅长书法，著有《魏官仪》。父亲卫瓘，司空，擅长草书。在家庭文化的熏陶下，卫恒继承了前辈事业，先后担任了太子舍人、秘书丞、黄门郎等职。同时，发扬了前辈的长处，在书法上加强了学习与研究，取得了突破性成果。明代陶宗仪《书史会要》说：他"善草、章草、隶、散隶等书体"。唐李嗣真《书后品》称他的书法"纵任轻巧，流转风媚，刚健有余，便媚详雅"。

23 哲学

哲学，是一门开拓世人思维、正确地看待事物、处理有关问题的科学，有关的书籍，一直被文人所珍视。其中用数字与其他字词合为书名的例如《十九世纪的经院哲学》，流传很快。作者为俄国的文学批评家德米特里·伊凡诺维奇·皮萨列夫（лмитрийВаНоВиЧ ПисареВ，1840～1868），大学毕业之后，任杂志《俄罗斯的话》编辑，1862年因发表号召推翻沙皇政权的文章而被捕入狱。出狱后为《祖国纪事》、《事业》等刊物撰稿，1868年游泳时淹死。其还著有《幼稚想法的落空》、《亨利希·海涅》、《现实主义者》、《巴扎洛夫》、《有思想的无产者》、《恼人的虚弱》、《美学的毁灭》等。

第三节 用责任者的有关信息命名法

责任者的有关信息命名法，所包含的具体方法比较多，有责任者的姓氏或姓名、字号、别号、别名、又名、本名、尊称、敬称、美称、封号、谥号、官职、官衔、堂名、斋名、轩名、亭名、庵名、祖籍、出生年代、出生地、居住地、任职地、任职单位或部门名、所处的时代等方面的单独命名，也还有将其两组或更多组混合到一起的命名。

1 以责任者的姓氏为书名

以姓氏作为书名，可能不是作者所为，而是后人添加的，所形成的书也不多，集中出现于古代。例如《汉书·艺文志》记载"《宰氏》17篇"；"《赵氏》5篇"；"《王氏》6篇"；"《杨氏》2篇，名何，字叔元，菑川人"；"《韩氏》2篇，名婴"；"《王氏》2篇，名同"；"《丁氏》8篇，名宽，字子襄，梁人也"；"《徐氏》1篇"；"《服氏》2篇"等。

2 以责任者的姓名为书名

用姓名作为书名，大批地问世，可能始于汉代；书名可能不是作者所起，而是后来的文人增添的。例如《伊尹》、《成公生》、《邹阳》、《主父偃》、《尉缭》、《东方朔》、《李克》、《邓析》、《伍子胥》、《辛甲》、《曹羽》、《吴起》、《公子牟》、《董安国》、《刘敬》、《贾山》、《贾谊》、《董仲舒》、《公孙弘》、《庄助》、《冯促》、《宁越》、《公孙固》、《庞暖》、《公孙鞅》、《范蠡》、《韩信》、《孙轸》、《尉缭》、《李良》等。

《伊尹》，51篇文集，"伊尹，汤相"（《汉书·艺文志》）。伊尹的"生卒年待考。生于空桑（今开封杞县城西空桑，又名伊尹村）。传说为奴隶出身，是有莘氏女陪嫁之臣。受汤赏识委以国政。后佐商灭夏，总理国事，历佐汤、外丙、仲壬三朝。仲壬死，传位太甲。因太甲不理国政，被他放逐，3年后，太甲悔过，又接回复位。伊尹死于沃丁时"（开封名人故事，2007年5月5日，http://zhidao.baidu.com/question/25468479.html.）。

《成公生》，文集。成公生，"与黄公等同时"，姓成公，"为三川守"，"游谈不仕"（详见《汉书·艺文志》）。

《邹阳》，《汉书·艺文志》记载："邹阳，？~前120年，西汉散文家"，"与庄忌，枚乘等人游于吴王刘濞门下，在当时以口辩著称。后来见刘濞有反叛的迹象，作《上吴王书》陈说利害以劝谏之。因吴王不听，两人遂去吴游于梁。投在梁孝王刘武门下。后在梁遭人诬陷，下狱，作《狱中上梁王书》为自己辩解"。

《主父偃》，28篇文集。"主父偃，？~前126年，西汉齐国临淄人"（《汉书·艺文志》）。唐代修撰的谱牒姓氏专著《元和姓纂》记载，"主父"之姓，起源于春秋时期的赵武灵王。因赵武灵王把王位传给他的小儿子惠文王，自称"主父"，也就是今天所说的太上皇。"后来以'主父'为姓的全是赵武灵王的后代，却不知他们是如何从赵国流落到齐国的"。现在姓"主父"的，山东临沂一带还有，不过人数很少。

《尉缭》，文集。《汉书·艺文志》著录于杂家类29篇、兵形势家类31篇。对于作者与成书年代，一直争论不休。有些认为是秦始皇时期的尉缭所著，成书于战国晚期。但是，多数"认为尉缭是梁惠王时人"，成书于战国中期。

《东方朔》，20篇文集（《汉书·艺文志》）。东方朔，西汉时期人，在武帝征召天下贤良方正和有文学才能者时，给武帝上书应聘。此书"用3千片竹简，2个人才扛得起，武帝读了2个月才读完。其在自我推荐书中说：'我东方朔少年时就失去了父母，依靠兄嫂的扶养长大成人。我13岁才读书，勤学刻苦，3个冬天读的文史书籍已够用了。15岁学击剑，16岁学《诗》、《书》，读了22万字。19岁学孙吴兵法和战阵的摆布，懂得各种兵器的用法以及作战时士兵进退的钲鼓。这方面的书也读了22万字，总共44万字。我钦佩子路的豪言。如今我已22岁，身高9尺3寸。双目炯炯有神，像明亮的珠子，牙齿洁白整齐得像编排的贝壳，勇敢像孟贲，敏捷像庆忌，廉俭像鲍叔，信义像尾生。我就是这样的人，够得上做天子的大臣吧！臣朔冒了死罪，再拜向上奏告'。武帝读了东方朔自许自夸的推荐书，赞赏他的气概"（名人爱国故事演讲稿，一叶，2008年9月25日，http://wenwen.sogou.com/z/

q97108773. htm.），诏拜为郎。

《李克》，7 篇文集。李克，"子夏弟子，为魏文侯相"（《汉书·艺文志》）。其生卒时间与事迹不详。

《邓析》，文集。邓析（前 545～前 501），河南新郑人，郑国大夫，"与子产并时"（《汉书·艺文志》），"名辨之学"倡始人，首次提出反对"礼治"的主张，主要思想倾向是"不法先王，不是礼义"。

《伍子胥》，文集。伍子胥，也名伍员，"春秋时为吴将，忠直遇谗死"（详见《汉书·艺文志》）。

《辛甲》，29 篇文集。"辛甲，纣臣，75 谏而去"（《汉书·艺文志》），"复由召公奭推荐，任周太史，受封于长子。曾倡议百官群臣各献箴言，劝王行善补过。今存'虞人之箴'（《左传襄公四年》）"。

《曹羽》，文集。"曹羽，楚人，武帝时说于齐王"（详见《汉书·艺文志》）。其生卒时间与事迹有待考证。

《吴起》"48 篇"、《公子牟》、《董安国》"16 篇"、《刘敬》"3 篇"、《贾山》"8 篇"、《贾谊》"58 篇"、《董仲舒》"123 篇"、《公孙弘》"10 篇"、《庄助》"4 篇"、《冯促》（"13 篇。冯促，郑人"）、《宁越》"1 篇"、《公孙固》"1 篇"、《庞暖》、《公孙鞅》"27 篇"、《范蠡》（"2 篇。范蠡，越王勾践臣也"）、《韩信》"3 篇"、《孙轸》（"5 篇。图 2 卷"）、《尉缭》"31 篇"、《李良》"3 篇"（《汉书·艺文志》）文集等。

3 以作者的字号为书名

以作者的字号为书名，在初期可能多出于作者的门徒之手。他们将师傅或前辈的言论、文章汇集成书，再以师傅或前辈的字号为书名。如《广成子》、《鬼谷子》等。"汉魏以降，诸子著书，皆自秉笔，辄题别号，以示瑰琦。若晋葛洪之《抱朴子》，梁萧绎之《金楼子》，唐张志和之《玄真子》，林慎思之《伸蒙子》，宋曾慥之《至游子》，清汤鹏之《浮邱子》"（子学常识讲稿，张京华，2003 年 12 月 26 日 http：//www.confucius2000.com/confucius/kzsyj/zxh.）等。历史上以作者的字号为书名的比较多，还有《文子》、《无能子》、《元子》、《子思》等。

《广成子》，唐朝的道士杜光庭在《道德真经广圣义》中说，"黄帝时，老君号广成子，居崆峒山，黄帝诣而师之，为说《道戒经》，教以理身之道，黄帝修之，白日升天"。《历代真仙体道通鉴》说"广成子'一号力默子，作成《道成经》70卷'，'授帝《阴阳经》'"。

《鬼谷子》，14篇文集。主要内容为权谋策略及言谈辩论技巧。作者鬼谷子，纵横家之鼻祖，姓王，名诩，卫国人。常入云梦山采药修道。因隐居清溪之鬼谷，故自称鬼谷子。苏秦与张仪为其最杰出的两个弟子（《战国策》）。另说孙膑与庞涓亦为其弟子（《孙庞演义》）。他还著有侧重于养神蓄锐之道的《本经阴符七术》等。

《抱朴子》，作者晋朝的葛洪（284～364，一说265～420或283～363等），字稚川，号抱朴子，世称"葛公"、"小仙翁"、"葛仙翁"，丹阳句容人，出身于江南士族，兄弟排行第三，"颇受其父之娇宠，年13，父去世，从此家道中落，乃'饥寒困瘁，躬执耕稼，承星履草，密勿畴袭……伐薪卖之，以给纸笔，就营田园处，以柴火写书……常乏纸，每所写，反复有字，人尠能读也……'16岁开始读《孝经》、《论语》、《诗》、《易》等儒家经典，尤喜'神仙导养之法'"（葛洪，360百科），后历任将兵都尉、伏波将军等职，赐爵关内侯，之后隐居广州的罗浮山炼丹、采药、制药、著书立说，直至去世。其著有《内篇》、《外篇》、《碑颂诗赋》、《军书檄移章表笺记》、《神仙传》、《隐逸传》、《金匮药方》、《肘后备急方》、《西京杂记》等700多卷，多散佚，流传至今的主要有《抱朴子》、《肘后救卒方》等。

《金楼子》，是一部安邦治国、家庭琐事、见闻、感想、体会等无所不记的杂著。作者萧绎（508～554），南朝兰陵人，南朝梁武帝萧衍第七子，字世诚，小名七符，盲一目，自号金楼子，历任太守、将军、刺史、侍中、司徒承制等职，承圣元年（552）继帝位，554年"侄子萧察以土袋"将其"闷死"，次年其子萧方智在建康称帝，追尊为元帝。萧绎自幼聪颖，"好读书"，"昼夜不辍，强迫自己不睡觉。如果伴读者瞌睡，必遭重罚"（"文人天子"梁元帝嗜书如命．为何要自焚其藏，如雪往事，2009年7月27日 http：//blog.tianya.cn/post-1333252-18256135-l.shtml）。《梁书》记载，其成年后"博综群书，下笔成章，出言为论，才辩敏速"，"性不好声色"，于经、史、书、画无所不精，天文、音律也造诣颇深，在帝王之中可谓空前绝后。其著有《孝德传》、《忠臣传》、《丹阳尹传》、《注汉书》、《周易讲疏》、《内典博要》、《连山》、《洞林》、《玉韬》、《补阙子》、《老子讲疏》、《全德志》、《怀旧志》、《荆南志》、《江州记》、《贡职图》、《古今同姓名录》、《筮经》、《式赞》、文集等。其爱书、聚书成癖，至荆州任职时，就收有7万卷图书。

《伸蒙子》，3卷。作者林慎思（844~880），字虔中，自号伸蒙子，世居长乐县崇贤乡钦平里鸿山。曾祖父林凝公，秀州知府。祖父林萼公，晋江县令。父林升公，擅长诗文，武进士，检校太子宾客，著有《题临安邸》、《长相思》、《洞仙歌》等。慎思自幼勤奋好学，兄弟五人筑室于方安里筹峰山中，并在其中读书。唐咸通间，兄弟五人先后考中进士，为福建历史上第一家兄弟五进士，时称"五子登科"、"五桂联芳"。长乐读书之风因之而盛。长乐"古有'海滨邹鲁'之誉，'文献名邦'之称，亦当溯自是时。唐懿宗赐'兰桂同芳'匾予以褒扬，并敕改其所居崇贤乡为'芳桂乡'。又因慎思复中宏词拔萃魁（注：'宏词科第一人'，即'状元'），故赐其里曰：'大宏里'。大宏地名一直沿用至今"（林慎思，360百科）。林慎思登科后，历任秘书省校书郎、兴平县尉、尚书水部郎中、长安万年县令。广明元年（880），黄巢攻占长安，慎思"领官兵迎战，力尽被擒，委官不受而死。归葬于渡桥大墓山。唐天子旌其闾为'儒英忠义'，诏立忠贤祠祀典"（林慎思，360百科）。林慎思传世著作还有《续孟子》等。

《文子》，文集。杜道坚《通玄真经缵义·序三》说："文子，晋之公孙，姓辛氏，字计然，文子其号。家睢之葵丘，属宋地，一称宋钘，师老子学，早闻大道，著书12篇曰《文子》……楚平王聘而问道，范蠡从而师事之，勾践位以大夫，佐越平吴，功成不有，退隐封禹之地，登云仙去，吴兴计筹之阴乃其古处"。

《玄真子》，设寓言问答，辨析造化、有无、方圆、大小诸理。文玄远，如玄真子自解说："无自而然是谓玄然，无造而化是谓真化，之玄也，之真也，无玄而玄是谓真玄，无真而真是谓玄真"。属道家虚无玄妙之说。著者是唐朝的张志和，字子同，初名龟龄，号玄真子，金华人。父游朝，崇尚道教，著有《南华象说》、《冲虚白马非马证》。志和少有才学，16岁考中明经科，授左金吾录军拿事，赐名志和，因事被贬南浦尉，后"敕还，以亲丧不复仕。常居于江湖之上，自称'烟波钓徒'。据传他垂钓之时，不设鱼饵，因志不在鱼的缘故。曾求兄嫂以麻布为裘，穿之寒暑不解"（《玄真子外篇》简介）。肃宗"赐男女奴婢各一，志和将其配为夫妇，夫名鱼僮，妇名樵青，并言：'鱼僮使棒钓收纶，芦中鼓篱。樵青使苏兰薪桂，竹里煎茶'"。其擅长写诗作画，饮酒三斗不醉，"守真养气，卧雪不寒，入水不湿"（引文出处同上）。

书的命名　>>>

所作《渔父词》"西塞山前白鹭飞,桃花流水鳜鱼肥。青箬笠、绿蓑衣,斜风细雨不须归",脍炙人口。其又述《易》15卷等,772年卒。

《无能子》,3卷。首卷论理,从宇宙本体论讲到个人修炼;中卷史论,从西周论及魏晋。尾卷问答、见闻和寓言。作者是唐朝的无能子,姓名、籍贯、生卒年均不详,只留其号无能子。据书中自述,少年时起,即博学寡欲,擅长哲学思辨;成年后授徒讲学,为避黄巢起义战火,四处漂泊,生活艰难;光启三年(887)"流寓左辅,隐居民间时,始著《无能子》"(中学文言文拓展阅读9,该书编委会著,中国美术学院出版社2007年8月版摘要http://www.wl.cn/7607634)。

《至游子》,25篇文。内容"大旨主于清心寡欲,而归于坎离配合以保长生。且力辟容成御女之术"(《四库全书总目提要》)。作者南宋初期的曾慥,自号至游子,字端伯,晋江人,生卒年不详,历任仓部员外郎、户部员外郎、大府正卿、秘阁修撰、提举洪州玉隆观,寓居银峰,晚年学养生,潜心治学道,相信道教神仙之说,依前辈所录神仙事迹与所见所闻,于绍兴二十一年(1151)编纂《集神仙传》(简称《集仙传》)。

《浮邱子》,19篇,每篇数千言,论述治国之道与学术思想。作者是清朝的汤鹏(1800~1844),字海秋,自号浮邱子(家乡有"浮邱山")、浮邱先生(担任过"陕甘正考官"),出生于益阳沙头,时称汤益阳,幼聪敏好学,23岁考中进士,历官礼部主事、军机章京、户部主事、山东道监察御史等职。在任内,"宗室工部尚书载铨叱责司官,朝廷已付吏议了结"(赫山名人录),而汤鹏认为:"司官为朝廷命官,如有过错,当交有司议处,不应任意唾骂。连续三上奏章,要求严惩。道光帝以其偏执,降为户部员外"(赫山名人录),因此心灰,专力著述。作诗3000首、《明林》、"夷务善后30策"、《信笔初稿》、《杂记》、《见闻杂事》、《七经补疏》、《海秋制艺》、《海秋诗集》等。其病逝,曾国藩挽联云:"著述成20万言,才未尽也;得谤遍九州四海,名亦随之"。

《子思》,文集。不是一人所作,出自子思及其门徒、后人之手。子思(前483~前402),鲁国人,名孔伋,字子思,孔子之孙,相传曾受业于孔子弟子曾子,一度迁居卫国,又至宋国,晚年才返回鲁国。他一生除授徒外,便致力于著述。相传《礼记》中之《丧记》、《坊记》也出自他手。《孔子世家》说,"子思曾困于宋,作《中庸》"。南宋咸淳三年(1267)被追封为

122

"沂国公",元朝至顺二年(1331)被加封为"沂国述圣公",明朝嘉靖九年(1530)被加封为"述圣"。

《元子》,作者是唐朝的元结(719~772),字次山(一说为"号"),自号元子(一说为"字")、猗玗子、浪士、郎士、漫郎、聱叟、漫叟、渔者、酒徒漫叟,汝州鲁山人。曾祖父元仁基,褒信令。祖父元利贞,霍王府参军。父亲元延祖,延唐丞。元结与其父一样,雅好山水,"闻有胜绝未尝不枉路登览而铭赞之"(探访元次山碑,魏新伟,平顶山晚报,2006年6月13日),且"聪悟宏达,倜傥而不羁"(探访元次山碑,魏新伟,平顶山晚报,2006年6月13日),17岁时才开始跟同族的兄长元德秀读书,天宝十二年进士,历任右金吾兵曹、摄监察御史、水部员外郎、殿中侍御史、道州刺史、容州府都督、客管经略使、左金吾卫将军等职,晚年遭权臣嫉妒,辞官归隐。其著有《楚赋》、《浪说》、《漫记》、《猗玗子》、《文编》等。

4 以作者的别名作书名

如《少子》。作者是南齐的张融(444~497),别名少子,字思光,吴郡人,稽太守张畅之子,"言行诡怪狂放"(张融,2009年3月9日,wenba.ddmap.com/512/4569230.htm—快照—丁丁问吧)。《南史·张融传》:"融常叹曰:'不恨我不见古人,所恨古人不见我'。"其初仕封溪令,后考中进士,历任仪曹郎、太傅掾、中书郎、长沙王萧晃镇军、竟陵王萧子良征北谘议记室、黄门郎、太子中庶子、司徒左长史,世称"张长史"。其著有《海赋》、《别诗》、《张融集》、《玉海集》、《大泽集》、《金波集》等,首次以作者的身份将自己的部分作品合在一起用"集"作为书名。

5 以作者的尊称为书名

如《汉书·艺文志》著录的《太公》237篇。太公(约前1128~约前1015),也名吕望、姜尚,本名吕尚,姜姓,字子牙,被尊称为太公,后人多称其为姜子牙、姜太公。

6 以作者名与成果的简称为书名

以作者名与成果的简称为书名,不易重名,有利于检索使用。此类著作较为出名的有《八思巴字》、《玄应音义》、《慧琳音义》等。

《八思巴字》,因是作者八思巴(1235~1280)奉元朝世祖之命制定的拼音文字而得名。脱胎于藏文字母。至元六年（1269）作为国字正式颁行。也名蒙古字、蒙古新字。八思巴，也作发思八、帕克思巴，原名罗追坚参，西藏喇嘛教萨迦派的首领，1253年跟随忽必烈，1260年封为国师，1264年领总制院事、管理国之佛教与藏族地区行政事务，1270年升号"帝师"、"大宝法王"。

《玄应音义》，是唐朝初期的僧人玄应的著作。25卷。书中征引了郑玄的《尚书注》与《论语注》、贾逵和服虔的《左传注》、李巡和孙炎的《尔雅注》等汉晋以来各家对秦、汉古书的注解。

《慧琳音义》，100卷。是在玄应、慧苑二人著作合并的基础上，再进行补充而成的。全书征引唐朝以前的著作与佛教经典750多种，注释佛经1300部，约5700多卷（包括东汉时期应劭的《通俗文》、晋朝吕忱的《字林》等很多字书）。作者是唐朝中期的僧人慧琳。

7 以作者的姓或名、字、号与"子"为书名

不同书籍的作者各有不同。而"子"在有的时代却是一样。古代的"美男子"、"有道德，有学问，有爵位者"、"师弟"之间，均可称"子"。例"《公羊传》中子沉子、子司马子、子北宫子之类，是皆称其传授之经师也。又如《论语·公冶长》中'愿闻子之志'，是弟称师为子也；《述而》中'二三子以我为隐乎？'是师称弟为子也"（子学常识讲稿，张京华，2003年12月26日，http://www.confucius2000.com/confucius/kzsxyj/zxh）。因此，在古代，一些人将"美男子"或"有道德，有学问，有爵位者"的言论汇集成书，而起的书名，也均以姓、"子"合成。另外，在古代，"子"也是男子的通称或自称。"古人著述，常以某子自称。巷伯作诗，自称孟子；子舆撰经，自称曾子，其明征矣。子又为称所尊敬之词，故古者门弟子称其师曰子，亦曰夫子，或表其氏曰某子，或加子于氏上曰子某子。如仲弓、子游、子夏等之撰《论语》，而称仲尼但曰子，或曰夫子，或曰孔子；公羊寿之着《春秋传》，而称其师说曰鲁子，曰子沉子，曰子女子，曰子公羊子，子司马子，子北宫子是也。然亦有同时同辈之人而称以夫子者，若孔子之称蘧伯玉、公叔文子，子贡之称原思，庄子之称惠施。有冠姓氏于子上者，若孟子之称告子、时子。有加名字于子上者，若左氏记冉有事称有子，孟子论匡章事称章子。有称子某子者，若仲弓称桑扈曰子桑伯子，吴王孙颔称范蠡曰子范子。至于

后进称先进，若孟子称杨朱、墨翟，亦曰杨子、墨子，荀子称宋钘亦曰子宋子，吕子称列御寇亦曰子列子，虽道不同而未尝不子之也。先秦以前，作者百家，不皆亲自撰述，多由门人后学录其言行，缀缉成书。故其书中称子、称夫子、称某子、称子某子，或称氏，或称名，或称字，参见错出，而书名则多称曰某子也"（子学常识讲稿，张京华，2003年12月26日，http://www.confucius2000.com/confucius/kzsxyj/zxh）。自汉朝以来，有一些作者自称子，仿效曾子、孟子或反向模仿以前一些学者编著的做法，用自己的姓或名、字、号和子连接作书名。

7.1 以作者的姓与"子"为书名

以作者的姓氏与"子"为书名的很多，比较有名的有《孔子》、两《孙子》、《干子》、两《苏子》、两《陆子》、三《唐子》、两《顾子》、两《何子》、《世子》、《任子》、《芊子》、《管子》、《晏子》、《曾子》、《墨子》、《宋子》、《吴子》、《李子》、《告子》、《尸子》、《慎子》、《杨子》、《张子》、《申子》、《孟子》、《田子》、《惠子》、《庄子》、《徐子》、《邹子》、《荀子》、《羊子》、《董子》、《阙子》、《景子》、《鲍子》、《范子》、《蜎子》、《缠子》、《剧子》、《贾子》、《牟子》、《魏子》、《陈子》、《周子》、《傅子》、《刘子》、《秦子》、《钟子》、《阮子》、《谯子》、《袁子》、《宣子》、《符（苻）子》、《郭子》《贺子》、《冀子》、《樊子》、《处子》、《蒯子》、《列子》、《鹖子》、《王孙子》、《漆雕子》、《宫孙子》、《南公子》、《闾丘子》、《将巨（钜）子》、《青史子》、《务成子》、《诸葛子》等。

《孔子》，电影剧本，作者刘荣；2009年9月2日拍摄成电影，出品人刘荣，导演胡玫。孔子（前551～前479），也称孔夫子，名丘，字仲尼，春秋后期鲁国人，生于陬邑昌平乡，历任中都宰、小司空、大司寇，摄相事司寇等职，后携弟子周游列国，最终返鲁，专心执教。其一生大部分时间都是从事教育，相传所收弟子多达3000人，贤人72，教出不少有知识有才能的学生，桃李满天下，即出自此处。其修《诗》、《书》，定《礼》、《乐》，序《周易》，作《春秋》，有"其再传弟子对孔子言行追记"《论语》等。

《孙子》之一，文集。《汉书·艺文志》注：此孙子，非兵家2孙子（孙武、孙膑），是六国时期人。梁玉绳说，"见《庄子·达生篇》，名休"。生卒年月不详。

《孙子》之二，孙子（314～371，一说320～377），姓孙，名绰，字兴公，原籍太原中都，后迁移定居会稽。祖父孙楚，冯翊太守，有《集》12卷。父亲孙皓，东吴皇帝。兄孙统，余姚令，有《集》9卷。孙绰为玄言诗作家，初为著作佐郎，后历任章安令、太学博士、尚书郎、殷浩时的建威长史、永嘉太守、散骑常侍、著作郎、卫尉卿等职，还著有《至人高士传赞》、《列仙传赞》、《孙廷尉集》等。

《干子》，文集。干子（283～351），姓干，名宝，字令升，东晋时期志怪小说创始人，祖籍新蔡，后迁定居海盐，吴奋武将军干统之孙，晋丹阳丞干莹之子，少年时勤奋好学，博览群书，历任著作郎、山阴令、始安太守、司徒右长史、散骑常侍等职，赐封关内侯，领修国史，永和元年（345）退休，卒加尚书令。有资料说，"干宝少时，父死葬于澉浦。父有一宠婢，母甚妒，乃生推于墓中，未料'死而复生'。干宝感其事，又因兄曾气绝而苏，于是撰《搜神记》（短篇小说集、中国小说的鼻祖）30卷。自序中说：'虽考先志于载籍，收遗逸于当时，盖非一耳一日之所亲闻睹也，亦安敢谓无失实者哉'！"（陈寿等人的《晋书·列传》第二十五）其著还有《百志诗》、《春秋序论》、《〈周易〉注》、《〈周易〉宗涂》、《周官注》、《〈春秋左氏传〉义》、《文集》、《晋纪》等26种，近200卷。

《唐子》之一，文集。唐子，名檀，生卒时间不详，字子产，东汉豫章南昌人，"少游太学，习《京氏易》、《韩诗》、《颜氏春秋》，尤好灾异星占"，"永建五年（130）举孝廉，授郎中"，"对东汉宦官、外戚专权、腐败政治不满"（南朝宋范晔《后汉书》卷28方术列传下），后弃官返乡里执教（学生常达百余人）、著书立说。

《唐子》之二，《隋书·经籍志》、《旧唐书·经籍志》、《新唐书·艺文志》均著录为10卷。唐子，名滂，三国时期的吴国人，生卒时间、职业等不详。

《唐子》之三，唐子，名羌，后汉时期的汝南人。《资治通鉴》载，和帝刘肇永元（89～104）年间，其任桂阳郡临武县令，为民直谏荔枝罢贡，皇上准曰："勿复受献"。荔农役夫获恩，唐羌却退出官场，因而美名流芳。谢承《后汉书八家辑注》："唐羌，字伯游，辟公府，补临武长。县接交州，旧献龙眼、荔枝及生鲜，献之，驿马昼夜传送之，至有遭虎狼毒害，顿仆死亡不绝。道经临武，羌乃上书谏曰：'臣闻上不以滋味为德，下不以贡膳为功，故天子食太牢为尊，不以果实为珍。伏见交阯七郡献生龙眼等，鸟惊风发。南州土地，恶虫猛兽不绝于路，至于触犯死亡之害。死者不可复生，来者犹可救也。此2物升殿，未必延年益寿'。帝从之。章报，羌即弃官还家，不应征召，著《唐子》30余篇"。

《何子》之一，小说。何子，名楷，东晋初年人，在湖州市区正南8公里处的主峰为海拔为292.6米的金盖山"筑有读书堂"，后任吴兴太守，颇有政绩。为纪念何楷，世人将金盖山改称何山。其后南朝宋陆修静——简寂、北宋沈思——沈东老、南宋卫正节、元朝赵孟頫、闵牧斋、明朝陶靖庵——晋陶渊明的第三十八世孙等文士学者先后结庐在此山或读书，或修身。正如《金盖志略》所说："其地显自六朝，彪炳于宋元，名贤逸士先后踵接其间，若颜真卿、苏轼等宦游凭眺，卫正节、孙太初等辈寄迹流连"。

《何子》之二，12篇散文。何子（1483~1521），名景明，字仲默，号白坡、大复山人，明朝信阳人，幼聪慧，8岁通古诗能文，有神童之称，弘治十五年（1502）考中进士，历任中书舍人、吏部员外郎、陕西提学副使等职。其著有辞赋32篇，诗1560首，文章137篇，另有《大复集》、《乡射礼直节本》、《雍大记》、《学约》、《大复论》，校《汉魏诗》，编定王右丞诗集。其"权贵不交，宦官不交。有时权贵请他，没法拒绝，就自带马桶，坐在桶上吃饭。在陕西时，只要见着权贵的家属为非作歹，抓住就打。"（何景明，诗词网http：//shici.chazidian.com/shiren2518/）嘉靖初年，其忽然呕血，辞职回乡，到家6天后病故，时年39岁。

《顾子》之一，顾子（205~246），名谭，字子默。有资料说其为"吴郡吴人，丞相雍孙，为太子中庶子，转辅正都尉，赤乌中代诸葛恪为左节度，加奉车都尉，寻为选曹尚书，拜太常，平尚书事"（全三国一卷六十七·吴五），"后与鲁王霸有隙，又以压长公主婿卫将军全综子绪端征魏功，为所构陷，坐徙交州"（-wwwe301.com—手机版—三国在线），"幽而发愤，著《新语》20篇"（-wwwe301.com—手机版—三国在线），《隋书·经籍志》著录为《顾子新语》12卷。

《顾子》之二，顾子，名夷，生卒年月不详，东晋吴郡人，历任扬州主簿、刺史等职。《隋书·经籍志》载其著有《顾子义训》、《周易难王辅嗣义》、《顾夷集》、《吴地记》等。

《苏子》之一，文集。苏子（约前317~前284），名秦，字季子，东周洛阳轩里人，出身农家，素有大志，随鬼谷子学习纵横捭阖之术，历任燕国谋

127

臣、六国相，被赵国封为武安君，因暗中一直为燕国出力的活动败露，被齐国以车裂之刑处死，时年50多岁。苏子死后，"燕赵魏秦韩五国联合，在燕将乐毅的带领下大举攻齐，连陷城池70余座。齐王出逃，被杀。"（六国之士——苏秦有什么事迹，2005年12月31日，http://zhidao.baidu.com/guestion/2450692.htm/百度知道）

《苏子》之二，《隋书·经籍志》、《旧唐书·经籍志》、《新唐书·艺文志》于道家类内均著录为7卷。作者是晋孝武帝时期（373～396）的北中郎参军苏彦，还有文集10卷。

《陆子》之一，《隋书·经籍志》、《旧唐书·经籍志》、《新唐书·艺文志》、唐朝马总《意林》均著录为10卷。陆子（262～303），名云，字士龙，西晋吴县华亭人，陆逊之孙，陆抗之子，陆机之弟，"6岁能属文，与机齐名，虽文章不及，而持论过之，号'二陆'，16岁被举为贤良"（古代名人，幻龙影虎，2006年3月7日，http://www.xici.net/b1b462/d35350320.htm），历任浚仪令、尚书郎、侍御史、太子中舍人、中书侍郎、清河内史、大将军右司马等职。其著有《陆士龙集》、《笑林》等。

《陆子》之二，政论文集。陆子（约前240～前170），名贾，也名陆生，历任汉朝外交使者、太中大夫等职。其还著有《楚汉春秋》、《赋》等。

《世子》，文集。《汉书·艺文志》注：世子，"名硕，陈人也，七十子之弟子"。而"《论衡·本性篇》：周人世硕，……不知谓周代人耶？抑周地人耶？与班异，无可定"。

《任子》，也名《任奕子》。唐朝马总《意林》著录《任子》12卷。任子，姓任，名奕、辉臣，字安和，美称子，东汉末期的句章人，官至御史中丞。

《芉子》，也名《吁子》。《汉书·艺文志》著录18篇，注：芉子，"名婴，齐人，七十子之后"。颜师古说："芉音弭"。《索隐》说："吁音芉"。《别录》作芉子。

《管子》，论文集。是齐相管仲（约前723～前645）的继承者、学生，收编、记录管仲生前思想、言论的总集。内容比较庞杂，涉及政治、经济、法律、军事、哲学、伦理道德等各个方面。管仲，名夷吾，又名敬仲，字仲，颍上人。其"早年经商，初事齐国公子纠，助纠和公子小白争夺君位，小白得胜，即位为齐桓公，管仲被囚"（《管子》互动百科）。后经鲍叔牙保举，任其为卿，辅佐齐桓公，对内政外交政策进行全面的改革，制定了一系列富国强兵的政策，被齐桓公任为上卿，尊称"仲父"。其执政40年，因势制宜，分设各级官吏、选拔士子、奖勤罚惰、征赋税、统一铸造管理钱币、制定捕鱼与煮盐之法，外交采取"尊王攘夷"策略，使齐国大治，成为"五霸之首"。

《晏子》，文集。晏子（？~前500），名婴，字仲，是上大夫晏弱之子。他身材不高，其貌不扬，但头脑机敏、博闻强识、善于辞令，任齐国相，生活节俭、谦恭下士、内辅国政，主张以礼治国，对外斗争，既灵活多变，又坚持原则，出使不受辱，捍卫国格和国威，历经灵公、庄公、景公三世，竭心尽力拯救国家的内忧外患。诸葛亮在《梁甫吟》中赞道："力能排南山，文能绝地理。一朝被谗言，二桃杀三士。谁能为此谋，国相齐晏子。"司马迁更是对晏婴敬佩仰慕有加，在《史记·管晏列传》中感慨地说道："假令晏子而在，余虽为之执鞭，所忻慕焉"。孔子称赞说："救民百姓而不夸，行补三君而不有，晏子果君子也"！

《曾子》，文集。曾子（前505~前435），名参，字子舆，鲁国南武城人，师从孔子，学习儒学，勤奋刻苦。其出师后专心致力于儒学研究，并收徒讲学，著有《大学》、《孝经》等。其孝道思想符合后世当政者稳定社会秩序的需要，越来越被朝廷重视，地位和谥号，也随之被抬高。东汉明帝永平十五年（72）东巡狩，"三月……幸孔子宅，祠仲尼及七十二弟子"（临沂历史名人曾子，尊道贵德，2006年12月10日，http：//tieba.baidu.com/f? kz=213523169）。唐朝高宗总章元年（668），封其为太子少保，开元二十七年（739），加封为郕伯。宋朝大中祥符二年（1009）改郕伯为郕侯，政和元年（1111）又改为武城侯，咸淳三年（1267）再封为郕国公。元朝至顺元年（1330），更封为郕国宗圣公，达到了"圣"的高度。

《墨子》，是墨子的言行录，不是成于一时一人之手，可能由历代墨者薪尽火传，并不断被加工整理或集体编辑而成。书中的政治观是"官无常贵，民无常贱，有能则举之，无能则下之"；在道德上"主张是普天同利"、"天志"代替儒家"天命"；"宣扬兼爱，制止攻伐"，认为"四海之内皆可通融"。墨子（约前468~前376），名翟，鲁国人，一说宋国人或楚国人。有资料说他"最初学儒者之业，受孔子之术。后来觉得儒家的礼过于烦扰，厚葬浪费财物，使百姓贫困，而长时间的服丧也有伤身体，妨碍生计。所以撇弃

书的命名 >>>

儒学，并进而创立了墨家学说，与其弟子身体力行"（墨子简介，佚名，2006年6月12日 http：//www.aoshu.com/200906/4a38dbe3bd428.shtml）。

《宋子》，文集。宋子，名钘，也名宋荣、子宋子，战国时期的宋国人，生卒年份不详，约与孟子同时或略早，长期在稷下活动。《荀子·正论篇》说"宋子自云'率其群徒，辨其谈说，明其譬称'，故有《宋子》之作"。

《吴子》，兵书。基本采用魏文侯、武侯与吴起（约前440～前381）对话的形式成书。吴子，名起，卫国左氏人，成年后因杀害诬陷自己的人而投奔鲁国，担任将军，在率军作战胜利后被辞退。无奈之下进入魏国，任西河郡守，历经26年"与诸侯大战七十二，全胜六十四，余则均鲜。使魏国辟土四面，拓地千里"（吴起360百科），但受排挤，便投奔楚国为令尹（相当于宰相）。仅一年就使楚国取得了"南平百越，北并陈蔡，却三晋，西伐秦"（《史记》卷六十五孙子吴起列传）的显赫战绩。接着又提出各种改革措施，招致楚国众多贵族嫉恨。楚悼王死后，宗室叛乱，吴起被楚国贵族乱箭射杀。

《李子》，文集。李子（前455～前395），名悝，又名李克，战国初期的魏国人，受业于子夏弟子曾申门下，后被魏文侯任用为相，主持变法，废除旧贵族特权，按能力和功劳大小选拔官吏；鼓励农民精耕细作，增加产量；国家在丰年时平价购买余粮，荒年时平价出售。其主张废止世袭贵族特权，提出"食有劳而禄有功，使有能而赏必行，罚必当"，将无功而食禄者称为淫民，要"夺淫民之禄以来四方之士"（在中国历史上首次对腐朽落后的世袭制度进行挑战），实行"尽地力"、"平籴法"（《汉书·食货志》），汇集各国刑典成《法经》（是中国第一部比较完整的法典，为《盗法》、《贼法》、《囚法》、《捕法》、《杂律》、《具律》6篇）公布实施，使魏国成为战国初期强国之一。《汉书·艺文志》于法家类里著录《李子》32篇、儒家类《李克》7篇、兵权谋家《李子》10篇。

《告子》，文集。告子（约前420～前350），名不害，战国中期人，其生活年代稍前于孟子。他因提出了"性无善恶之分"的观点，成为一家之言，而名传于世。

《尸子》，以20篇、6万余字成书。尸子，名佼，生活于战国中后期，晋国人，传为商鞅师或商鞅客，因商鞅变法失败而逃入蜀地著书立说。

《慎子》，文集。此书既主张"因循自然，清静而治"，又强调使用法律权势，具有明显的道家和法家的思想观点。慎子（约前390～前315），名到，赵国人，被齐王任命为大夫，曾长期在稷下讲学。

《杨子》，文集。杨子（前395～前335），姓杨，名朱，又称阳生、阳子居，魏国人。其主张"重生贵己"，"全性葆真，不以物累"。孟轲说他"拔一毛而利天下不为也"。后世道教吸收了他的"重生贵己"的思想。

《列子》，道家之书。内分天瑞、黄帝、周穆王、仲尼、问第、力命、杨朱、说符等类。内容复杂，既有消极无为、个人享乐的主张，也有包含朴素唯物论和辩证的观点，还有不少先秦时代的寓言与民间故事和神话传说（如《愚公移山》、《歧路亡羊》、《人有亡者》、《杞人忧天》、《齐人攫金》）等。列子，姓列，名寇、御寇或圄寇、圉寇，《历世真仙体道通鉴》记是郑国圃田人，初从师壶丘子，后又向关尹子问学，一生安于贫寒，不求名利，不进官场，崇尚虚无缥缈，隐居40年，潜心著述20篇。唐朝天宝元年（742）封其为"冲虚真人"，诏称所著《列子》为《冲虚真经》；宋徽宗加封其为"致虚观妙真君"。

《张子》，内有小说诗歌文学作品等。作者张子（？～前310），姓张，名仪，魏国人，师从于鬼谷子，初到楚相昭阳门下作食客，后为惠文君客卿，历任秦、魏、楚3国相，最终卒于魏国。

《申子》，文集。申子（约前385～前337），名申不害，战国时期韩国的宰相，在位19年，使韩国走向国治兵强。其主张君主平时要倾听"臣下的意"、"关键时刻，要独揽一切，决断一切"。《史记》卷63立有传记。

《孟子》，散文集。用问对、答辩的方式记述了孟子的言论、事迹与思想。孟子（约前372～前289，一说约前385～前304），名轲，字子舆、子车、子居，远祖是鲁国贵族孟孙氏，后来家道衰微，迁居到邹国。其3岁丧父，由母亲抚养成人，师承子思，曾周游齐、晋、宋、薛、鲁、滕、梁列国，游说他的"仁政"和"王道"思想。由于当时诸侯各国忙于战争，几乎没有人采纳其治国主张。自韩愈的《原道》将其列为先秦儒家中唯一继承孔子"道统"者时，其地位才逐渐提升。北宋神宗熙宁四年（1071），《孟子》首次被列入科举考试科目。南宋朱熹将其与《论语》、《大学》、《中庸》合为"四书"。元朝至顺元年（1330），孟子被封为"亚圣公"，之后就被称为"亚圣"，地位仅次于孔子。其理念与孔子的思想被合称为"孔孟之道"。

《田子》，文集。田子（约前370～前291），名骈，也名田广、陈骈，齐国人，稷下先生。其师从于彭蒙，得不言之教，学到"贵齐"要领，主张

"齐万物以为首",要求摆脱各自的是非利害,回到"明分"、"立公"的自然之理,从"不齐"中实现"齐"。他与慎到"之道"被称为死人之理,非生人可行,是一种脱离实践的"诡怪"式教条,很难琢磨。

《惠子》,文集。惠子(约前370～约前310,一说前390～前317),名施,宋国人,担任魏国宰相,主张魏、齐、楚3国联合抗秦,尊齐为王,是合纵抗秦的主要组织人和支持者,为魏国制订过法律,经常被魏惠王派到其他国家处理外交事务,曾随同魏惠王到徐州"朝见齐威王"。

《庄子》,散文集。庄子(约前369～前286),名周,字子休(一说子沐),宋国人,成年后不愿为官(认为伴君如伴虎),自甘清贫,浪迹江湖。其学说涵盖着当时社会生活的方方面面,但基本精神还应归依于老子的哲学。后世将他与老子并称为"老庄",他们的哲学为"老庄哲学"。道教兴起之后,经魏晋南北朝的演变,他的学说成为道家思想的核心,《庄子》和《周易》与《老子》被并称为"三玄"。唐玄宗天宝元年(724)二月,他被封为"南华真人",诏称《庄子》为《南华真经》;宋徽宗时,被加封"微妙元通真君"。其鄙视富贵利禄,否认鬼神存在,主张"清静无为",认为一切事物都处在不断地变化之中。鲁迅评价其散文说:"汪洋捭阖,仪态万方,晚周诸子之作,莫能先也"(《汉文学史纲要》)。

《徐子》,文集。《汉书·艺文志》注:徐子为"宋外黄人",名劫,"战国时期鲁仲连的老师"。王应麟说,"《魏世家》惠王三十年,使庞涓将,而令太子申为上将军,过外黄。外黄徐子曰:臣有百战百胜之术。外黄时属宋"。

《邹子》,文集。邹子(约前340～前260,一说前305～前240),姓邹,名衍,齐国人,稷下学宫著名的学者,知识丰富,"尽言天事",时称"谈天衍"。司马迁在《史记》中把他列于稷下诸子之首,说"驺衍之术,迂大而宏辨"。其"开创战国时期阴阳家学派",主要思想体现于"五德始终和大九州说",到过赵、魏、燕等诸侯国,均受到各国国君礼遇。他还著有《邹子终始》、《大圣》、《主运》等,在音乐、方技方面也颇有造诣。

《荀子》,文集。荀子(约前313～前238),名况,字卿,后避汉宣帝讳,改称孙卿,时人尊称荀卿,赵国猗氏人,历任楚国的兰陵令、赵国的上卿、齐国稷下学宫的祭酒等职,后居楚国的兰陵,收徒讲学(李斯、韩非等都是他的学生)、著书立说。其反对信仰天命鬼神,肯定自然规律不以人的意志为转移，提出"人定胜天"，认为"人性恶"，否定"人的天赋"，强调"后天环境和教育对人的影响"，坚持"儒家的礼治"，重视"人的物质需求"，主张"发展经济和礼治法治"，承认"人的思维能反映现实"。（寻荀文化，荀光，2008年6月18日 http：//www.xungov.cn/？g＝node/8.）

《羊子》，文集。羊子，名千，又名章，战国末期至秦国初期的泰山人，秦朝博士（"掌古今史事侍问及书籍典守"）。

《董子》，文集。董子，名无心，战国时期的人，生卒年待考。班固的《汉书·艺文志》注：董子"难墨子"。其他事迹不详。

《阙子》，阙子，姓阙，战国后期人，其生平难考。其在文学创作上有独特的观点，他说"鲁人有好钓者，以桂为饵，黄金之钩，错以银碧，垂翡翠之纶，其持竿处位即是，然其得鱼不几矣。故曰：钓之务不在芳饵，事之急不在辩言"。此意是说，社会事务比各种学说的创立要急迫，借助言辞解决事务问题、阐明道理，不在于要不要言辞修饰，关键在于言辞修饰是否合乎规范。

《景子》，《汉书·艺文志》于儒家类著录3篇、兵形势家著录13篇，称"说宓子语，似其弟子"。作者景子，名丑，生卒时间与事迹不详。

《鲍子》，文集。鲍子，姓鲍，名牧，齐国人，出生年代不详，齐国宰相鲍叔牙（？～前644）的后人，与伍子胥是好朋友，死于前487年。

《范子》，文集。范子，姓范，名蠡，字少伯，号陶朱公，别名鸱夷子皮，楚国宛人，师从计然，"晓天文，识地理，善机变，文韬武略，无所不精"（范子何曾爱五湖，爱爱，2007年6月10日 http：//tieba.baidu.com/f？kz＝157655696）。他"出身贫贱，文种重其才而荐于楚王，后随文种入越"（范子何曾爱五湖，爱爱，2007年6月10日 http：//tieba.baidu.com/f？kz＝157655696），历任大夫、上将军、相国等职。"夫椒战前，曾一再劝阻勾践伐吴；战后，为保存越国，曾献'卑辞厚礼，乞吴存越'之策。议和后，随勾践夫妇入吴为质。在吴三年，含垢忍辱，屡出良谋，使勾践得以化险为夷。回越后，范蠡辅助勾践富国强兵，他把美女西施、郑旦献于夫差"（范子何曾爱五湖，爱爱，2007年6月10日 http：//tieba.baidu.com/f？kz＝157655696）。范蠡能审时度势，在他的辅助下，越国于公元前473年攻克吴国。消灭吴国后，他携西施隐退，泛舟五湖，以经商为业；后到齐国，化名"鸱夷子皮"（范子何曾爱五湖，爱爱，2007年6月10日 http：//

133

tieba. baidu. com/f? kz = 157655696)，号"陶朱公"（范子何曾爱五湖，爱爱，2007年6月10日 http：//tieba. baidu. com/f? kz = 157655696)；19年内3次聚敛万金家财，均疏散给贫苦乡邻亲朋。后世尊其为财神、商圣。

《蜎子》，文集。蜎子，姓蜎，名渊，美称为子，生卒年不详，楚国人，也被称作涓子、娟子、便娟、娟环、环渊，老子弟子，讲学稷下，整理老聃的语录，成《道德经》上下篇。

《缠子》，马总《意林》著录1卷。史书记载，缠子，"周人，修墨氏之业，以教于世"，汉朝初期墨家学派的代表人物之一。

《剧子》，又称《处子》，文集。剧子，姓剧，名辛（前？~前242），赵国人，燕国将领，为人小心谨慎，与庞煖友好。沙丘之乱后，听说燕昭王思贤若渴，便去求仕辅佐。之后，作为燕国的使节和邹衍一起游说各国，达成对齐国的包围，打败齐军，同"郭隗、乐毅、邹衍齐名"。

《贾子》，散文集。贾子（前200~前168，一说前201~前169、前201~前168等），姓贾，名谊，又称贾太傅、贾长沙、贾生，西汉洛阳人，18岁时以"能诵诗作文"而闻名，20余岁被文帝召为博士，不到一年被破格提为太中大夫，23岁因遭群臣忌恨被贬为长沙王的太傅，之后被召回长安为梁怀王太傅。因梁怀王坠马而死深自歉疚，至33岁忧伤而死。其著有散文《过秦论》、《论积贮疏》、《陈政事疏》，辞赋有《吊屈原赋》、《鹏鸟赋》等。

《牟子》，中国首部有关佛教的居士著作。内容主要论述儒、佛、道三教的异同，以及佛教的优越性。牟子，名牟融，中国最早的佛教居士，苍梧人，生活在汉灵帝死后的东汉末年，早年勤修经传诸子，兵家神道之书也留心泛览，但并不喜欢兵法，也不信神仙，后锐志佛道，兼研《老子》五千文。"对牛弹琴、少见多怪"即源于《牟子》。

《魏子》，文集。魏子（？~约169），姓魏，名朗，字少英，美称子，也称魏朗子，东汉时期的上虞人，任侠刚正，少为县吏，后"白日操刀"为兄报仇，遂逃亡保命入居陈国，跟博士郤仲信学《春秋图谶》、到太学习五经、进京师长者李膺门下为徒，一时间因博学多才而名声大噪，很快步入名士"八俊"之列，与李膺、杜密等齐名，历任司徒、彭城令、仪郎、河内太守、尚书等职，遭党锢，免官归家，二次党锢，"自杀"。

《陈子》，文集。陈子（128~199），名纪，字元方，颍川许人，东汉大臣，历任中郎将、侍中、司徒、尚书令、平原相、大鸿胪等职，以道德名传于世，与弟陈谌、父陈寔被当时的人们并称为"三君"，兄弟友爱，孝养父亲，家中和睦亲善，其家风成为人们学习的榜样。

《周子》，《隋书·经籍志》著录9卷。周子（？~261），名昭，字恭远，三国时颍川阳翟人，生年不详，与韦核、薛莹、华核同著《吴书》。后为中书郎。

《傅子》，评论诸家学说与历史故事。傅子（217~278），姓傅，名玄，魏晋时期的北地泥阳人，出身于官宦之家，幼年同被罢官的父亲逃难河南，专心读书，性情刚直，不能容人之短。成年后，历任魏国的鹑觚男、晋朝的御史中丞、太仆、司隶校尉等职，卒谥刚，追封清泉侯。其擅长乐府体诗，今存诗60余首，以乐府诗居多，还参修了《魏书》等。

《刘子》，文集。大约创作于220~288年间。刘子是何人，说法不一，从初唐到现在，争论了1400多年，还没有定论。唐朝袁孝政《刘子注》序载，唐代就有刘歆、刘孝标、刘勰、刘昼4种说法。《宋史·艺文志》4、晁公武《郡斋读书志》卷12、赵希弁《郡斋读书志附志》诸子类、陈振孙《直斋书录解题》卷10杂家类等均著录为刘昼。《旧唐书·经籍志》下、《新唐书·艺文志》3、宋朝郑樵《通志·艺文略》4均著录为刘勰。梁朝东莞本《刘子》署梁朝刘勰。北齐阜城本《刘子》题署北齐刘书。还有的书著录为汉朝刘歆，或梁朝刘孝标、唐朝袁孝政、东晋时人、贞观后人、魏晋期间人等等。

《秦子》，文集。秦菁，姓秦，名菁，美称子，三国时期的吴国人。《秦子》载："针虽小，入水则沉；毛虽大，入水则浮。性自然也……顾彦先曰，有味如臛，饮而不醉；无味如茶，饮而醒焉，醉人何用也?!"顾彦先，是顾荣的字，吴国人，官黄门侍郎，太子辅义都尉；吴国灭亡，入晋国，历任尚书郎、太子中舍人、廷尉正等职；在晋惠帝时，因见皇族纷争，常常醉酒不肯问事，"醉人何用也?!"很可能就是指当时的心境。

《钟子》，文集。钟子（225~264），名会，字士季，颍川长社人，三国时期魏国的谋士、将领，官至司徒，魏太傅钟繇之子，自幼聪颖，博学多才，精练名理，深受上至皇帝下至群臣的赞赏；说服司马师亲征毌丘俭叛乱、助司马昭平叛诸葛诞，屡出奇谋，"时人谓之子房"（《三国志·钟会传》）；又为司马昭献策，阻止曹髦的夺权，成为司马氏的亲信；献计杀害名士嵇康；景元年间，画西蜀图本力劝司马昭伐蜀，独力支持司马昭伐蜀计划，发动伐蜀之战，严军法，处死名将许褚的儿子许仪，又攻下阳安关，对百姓秋毫

书的命名 >>>

无犯。

《阮子》，文集。阮子，姓阮，名武，字文业，陈留尉氏人，魏国清河太守。其族兄阮熙，官至武都太守，有子是竹林七贤之一的阮咸。

《谯子》，内容有道德修养、交友自力等。谯子，姓谯，名周，字允南，巴西西充人，199~270年在世，官至光禄大夫。其著还有《论语注》、《三巴记》、《谯子法训》、《古史考》、《五经然否论》等。

《袁子》，文集。袁子，姓袁，名准，字孝尼，陈郡阳夏人，生卒年不详，约自魏景初年至晋愍帝建兴末年间（约237~316）在世，269年左右任给事中，以儒学传名，"著书十余万言——论治世之务"。

《宣子》，《隋书·经籍志》子部、欧阳修的《新唐书·志》第四十九艺文三、后晋·刘昫等的《旧唐书》卷二十七均著录为2卷。作者宣子，名舒，晋朝宜城令。

《符（苻）子》，文集。符子，姓符，名朗，字元达，苻坚的侄子，性情宏达，神气爽迈，智力超群，志存高远，酷爱读书，通晓佛文，嗜好玄学，不慕荣华，被苻坚称为"吾家千里驹也"，历任使持节、都督青徐兖三州诸军事、镇东将军、青州刺史、东晋员外郎等职。

《郭子》，是一部记述魏晋间名士们言谈轶事的志人笔记体小说故事集。郭子，名澄之，字仲静，生卒年不详，东晋时期的太原阳曲人，少有才思，机敏过人，历任尚书郎、南康相、相国从事中郎，被封南丰侯。他还有《郭澄之集》10卷等。

《贺子》，《新唐书·艺文志》与《旧唐书》卷二十七均著录为10卷。作者贺子，名道养，道期（晋司空循孙，元嘉初太学博士）弟，会稽山阴人，宋太学博士。

《冀子》，文集。冀子，名重，字子泉，定州容城人，"广明脩武令"（《新唐书·艺文志》），唐朝学者，著作有"擅词坛之誉"（《姓氏联典·冀》），生卒年不详。

《樊子》，文集。樊子（？~约823），名宗师，字绍述，唐朝河中人，历任国子主簿、绵州刺史、左司郎中、绛州刺史，"迁为谏议大夫，未到任而病卒。其文章力求出新，晦涩难懂，被称为'涩体'。而韩愈却赞其文必出于己，不袭蹈前人一言一句。"（钦定四库全书·集部·别集·唐樊宗师的绛守居园池记注）其著还有《魁纪公》、《春秋集传》、杂文291篇、杂铭220篇、赋 10 篇、诗 719 首等。

《蒯子》，文集。蒯子，姓蒯，名通，原名"蒯彻"，汉朝范阳人，因为避武帝之讳而改为通，生卒不详，以多谋善辩著称。陈胜、吴广部将武臣用其策，"降燕、赵三十余城。"（兴化上官河的历史和名字的由来，于入水，2007 年 12 月 11 日 http：zhidao. baidu. com/question/49145873. html.）韩信用其计，"遂定齐地。"（兴化上官河的历史和名字的由来，于入水，2007 年 12 月 11 日 http：//zhidao. baidu. com/question/49145873. html.）后来，蒯通劝韩信背汉自立，未被采纳。公元前 196 年，韩信在未央宫被萧何、吕后处死时高呼："吾悔不用蒯彻之计，乃为儿女子所诈，岂非天哉！"汉高祖刘邦得知后，"欲烹杀蒯通。"（兴化上官河的历史和名字的由来，于入水，2007 年 12 月 11 日 http：//zhidao. baidu. com/question/49145873. html.）蒯通大呼冤枉。刘邦斥责道："汝教韩信造反，罪过韩信，理应受烹，有何冤哉？"（兴化上官河的历史和名字的由来，于入水，2007 年 12 月 11 日 http：//zhidao. baidu. com/question/49145873. html.）蒯通回答："秦失其鹿，天下共逐，高材疾足，方能先得。臣闻跖犬吠尧，尧岂不仁？犬但知为主，非主即吠。臣当时只知韩信，不知陛下，我何罪之有？"（兴化上官河的历史和名字的由来，于入水，2007 年 12 月 11 日 http：//zhidao. baidu. com/question/49145873. html.）刘邦认为言之有理，便赦免了他。蒯通获赦后，怕刘邦出尔反尔，遂逃到"巫风极盛"（兴化上官河的历史和名字的由来，于入水，2007 年 12 月 11 日 http：//zhidao. baidu. com/question/49145873. html.）的楚国滨海之地。其著还有《隽永》等。

《鬻子》，文集。鬻子，姓鬻，名熊，商末周初人，楚国的缔造者，生卒年不详，楚人视为始祖，周文、武、成三代之师。《鬻子》，是后人相传鬻熊言论的追记。

《王孙子》，又名《巧心》。王孙子，复姓王孙，名不传，生卒年代待考，西周中期的军事理论家。清朝的严可均（1762~1843）所著的《铁桥漫稿》记载："王孙，姓也，不知其名，……绎其言，盖七十子之后言治道者"。

《漆雕子》，文集。漆雕子（约前 540 或 510~前 450 年），复姓漆雕，名启，字子开、子若、子修，讳汉景帝刘启，改为开，春秋末期鲁国人（一说蔡国人），无罪受刑而致身残。其师从孔子，学业有成，设坛讲学。孔子死后，自成一派，发展了孔子的"性相近"，"习相远"的学说。其认为人性不

书的命名 >>>

同，有的人善良，有的丑恶；主张"色不屈于人，目不避其敌，已行有亏，对奴婢也要躲避，已行正直，对诸侯也敢发怒"；提出了"天理"、"人欲"的概念，形成独特的人性之论。《韩非子·显学》把他列为儒家八派之一，于汉明帝永平十五年（72）受祭祀，唐朝开元二十七年（739）被进封为滕伯，宋朝真宗大中祥符二年（1009）被加封为平舆候，度宗咸淳三中（1267）从祀孔子，明嘉靖九年（1530）被称为"先贤"。

《宫孙子》，文集。宫孙子，复姓宫孙，名与生平事迹不详，生活于战国时期，唐朝的颜师古说："宫孙姓也，不知名。"

《南公子》，文集。《汉书·艺文志》注：南公为六国时期人。《广韵注》：南公复姓，战国时，有南公子著书，言阴阳五行事。《史记·项羽本纪》："楚南公曰：楚虽三户，亡秦必楚。"

《闾丘子》，文集。闾丘子，复姓闾丘，名快，战国时期的魏国人。《世本·氏姓篇》说，"闾丘氏，齐大夫闾丘婴之后"。

《将巨（钜）子》，文集。作者将巨（钜）子，复姓将巨（钜），赞美之称为"子"，《汉书·艺文志》注："六国时。先南公，南公称之。"

《青史子》，57 篇文集。内有"鸡者，东方之壮也，岁终更始，辨秩东作，万物触户而出，故以鸡祀祭也"等内容。青史子，复姓青史，名不详，美称子。《汉书·艺文志》注："古史官记事也。"

《务成子》，《汉书·艺文志·诸子略》于小说类内著录 11 篇文、五行家类内著录《务成子灾异应》14 卷、房中家类内著录《务成子阴道》36 卷。有的学者考证"成书不晚于战国中后期。"（《汉书·艺文志》著录之小说家《务成子》等四家考辨、王齐洲、南京师范大学文学院学报 2008 年 3 月第 1 期第 2 页）作者务成子，复姓务成，名昭，生卒年代不详。

《诸葛子》，文集。诸葛子（203～253），复姓诸葛，名恪，字元逊，三国时期徐州琅琊阳都人，诸葛瑾长子，少以才思敏捷、善于应对出名，被孙权帝誉为"蓝田生玉"，冠弱任都骑尉，从中庶子转左辅都尉。其父"面长似驴。翌日，孙权大会群臣，使人牵一驴入，长检其面，题曰：诸葛子瑜。恪跪曰：'乞请笔益两字'。因听与笔。恪续其下曰：'之驴'。举座欢笑。权乃以驴赐恪。"（三国名将录—诸葛恪，2010 年 6 月 23 日，中华 MOD 网，http：www./mod.org/thread-5908-1-1.html）其后历任抚越将军、丹阳太守、威北将军、大将军、太子太傅，封都乡侯，进封阳都侯，加荆扬 2 州牧，因中

138

敌人计策而亡,"被夷灭三族"。

7.2 以作者的姓名与"子"作书名

以作者的姓名与"子"为书命名的,容易记,影响较大的有《乘丘子》、《胡非子》、《游棣子》、《刘安子》、《青乌子》、《邓析子》、《公孙尼子》、《随巢子》、《公孙龙子》、《黔娄子》、《韩非子》、《尹文子》、《鲁连子》、《邹奭子》、《长卢子》、《容成子》、《臣君子》、《冯促子》、《国筮子》、《庚桑子》、《周生烈子》、《齐丘子》、《宋玉子》、《尉缭子》等。

《乘丘子》,文集。《汉书·艺文志》于阴阳家类内著录5篇文。乘丘子,姓乘(一说桑),名丘(邱),班固注为六国时期的人。

《胡非子》,文集。胡非子,姓胡,名非,墨翟弟子,齐国人。此书以记述的方式形成,可能不是胡非子亲手所写,而是其门徒或再传弟子所为。

《游棣子》,《汉书·艺文志》于法家类里著录。游棣子,姓游,名棣,战国晚期的法家代表人物之一,生卒年不详。

《刘安子》,论文集。刘安子(前179~前122),姓刘,名安,汉高祖刘邦之孙,淮南厉王刘长之子,好读书,善文辞,乐于鼓琴,才思敏捷,16岁袭封为淮南王,遵循自然规律制定了一系列轻刑薄赋、鼓励生产的政策,使淮南出现了国泰民安的景象。其潜心治国安邦,"招致宾客方术之士数千人",进行科学实验、著书立说;将鸡蛋去汁,以艾燃烧取热气,使蛋壳浮升,成为世界上最早尝试热气球升空的实践者;在寿春北山筑炉炼丹制药,偶成豆腐,被尊为豆腐鼻祖;编写了《淮南子》(即《刘安子》)、诗歌《淮南王赋》82篇、《群臣赋》44篇、《淮南歌诗》4篇、《淮南杂星子》19卷、《淮南万毕术》等,内容涉及政治学、哲学、伦理学、史学、文学、经济学、物理、化学、天文、地理、农业水利、医学养生等领域,包罗万象。

《青乌子》,3卷。也名《青乌子葬书》、《青乌子相冢书》、《青乌先生葬经》。内容有"其宅得墓二神,渐护子孙,禄位乃固。得地得墓,龙骇虎步,牧业滋川,财集仓库,子孙忠孝,天神佑助"等。青乌子,名青乌。《史记·轩辕本纪》说青乌是黄帝时期的人,晋葛洪《抱朴子·极言篇》说是古代寿星彭祖的弟子,《旧唐书·经籍志》则说为汉代相地家等。

《邓析子》,文集。邓析子(前545~前501),姓邓,名析,春秋末年郑国人,大夫,还编有《竹刑》,被认为是名家学派的创始人。

《公孙尼子》,文集。公孙尼,复姓公孙,名尼,字石,战国初期的楚国人。其最出名的作品为《乐记》，共有文章23篇，是古代最重要、最系统的音乐美学论著。

《随巢子》，6篇文集。随巢子，姓随，名巢，生卒年不详，战国时期人，《汉书·艺文志》注：随巢为"墨翟弟子"。

《公孙龙子》，文集。公孙龙子（前320~前250，一说约前325~前250），复姓公孙，名龙，字子秉，战国末期的赵国人，平原君的门客，离坚白派的代表人物，在《白马论》与《坚白论》中，提出了"离坚白"、"白马非马"等观点。

《黔娄子》，文集。黔娄子，姓黔，名娄，战国时期的齐国人，出身于贫寒的平民家庭，自幼饱读诗书，成年后仍家徒四壁，娶施良娣为妻，隐居千佛山，男耕女织，著书立说。

《韩非子》，55篇文集。也名《韩子》。韩非子（约前280~前233），姓韩，名非，战国末期的韩国人，是韩王室中的诸公子之一，荀子的学生，口吃，不擅言语，文章却很出众，李斯也自叹不如。其书流传到秦国，为秦王嬴政所赏识，便派兵攻打韩国，迫使国王让韩非到秦国效力。韩非入秦国受重用，引起了李斯的妒忌，在秦王面前诬陷韩非，将其投进监狱，逼其自杀身亡。

《尹文子》，文集。尹文子（约前360~前280），姓尹，名文，战国时期的齐国人。其学说的中心思想，是希望天下太平，社会安宁，人民安居乐业，每个人都能养活自己，同时还可以供养一下别人，就足够了，便可适可而止，不要有太多的欲望，从而达到于心无愧。

《鲁连子》，文集。鲁连子（约前320年~前250），姓鲁，名连，战国末期的齐国人，稷下学宫中的后起之秀，出生于茌平县，卒于隐居地新城的锦秋湖。

《邹奭子》，文集。邹奭子，姓邹，名奭，号雕龙奭，战国时期的齐国人，学习并继承了邹衍的学说，是稷下阴阳五行学派的重要代表人物，《史记》"以奭与淳于髡、慎到、田骈同称稷下先生"。

《长卢子》，文集。《汉书·艺文志》著录9篇。长卢子，姓长，名卢，生活于战国时期，楚国人，生卒年与事迹不详。

《容成子》，文集。容成子，姓容，名成，字子黄，道东人，于"太姥山炼药，后居崆峒山，寿二百岁"（容成公–360百科）。汉晋时期，"盛传房中术，容成公的声望亦最盛"（容成公-360百科）。《后汉书·方术传》载，"汉末方士甘始、东郭延年、封君达、泠寿光等，皆行容成公御妇之术，爱啬精气"。东晋葛洪的《神仙传》说容成子"行玄素之道，即房中术，延寿无极"。《抱朴子内篇·释滞》说，"房中10余家，容成公居其一"。

《臣君子》，文集。《汉书·艺文志》于道家类内有著录。臣君子，姓臣，名君，六国到汉武帝时期的蜀地人，生卒年与事迹不详。

《冯促子》，13篇文集（钱穆《先秦诸子系年考辨》）。冯促子，姓冯，名促，被美称为"子"，阴阳家，生活于春秋战国时期的郑国。

《国筮子》，文集。筮，古代用蓍草占卦："龟为卜，策为筮"。古人出外做官，先占卦问吉凶。后称初次做官为"筮仕"。国筮子，姓国，名筮，可能是战国后期的纵横家。

《庚桑子》，春秋战国时期的书籍。也名《亢桑子》、《亢仓子》、《庚桑楚》、《洞灵真经》。此书倡导清静无为，提出了举贤任能、施行教化、重农耕、举义兵等一系列政治主张。《历世真仙体道通鉴》卷4说"庚桑子，陈人，得老君之道，能以耳视而目听。居畏垒之山，其臣去之，其妾远之，居三年，畏垒大穰。后游吴，隐毗陵盂峰，道成仙去"。唐玄宗于天宝元年（742）下诏追封庚桑子为洞灵真人，尊《庚桑子》为《洞灵真经》。庚桑子，姓庚，名桑，美称子。

《周生烈子》，原名《周生子》。周生烈子，复姓周生，名烈，字文逢，三国时期的敦煌人，生卒年代不详，大约生活于220年前后，魏国初年接受征召，官至博士侍中，也是儒师，注《周易》、《春秋例》、《毛诗》、《礼记》、《春秋三传》、《国语》、《尔雅》等书。

《齐丘子》，文集。齐丘子（887～959），姓齐，名丘，字超回、子嵩，庐陵人，历任吴国和南唐的司徒、节度使、太傅、中书令等职，成为当时"五鬼"之党的首领。但其仕途不顺，几度被贬，后来对官场中的虚伪、恶浊、冷暖与统治者的随心所欲十分厌恶，便"辞政柄"，于九华广胜山小钓鱼台北筑室而居，与山水自然为伴，过隐居生活。其后受唐主的威逼，含恨自缢于九华山。

《宋玉子》，诗文辞赋集。宋玉子，姓宋，名玉，大约生于楚顷襄王元年（前298），经历了楚顷襄王、楚考烈王、楚幽王、楚王负刍四朝，卒于楚国灭亡之时（前222）。人们常以"美如宋玉、貌若潘安"形容男子的俊美。宋玉究竟如何貌美，史书上并无详细描绘，但从《登徒子好色赋》中可领略一二。此赋记载，楚大夫登徒子侍于楚王，说"玉为人体貌娴丽，口多微词，又性好色，愿王勿与出入后宫"。楚王将登徒子所言告知宋玉，玉便反驳说：天下的美女莫过于楚国，楚国的美女莫过于我的家乡，我家乡的第一美女便是我隔壁的东邻之女。这位美女增之一分则太长，减之一分则太短；着粉则太白，施朱则太赤。眉毛像鸟的羽毛，肌肤若白雪，细腰如束素，牙齿如贝壳，嫣然一笑，足以晕倒阳城、下蔡两地的男子。这样一个绝代佳人趴在墙上盯了我3年，我也毫不动心！相反登徒子是个色鬼，他家中的老婆很丑，一头乱发，两耳畸形，嘴唇外翻，牙齿凹凸不平，走路一瘸一拐，还是一驼背，长着满身疥疮。登徒子却跟她一连生下5个孩子。请王上裁定，宋玉与登徒子谁更好色？宋玉的一番忽悠，把楚王说糊涂了，于是判定登徒子是个好色之徒。宋玉不仅风流倜傥，文才也十分了得。其代表作《九辩》，可与屈原的《离骚》媲美。人们常说的"下里巴人"、"阳春白雪"、"曲高和寡"都典出自宋玉的《对楚王问》中的"客有歌于郢中者，其始曰《下里》、《巴人》，国中属而和者数千人……其为《阳春》、《白雪》，国中属而和者不过数十人"。宋玉还是历史上首位写悲秋与女性经典"艳情"诗词的。他的《神女赋》为后世众多的文学名家所模仿。

《尉缭子》，古代兵书。之中的篇目有天官、兵谈、制谈、战威、攻权、守权、十二陵、武议、将理、原官、治本第、战权、重刑令、伍制令、分塞令、束伍令、经卒令、勒卒令、将令、踵军令、兵教、兵令等。北宋神宗元丰年间被列入《武经七书》。尉缭子，姓尉，名缭，生卒年不详，梁惠王（亦称魏惠王，公元前370～前319年在位）时人。

7.3 以作者的字或号与"子"为书名

纵观历史，文人在姓名之外还立字或号的数量很多，但是，将其与"子"合在一起为作者的书名的较为少见，如在浩如烟海的文献中，需十分仔细地去查找，才能见到两《子华子》、《郁离子》、《鹖冠子》等罕见之作。

《子华子》之一，文集。子华子，姓程，名本，字子华，在当时被尊称为"程本子"，春秋末期的晋国人，生卒年不详，传说是鬼谷子的老师，也有的说与孔子同一个时代，还有的说"比杨朱——公元前395～前335年略晚"，当为"公元前380～前320"年之人等。此书原名《程子》。

《子华子》之二，10篇文集。元丰（宋神宗年号，1078～1086）后举子所作（书中承袭了一些先秦书中有关子华子的资料，伪托子华子之名撰写），始刻版印刷于会稽。

《郁离子》，以寓言故事为主的散文集。分为18节、195条，每条多者千言，少则百字。书中说："大德胜小德，小德胜无德；大德胜大力，小德敌大力。力生敌，德生力；力生于德，天下无敌。故力者胜，一时者也，德愈久而愈胜者也。夫力非吾力也，人各力其力也，惟大德为能得群力。是故德不可穷，而力可穷。……善疑人者，人亦疑之；善防人者，人亦防之。善疑人者，必不足于信；善防人者，必不足于智。知人之疑已而弗舍者，必其有所存也；知人之防已而不避者，必其有所倚也。善战者省敌，不善战者益敌。省敌者昌，益敌者亡。夫欲取人之国，则彼国之人皆我敌也。故善省敌者，不使人我敌。汤武之所以无敌者，以我之敌敌敌也。惟天下至仁为能以我之敌敌敌，是故敌不敌而天下服。乐言己之长者不知己，乐言人之短者不知人。不知己者无所见，不知人者无所闻。夫琴大弦为君，小弦为臣，大小异能，合而成声，无相夺伦，阴阳乃和"。作者是明朝开国元勋刘基（1311～1375），字伯温，号犁眉、郁离，精通易学。因郁，指有文采；离，在八卦中代表火；郁离，意为文明；故将郁离取为自号。此书，是其在47岁不得志、不能施展抱负、被夺兵权、弃官归隐家乡青田山中时发愤撰写的，至50岁完成。从以上的内容中可以看出，此书反应的是安邦治国的思想与对当时帝王的不满。他认为此书很重要，说"天下后世君用斯言，必可抵文明之治"，所以在自己的号"郁离"后添一"子"字作为书名。书成不久，他便被请出山，协助朱元璋造反，建立统一的明王朝。

《鹖冠子》，先秦时期的著作。形成于战国末期。既有道家的内容，也有兵家的思想。书中篇目有《博选》、《著希》、《夜行》、《天则》、《环流》、《道端》、《近迭》、《度万》、《王鈇》、《泰鸿》、《泰录》、《世兵》《兵字》、《备知》、《兵政》、《学问》。鹖冠子，姓名不详，号鹖冠，战国时期的楚国人，大约生活于公元前475～前221年，隐居深山，以鹖羽为冠，故有此号。

8 以作者的姓氏、所在的国名简称与尊称或敬称"子"合成书名

如《吴孙子》。也名《孙子》、《孙子兵法》。吴孙子，姓孙，名武，字长卿，尊称子、孙武子等，事业在吴国。他出生于公元前535年左右的齐国乐安。其祖先名妫满，被周朝天子册封为陈国国君。后来陈国发生政变，孙武的直系远祖妫完便携家带口，逃到齐国，将自己家族的妫姓改为"田"，时称他为田完。田完的五世孙田书，富有军事才能，后任齐国的大夫，因领兵伐莒有功，被齐景公赐姓孙。故，田书被改名孙书，其后代也都姓孙。孙武大约于公元前517年左右，投奔到了认为可以施展才华的吴国（当时"联晋伐楚，国势强盛，很有新兴气象"），"受任为将"之后，"领兵打仗，战无不胜，与伍子胥指挥吴军破楚，五战五捷，率兵6万打败楚国20万大军，攻入楚国郢都。北威齐晋，南服越人，显名诸侯"。其一生的事业均在吴国展开，死后，也葬在吴国，因此《吴越春秋·阖闾内传》便把孙武称为"吴人"，后人则尊称他为吴孙子。

9 以作者的国名、祖宗名的简称与尊称或敬称"子"为书名

如《齐武子》，也称《孙子》、《孙膑兵法》。齐武子，姓孙，名膑，祖名武，也被尊称为"孙子"，战国中期齐国人，少时孤苦，年长后与庞涓师从鬼谷子学习兵法，二人学业上均进步很快，但庞涓与孙膑相比，却差得很多，故庞涓嫉妒孙膑的才能。几年后，庞涓被魏惠王封为将军，便写信将孙膑骗到自己的府中，并暗中派兵以"私通齐国之罪"把孙膑两个膝盖骨剜去，叫处以膑刑，故称孙膑。孙膑装疯逃回齐国后，被齐威王封为军师。在魏国入侵赵国与韩国的争斗中，为答应韩赵2国解救的请求与顾忌本国的自身安全，孙膑奉命带兵用"围魏救赵"与"减灶之法"，战胜了魏国入侵之军，活捉其主帅，并迫使庞涓自杀身亡。这时齐国大臣不和的矛盾（如成侯邹忌与田忌等）已经达到了难以调解的境地。因此，孙膑在帮助田忌避开杀身之祸后，自己便隐居到一个清静之处，招收几名学徒，著书立说，最后撰成此书（89篇、绘出作战图4卷）。

10 以作者的官职简称、姓氏与尊称或敬称"子"合为书名

如《关尹子》，在道教中被称为《文始真经》。"大要在贵本重神，淡然无为，清静自守，独任虚无，随物因应"。关尹子，姓尹，名喜，曾为关令，被敬称为"子"，排玄元10子之首。有资料说，"老子西游，喜望见有紫气浮关，知真人当过，候物色而迹之，果得老子。老子亦知其奇，为著书，喜既得老子书，亦自著书九篇，名《关尹子》。今陕州灵宝县太初观，乃古函谷关，候见老子处。终南宗圣宫，乃关尹故宅。周穆王修其草楼，改号楼观，建老子祠。道观之兴，实祖于此。老子授经后，西出大散关，复会于成都青羊肆，赐号文始先生，即庄子所谓博大真人者也。"（尹喜文始经．灵源厚学，2006年3月11日 http：//hi. baidu. com/% c1% E9% D4% B4% BA% F3% D1% A7/blog/item/5006aaF7f945bd26720eec25. html.）

11　以作者的祖籍地与尊称或敬称"子"为书名

如《云阳子》，又名《新语》、《陆子》、《陆子新语》。云阳子（约前240～前170），汉朝初期的政论家，姓陆，名贾，被尊称为"子"，祖籍云阳。其早年随刘邦平定天下，口才好。刘邦称帝后，命其出使南越，说服南越王称臣后，被任为太中大夫。后说服刘邦重视儒学，行仁义，法先圣，实施逆取顺守，文武并用的统治方略，遂受命总结秦朝灭亡及历史上国家成败的经验教训，著文12篇，汇成此书。刘邦死后，吕氏称制，大封诸吕为王，陆贾则说服丞相陈平结交太尉周勃，联络汉代大臣和宗室王侯，诛杀诸吕，迎立文帝。孝文帝时，再度让其出使南越，说服尉佗除去帝制，归附汉朝。

12　以第一人称与"子"等字为书名

如《我子》。作者是清朝时期的傅眉（1628～1683），傅山之子，字寿毛、竹岭，自号小檗禅，还著有《我诗》、《我赋》等。有学者说其"所作诗歌'不摹古人，不袭时贤'，'不蹈袭前人一字，书画篆隶则清雅奇逸，劲拔刚健，画则层峦瀑布，可喜可惊；图章刻字，得墨法之意。'傅眉在诗文、书法上不及傅山，然而在绘画上却比傅山精巧。《杨柳月中疏》同样是表达月色，但却传达出完全不同于傅山《西村夜色》的情调。在月色朦胧中，仿佛将人带入一个虚幻境界，那上间垂柳用弯曲的线条勾勒，再以淡色渲染，整个画面环绕的曲线造成了一种强烈的形式美，幽静而无一丝风吹的山中夜色，带给人无限的情思和遐想。"（关于傅山之子傅眉，网络文魁，2008年8月31日 http：//blog. sina. com. cn/s/blog－4c0c50950100aolj. html.）

13　以多意字与"子"为书名

多义字，是指与其他不同的字词组合，会有不同含义的字。这类字与同一个字或词语组合时，也能表示不一样的内容，如《干子》、《任子》、《梅子》等。

《干子》，也名《乾巺子》。传奇小说集。作者温庭筠（约812～866），原名"岐"，字"飞卿"，太原祁人，唐朝宰相温彦博之裔孙，文思敏捷，善鼓琴吹笛，精于音律，以诗词扬名。据说他"叉手一吟便成一韵，八叉八韵即告完稿，时人亦称为'温八叉'、'温八吟'。其诗词兼工，诗与李商隐齐名，并称'温李；'词与韦庄齐名，并称'温韦'。"（蕃文怨，三山居士怡山叟，2010 年 7 月 22 日， - blog. tianya. cn/post - 1206704 - 25403191 - … - 快照 - 天涯博客）但是，他在参加科举考试中，因每次在考场上都为别的考生代写诗词（有一次为 8 人代写），被认为品行不好，而让其次次均"名落孙山"。于是从 56 岁起，其便绝了考入进士的心事，历任隋县尉、巡官、检校员外郎、国子助教、方城尉等职。其著还有诗词文集《握兰集》、《金荃集》、《诗集》、《汉南真稿》、《汉上题襟集》（与段成式、余知古等人诗文合集）、《花间集》、《采茶录》、《学海》（编纂的类书）等。

《任子》，内容有："古者裂地分茅以报人臣之有功，使其子孙嗣之，所以酬祖宗，垂后裔也。""而今也子孙仕宦，不知艺极，骄侈无忌，自称世家"等。作者，叶适（1150~1223），字正则，号水心，世称水心先生，出生于瑞安一贫穷的知识分子家庭，靠父亲教授生徒与母亲织布维持生计。叶适少年时期，因当地常发生大水灾，曾随父母搬迁过 21 处，过着颠沛困苦的生活，尽管如此困苦，仍努力读书。24 岁由于家庭实在贫困，奉母亲之命赴京师临安谋生，南宋孝宗淳熙五年（1178）考中进士（第二名），诏为太学正、博士，授武昌节度判官，之后，历任浙西提刑司干办、秘书郎、实录院检讨、蕲州与泉州及建康 3 地知府、尚书左选郎、国子司业、太府卿、宝文阁待制、沿江制置使、总领淮东军马钱粮、吏部侍郎、工部侍郎等职，被东阳石洞书院延聘为执掌师席，著有《水心文集》、《水心别集》、《习学记言序目》等。

《梅子》，作者无名氏。唐朝马总《意林》卷五说："《梅子》1 卷。伊尹、吕望、傅说、箕子、夷齐、柳惠、颜渊、庄周、阮籍，易地而居，能行所不能行也。阮籍孝尽其亲，忠不忘君，明不遗身，智不预，愚不乱治，自庄周以来命世大贤，其惟阮先生乎。按其书晋人也。"

14　以作者的姓氏与尊称为书名

如《汉书·艺文志》内阴阳家之《杜文公》（"5 篇，六国时"），名家之《黄公》（4 篇。黄公，"名疵，为秦博士，作歌诗，在秦时歌诗中"）、《毛公》（"9 篇。赵人，与公孙龙等并游平原君赵胜家"），法家之《商君》（"29 篇。名鞅，姬姓，卫后也，相秦孝公，有《列传》"）等。

15 以作者的姓氏与内容的简称为书名

如《颜氏家训》。被誉为"古今家训之祖"。内容主要是训诫子孙如何修身、治家、处世、为学的。作者颜之推（531～约595），字介，原籍临沂，后居建康，生于书香之家，世传《周官》、《左氏春秋》。有文章说其"早传家业，12岁时听讲老庄之学，因'虚谈非其所好，还习《礼》、《传》'，……博览群书，为文辞情并茂，得梁湘东王赏识，19岁就被任为国左常侍"（颜之推-360百科），后历任黄门侍郎、御史上士、学士等职。其"一生，历仕四朝，'三为亡国之人'，饱尝离乱之苦，深怀忐忑之虑"（颜氏家训-360百科）。所撰的《观我生赋》，"对于自己身经亡国丧家的变故，以及'予一生而三化'的无可奈何情状，作了痛哭流涕的陈述，且悔恨道：'向使潜于草茅之下，甘为畎亩之民，无读书而学剑，莫抵掌以膏身，委明珠而乐贱，辞白璧以安贫，尧舜不能辞其素朴，桀纣无以污其清纯，此穷何由而至？兹辱安所自臻？'悲愤之情，溢于言表。正由于颜之推'生于乱世，长于戎马，流离播越，闻见已多'，入隋以后，便本着'务先王之道，绍家世之业'的宗旨，结合自己的人生经历、处世哲学，写成《颜氏家训》"。其著还有《还冤志》等。

16 以作者姓氏、祖籍与内容简称为书名

如《柳河东集》。作者柳宗元（773～819），祖籍河东，字子厚。八世祖到六世祖均为朝廷大吏。五世祖官至四州刺史。仅唐高宗一朝，柳家同时居官尚书省的就达23人之多。其曾祖、祖父、父亲均为朝官。柳宗元由母亲进行启蒙教育教他背诵古赋，在早年避乱到南方，一度生计艰难，有时竟薪米无着，也坚持读书；贞元九年（793）考中进士，十四年登博学鸿词科，授集贤殿正字，历任蓝田尉、礼部员外郎、永州司马、邵柳2州刺史等职。其著有哲学著作《天说》、《天时》、《封建论》，游记、散文、骈文、诗作等600多篇。

17 以作者的姓氏、字与内容简称为书名

历史上以作者的姓氏、字与内容简称为书名的很多，其中影响比较大的有《王子安集》、《孙可之集》、《高兰墅集》、《李太白集》、《曹子建集》等。

《王子安集》，作者王子安（649或650～676或675），姓王，名勃，字子

安，唐朝绛州龙门人。祖父王通，是隋末著名学者。父亲王福畤，太常博士、齐州长史。《旧唐书》本传说王勃"六岁解属文，构思无滞，词情英迈，与兄才藻相类，父友杜易简常称之曰：此王氏三株树也。"杨炯《王勃集序》说："9 岁读颜氏《汉书》，撰《指瑕》10 卷。10 岁包综六经，成乎期月，悬然天得，自符音训。时师百年之学，旬日兼之，昔人千载之机，立谈可见。""麟德三年（666）制科，对策高第，被授予朝散郎"，为李贤王府侍读。2 年后戏作《檄英王鸡》一文，"得罪高宗被逐，漫游蜀中，客于剑南"。咸亨四年（673）出任虢州参军，又因私杀官奴获死罪，遇赦除名，父亲受累被贬交趾令。之后，王勃由广州渡海赴交趾看望父亲，不幸溺水受惊而卒，时年 27 岁。其诗今存 80 多首，赋和序、表、碑、颂等文尚存 90 多篇。

《孙可之集》，作者孙可之（约 825～约 885），姓孙，名樵，字可之、隐之，唐朝时期的关东人，"幼而工文"，对古代典籍"常自探讨"（《孙可之集·自序》）。自称"尝得为文真诀于来无择，来无择得之于皇甫持正，皇甫持正得之于韩吏部退之"（《与王霖秀才书》）。其于宣宗大中九年（855）考中进士，授中书舍人；黄巢起义军入长安，"随僖宗奔岐、陇"，任郎中。

《高兰墅集》，作者高兰墅（约 1738～约 1815），姓高，名鹗，字兰墅、云士，因酷爱小说《红楼梦》而别号"红楼外史"，清朝汉军镶黄旗内务府人，祖籍铁岭，先世于清朝初期就居住北京。有文章说高鹗"少年时喜冶游。中年一度在外课馆。熟谙经史，工于八股文，诗词、小说、戏曲、绘画及金石之学亦颇通晓"（高鹗－360 百科）。其于乾隆六十年考中进士，历任内阁中书、侍读、顺天乡试同考官、江南道监察御史、刑科给事中等职，著有《红楼梦》后 40 回、《兰墅诗抄》、《兰墅十艺》、《吏治辑要》、《月小山房遗稿》、《砚香词·簏存草》、《红香馆诗草》、《兰墅文存》、《赠麟庆》等。

《李太白集》，诗集。李太白（701～762），姓李，名白，字太白，号青莲居士、谪仙人，唐朝人，祖籍陇西郡成纪县，出生于蜀郡绵州昌隆县。父李客，任城尉。李白 5 岁开始蒙学，10 岁攻读《诗》、《书》及诸子百家，15 岁已有诗赋多首，18 岁隐居戴天大匡山读书。后来，他不愿应试做官，希望依靠自身才华，通过名人举荐来一步登上高位。因此，其 20 岁便开始独自出游，广泛结交朋友，拜谒社会名流。于玄宗天宝元年（742），由道士吴筠推荐，被召至长安，供奉翰林，文章风采，名震四海。杜甫《饮中八仙》里就有"李白斗酒诗百篇，长安市上酒家眠。天子呼来不上船，自称臣是酒中仙"

的奇句。后"尝奉诏醉中起草诏书，引足令高力士脱靴，宫中人恨之，谗谤于玄宗，玄宗疏之"（暮从碧山下的孤独的李白，zhangkailiang 的博客）。天宝三年（744）三月，李白"自知不为朝廷所用，上书请求还山，赐金，离长安而去"（暮从碧山下的孤独的李白，zhangkailiang 的博客），飘荡四方。其著有《蜀道难》、《行路难》、《梦游天姥吟留别》、《将进酒》、《梁甫吟》、《静夜思》等诗篇。杜甫说他写诗"笔落惊风雨，诗成泣鬼神"（《寄李十二白二十韵》），赞其"白也诗无敌，飘然思不群；清新庾开府，俊逸鲍参军"。魏颢在《李翰林集序》中说："白与古人争长，三字九言，鬼出神入。"

《曹子建集》，诗文集。曹子建（192~232），姓曹，名植，字子建，三国时期的魏武帝曹操之子，魏文帝曹丕之弟，被封陈王，卒谥思，因此又称陈思王。后人因其文学上的高深造诣，而将他与曹操、曹丕合称为"三曹"。曹植自幼颖慧，10多岁，便能诵读诗、文、辞赋数10万言。其成年后，文采飞扬，"出言为论，下笔成章"，在不到7步之内便吟出"煮豆持作羹，漉豉以为汁。萁在釜下燃，豆在釜中泣。本自同根生，相煎何太急"的广为流传诗句。南朝宋谢灵运称"天下才有一石，曹子建独占八斗，我得一斗，天下共分一斗"。现存其诗歌90余篇，赋45篇，还有章、表、书、论、颂、碑、赞、铭等各种文体的著述。

18　以作者的姓氏、籍贯与内容简称为书名

如《王临川集》。王临川（1021~1086），姓王，名安石，字介甫、獾郎，号半山、半山老人，宋朝名臣，封荆国公，世人又称王荆公，籍贯为江西扶州临川。

19　以作者的姓氏、任职之地与内容简称为书名

如《韦江州集》。10卷。作者唐朝的韦应物（737~792），京兆万年人，出身名声显赫的家庭。曾祖韦待价，宰相。祖父韦令仪，宗正少卿。父亲韦銮，著名画家。韦应物15岁以"门荫"入宫廷，为玄宗侍卫，空闲时被责令到太学附读。有文说他"少事武皇帝，无赖恃恩私。身作里中横，家藏亡命儿。朝提樗蒲局，暮窃东邻姬。司隶不敢捕，立在白玉墀"（韦应物简介－古诗文网），是既不认真做事，也不好好学习的混混。安史之乱，玄宗奔蜀，韦应物跟从护卫不及，流落秦中；之后，立志读书，痛改前非；历任洛阳丞、京兆府功曹参军、鄠县令、员外郎、左司郎中、滁江苏3州刺史等职。其为

149

官清廉、勤政、爱民,退休时一贫如洗,寄居于苏州无定寺,十分凄凉,不久就客死他乡,被誉为韦江州、韦左司、韦苏州。其著有《韦苏州诗集》、《韦苏州集》等。

20　以作者的姓氏、岗位与书的内容简称为书名

如《阮步兵集》。作者三国时期魏国的阮籍(210~263),字嗣宗,陈留人,建安七子之一阮瑀的儿子,3岁丧父,家境清苦,勤学而成才。有文章说其成年后"政治上倾向于曹魏皇室,对司马氏集团怀有不满,但同时又感到世事已不可为,于是他采取不涉是非、明哲保身的态度,或者闭门读书,或者登山临水,或者酣醉不醒,或者缄口不言……迫于司马氏的淫威,也不得不应酬敷衍……接受司马氏授予的官职,……当过散骑常侍、步兵校尉等"(阮籍简介/生平－古诗文网),世称阮步兵,作品今存赋6篇(其中述志类有《清思赋》、《首阳山赋》,咏物类有《鸠赋》、《猕猴赋》)、散文较完整的9篇(代表作《大人先生传》最长,4000余字)、诗90余首。

21　以作者的姓氏、任职部门与书的内容简称为书名

如《杜工部诗集》。作者唐朝的杜甫(712~770),字子美,自号少陵野老,世称杜少陵、杜工部(因担任检校工部员外郎)、杜拾遗(因官至左拾遗),与李白并称"大李杜",人称"诗圣",祖籍湖北襄阳,出生于河南巩县一世代奉儒守官的家庭。十三世祖杜预,西晋大将、著名学者。祖父杜审言,初唐著名诗人,修文馆学士。父亲杜闲,朝议大夫、奉天令。杜甫幼时聪颖,7岁便能作诗文,到10多岁时,便开始游山玩水,不求上进。《唐才子传》说他"少贫不自振,客吴越、齐赵间"。35岁考进士落第,父去世,生活无着,不得不沿街卖药或寄食于朋友处度日。其经历此痛苦之后,才精神振作,历任河西尉、右卫率府曹参军、剑南节度府参谋等职。一生作诗3000多首,流传下来的有1400首,文21篇。

22　以作者的姓氏、封号与书的内容简称为书名

如《谢康乐集》,作者东晋末刘宋初年的谢灵运(385~433),原名谢公义,字灵运,祖籍陈郡阳夏,后移居浙江会稽,东晋名将谢玄之孙。因其从小寄养在钱塘杜家,故乳名为客儿,被称谢客。又因其袭封康乐公,被称谢康公、谢康乐。还因其喜好园林,游玩山水,制作一种"上山则去前齿,下

150

山去其后齿"的木屐，被后人称之为"谢公屐"。《宋书》本传称其"少好学，博览群书，文章之美，江左莫逮……诗书皆兼独绝，每文竟，手自写之，文帝称为二宝"。其历任琅琊王司马参军、秘书丞、黄门侍郎、永嘉太守、秘书监、临川内史等职，元嘉十年（433）被文帝以"叛逆"罪名杀害。其以诗文扬名，是中国文学史上山水诗的开创者，第一个大量创作山水诗的诗人。

23 以作者的封号、谥号、姓与书的内容简称混合为书名

如《温国文正司马公集》，作者北宋的司马光（1019~1086），复姓司马，名光，字公实、君实，号迁夫、迁叟，原籍夏县涑水乡，世称涑水先生，自幼聪明伶俐，砸缸救童，名播四海。史载他 7 岁"凛然如成人，闻讲《左氏春秋》，爱之，退为家人讲，即了其大旨。自是手不释书，至不知饥渴寒暑"（司马光七岁 - 精英家教网），宝元元年（1038）考中进士，历任奉礼郎、大理评事、馆阁校勘、并州通判、资政殿学士、尚书左仆射、兼门下侍郎等职，卒赠太师，追封温国公，谥文正。其著有《通鉴举要历》、《稽古录》、《本朝百官公卿表》、《翰林诗草》、《注古文学经》、《易说》、《注太玄经》、《注扬子》、《书仪》、《游山行记》、《续诗治》、《医问》、《涑水纪闻》、《类篇》、《司马文正公集》等。其代表作是《资治通鉴》，被评论成"为人君而不知《通鉴》，则欲治而不知自治之源，恶乱而不知防乱之术。为人臣而不知《通鉴》，则上无以事君，下无以治民。……乃如用兵行师，创法立制，而不知迹古人之所以得，鉴古人之所以失，则求胜而败，图利而害，此必然者也"（胡三省《新注资治通鉴序》）。"此天地间必不可无之书，亦学者不可不读之书"（王鸣盛《十七史商榷》卷1）。后世评价其"呕心沥血编通鉴，一心一意反新法"（王安石变法）。在历史上，司马光与孔子和孟子被并列奉为儒家三圣。

24 以作者的姓、谥号与封号、书的内容简称为书名

《范文正公全集》，作者是宋朝的范仲淹（989~1052），字希文，祖籍邠州，后迁居吴县。曾祖父范梦龄，节度判官。祖父范赞时，秘书监。父范墉，武宁军节度掌书记，990 年病逝。范仲淹自幼聪颖，理解生活的艰难，学习刻苦，每天只煮 1 碗稠粥，凉了以后划成 4 块，早晚各取两块，拌几根腌菜，调拌于醋汁，吃完继续读书；祥符八年（1015）考中进士，历任参军、推官、校书郎、县令、右司谏、府州通判、知州、安抚使、天章阁待制、郎中、资政殿学士、枢密副使、参知政事等职。他为政清廉，体恤民情，刚直不阿，

151

力主改革，屡遭奸佞诬谤，数度被贬；提出并全力推行了"政为民设，以民利为利"的政治主张；终生倡导"先天下之忧而忧，后天下之乐而乐"的新风尚；卒谥文正，封楚国公、魏国公，著有《岳阳楼记》、《渔家傲》、《苏幕遮》、《文集》20卷、《奏议》3卷等。

25　以姓氏、尊称、创作体裁与居住地简称为书名

如《王船山先生年谱》，作者是明末清初的王船山（1619~1692），姓王，名夫之，字而农，号涢斋、一壶道人，湖南衡阳人，晚年居衡阳之石船山，世称"船山先生"，出身于知识分子家庭。父亲王朝聘就读于北京国子监。王夫之从小就接受了良好文化教育，1642年到武昌考中举人，后因各地农民纷纷起义未能进士，1648年与好友管嗣裘等人在衡山举兵抗清，失败后改变姓名隐居深山老林设馆讲学、著书立说，晚年回到家乡专心治学。其著有《周易外传》、《周易内传》、《尚书引义》、《张子正蒙注》、《读四书大全说》、《诗广传》、《思问录》、《老子衍》、《庄子通》、《相宗络索》、《黄书》、《噩梦》、《续春秋左氏传博议》、《春秋世论》、《读通鉴论》、《宋论》等约73种、401卷。

26　以作者姓氏、谥号、尊称、作品的数量代简称作为书名

如《曾文正公全集》，作者是清朝的曾国藩（1811~1872），姓曾，初名子城，字涤生，号伯涵，尊称公，谥号文正，出生于湖南湘乡山村一户以农耕为主的勤劳人家，自幼放牛、砍柴、种菜、养猪、读书，道光十八年（1838）考中进士，历任翰林院检讨、侍读、武英殿大学士、侍郎、两江总督、直隶总督等职，诏封为"太子太保"、加封"一等毅勇侯"，追赠太傅，被清廷誉为"中兴第一名臣""古今完人"。他认为：个人事业的基础是"有难先由己当，有功先让人享"；还亲笔手书"战战兢兢即生时不忘地狱，坦坦荡荡虽逆境亦畅天怀"的对联，以表明在任何环境里，都绝对不能有"丝毫的张扬、得意、或任性"的心迹。

27　以作者的姓氏、尊称与内容的简称为书名

如《鲍参军集》，作者是南宋的鲍照（约415~470），字明远，原籍上党，后迁居东海，出身贫苦，始从农耕，少有文思，胸有大志。宋文帝元嘉十六年（439），他谒见临川王刘义庆，毛遂自荐，但没有得到重视；不死心，

准备献诗言志；有人劝阻他说："郎位尚卑，不可轻忤大王"；鲍照大怒："千载上有英才异士沉没而不可闻者，岂可数哉！大丈夫岂可遂蕴智能，使兰艾不辨，终日碌碌与燕雀相随乎？"之后，他终得赏识，历任侍郎、太学博士、中书舍人、海虞令、秣陵令、永嘉令、前军刑狱参军（世称鲍参军）等职，后被宋景掠城所杀。现存其诗204首。代表作《拟行路难》18首，表达了为国建功立业的愿望、对门阀社会的不满、怀才不遇的痛苦、报国无门的愤懑和理想幻灭的悲哀，真实地反映了当时贫寒士人的生活状况。

28　以原作者姓氏、尊称、内容的简称与后著者的创作方式为书名

如《分门集注杜工部集》，原作者是唐朝的杜甫（712～770），因担任过检校工部员外郎，被尊称杜工部。后著者佚名。

29　以作者的姓氏、字号与创作体裁为书名

如《徐霞客游记》，以日记体为主的中国地理文学名著。作者是明朝的徐霞客（1586～1641），姓徐，名弘祖（也作宏祖），字振之，号霞客，江阴县南旸岐村人。曾祖和祖父均是读书为官。父亲徐有勉，对仕途没大兴趣，不大欢喜和官场的人结交，愿过平静的生活。徐霞客幼年聪颖，记忆力强，青睐历史、地理和探讨大自然方面的书籍。19岁时，父亲病故，服孝三年，便外出游历34年，直到生命结束，走遍了大半个中国，考察撰成此书，被后人誉为"世间真文字、大文字、奇文字"。

30　以作者姓氏、帝王年号与内容简称为书名

如《元氏长庆集》，元稹（779～831）的文集，内有诗赋、诏册、铭诔、论议等文，于唐朝穆宗长庆年间自己编定100卷。元稹，字微之、威明，祖籍洛阳，后迁居长安，北魏鲜卑族拓跋部后裔。其8岁丧父，受异母兄排挤，随生母郑氏远赴凤翔，依靠舅族。家贫无师，但父辈藏书丰富，由母亲教学（"母郑氏贤而文，亲授书传"），并从姨兄、姐丈学诗诵经，贞元九年（793）考中进士，历任校书郎、左拾遗、监察御史、通州司马、虢州长史、员外郎、郎中、知制诰、中书舍人、刺史、观察使、节度使、平章事、尚书左丞等职，53岁卒于任所，赠尚书右仆射，还著有传奇小说《莺莺传》。他的爱情诗是真实生活的再现，悼亡诗为元配韦丛而作，艳诗多为其情人所谓崔莺莺者而作，是唐代唯一一位既大胆写自己的恋爱生活，又写夫妻爱情及悼亡之情的

书的命名 >>>

诗人。

31 以作者名、职务与所在朝代的简称合为书名

如《宋司星子韦》,宋,是指宋国;司星,为职务;子韦,是作者名。《吕氏春秋·制乐》载"宋景公之时,荧惑在心,公惧,召子韦而问焉,曰:'荧惑在心,何也?'子韦曰:'荧惑者,天罚也;心者,宋之分野也。祸当于君。虽然,可移于宰相。'公曰:'宰相,所与治国家也,而移死焉,不祥。'子韦曰:'可移于民。'公曰:'民死,寡人将谁为君乎?宁独死!'子韦曰:'可移于岁。'公曰:'岁害则民饥,民饥必死。为人君而杀其民以自活也,其谁以我为君乎?是寡人之命固尽已,子无复言矣。'子韦还走,北面载拜曰:'臣敢贺君。天之处高而听卑。君有至德之言三,天必三赏君。今夕荧惑其徙三舍,君延年二十一岁。'公曰:'子何以知之?'对曰:'有三善言,必有三赏,荧惑必三徙舍。舍行七星,星一徙当一年,三七二十一,臣故曰君延年二十一岁矣。臣请伏于陛下以伺候之。荧惑不徙,臣请死。'公曰:'可。'是夕荧惑果徙三舍。"

32 以作者的别名与内容的简称合为书名

如《丁禹生政书》,作者清朝的丁日昌(1823~1882),别名丁禹生、丁雨生、丁持静,广东省丰顺县汤坑乡金屋围村人,贡生出身,历任团练、琼州府学训导、万安知县、邑庐陵县令、曾国藩幕僚、高州军务帮办、苏淞太兵备道、两淮盐运使、苏淞布政使、江苏与福建巡抚、各国事务大臣、南洋海防务会办等职,首创轮船航运事业,赏三品顶戴,加三代封典。其晚年在揭阳县榕城建造丁氏光禄公祠、百兰山馆、絜园等,作为居住、藏书、会客之地,在书楼——"持静斋"中藏书8万多卷,著有《抚吴公牍》、《百兰山馆古今体诗集》、《百兰山馆政书》、《持静斋书目》等。

33 以作者姓名与内容简称作书名

如《孟浩然集》(唐·孟浩然)、《骆宾王文集》(唐·骆宾王)、《杜审言集》(唐·杜审言)、《韩愈集》(唐·韩愈)、《柳宗元集》(唐·柳宗元)、《张载集》(宋·张载)、《陶渊明集》(宋·陶渊明)、《欧阳修集》(宋·欧阳修)、《苏洵集》(宋·苏洵)、《苏辙集》(宋·苏辙)、《王安石集》(宋·王安石)、《曾巩集》(宋·曾巩)、《朱熹集》(宋·朱熹)、《元好问集》

(金·元好问)、《萨都剌集》(金·萨都剌)、《杨维桢集》(元·杨维桢)、《陈子龙集》(明·陈子龙)、《方孝孺集》(明·方孝孺)、《高启集》(明·高启)、《刘基集》(明·刘基)、《归有光集》(明·归有光)、《袁宗道集》(明·袁宗道)、《袁宏道集》(明·袁宏道)、《袁中道集》(明·袁中道)、《徐渭集》(明·徐渭)、《钟惺集》(明·钟惺)、《谭元春集》(明·谭元春)、《宋濂集》(明·宋濂)、《曾国藩文集》(清·曾国藩)等。

34 以副作者的字号、尊称与内容简称为书名

如《陈眉公先生订正丹渊集》，主作者是宋朝的文同（1018～1079），字与可，号笑笑居士、笑笑先生，人称石室先生，梓州梓潼郡永泰县人，仁宗皇佑元年（1049）考中进士，历任太常博士、集贤校理和邛州、大邑、陵州、洋州、陈州等知州或知县，后赴湖州就任，未到而卒，世称文湖州。其以学识名世，擅诗文书画，深为文彦博、司马光等人赞许，尤受其从表弟苏轼敬重。副作者是陈继儒（1558～1639），字仲醇，号眉公、麋公，明朝华亭人，诸生，"年二十九，焚儒衣冠，隐居小昆山之南，绝意科举仕进"（陈继儒-360百科），朝廷屡诏征用，皆以疾辞。其父去世后，移居东佘山，自此闭门读书、作画、著书立说、收藏碑石、法帖、古画、砚石、印章等，摹刻《晚香堂苏帖》、《来仪堂米帖》，画作《梅花图》、《梅花册》、《梅竹双清图》、《云山卷》、《潇湘烟雨图》、《陈眉公梅花诗画册》，书法《行书半研斋诗》、《行书李白诗》，撰写《妮古录》、《珍珠船》、《皇明书画史》、《书画金汤》、《墨畦》，编订《宝颜堂秘籍》，辑修身处世格言《小窗幽记》，编辑《太平清话》、《安得长者言》、《模世语》、《狂夫之言》、《醉古堂剑扫》，评论《西厢记》、《琵琶记》、《绣襦记》，纂修《松江府志》，著杂《真傀儡》（剧本）、《清明曲》（散曲集）、《晚香堂小品》、《白石樵真稿》、《陈眉公全集》、《眉公十集》（诗文集）、《晚香堂词》（词集）等30多种，首创水墨画梅，善鼓琴、订正琴谱。

35 以原作者姓氏、字号、内容的简称与后著者的创作方式为书名

如《分类补注李太白诗》，原作者唐朝的李白（701～762），字太白。后著者为元朝的萧士赟。

36 以作者的号或号的简称与内容简称为书名

自古以来，文人墨客在姓名之外，另起字号的不乏其人。然而以作者的

书的命名 >>>

号与内容简称为书名者,古代的常见,现当代则少有,如:《玉谿生诗集》、《稼轩长短句》、《东坡集》、《攻媿集》、《四溟集》等。

《玉谿生诗集》,作者是唐朝的李商隐(约812或813~约858),字义山,号玉溪生、樊南生,祖籍怀州河内,后至河南荥阳。曾祖李叔恒(一作叔洪),安阳县尉。祖父李俌,邢州录事参军。父亲李嗣,殿中侍御史。李商隐自幼跟父亲学字习文,10岁左右父亲去世,便和母亲、弟妹们回到故乡,生活贫困,靠亲戚接济。不久李商隐则为别人抄书挣钱,以贴补家用,于唐文宗开成三年(838)考中进士,历任弘农尉、藩镇幕僚、东川节度使判官等职。其著有《樊南甲集》、《樊南乙集》、《玉溪生诗》、《赋》、《文》等。其以文传名,与杜牧并称"小李杜",与李贺、李白合称三李,与温庭筠合称为"温李",因诗文与同时期的段成式、温庭筠风格相近,且三人都在家族里排行第十六,故又并称为"三十六体"等。

《稼轩长短句》,作者辛弃疾(1140~1207),字坦夫、幼安,中年时居所名为"稼轩",故自号"稼轩居士",历城人。高祖辛师古,儒林郎。曾祖辛寂,宾州司户参军。祖父辛赞,谯县、开封等地守令。父辛文郁,去世早。辛弃疾自幼跟随祖父辛赞生活学习,21岁参加抗金义军,历任书记、承务郎、江阴签判、司农寺主簿、安抚使、知州、湖北转运副使,赠少师,卒谥忠敏。一生力主抗金,上呈《美芹十论》与《九议》,陈述战守之策。其著述散佚,现存词600多首,文集《稼轩长短句》、《辛稼轩诗文钞存》,被誉为中国历史上伟大的豪放派词人、爱国者、军事家和政治家。

《东坡集》,作者苏轼(1037~1101),字子瞻、和仲,眉州眉山人,为官时因祸被降职到黄州,带领家人开垦城东的一块坡地种田以补生计而自号东坡居士,世称苏东坡。其受父亲刻苦读书的影响,自幼好学,嘉祐元年(1056)参加朝考,以一篇《刑赏忠厚之至论》获得第一。因主考官欧阳修误认为是自己的弟子曾巩所作,为了避嫌,降为第二(与弟苏辙同中进士)。后历任凤翔府判官、杭州通判、黄州团练副使、翰林学士、兵礼2部尚书等职,晚年被贬惠州、儋州,大赦后北还,途中病死于常州,追谥文忠,世称文忠公。著述散佚,现存其诗约4000首、词340多首和许多的论作、游记、书法、绘画等。其文与欧阳修并称欧苏,诗与黄庭坚并称苏黄,词与辛弃疾并称苏辛,书法与黄庭坚、米芾、蔡襄并称宋四家。被誉为"中国历史上少有的文学和艺术天才"。

《攻媿集》，作者是南宋的楼钥（1137~1213），字大防，又字启伯，自号攻媿主人，明州鄞县人，出身书香门第，楼璩第三子，母亲是汪思温长女。楼钥天资聪颖，风采俊仪，好读书，隆兴元年（1163）考中进士，历任乐清知县、中书舍人、起居郎、翰林学士、侍讲、吏部尚书、太平知州、资政殿大学士、提举万寿观，卒赠少师，谥宣献。喜藏校书籍，于湖南岸建藏书楼，名"东楼"；历经几十年之采集，聚书逾万卷；"凡精椠著本、刻本、抄本，必一一收藏，亲手校雠"（宁波历代藏书楼，图林小子，新浪博客，2007年7月13日）。值得后人学习的是东楼藏书对用户开放，"经常接待读者：'客有愿传者，辄欣然启帙以授'（光绪《鄞县志》）"。其还著有《北行日录》等。

《四溟集》，作者是明朝的谢榛（1495~1575），字茂秦，号四溟山人、脱屣山人，眇一目，世称"眇君子"，山东临清人。其出身寒微，"自幼喜通轻侠、爱好声乐。15岁师从乡丈苏东皋学诗，16岁写乐府曲辞，"（谢榛-360百科）30岁左右开始游历江湖了解社会、结交师友，探讨、研究、切磋、创作诗文。与李攀龙、王世贞、徐中行、梁有誉、宗臣、吴国伦结立诗社，史称"后七子"。他还著有《四溟诗话》，其诗论的文集。他主张复古，认为诗至盛唐时已经发展到顶点。但是，他也反对尺尺寸寸的模拟、蹈袭古人成句，主张依据现实翻出新意。他以布衣终其身，走遍大江南北，观名山大川，览江河湖水，穿行于藩王、官吏、僧侣、隐逸、酒家、学子之间，写人，写物，写景，歌颂英雄，为受苦难冤屈的人们鸣不平，获得了社会的尊重。

37 以作者的姓氏、号与内容简称为书名

如《李卓吾评忠义水浒传》，作者明朝的李贽（1527~1602），初姓林，名载贽，后效仿曾祖父改为李姓，嘉靖三十五年为避穆宗载垕（同"厚"）讳，取名贽，字宏甫，号卓吾、宏浦、笃吾、宏父、思斋、龙湖叟、秃翁、温陵居士、百泉居士，泉州晋江人。父亲李白斋，以教书为业。李贽自幼丧母，性格倔强，自称"见道人则恶，见僧则恶，见道学先生则尤恶"（李贽-360百科），7岁随父读书，20岁离家谋生，26岁中举，历任县教谕、国子监博士、礼部司务、刑部员外郎、云南姚安知府。其履行公务坚持正义，常与长官意见不合，屡遭困厄，自述"余唯以不受管束之故，受尽磨难。一生坎坷，将大地与墨，难尽写也！"（李贽-360百科）故于54岁时辞官，到社会上讲学（"从者数千人"）与著书立说，后被诬陷下狱自刎。其著有《李氏藏

书》、《藏书》、《李氏续藏书》、《续藏书》、《史纲评要》、《李氏焚书》、《焚书》、《李氏续焚书》、《续焚书》、《初谭集》、《卓吾老子三教妙述》、《道古录》、《心经提纲》、《观音问》、《老子解》、《庄子解》、《孔子参同》、《墨子批选》、《因果录》、《净土诀》、《黯然录最》、《三教品》、《永庆答问》、《李氏文集》、《李氏丛书》、《易因》、《历朝藏书》、《皇明藏书》、《焚书书答》、《焚书杂述》、《丛书汇》、《说书》、《阳明先生道学钞》、《龙溪王先生文录钞》、《精骑录》、《筼窗笔记》、《贤奕贤》、《文字禅》、《异史》、《博识》、《尊重口》、《养生醍醐》、《理谈》、《吟坛千秋诀》、《批评忠义水浒传》、《批判忠义水浒传全传》、《批点西厢真本》、《批评红拂记》、《批评幽闺记》、《批评浣纱记》、《方正学文集》、《传状》、《于节暗奏疏》、《文集》、《诗集》、《自著年谱》、《读升庵集》、《世说新语补》、《四书评》、《坡仙集》、《九正易因》、《李氏说书》、《姑妄编》、《李温陵集》、《禅谈》、《龙湖闲话》、《文字禅》、《左德机缘》、《李氏因果录》、《业报案》等。

38　以作者的字号与制作收藏物的类别为书名

如《郋园丛书》，就是号郋园的叶德辉（1864～1927）的后人将其生前所刊、所著书版片尚存的内容，汇辑而成刊行的。

39　以作者的尊号与内容的简称为书名

如《汉书·艺文志》著录的《高祖传》（"文十三篇，高祖与大臣述古语及诏策也"）、《孝文传》（"十一篇，文帝所言及诏策"）等。

40　以作者的封号与内容简称为书名

如《诚意伯文集》。作者是明朝的刘基（1311～1375），浙江青田人，字伯温，号犁眉、郁离，叙功封"诚意伯"，追赠"太师"，谥"文成"，赠封"永嘉郡公"，有"开国功臣、万代军师"、"三分天下诸葛亮，一统江山刘伯温"之誉。

41　以作者的封号、谥号与书的内容简称为书名

如《昭明太子集》，作者南朝梁代的萧统（501～531），字德施、维摩，南兰陵人，梁武帝萧衍长子，母亲为萧衍的贵嫔丁令光（又称丁贵嫔）。《梁书》本传说萧统"生而聪睿，3岁受《孝经》、《论语》，5岁遍读五经，悉能

讽诵"；"读书数行并下，过目皆忆。每游宴祖道，赋诗至十数韵。或命作剧韵赋之，皆属思便成，无所点易"；天监元年（502）十一月，被封为皇太子；中大通三年（531）三月，"游后池，乘船摘芙蓉，姬人荡舟，落水后被救出，伤到大腿，未及即位而卒"，谥昭明。其著有《文集》、典诰类的《正序》、五言诗精华《英华集》、辑历代诗文而成的《文选》（为后世所推崇，被旧时的读书人实践体会为"《文选》烂，秀才半"）。另外，他还将著名的佛教大乘经典《金刚经》原本长篇连贯的经文，整理编辑成为容易传诵理解的32个分则，对各段补充浓缩了精要的副标题，更易于检索使用。

42　以作者的谥号与书的内容简称为书名

如《昭明文选》，作者南朝梁代文学家萧统（501~531），谥为"昭明"。详见前条。

43　以对作者的尊称与敬称为书名

纵观历史，用对作者的尊称与敬称为书名的较少。这类书是由作者的门徒或后来的文人形成的，如《老子》、《老莱子》、《老成子》等。

《老子》，也名《道德经》。作者老子（约前600~前470），因年长被尊为老，又因有学识被敬称为子。其姓李名耳，字伯阳，谥曰聃，世称老聃、老君、老子道君、李伯阳、李老君，春秋时期的楚国苦县厉乡曲仁里人，周朝时任守藏室之史，即相当于现代的图书馆长，主张无为之说，后世奉为道家始祖。

《老成子》，文集。作者老成子，又称考成子（殷敬顺《释文》），因年长被尊为老，又因有学识被敬称为子。《列子·周穆王》说，"老成子学幻于尹文先生，归用尹文先生之言，深思三月，遂能存亡自在、幡校四时、冬起雷、夏造冰、飞者走、走者飞。终身不著其术，故世莫传焉"。《胡氏致知编》说，老成子，未知其姓氏。

《老莱子》，文集。作者老莱子（约前599~约前479），姓莱（《通志·氏族略二》），名难考，因长寿被尊为老；又因有学识，被敬称为子，道教的创始人之一，楚国人，生平以授徒、著书立说、宣扬道家思想、农耕为业。

44　以作者的职务与内容的简称为书名

如《汉书·艺文志》著录的《黄帝四经》4篇、《黄帝铭》6篇、《黄帝君臣》10篇、《黄帝泰素》20篇等。

45 以作者的敬称与所在国的简称为书名

如《魏公子》，兵法。作者是战国时期魏国的军事家魏无忌（？~前243），号信陵君，魏昭王少子，安釐王的异母弟，出生与成长于国家走向衰落的时期，效仿齐国孟尝君田文、赵国平原君赵胜等贵族之法，"延揽食客，自成势力"。公元前276年，其被封于信陵，时与春申君黄歇、孟尝君田文、平原君赵胜，被并称为"战国四公子"。公元前257年，他设法窃得兵符，击杀将军晋鄙，夺取兵权，救赵胜秦。后被任命上将军，联合五国军队，击退秦将蒙骜的进攻，收复关东失地后，进为上相，封邑五城。其"为人仁而下士，士无贤不肖皆谦而礼交之，不敢以其富贵骄士。士以此方数千里争往归之，致食客3千人"（《史记·魏公子列传》），各诸侯国十余年不敢出兵伐魏。公元前243年，因伤于酒色而死，18年后魏国被秦所灭。

46 以作者的籍贯与内容简称为书名

如《曲江集》，作者唐朝的张九龄（678~740），字子寿，一名博物，韶州曲江人，幼时聪明敏捷，7岁能文，13岁时用书信求广州刺史王方庆解决问题，30岁考中进士（榜眼），历任左拾遗、员外郎、冀州刺史、洪州都督、按察使、侍郎、平章事（宰相）等职，被封始兴开国子，加封始兴开国伯，卒追封为荆州大都督，谥文献。其"文章高雅，诗意超逸"，所作"海上生明月，天涯共此时"之句千古流传。宰相张说称其为"后出词人之冠"。

47 以作者家乡地名与内容的简称为书名

如《亭林诗文集》，作者是明末清初的顾炎武（1613~1682），南直隶苏州府昆山亭林镇人，本名继坤，改名绛，字忠清，因故居旁有亭林湖，被学者尊称为亭林先生，南都失败后，改炎武，字宁人，号亭林，出生于江东望族顾氏之家。曾祖顾章志。父亲顾同应。"顾炎武过继给去世的堂伯顾同吉为嗣，寡母是王述之女，16岁未婚守节，'昼则纺织，夜观书至二更乃息'，独力抚养顾炎武成人，教以岳飞、文天祥、方孝孺忠义之节"（昆山名人录-苏州昆山名人大全）。顾炎武14岁取得诸生资格，后屡试不第，便发愤为经世致用之学，并参加昆山抗清义军，失败后得脱。为逃避追杀，扮作商人，并改名为蒋山佣，著有《日知录》、《音学五书》、《古音表》、《易音》、《诗本音》、《唐韵正》、《音论》、《金石文字记》、《天下郡国利病书》、《肇域志》、《亭林遗书》等书50多种。之中的"天下兴亡，匹夫有责"，成为了激励人民建功立业世代流传的不朽名句。

48 以作者曾居住之所名与内容简称为书名

如《樊川文集》，作者唐朝的杜牧（803～约852），字牧之，因曾居长安南樊川别墅，号称樊川居士，被称"杜樊川"；世称"小杜"，以别于杜甫；与李商隐并称"小李杜"，京兆万年人。曾祖杜希望，玄宗时边塞名将。祖父杜佑，宰相，著有《通典》200卷。父亲杜从郁，员外郎。但其祖、父相继较早去世后，家庭日益贫困，"食野蒿藿，寒无夜烛"（杜牧生平－查字典网）。杜牧也因此更加刻苦读书，20岁时已经博通经史，23岁撰成《阿房宫赋》，文宗大和二年（828）考中进士，历任弘文馆校书郎、监察御史、团练判官、史馆修撰、员外郎、刺史、知制诰、中书舍人等职。其著述散佚，诗现存200多首与《阿房宫赋》，还有一些军事论文、书法作品、注释的《孙子》、《樊川外集》和《樊川别集》等。

49 以作者的祖籍、尊称与内容简称为书名

如《昌黎先生集》，作者是唐朝的韩愈（768～824），字退之，祖籍河北昌黎，号昌黎，世称韩昌黎；谥号文，被称文公、韩文公；因任吏部侍郎，被称韩吏部。其3岁丧父，由兄及嫂抚养，刻苦好学，科考3试不第而不气馁，792年第4次考中进士，历任博士、县令、御史、右庶子、刺史、祭酒、侍郎、京兆尹等职，创立新的诗歌流派，有"文章巨公"和"百代文宗"之誉。其著有《韩昌黎集》、《外集》、《师说》等。之中的成语名言落井下石、动辄得咎、杂乱无章；世有伯乐，然后有千里马，千里马常有，而伯乐不常有；书山有路勤为径，学海无涯苦作舟；师者，所以传道授业解惑者也；业精于勤，荒于嬉；行成于思，毁于随；人非生而知之，孰能无惑？惑而不从师，其为惑也，终不解矣；闻道有先后，术业有专攻；蚍蜉撼大树，可笑不自量；不塞不流，不止不行等千载流传不朽。

50 作者以自己居住的堂名与内容简称为书名

如《玉茗堂集》、《玉茗堂全集》、《二十七松堂集》。前2书作者是明朝的汤显祖（1550～1616），后一作者是清朝的廖燕（1644～1705）。汤显祖，

字义仍，号海若、玉茗堂主人、若士、茧翁、清远道人，祖籍临川县云山乡，后居临川。其祖上4代均以文扬名。汤显祖从小受长辈们认真习文的熏陶，勤奋好学，1583年考中进士，之后历任太常博士、詹房事主簿、礼部祠祭司主事。1591年，其"目睹当时官僚腐败愤而上《论辅臣科臣疏》，弹劾大学士申时行并抨击朝政，触怒了皇帝而被贬为徐闻典史，后调任浙江遂昌县知县，一任5年，政绩斐然，却因压制豪强，触怒权贵而招致上司的非议和地方势力的反对"，（汤显祖－360百科）于1598年愤而弃官归故里著书立说，并将写书处名为"玉茗堂"。其眉批和总评了董解元的《西厢记》、王玉峰的《焚香记》等剧作，著有诗集《玉茗堂全集》、《红泉逸草》、《问棘棘邮草》、《雍藻》、评论《宜黄县戏神清源师庙记》、传奇《牡丹亭》、《南柯记》、《邯郸记》、《紫钗记》等。廖燕，初名燕生，字人也，后改为柴舟，号梦醒，曲江人，19岁时为秀才，在武水西筑"二十七松堂"而居，潜心治学，作论、辩、说、记、序、尺牍、传、墓志铭、疏、书后、词等文370篇、诗551首，集成此书22卷，还善草书，能戏曲，著有《金圣叹先生传》与杂剧《醉画图》、《镜花亭》、《诉琵琶》、《续诉琵琶》等。

51　作者以自己建造的园名与内容简称为书名

如《随园诗话》，作者是清朝的袁枚（1716~1797），字子才，号"简斋"、"苍山居士"，杭州人，乾隆四年（1739）进士，历任翰林院庶吉士、知县等，百姓爱戴，得当时总督尹继善的赏识。然而，他却不喜欢上司呼来唤去的听差生活，至33岁父亲亡故时，借口养母，辞去官职，回到在江宁任县令时以三百金于小仓山下购置的织造园（即曹雪芹笔下的大观园）筑室定居，将织造园修整后，改名为"随园"，世称随园先生、老人。自此，他便在随园著书立说，撰有《随园诗话补遗》、《新齐谐》及《续新齐谐》、随园食单、散文、尺牍、随园食单说部、笔记小说《子不语》等30余种、诗4千多首。其自幼聪颖，24岁参加科考，为试题《赋得因风想玉珂》所作的诗中就有"声疑来禁院，人似隔天河"的佳句，但总裁们却认为是"语涉不庄，将置之孙山"，幸得当时总督尹继善挺身而出，才免于落榜。其中进士后所写的策论，被大学士史贻直见到称他为"贾谊再世"。对于辞官，他作对联推脱说"不作高官，非无福命只缘懒，难成仙佛，爱读诗书又恋花"。好友钱宝意则赞其"过江不愧真名士，退院其如未老僧；领取十年卿相后，幅巾野服始相应"。袁枚，才华出众，以情行事，喜咏、喜色、喜钱、喜游、喜友、喜花鸟泉石，不愿为大官作奴，自谓"孔郑门前不掉头，程朱席上懒勾留"，有"南袁北纪"之誉。

52　作者以自己居住的斋室名与内容简称为书名

如《十竹斋笺谱》，诗笺图谱书。内有花卉、华石等图 280 多幅。选编者为明朝末年的胡正言（1580~1671），字曰从，号十竹，原籍安徽休宁，生于县城一个世代行医的家庭，在兄弟中排行第二，又称次公，少小颖悟、博学能文，练得一手好字，善绘画，精篆刻，擅制墨等多种工艺，30 岁后随父兄行医皖西。福王在金陵建立南明朝后，经吏部左侍郎吕大器推荐，胡正言镌刻了龙文螭纽的国玺御宝，被授武英殿中书舍人，后辞官隐居在南京鸡笼山侧，屋前种 10 余竿竹，取室名为"十竹斋"，足不出户，潜心研究制墨、造纸、篆刻刊书，首创的"拱花"印刷。其著有《尚书孝经讲义》、《书法必"十竹斋画谱"稽》、《竹斋雪鸿散迹》、《说文字原》、《六书正讹》、《古文六书统要》等。

53　作者以自己居住房名与内容简称为书名

如《小仓山房集》，便是清朝作者袁牧 33 岁辞官，于小仓山下购置的织造园筑室定居，著书立说，为室取名小仓山房。

54　作者以自己的藏书楼名与内容简称为书名

《遂初堂书目》，私家藏书目录。收录图书 3000 余种。作者是宋朝的尤袤（1127~1194），字延之、季长，自号遂初、遂初居士、乐溪、木石老逸民，出生于无锡。祖父尤申、父亲尤时享，均治史擅诗。尤袤在家庭环境熏陶下，5 岁能诗，绍兴十八年（1148）考中进士；历任泰兴县令、提举常平、知府、转运使、侍郎、礼部尚书等职，在此期间，两次受人陷害，被降职，又复职。他对皇帝反复无常的无能表现极为不满，多次上书要求解甲归田，均未获同意，直到 70 岁，才允许告退。其回到家乡九龙山下梁溪河畔，在居住地建造了园圃，题名乐溪，园内设立了藏书用的"遂初堂"等。其作诗 50 卷入《乐溪集》，"诗歌质朴、深沉，为时而作，有感而发，对南宋朝廷不思恢复中原，沉湎酒色歌舞的腐败政治充满愤懑"（尤袤简历 - 名人简历网）："歌残《玉树》人何在？舞破《山香》曲未终。"（《落梅》）"流离复流离，忍冻复忍

163

饥；谁谓天地宽，一身无所依。淮南丧乱后，安巢亦未久，死者积如麻，生者能几口？荒村日西斜，抚摩力不给，将奈此忧何？"（《淮民谣》）。他爱读书聚书，有"尤书橱"之称。凡是他没有看过的书，只要得知书名，就想尽办法找来阅读，读后不仅做笔记，还要抄录收藏。其卒谥文简。

第四节　用书中的有关内容命名法

用书中的有关内容命名法，是指以书中的关键字词或所记之事、表明的主要之事、主人翁名、主人翁数量、主人翁的职务与尊称、主人翁的名字与尊称、主人翁的名字与家庭有关重要信息、主人翁的名字与其有关的信息、主人翁的别称与事迹的简称、主人翁的数量与美称、主人翁的职务与所在地、主人翁的数量与成果、主人翁的敬称与成果、主人翁与作者的名字等为书名的方法。

1　以书中的关键字、词为书名

从历史上看，摘书中的字、词作书名的方法，要早于以书中之义为书名。古书多摘首句二字（或一、三、四字）为题名。顾炎武《日知录》卷22说："《三百篇》之诗人，大率诗成取其中一字二字三四字以名篇，故十五国并无一题，《雅》、《颂》中间一有之。五言之兴，始自汉、魏，而《十九首》并无题，《郊祀歌》、《铙歌曲》各以篇首字为题。"孔颖达说："名篇之例，义无定准。多不过五，少才取一。或偏举两字，或全取一句；偏举则或上或下，全取则或尽或余。亦有舍其篇目，撮章中之一言；或复都遗见文，假外理以定称。"（《毛诗正义》卷1《周南·关雎》疏）如果书只一篇，即以篇名为书名。王国维说："《诗》、《书》及周、秦诸子，大抵以二字名篇，此古代书名之通例。字书亦然"（《观堂集林》卷5《史籀篇疏证序》）。所谓"字书"，如《仓颉》、《爰历》、《博学》、《凡将》、《急就》诸篇。《急就》，汉代有一种启蒙课本，其内容的第一句是"急就奇觚与众异"，于是便取其中突出个性的关键词"急就"二字作为书名。这几部书皆只一篇，所以摘字、词名篇，即为书名。凡摘字、词为篇名或书名者，都不过"以识篇第，本无深义"（程大昌《考古编》卷1《诗论》九）。还有江陵张家山汉墓出土的汉简书《盖庐》、1972年山东临沂银雀山出土的竹简《唐革》等，均是依照书中的关键字、词命名。

2 以书中所记之事为书名

如《汉书·艺文志》中的《司马法》、《国语》、《世本》、《战国策》等，均以所记之事立书名。

3 以作品中所表明的主要事情为书名

如《白鲸》、《鼻子》、《日子》、《饥饿》、《水泥》、《失败》、《苦难情侣》、《嫉妒》、《名利场》、《丹麦人》、《变形记》、《受难周》、《父与子》、《血痕》、《两京新记》、《两汉诏令》、《铁道游击队》、《静静的顿河》、《米佳的爱情》、《五奎桥》、《中国历史地图集》、《历代舆地沿革险要图》、《明统一志》、《元统一志》、《居家必备》、《金文编》、《康熙字典》、《经典释文》、《新方言》、《古今谚》、《迩言等五种》、《元剧俗语方言例释》、《中国通俗小说书目》、《中国近代出版史料》、《中国现代出版史料》、《中国出版史料补编》、《元丰九域志》、《元和郡县志》、《金石大字典》、《通俗文》、《匡谬正俗》、《蜀语》、《续方言》、《续方言补正》、《续方言又补》、《迩言》、《方言藻》、《通俗篇》、《恒言录》、《方言注》、《方言疏证》、《方言笺疏》、《新方言》、《北京话语汇》、《北京话单音词词汇》、《北京话语汇》、《古谣谚》、《俗语典》、《迩言等五种》、《元剧俗语方言例释》、《抗日战争时期出版图书书目》、《抗日战争时期、第三次国内革命战争时期解放区、根据地图书目录》、《中国史学名著题解》、《经义考》、《经义考补正》、《小学考》、《阅藏知津》、《楚辞书目五种》、《五十年甲骨学论著目》、《建国以来甲骨文研究》等。

《白鲸》，小说。1851年问世，叙述捕鱼的故事；语言丰富，情节惊心动魄，捕鱼场面笼罩着神秘色彩，"被视为一部关于捕鲸的'百科全书'"。作者是美国的赫尔曼·麦尔维尔（Herman Melville, 1819~1891），出生于纽约，少年丧父，生活困苦，被迫外出谋生；历任银行职员、商店店员、农业工人、教师、水手，去过英、法、德、意、希腊和巴勒斯坦等地旅行，为他的创作提供了大量的素材与广阔背景。其作品还有《泰比》、《奥穆》、《马尔迪》、《莱德伯恩》、《贝尼托·切莱诺》，短篇小说《穷人的布丁与富人的面包》、《亲信》、《少女的地狱和男子汉的天堂》，中篇小说《文书巴特尔比》，长篇小说《皮埃尔》、《比特巴德》等。

《鼻子》，小说。描写主人公如何对待自己鼻子的，引起读者轰动。作者日本的芥川龙之介（あくたがわ　りゅうのすけ，1892～1927），号柳川隆之介、澄江堂主人、寿陵余子，笔名我鬼，本姓新原。父亲是一位送奶的工人。32岁的母亲在生下龙之介8个月时，突然发狂（后终生精神失常）。龙之介于9个月时，便被送给舅父芥川为养子。龙之介在中小学时期喜读《西游记》、《水浒传》等，也爱日本近代作家泉镜花、幸田露伴、夏目漱石、森鸥外的作品，对易卜生、法朗士、波德莱尔、斯特林堡等人产生的欧美文学也兴趣浓厚，1913年进入东京帝国大学学习英文。其在大学期间，就开始文学创作，发表处女作《老年》、戏曲《青年之死》等，1916年大学毕业。其后历任学校教师、新闻社职员、视察员等职，著有小说《罗生门》、《芋粥》、《手巾》、《烟草与魔鬼》、《傀儡师》、《影灯笼》、《夜来花》、《春服》、《偷盗》、《舞会》、《阿富的贞操》、《偶人》、《桔子》、《一块地》、《秋》、《河童》、《大岛寺信辅的半生》等148篇，还有55篇小品、66篇随笔和大量的评论、游记、札记、诗歌等。

《日子》，自传体长篇小说。3卷。首卷于1929年问世，第2卷于1939年出版，3卷于1962年完成。全书对十九世纪末至二十世纪初的埃及社会与作者童年的不幸和幻想、在第一所大学的苦闷生活、出国前后的感受及经历进行了细致的描述。著者是埃及的塔哈·侯赛因（Tah Husain，1889～1973），出生于埃及南部尼罗河左岸小城马加加附近的一个村子里，家境贫寒，3岁得眼疾，被江湖医生乱疗，双目失明。为生计，父亲送他进学私塾，背诵《古兰经》，13岁到开罗爱资哈尔大学学习经训和教律，感到老师教的枯燥乏味，于1908年转埃及大学攻读历史、文学和外语，并开始写作。1914年毕业前夕写出的学术论文——纪念古代阿拉伯盲诗人艾布·阿拉·麦阿里，在评论中引起轰动，获埃及大学颁发的第一个博士学位。之后，他又留学法国；大战结束，回国任埃及大学教授、文学杂志主编、亚历山大学校长、教育部长、阿拉伯语言协会会长、阿拉伯国家联盟文化委员会主任、埃及作家协会主席等职，被誉为"阿拉伯文学之柱"。他还有小说《鹬鸟声声》、《苦难树》、《大地受难者》、《真实的谎言》、《山鲁佐德之梦》，历史人物评传《思想领袖》，散文集《春夏行》、《来自远方》，文艺评论《论蒙昧时代的诗歌》（阐述自己的文学主张）等。

《饥饿》，长篇小说。写一孤独无靠的贫穷诗人独立精神的，1890年问世。作者是挪威的克努特·汉姆生（Knut Hamsun，1859~1952），原名克努特·彼得森，出生于挪威中部洛姆地区的一农民家庭，幼时读书，成年当过修鞋匠、修路工、仆人、电车售票员等，利用业余时间写作，二战中因为法西斯服务，于1946年受审判。他的作品还有小说《最后的喜悦》、《最后一章》，中篇小说《弗丽达》，长篇小说《牧羊神》（悲剧性的爱情故事）、《神秘》、《维多丽娅》（悲剧性的爱情故事）、《流浪者》、《人生永存》、《神秘》、《奥古斯塔》，剧本《国门》、《生活的游戏》、《晚霞》，诗集《荒野的歌声》，《在蔓草丛生的小径上》、《现代美国的精神生活》（嘲讽"美国生活方式"的）等。1920年因其"里程碑式的作品《大地的果实》（'歌咏大地，赞美劳作的'）"，而授予他诺贝尔文学奖。

《水泥》，长篇小说。1925年问世。写一复员军人使战争造成荒废的水泥厂重新恢复生产的。作者是苏联的费多尔·瓦西里耶维奇·革拉特珂夫（Федор ВасиЛЬеВич ГЛадкоВ，1883~1958），出生于一贫苦农民家庭，自幼随父母漂泊流浪，14岁才获读书机会，1901年中学毕业，历任小学教师、高尔基文学院长等职。其还有小说三部曲自传体《童年的故事》（1950年荣获斯大林奖金）、《艰难的年代》、长篇五卷本《原动力》，中篇《向光明》、《在渔村中》、《被剥夺了权利的人》、《独生子》、《宣誓》，短篇《下工后》、《在监狱门口》、《一间土屋里的三个人》、《火马》等，另有诗歌、剧本《狂风折木》等；文学成果显著，被"苏联政府授予列宁勋章和劳动红旗"。

《失败》，自传体小说。1944年问世。写悲惨命运的。文笔流畅，情节动人，读之流泪，被公认为杰作。作者是印度的克里希南·钱达尔（Krishna Chandra，1914~1977），出生于拉合尔一印度教家庭，先后到拉合尔神学院、法学院、旁遮普大学读书，获文学与法学两硕士学位；在大学期间就担任校刊主编，一生写出长篇小说30部、短篇小说集22部、400多篇短篇小说（汇成小说集《奇特的想象》、《我们是野蛮人》等22部），被誉为印度的"短篇小说之王"。此外还写出了30多个电影剧本。名作较多，有短篇小说《三个流氓》（反映印度海军士兵起义的）、《无花果树》（西班牙人民反法西斯的）、《红心王后》（中朝人民抗美斗争）、《给一个死者的信》（中朝人民抗美斗争）、中篇小说《我不能死》（写孟加拉地区大灾荒的，之中有一个死者的独白，诉说自己的悲惨遭遇，控诉当时的灾难）、《当田野醒来时》（农民武装

《苦难情侣》，长篇小说。1947年问世。描写一反法西斯战士的英雄行为的。作者是意大利的瓦斯科·普拉托里尼（Vasco Pratolini, 1913~1991），出生于佛罗伦萨一工人家庭，因家境贫寒，9岁就辍学进入社会谋生，做学徒、小伙计等。其每天的繁重劳动之后，不是关在屋子里自学，就是到大学去旁听；因用功过度、饥寒交迫，得了肺病，仍苦学不止；后来成为记者，撰写了不少的报道与特写等作品。其小说还有《绿地毯》、《马加志尼街》、《女友》、《街区》、《家庭纪事》、《理智的永恒》、《意大利历史》三部曲（《麦泰洛》、《豪华》、《隐喻和嘲讽》，全书描写意大利工人阶级的，获"意大利最著名文学奖——维亚雷焦奖"）等。

《嫉妒》，1957年问世。描写一女子嫉妒丈夫的心理活动的。作者是法国的阿兰·罗伯-葛利叶（Alain Robbe-Grillet, 1922~2008），出生于布勒斯特，从国立农学院毕业后一直从事农艺师职业，先后在摩洛哥、几内亚、拉丁美洲等地工作，利用业余时间从事写作。其小说还有长篇《橡皮块》、《漠然而视》、《在迷宫里》、《幽会的房子》、《在纽约发动一次革命的计划》等，另有剧本《去年在马里昂巴》（写一个少妇与一名陌生男子产生的怪事，"摄成电影后于当年的22界威尼斯电影节上获奖"）、《不朽者》、被视"为'新小说'派的理论宣言的文艺理论《未来小说的道路》与《自然、人道主义、悲剧》"等作品。

《名利场》，1864年出版。写19世纪英国"上流"社会生活的，艺术功力深厚，将人物刻画得栩栩如生，把腐朽低俗的行为表现得淋漓尽致。作者是英国的威廉·梅克皮斯·萨克雷（1811~1864），出生于一富裕家庭，从小受贵族化教育，成年后继承父亲遗产，过了一段"公子哥儿们的阔绰生活"，但很快将遗产挥霍光，被迫独立谋生。其先学绘画卖画，继而又做证券交易，后再做诉讼代理，协助办理民事案件，均难以维持生计，于是便开始"以行数计价"的卖文生活。他在起初的10多年里，发表了大量的中短篇小说、散文、札记、游记、书评等作品，但使用的是笔名。其一生创作的作品有小说《势利眼集》（描写形形色色的势利眼行为的）、《巴里·林顿》、《彭旦尼斯》、《纽可姆一家》、《亨利·艾斯蒙德》等35卷。

《丹麦人》，根据著者学生时期的经历撰写而成。长篇。1896年问世。作者是丹麦的约翰内斯·维尔海姆·延森（Johannes Vilhelm Jensen, 1873~

1950)，出生于丹麦日德兰半岛的希默兰镇（父亲是一名兽医），自幼喜欢神话传说（因其母亲是一位善于讲故事的农民，经常给他讲一些趣闻逸事），1893年毕业于格陵兰教会学校，考入哥本哈根大学医学院，1895年在《拉夫恩》周刊上连续发表长篇惊险小说《卡塞亚的宝物》，之后又陆续发表以谋杀为主题的《亚利桑那血祭》等3部惊险小说，均获得读者的喜爱。他的作品还有长篇小说《国王的失落》（三部曲——《春之死》、《巨大的夏日》、《冬》，历史悲剧性的传奇小说）、《德奥拉夫人》（侦探推理小说，讽喻社会问题的，被誉为"丹麦近代最佳小说"、"丹麦的《浮士德》"）、《车轮》（侦探推理小说，讽喻社会问题的佳作）、《漫长的旅行》（历史小说，从史前写到哥伦布发现美洲新大陆时人类的发展）、短篇小说集《希默兰的故事》（描写风土人情的，词语华丽，文句清新）等，另有《北欧神话》传说，诗集《诗集》、《世界的光明》、《日德兰之风》，散文、随笔与艺术方面的著作《哥特的复兴》、《新世界》、《北欧精神》、《时代的序言》、《进化与道德》、《动物的演变》、《精神发展的历程》等。他被誉为"丹麦语言的革新大师"。其小说、诗歌和散文被誉为"丹麦文坛三绝"。1944年，瑞典学院评审委员会以"他凭借丰富有力的诗意想象，将胸怀广博的求知心和大胆、新奇的独创风格结合起来"，而授予其获诺贝尔文学奖。

《变形记》，是古代罗马流传下来的一部完整的冒险兼神化性质的小说。写一个人变成驴，再由驴受尽苦难变成人，而又皈依伊希斯教的故事。三世纪，基督教神学家奥古斯丁依据此内容改书名为《驴记》；后又有人在《驴记》前冠以"金"字，成《金驴记》。作者是古罗马帝国时期的鲁齐乌斯·阿普列尤斯（Lucius Apulcius，约124~约189），柏柏尔人，出生于北非马达乌拉城一官吏家庭，从小受过良好教育，到雅典学习柏拉图主义哲学，成年后任过律师。其著有《辩护词》（也名《就魔法问题为自己辩护》，被认为是"颇有价值的文学"）、演说词集《英华集》（内容涉及文学、演说艺术、考古、自然科学等）、诗歌、小说等。使作者扬名的是《变形记》，书中一些描写受愚弄的丈夫和揭露不贞的妻子的情节，曾引起薄卡丘的注意，成为他的名著《十日谈》的材料来源之一。

《受难周》，长篇历史小说。写战争的。1958年问世。作者是法国的小路易·阿拉贡（Louis Aragon，1897~1982），原姓安德里欧（Andrieux），童年依靠母亲开设家庭公寓为生，17岁时，攻读医科专业，2年后应征入伍进陆军医院任"医助"。1919年复员回家继续学医，同时进行文学创作。1927年加入法国共产党，历任《今晚》报编辑、主编、法共中央委员等职。1957年获苏联颁发的"列宁和平奖金"。后又相继获得布拉格大学和莫斯科大学授予的"荣誉博士"称号，著有诗歌集《欢乐之火》、《经常不停的运动》、《乌拉尔万岁！》、《断肠集》、《艾尔莎的眼睛》、《蜡人馆》、《法兰西的晓角》，短篇小说《阿尼赛》、《处死》、《白朗茹与遗忘》，长篇小说《巴尔的钟声》、《豪华市区》、《街车顶层的乘客》、《奥莱里安》、《共产党员们》，短篇小说集《法国人的屈辱与伟大》，传记《共产党人》，散文集《幻梦浪潮》、《放任集》、《巴黎的乡人》，评论集《我摊牌》等"作品100多种"。

《父与子》，长篇小说。1862年发表。写父子之间问题的。作者是俄国的伊凡·谢尔盖耶维奇·屠格涅夫（ИВаН CepгeeВич TypгeHeB，1818~1883），出生于奥廖尔市（父亲是一位破落贵族出身的退职军官，母亲性情怪僻而有一座很大的庄园），1842年获彼得堡大学哲学硕士学位。他成名于其小说集《猎人笔记》，内有25个短篇，是反对农奴制度的，描写了农奴主的丑恶残暴行为，1852年出版，引起轰动，为此他被捕流放，审查官被革职。作者曾一度与母亲不和，被中断经济援助，靠稿费为生，反倒促进了文学创作，还写出了长篇小说《罗亭》、《贵族之家》、《前夜》、《烟》（写两个敌对营垒的斗争）、《处女地》，又创作《食客》、《贵族长的早宴》、《单身汉》、《乡村一月》等"10来个剧本"与长诗《巴拉莎》等作品。

《血痕》，短篇小说集。控诉日寇残暴统治的。作者是朝鲜的崔曙海（1901~1932），原名鹤松，出生于咸镜北道城津郡一贫寒家庭，早年丧父，与母亲相依为命。其进学校只读三年书，便因无学费而辍学，1917年为生活所迫流浪到中国东北，1923年回国从事文学创作，1924年发表自传体短篇小说《故园》，从此陆续创作《出走记》（以书信方式叙述主人公出走的过程，震动了整个文坛）、《朴石之死》、《饥饿与杀戮》、《大水之后》、《红焰》等几十个短篇小说。

《两京新记》，5卷。也名《东西京记》。因书中所记为东京洛阳与西京长安之事而得此名。作者是唐朝的韦述（？~757），京兆府杜陵人。曾祖父韦弘机，司农卿。父亲韦景骏，房州刺史。"家有书二千卷，述为儿童时，记览皆遍。人骇异之。景龙中，景骏为肥乡令，述从父至任。洛州刺史元行冲，景骏之姑子，为时大儒，常载书数车自随。述入其书斋，忘寝与食。行冲异之，引与之谈，贯穿经史，事如指掌，探赜奥旨，如遇师资。又试以缀文，操觚便就。……是岁登科"（韦述-360百科），历任栎阳尉、右补阙、直学士、起居舍人、屯田员外郎、吏部职方郎中、集贤学士、左右庶子、银青光禄大夫、礼仪使、尚书工部侍郎，封方城县侯，卒赠右散骑常侍。其著《唐春秋》、《唐国史》、《史例》、《高宗实录》、《武后高宗实录》、《开元谱》、《百家类例》、《唐职仪》、《集贤注记》、《御史台记》、《东封记》、《集贤书目》等200多卷，参与编写的有《唐六典》、《唐续七志》、《群书四部录》、《初学记》等。

《两汉诏令》，是《东汉诏令》、《西汉诏令》两种书的合编。《西汉诏令》，是宋朝的林虑从《史记》、《汉书》中辑录401篇诏令编成；被南宋时期的楼昉效仿，辑录《后汉书》中的诏令，编成《东汉诏令》。楼昉（生卒年不详），字阳叔，号迂斋，鄞县人，早年师从吕祖谦，绍熙四年（1193）进士，历任从侍郎、宗正簿、太学博士等职，著有《宋十朝纲目》、《中兴小传百篇》、《东汉诏令》，编《崇古文诀》等。林虑（一作宓），字德祖，福清人，哲宗绍圣四年（1097）进士，历任常州教授、河北路提举、开封府左司录，后申请退职，隐居大云坊，自号大云翁，著有《大云集》百卷。

《铁道游击队》，长篇小说。1954年出版。作者是刘知侠（1918~1991），河南省卫辉市庞寨乡柳卫村人，原名刘兆麟，自幼家贫，跟父亲在村边铁路打工、捡煤核，随母亲在外祖母家放猪。11岁开始上半工半读学校，后来考取了卫辉一中。1937年抗日战争爆发，随父亲和铁路员工撤到了黄河以南，流落到武汉。1938年赴陕北延安抗日军政大学学习，冬天在行军路上参加了中国共产党，抗大毕业后留校从事军事教学，先后任抗大分校区队长、队长和军事教员。其后历任文工团长、济南市文联主任、山东省文联副主席、作协主席、党组书记、中国文联委员、作协理事等职；著有小说《马尾松种子》、《童年的回忆》、《芳林嫂》、《铁道游击队的小队员们》，小说集《一次战地采访》、《铺草》、《知侠中短篇小说选》、《沂蒙山的故事集》，长篇小说《沂蒙飞虎》，电影剧本《铁道游击队》、《战地日记》等400万字的文学作品。

《静静的顿河》，长篇巨著。描写第一次世界大战前夕到1922年苏联内战结束顿河地区的变化。作者是苏联的米哈依尔·亚历山德罗维奇·肖洛霍夫（Михаил Александрович Шолохов，1905~1984），出身于顿河地区维申斯

171

卡亚镇边上的克鲁齐林村，1918 年在中学读书时因国内战争而被迫辍学回家，1920 年参加社会工作，历任征粮员、机枪手、泥水匠、会计等职，1923 年开始文学创作。其著有近 20 个中短篇小说汇集的《顿河故事》与《浅蓝的原野》、长篇小说《被开垦的处女地》（2 部头巨著，写集体农庄的建立与前景的，1960 年获列宁奖）、短篇小说《一个人的遭遇》（写的是一位普通苏联劳动者在反法西斯卫国战争中的经历）、小品、特写、杂文等作品，1939 年被选为苏联科学院院士，1965 年获列宁勋章，1975 年获"社会主义劳动英雄"称号，先后任苏共中央委员、作协理事会书记等职，1965 年因"他在顿河流域的史诗般的描写中，以艺术的力量和正直的创造性反映了俄罗斯人民的一个历史阶段"获诺贝尔文学奖。

《米佳的爱情》，中篇小说。1925 年发表。描写主人公失恋的。作者是俄国的伊凡·阿列克谢耶维奇·蒲宁（иBaH AJIekcee ВиЧБуиии，1870～1953）。其还有短篇小说《田间》、《末日》、《天涯海角》、《一百零八》、《欢乐家庭》、《夜话》，长篇小说《阿尔谢尼耶夫一生》（描写俄国自然风光、莫斯科的雄伟壮观与贵族生活的）、中篇小说《农村》（写俄国革命失败后农民思想落后愚昧与悲惨生活的，对人物的描述自然、客观、逼真、生动）与散文等。1933 年"由于他严谨的艺术才能使俄罗斯古典传统在散文中得到继承"而获诺贝尔文学奖。

《五奎桥》，剧本。1930 年问世。写江南农村因天旱要拆除五奎桥遭到反对获得胜利的。作者是洪深（1894～1955），学名洪达，字伯骏，号潜斋、浅哉，笔名庄正平、乐水、肖振声，江苏武进人，生于书香之家，自幼读书，1919 年考入哈佛大学戏剧训练班，并到波士顿声音表现学校学习，又在考柏莱剧院附设戏剧学校学习表演、导演、舞台技术、剧场管理等课程，获硕士学位，历任电影学校校长、大学教授、作家联盟总书记、杂志主编、中国戏协副主席、国家外联局长、外协副会长等职，兼职教学达 30 年，作《洪深戏剧论文集》、《编剧二十八问》、《电影戏剧表演术》、《电影戏剧的编剧方法》、《现代戏剧导论》、《戏剧导演的初步知识》、《戏的念词与诗的朗诵》、《抗战十年来中国的戏剧运动与教育》等理论专著，撰《申屠氏》（中国首部电影文学剧本）、《早生贵子》、《夜长梦多》、《乱世美人》、《风雨同舟》等 30 余部电影剧本，创作编译《卖梨人》、《赵阎王》、《鸡鸣早看天》等 38 部话剧剧本，演《少奶奶的扇子》、《李秀成之死》、《红色少年》等大小剧目约 40

172

个，引进了有声电影技术，获华东地区首届戏曲会演二等演员奖。

《中国历史地图集》，精装8册。原始社会到清朝图。中国地图出版社于1982～1987年出版。主编是谭其骧（1911～1992），中共党员，字季龙、笔名禾子，祖籍浙江嘉善，生于辽宁省沈阳市，1932年毕业于燕京大学研究生院，获硕士学位，历任北平图书馆员、大学教授与系主任、全国人大代表、中国科学院地学部委员（院士）、历史地理专业委员会副主任、国务院学位委员会学科评议组成员、中国历史学会常务理事、国务院古籍整理出版规划小组成员、上海史学会副会长与哲学社会科学联合会副主席、《中华人民共和国国家历史地图集》编委会副主任兼总编辑、《历史地理》主编等职，享受国务院特殊津贴，1991年被美国传记研究所列为最近25年间对世界有重大影响的500位人物之一，著有《长水集》、《长水集续编》、《长水粹编》，主编《简明中国历史地图集》、《辞海·历史地理分册》、《中国自然地理·历史自然地理》、《中国历史大辞典·历史地理》等。

《历代舆地沿革险要图》，书成于清末。作者清末民初的杨守敬（1839～1915），字惺吾、号邻苏，晚年自号邻苏老人，宜都市陆城镇人，幼聪明，4岁丧父，一家数人全靠祖父经营的店铺维持生活，5岁时就帮祖父在店中数钱，6岁起由母亲教看书识字，9岁学作文，10岁随谢姓老师学习，11岁时迫于生计而辍读，开始习商，但仍不废学业，白天站柜台，晚间在灯下苦读，常至鸡鸣才就寝，于同治元年（1862）考中举人。之后陆续7次赴京会试皆落榜，时年已48岁。从此，就绝了科举之念，后历任国史馆誊录、两湖书院教习、勤成学堂总教长、礼部顾问官、湖北通志局纂修等职。其撰有《水经注疏》、《湖北金石志》、《日本金石志》、《日本访书志》、《隋书地理志考证》、《汉书地理志校补》、《三国郡县表补正》、《湖北江汉水利议》、《禹贡本义》，书论专著《楷法溯源》、《评碑记》、《评帖记》、《学书迩言》、与人合辑的《古逸丛书》，编绘有《历代舆地沿革图》、《水经注图》，编辑《寰宇贞石图》、《三续寰宇访碑录》等91种著作。其搜藏图书数十万卷，为"多年节衣啬食购买，或"以有易无"换来。其擅书法，楷行隶草篆诸体俱长。

《明统一志》，明朝地理总志。原名《大明一统志》。由李贤、彭时等人奉命修纂，天顺五年书成，英宗撰序文赐名刊行。但书中所述古事，错误较多，用时可找为更正《明统一志》中的错误而作的《读史方舆纪要》（顾祖禹著）。李贤（1408～1467），字原德，邓州人，宣德七年（1432）乡试第

173

书的命名　>>>

一，次年考中进士，历任吏部验封主事、郎中、侍郎、翰林学士、吏部尚书、太子太保、少保、华盖殿大学士等职，卒谥号文达，追封光禄大夫、左柱国太师，世称"李阁老"，著成《鉴古录》、《体验录》、《天顺日录》、《古穰文集》等。彭时（1416～1475），字纯道、宏道，号可斋，江西安福人，幼时"端重寡言，及领乡荐，入国学"，英宗正统十三年（1448）戊辰科状元，历任修撰、侍读、左春坊大学士、太常寺少卿、翰林院学士、少保等职。其处事刚直无私，代宗皇帝"在病危中召集重臣立下遗诏，当要后妃陪葬时，彭时上前跪伏御榻边，冒着杀身之祸，劝阻代宗取消后妃陪葬之举，迫使皇帝在病中点头答应。"（安福名人录 – 彭时．AlVon．新浪博客）从此，中国历史上废除了后妃陪葬的规定，民间也取消了"金童玉女"陪葬的恶习。其著有《寰宇通志》、《明忠肃王公行状神道碑》（合撰）、《彭文宪公笔记》、《彭文宪公集》、《可斋杂记》、《彭文宪公文集》等，卒谥文宪，赠太师。顾祖禹（1631～1692），清朝初期人，字复初、瑞五，号景范，出生于江苏无锡一世代书香而又偏重舆地学之家。远祖顾野王、高祖顾大栋、曾祖顾文耀、父亲顾柔谦均是文官，都对地理颇有研究。顾柔谦还"感到《明一统志》及明代有关著作对于全国山川地势、关河险要语焉不详，文人学士不知史地研究是为了实用，当政者不懂得利用山川地理阻击来犯的敌人，以致终于亡国"，并把这种感受在临终前向顾祖禹进行了诉说，要求顾祖禹将国家的地理研究清楚，更正以前各种有关文献中的错误。在这种情况下，顾祖禹便隐居乡里，"不顾妻子穷饿，忍受极度贫寒，拒绝清廷的利禄引诱，潜心于史地学术的研究"，在祖上成果的基础上，又参考二十一史、100 多种地方志和其他大量文献，并尽一切可能"览城廓，按山川，稽道里，问关津"，实地考核异同，历时 30 余年，编著成《读史方舆纪要》130 卷。

《元统一志》，元朝的岳璘等人著，已散佚，后赵万里辑校 10 卷，1965 年中华书局出版。赵万里（1905～1980），字斐云，别号芸盦、舜盦，出生于海宁市盐官镇一书香之家，入学前就在母亲的教导下认识千余字、背几十首唐诗，1925 年毕业东南大学中文系，历任大学教授、图书馆研究员、全国人大代表、中国图书馆学会名誉理事等职。其著有《校辑宋金元人词》、《北平图书馆善本书目》、《中国古代版本史讲义》、《汉魏南北朝墓志集释》、《薛仁贵征辽事略》（撰者不详，赵万里编注）、《北京图书馆善本书目》（与冀淑英主编）、《元一统志》（元朝孛兰肹等著，赵万里校辑）和论文数十篇，主编

《中国版刻图录》、《海宁王静安遗书》，参与编写《古本戏曲丛刊》，还从《永乐六典》辑出了《析津志辑佚》等。

《元丰九域志》，以疆域政区为主体的北宋神宗元丰时综合性地理总志。为北宋时期的王存、曾肇、李德刍奉神宗诏命编修。王存（1023～1101），字正仲，润州丹阳人，幼"善读书，年12，辞亲从师于江西，5年始归"（宋史－列传第一百），庆历六年（1046）考中进士，历任嘉兴主簿、县令、国子监直讲、馆阁校勘、国史编修、起居注、知府、尚书、资政殿学士、右正议大夫等职，卒赠左银青光禄大夫。曾肇（1047～1107），字子开，号曲阜先生，建昌南丰人，出生于耕读世家。祖父曾致尧、父亲曾易占均进士。其兄弟7人，有5名考中进士。曾肇"自幼聪慧好学，师承其兄曾巩"（曾肇－360百科），治平四年（1067）考中进士，历任国子监直讲、国史馆编修、起居舍人、知府、知州、侍郎、龙图阁学士等职，卒后30余年被追封为曲阜县开国侯，赠少师，绍兴初谥文昭。其"工诗善文……文一出，时人争抄"（曾肇－360百科），著有《曲阜集》、《西掖集》、《内制》、《外制》、《宸章》、《奏议》，书法《五十郎帖》、《造门帖》、《近疏帖》、《奉别帖》及滁州《庆厯集碑》石刻等。李德刍，邯郸人，官至光禄寺丞，长于地理学，著有《元丰郡县志》、《邯郸再集书目》等书。

《元和郡县志》，作者是唐朝的李吉甫（758～814），字弘宪，赵郡人，自幼敏而好学，博闻强记，能写文章，20岁以其父有功晋升为银青光禄大夫时被赐左司御率府仓曹参军，后历任太常博士、员外郎、明州长史、刺史、检校兵部尚书、中书侍郎、同中书门下平章事、节度使、金紫光禄大夫、国史监修、集贤殿大学士等职，封赞皇县侯、赵国公、上柱国。其政务之余，手不释卷，读书治学，世称"唐宰相之善读书者，吉甫为第一人矣"，著有《六代略》、《元和郡县图志》、《元和国计簿》（汇全国方镇、府、州、县之数与户口、赋税、兵员之状况）、《百司举要》（阐述职官源流职掌）、《十道图》、《删水经》、《古今地名》等书。李吉甫为官正直、治学严谨刻苦、成功不喜、失败不悲、平心静气之品行，得益于父亲，又传给了儿子。其父李栖筠，"幼孤。有远度，庄重寡言"，"喜书，多所能晓"，考中进士，代宗时代任御史大夫；曾因事三迁吏部员外郎，判南曹；卒，谥曰文献，赠吏部尚书。李吉甫之子李德裕，武宗时拜相，是牛李党争斗中李党的领袖，5次被贬，两度为相，最后一次被贬为崖州司户时，卒于任所，10年后被追封为太子少保、

175

卫国公，赠尚书左仆射。可谓是宰相传三代，品行永流传。

《居家必备》，作者是元朝的阴时夫（生卒年不详），名幼遇，亦作时遇，字时夫，别号劲弦，元初江西奉新人，7岁考中宋宝祐九经童科，后居聚德楼30年，在父亲阴应梦（1224~1314）的指导下，摘录典故和辞藻，分韵编纂成类书《韵府群玉》20卷；其兄（一说弟）中夫，名幼达，字中夫，别号复春，为之作注。唐朝颜真卿的《韵海镜缘》，首创类书按韵编排，但已失不传，而以时夫之书成为最古，阴时夫也被后人称为"千古音韵第一人"。颜真卿（709~784），京兆万年人，祖籍琅琊临沂，家学渊博，六世祖颜之推，著有《颜氏家训》。颜真卿3岁丧父，由母亲抚养，懂事时，学习刻苦，家贫缺纸少笔，便用笔蘸黄土水在墙上练字，开元年间（713~741）考中进士，历任监察御史、吏部尚书、太子太师等职。因受权臣杨国忠排斥，被贬为平原太守，时称"颜平原"。又因被封鲁郡公，时又称"颜鲁公"。其利用政事之余进行文学创作，于大历六年（771）将所赋诗文编成《临川集》10卷，还著有《吴兴集》、《卢州集》。其书法自成一体，被称为"颜体"，传世墨迹有《争座位贴》、《祭侄文稿》、《刘中使帖》、《自书告身帖》等。

《金文编》，金文字典。是从历代出土的3000多件殷、周青铜器的拓本、影印本中辑录的金文。1925年出版，1959年增订，由科学出版社出版。作者容庚（1894~1983），原名肇庚，字希白，号颂斋，广东省东莞市人，出生于书香之家。祖父容鹤龄，清朝举人，书院山长。外祖父邓蓉镜，进士，国史馆纂修、按察使，有著作多部。父容作恭，拔贡，早卒于鼠疫，著有《聊自娱斋遗稿》。四舅邓尔雅，进士，书法、篆刻家。容庚在良好的家庭环境熏陶下，幼年时便熟读《说文解字》和《说文古籀补》，15岁时跟四舅邓尔雅治《说文》，1922年入北京大学研究所国学门读研究生，毕业后历任大学教授与系主任、学报主编等职，著有《宝蕴楼彝器图录》、《秦汉金文录》、《中国文字学形篇》、《中国文字学义篇》、《武英殿彝器图录》、《金文续编》、《古竟影》、《善斋彝器图录》、《商周彝器通考》、《殷周青铜器通论》（合著）、《丛帖目》、《颂斋书画小记》、《容庚法书集》等30余种，发表论文70多篇，收藏青铜器约200件左右。

《金石大字典》，1926年问世。该书第一次采用笔画部首编排。著者汪仁寿（1875~1936），乳名周生，字静山，又字尔康，祖籍徽州黟县宏村，18岁随父亲汪伯玉与叔叔迁至无锡东乡严家桥镇定居、开"汪万泰和"南货店，

21岁到锡城开绫裱纸张店，兼作卖字，二十世纪初看准商机在安镇开设汇源茧行，出资造桥与兴办新式学校胶南小学，被推举为无锡县议员。其爱好书法，得名师杨岘真传，所书汉隶富篆意现灵动，名播京津乃至日本、东南亚。1930年作山水人物图隶书成扇，被无锡文物公司于2007年7月28日拍卖成4180元；水墨纸本横幅"永享牟寿"4字，被北京翰海公司于2010年9月18日拍卖到5600元；书法"四屏"，被北京中博公司于2010年12月17日拍卖到22000元等。他还利用经商之余，以明代沙青岩说文卷为蓝本而增删纂编成《说文大字典》（合作）等。

《康熙字典》，是清朝康熙帝主持，由张玉书、陈廷敬召集的30多名学者分工组织，对明朝梅膺祚的《字汇》与张自烈的《正字通》两书进行融合补充增订，收字以"不悖古法，亦复便于楷书"为原则，历时6年（1710～1716）编纂而成的中国首部以"字典"命名的字书。张玉书（1642～1711），字素存，号润甫、京江，江苏丹徒人，自幼刻苦读书，顺治十八年（1661）考中进士，历任翰林院编修、日讲起居注、侍讲学士、侍郎、尚书、翰林院掌院学士、文华殿大学士、《明史》纂修主持、《三朝国史》与《大清会典》、《大清一统志》、《平定三逆方略》、《平定朔漠方略》、《政治典训》、《治河方略》、《佩文韵府》、《康熙字典》等编纂总裁，卒谥文贞，加赠太子太保衔，著有《文贞集》12卷。其祖孙3代全进士，加玉书兄弟的3进士，6进士，成为"进士之家"。陈廷敬（1639～1712），初名敬，字子端，号说岩、午亭，泽州人，出生于书香世家。高祖陈天佑，明嘉靖年间进士。伯父陈昌言，进士出身。其他长辈，均有较高文化水平。因此陈廷敬从小就受浓郁的文化气息熏陶，3岁起诵诗词，母亲口授诗文一两遍便能背诵，9岁赋《牡丹诗》，后由父亲教学，顺治十五年（1658）考中进士，因同科考取有同名陈敬者，由朝廷给他加上"廷"字，改为廷敬，历任翰林院学士、康熙帝老师、《清世祖实录》纂修、《康熙字典》总修与总裁（张书玉病逝之后）、右侍郎、左都御史、《三朝圣训》及《政治典训》、《平定三逆方略》、《大清一统志》、《佩文韵府》、《方舆路程》、《鉴古辑览》、《明史》纂辑主持、吏部尚书、文渊阁大学士等职。王跃文的《大清相国》说："清官多酷，陈廷敬是清官，却宅心仁厚。好官多庸，陈廷敬是好官，却精明强干。能官多专，陈廷敬是能官，却从善如流。德官多懦，陈廷敬是德官，却不乏铁腕。"陈廷敬还总结了为官的经验："等、忍、狠、隐、稳。"其为人为官，被康熙帝评价为"卿为耆旧，可称全人",卒谥文贞。其"平生勤于写作,几无搁笔",著有《午亭文编》、《杜律诗话》、《参野诗选》、《说岩诗集》、《姥姥掌游记》、《尊闻堂集》、《河上集》、《三礼指要》、《午亭归去集》等。

《经典释文》,内有《序录》、《周易音义》、《仪礼音义》、《春秋公羊(传)音义》、《孝经音义》、《论语音义》、《老子音义》、《春秋穀梁(传)音义》、《尚书音义》、《周礼音义》、《尔雅音义》、《毛诗音义》、《庄子音义》、《礼记音义》、《春秋左氏(传)音义》。是一部为字词注音释义,标注各家不同的注音与训释、说明字体和版本的不同书。著者唐朝的陆德明(约550~630),名元朗,字德明,苏州吴人,历任左常侍、国子助教、文学馆学士、太学与国子博士等职,作有《周易注》、《周易兼义》、《易释文》等。

《通俗文》,作者服虔(生卒年月难考),初名重,又名抵,后改为虔,字子慎,河南荥阳人,东汉末年经学家。"少以清苦建志,入大学学习,善著文论"。其历任尚书侍郎、高平令、九江太守等职,"因故免官,遭世乱,病卒"。其撰有《春秋左氏传行谊》、《春秋左氏膏肓释府》、《春秋汉议驳》、《春秋成长说》、《春秋塞难》和赋、碑、诔、书记、连珠、《九愤》等著作。

《匡谬正俗》,论诸经训诂音释和字义、字音与俗语相承的异同等。作者唐朝初期的颜师古(581~645),名籀,字师古、籀,祖籍琅琊临沂,后迁至京兆万年。其出生于书香世家。祖父颜之推,隋朝学士,著有文集30卷,《颜氏家训》、《还冤志》并行于世。父亲颜思鲁,精于文字音韵,长安王侍读、秦王府记室,撰有《汉书决疑》。颜师古,少习家学,博览群书,善文词,成人后历任朝散大夫、中书侍郎、郴州刺史、秘书少监、弘文馆学士等职,被封琅琊县男,加封为子爵,作《急就章注》、《五礼》、《五经定本》、《匡谬正俗》(宋朝刻印时为避太祖讳,更名为《刊谬正俗》)、文集60卷等。

《续释常谈》,著者是南宋时期的龚颐正(生卒年不详),原名敦颐,因避光宗讳改,字养正,历阳人,孝宗淳熙十四年(1187)被推荐入仕,历任枢密院编修、实录院检讨、秘书丞等职,预修孝宗、光宗实录,还著有《芥隐笔记》等著作。

《蜀语》,中国现存首部"断域为书"的方言词汇著作,收录四川方言词语563条。作者李实(约1596~1674),字如石,别号镜庵,四川遂宁安仁里人,崇祯十六年(1643)考中进士,授长洲县令,为官清正廉明,顺治二年(1645)辞官居长洲清江乡里,杜门著书,精研小学、经学及佛老杂学。

《续方言》，收宋朝以前的方言。作者是清朝的杭世骏（1695~1773），字大宗，号堇浦、智光居士、秦亭老民、春水老人、阿骏，室名道古堂，仁和人。其"自幼家境贫寒，勤奋好学，年轻时偶尔过访友人馆舍，见异文秘册，即端坐那里默默记下其中要点，用功之勤，可见一斑。"（杭世骏-360百科）其雍正二年（1724）考中举人，后屡次赴考进士不第，九年（1731）主持纂修《浙江通志·经籍志》，后任福建乡试同考官。其于乾隆元年（1736）考中进士，授编修，官御史，校勘《十三经》、《二十四史》，纂修《三礼义疏》；八年（1743）因上疏言事，皇帝恼怒，斥其"怀私妄奏"，喝令刑部议处死刑，尚书徐本极力求情（称"是狂生，当其为诸生时，放言高论久矣"，并不停叩头，一直把额头都叩肿了），才免一死，革职后以奉养老母和攻读著述为事；十六年（1751）得以平反，官复原职；晚年主讲广东粤秀和江苏扬州两书院。其好书画，藏书10万卷，著有《诸史然疑》、《史记考证》、《两汉书疏证》、《三国志补注》、《晋书补传赞》、《北史搴稂》，补纂《金史》，辑编《宋元来诸儒礼记说》数百卷，另有《道古堂文集》、《道古堂诗集》、《石经考异》、《榕城诗话》、《两浙经籍志》、《历代艺文志》、《经史质疑》、《文选课虚》、《经籍志》、《词科掌录》、《榕桂堂集》等。

《续方言补正》，作者是清朝的程际盛（生卒年不详），原名炎，字焕若，号东冶，长洲（今江苏苏州）人，自幼读书，乾隆四十五年（1780）考中进士，授内阁中书；官至湖广道监察御史；奉职30多年，"退食而归，唯以汲古穷经为务"（程际盛-360百科）；著有《稻香楼集》、《清河偶录》、《骈字分笺》、《说文古语考》、《周礼古书考》、《仪礼古文今文考》、《礼记古训考》等传世。

《续方言又补》，作者清朝的徐乃昌（1868~1936），字积余，号随庵，又号众丝，晚年号随庵老人，祖籍安徽省南陵县上北乡，出身望族。父徐文选，湘军运粮官。伯父徐文达，两淮盐运使、福建按察使。堂兄徐乃光，驻美国纽约首席领事。徐乃昌自幼颖异聪慧，10多岁时从苏州名家姚孟起学书，"年弱冠，即离家自立"（中国·南陵-江南名士徐乃昌），光绪十九年（1893）中举，历任淮安知府、江南盐巡道、金陵关总督、江宁积谷局主办、通海垦务督察、江南高等学堂总办、淮海盐总栈与沙漫州（十二圩）缉私督办、淮南盐务公所会办、赴日本留学生总管、《南陵县志》主纂、《安徽通志》总纂、《安徽丛书》主编等职，赏戴花翎，钦封二品衔。其喜好藏书、刻书,室号"积学斋"收藏达数万卷,自撰自刻有《南陵县志》、《南陵建制沿革表》、《金石古物考》、《续方言又补》、《汉书儒林传补遗》,校刻《小檀栾室汇刻闺秀词百家》、《邱斋丛书》、《皖词纪胜》、《随庵丛书》、《闺秀词钞》、《怀豳杂俎》、《随庵丛书续篇》、《宋元科举三录》、《玉台新咏》、《徐文公文集》、《锦瑟集》,还收藏很多金石器物、并进行认真考证,编有《随庵吉金图录》、《小檀栾室镜影》、《镜影楼钩影》、《安徽通志金石古物考稿》、《玉圣林庙碑目》、《积余斋集拓古钱谱》,善于填词——有《绣余自好吟》、《冰奁集》、《记江集》、《纫兰词》、《香芸词》,擅长书法——所书径寸魏碑古朴、端庄、典雅,撰有《积学斋藏书记》、《随庵珍藏书画记》、《金石目》、《吉金图》、《安徽省金石图》、《南陵县建制沿革》、《皖词纪胜》、《积学斋书目》、《徐乃昌日记》等。

《迩言》,作者是清朝的钱大昭(1744~1813),字晦之、竹庐,江苏嘉定人,钱大昕之弟,从学于兄,嘉庆元年举孝廉方正,参加校录四库全书,著有《尔雅释文补》、《广雅疏义》、《说文统释》、《两汉书辨疑》、《三国志辨疑》、《后汉书补表》、《诗古训》、《经说》、《续汉书艺文志》、《汉郡国令长考》等。

《方言藻》,著者是清朝的李调元(1734~1802),字美堂,号雨村、童山老人、童山蠢翁,安县宝林乡李家湾人,出生书香世家,自幼便在父亲的严格指导下攻读经文、史书,乾隆二十八年(1763)考中进士,历任翰林院编修、广东学政,后在担任直隶通永兵备道的第二年奉旨护送一部《四库全书》去盛京,因途中遇雨,沾湿黄箱而获罪,被流放新疆伊犁效力;旋经袁守侗搭救,从流放途中召回,发回原籍,削职为民。他深感仕途坎坷,吉凶莫测,于是绝意仕进,专心治学,著书163种、852卷,另有《续函海》、《童山诗集》、《童山文集》等。其喜爱藏书,自建楼房5楹,名曰"万卷楼",收藏书籍10多万卷。其父李化楠,进士,府台同知,著有书多部。其受父亲教育与影响,珍惜时光,深感学海无涯、光阴催人,"念日月之以逝,恐文献之无征……恐一旦填沟壑,咎将谁归?"(同治四年《罗江县志》卷二十四)因而废寝忘食,读书治学,无一日之懈。

《通俗篇》,收之前书中所出现的各种方言俗语5000多条,逐条释义和引古书考证。作者是清朝的翟灏(1736~1788),字大川、晴江,仁和人,乾隆十九年考中进士,历任金华、衢州府学教授等职,还著有《尔雅补郭》、《四书考异》等书。

《恒言录》，收方言、俗语、谚语、成语 800 多条，分 19 类。辑录者钱大昕。1959 年商务印书馆将此书与陈鳣的补证书《恒言广证》合并出版。陈鳣（1753~1817），字仲鱼，号简庄、河庄，浙江海宁硖石人，出生于书香之家。父陈璘，研究《说文》，著书未成。陈鳣在父亲的影响下，博学好古，强于记诵，清朝嘉庆三年乡试中举。其喜藏书，精于校勘，晚年于紫微山麓筑向山阁，藏书 10 万卷，常与吴骞、黄丕烈交换校勘，互相传抄。其著有《诗集》、《缀文》、《对策》、《诗人考》、《续唐书》、《石经说》、《声类拾存》、《埤苍拾存》、《经籍跋文》、《孝经郑注》、《论语古训》及《说文正义》等。

《方言注》，作者是东晋游仙诗体鼻祖郭璞（276~324），字景纯，河东闻喜县人，西晋建平太守郭瑗之子，历任宣城与丹阳参军、著作佐郎、尚书郎、将军王敦的记室参军；324 年，力阻驻守荆州的王敦谋逆，被杀，追赐为弘农太守。其"好古文奇字，妙于阴阳算历，辞赋为中兴之冠"（《晋书》卷七十二），所著诗文达百卷以上，之中有《游仙诗》、《洞林》、《新林》、《卜韵》、《葬书》，释《尔雅》，注《三苍》、《穆天子传》、《山海经》及《楚辞》、《子虚》、《上林赋》等。

《方言疏证》，作者是清朝的戴震（1723~1777），字慎修、东原，号杲溪，徽州休宁人，出身小商之家，自幼聪敏，过目成诵，10 岁日读书数千言不休，乾隆二十七年举人，后 6 次考进士不中，纂修《四库全书》，殿试赐同进士，授翰林院庶吉士。其著有《六书论》、《声韵考》、《声类表》、《方言疏证》、《原象》、《迎日推策记》、《勾股割圜记》、《历问》、《古历考》、《续天文略》、《策算》、《诗经二南补注》、《毛郑诗考》、《尚书义考》、《仪经考正》、《考工记图》、《春秋即位改元考》、《大学补注》、《中庸补注》、《孟子字义疏证》、《尔雅文字考》、《经说》、《水地记》、《水经注》、《九章补图》、《屈原赋注》、《通释》、《原善》、《绪言》、《直隶河渠书》、《气穴记》、《藏府算经论》、《葬法赘言》、《文集》等。

《方言笺疏》，作者清朝的钱绎（1770~1855），初名东埔，字以成、小庐，嘉定人，钱大昭之子，少承家学，善真行篆籀；与兄钱垣、弟钱侗皆潜研经、史、金石，时称"三凤"；常与钱垣、钱侗及同县秦鉴勘订郑志，又与钱垣、钱侗、秦鉴、金锡鬯辑释崇文总目；著有《十三经断句考》、《释大》、《释小》等。

书的命名　>>>

　　《新方言》，收近代的方言俗语800多条，逐条注释、辨析、考证。作者是章炳麟（1869～1936），余杭人，初名学乘，后改名绛，字枚叔，号太炎、膏兰室主人、刘子骏私淑弟子等，先从俞樾学经史，再进强学会投身戊戌变法，后到上海建立光复会，历任孙中山总统府枢密顾问、护法军政府秘书长等职。其著有《国学概论》、《菿汉三言》、《国学略说》、《章炳麟论学集》、《章太炎书信集》、《章太炎的白话文》、《章太炎政论选集》、《国故论衡》、《章太炎说文解字授课笔记》、《章太炎先生论伤寒》等400多万字。

　　《北京话单音词词汇》，人民出版社1951年出版。1956年科学出版社出版修订本，收单音词和词根的例句6000多条。作者是陆志韦（1894～1970），别名陆保琦，南浔镇人，从小聪颖，一千字的文章，读上三五遍就能熟背。但是，其家境清寒，7岁时生母弃世，12岁父亲去世，得父亲的东家嘉业堂主人刘承干慷慨相助，才继续求学，1913年毕业于东吴大学；1916年赴美国留学，1920年获得芝加哥大学哲学博士学位，同年回国，历任大学心理学教授、系主任、校长、全国政协委员、中科院心理研究所筹备委员会主任、中国心理学会会长、中国科学院语言研究所研究员、中国科学院哲学社会科学部委员等职，著有《古音学略》、《诗韵谱》、《汉语的构词法》、《汉语的构词法》、《订正比内-西蒙智力测验说明书》、《教育心理学概论》（译著，桑代克著）、《普通心理学》（译述，亨德著）等。

　　《北京话语汇》，收单音词、双音词、短语等北京方言词语1300多条。依词的第一字的汉语拼音音序列排，注明字音，标注词义、例句。作者金受申（1906～1968），原名文佩，后改名为文霈，字泽生，生于北京满族镶黄旗家庭，自幼读书，6岁丧父，10岁丧母，家道衰落，由叔父抚养。其1923年在北京市立第一中学读书时即为报刊撰稿，1927年考入北大研究所，毕业后历任大学讲师、教授等职，著有《公孙龙子释》、《稷下派之研究》、《古今伪书考释》、《国故概要》、《中国纯文学史》、《清代诗学概论》、《晚清两大平民诗家》、《仄韵楼诗话》、《墨经札记》、《北京的传说》、《老北京的生活》等。

　　《古今谚》，谚语来自古籍与民间的口头传说。作者是明朝的杨慎（1488～1559），字用修，号升庵，原籍庐陵，后迁居四川新都，因被流放到滇南，故自称"博南山人"、"金马碧鸡老兵"，出生于书香门第。祖父杨春，进士，文渊阁大学士。父亲杨廷和，进士，正德、嘉靖两朝首相，著有《杨文忠公三录》、《石斋集》。杨慎7岁从母学习诗文，11岁会做诗，12岁著《吊古战场文》有

182

"青楼断红粉之魂,白日照翠苔之骨"的警句,13岁随父入京师沿途写有《过渭城送别诗》、《霜叶赋》、《咏马嵬坡诗》等,21岁参加会试,主考官王鏊、梁储已将其文列为卷首,"不料烛花竟落到考卷上烧坏,以致名落孙山……正德六年(1511),"(杨慎-360百科)殿试第一,成为明代四川唯一的状元,授翰林修撰、豫修《武宗实录》,后任经筵讲官。其禀性刚直,每事必直书。嘉靖三年(1524),因"议大礼",违世宗意愿受廷杖,被谪戍云南永昌卫30余年,死于戍地;隆庆初,赠光禄少卿;天启中,追谥文宪。杨慎治学刻苦,不论在何种环境下,都手不释卷,撰写成《升庵集》(赋及杂文11卷、诗29卷2300首、杂著41卷)、《升庵长短句》、《陶情乐府》、《丹铅总录》、《谭苑醍醐》、《艺林伐山》、《书品》、《画品》、《大书索引》、《金石古文》等各种著作400多种(《升庵杨慎年谱》记载)。其《二十一史弹词》中的"滚滚长江东逝水,浪花淘尽英雄。是非成败转头空。青山依旧在,几度夕阳红。白发渔樵江渚上,惯看秋月春风。一壶浊酒喜相逢。古今多少事,都付笑谈中",至今仍为人们所传唱。

《古谣谚》,100卷。引用书860种。辑录上古至明代散见于各种书中的歌谣与谚语3300多条。每条包括谣谚、谣谚出处,并加以注释(多采古注,互注或引他书以注之),间附按语以弄清应该辩证之处。作者是清朝的杜文澜(1815~1881),字小舫,浙江秀水人,历任县丞、江苏海州分司运判、知府、江苏省道员、两淮盐运使、江宁与江苏布政使、苏松太道、江苏按察使等职,著有《平定粤寇纪略》、《江南北大营纪事》、《曼陀罗阁琐记》、《词律校勘记》与《采香词》等。

《俗语典》,内容有词语、特殊名词、称谓词、成语、谚语、文言俗语、口语中的习惯俗语等。广益书局1922年出版。作者是胡朴安(1878~1947),本名有忭,又名韫玉,字仲明、仲民、颂民,号朴安,晚年不幸中风偏瘫,故而又自号"半边翁",安徽泾县溪头村人。其幼年家境贫寒,靠父教私塾养家糊口,6岁开始读书,后来每天在学习之外,还需从事繁重体力劳动,来减轻父母之负担。他勤奋好学,涉猎广泛,既读儒学经史,又习中西算术,但七次应试,六次被黜,最后一次才成功;历任福建任巡阅使署与交通部秘书、《民国日报》社社长、江苏省民政厅长、上海通志馆馆长、上海文献委员会主任委员、持志大学与国学专修馆、国民大学教授等职。其著有《中国训诂学史》、《中国文字学史》、《诗经学》、《周易古史观》、《儒道墨学说》、《荀子学说》、《商君学说》、《周秦朱子学略》、《诗经学》、《庄子章义》、《太极图新解》、《戴先生所著书考》、《中华全国风俗志》、《墨子解诂》、《包慎伯先生年谱》、《泾县方言考证》等63种。

《迩言等五种》，是清朝钱大昭的《迩言》（俗事、俗语方面的词汇）、平步青（1832~1896）的《释谚》（一般词语）、胡式钰的《语窦》（方言、俚语、俗谚、成语）、郑志鸿的《常语寻源》（古代知识分子口头常用语，成语约占百分之七十）、近代罗振玉（1866~1940）的《俗说》（方言、俗语、谚语、成语）的汇编。1959年商务印书馆出版。平步青，字景孙，号栋山樵、霞偶、常庸等，清朝末年山阴安昌平家溇人，5岁入私塾，聪颖好学，同治元年（1862）考中进士，历任翰林院庶吉士、编修、侍读、江西粮道、布政使等职。其"平生不喜见贵要，尤不惯与名士游，声色玩好一无所嗜"，同治十一年（1872）辞官回乡专心治学；著有《读经拾渖》、《读史拾渖》、《宋史叙录》、《修明史史臣表》等20多种，校勘《陶庵梦忆》、《两般秋雨轩随笔》等书88种，纂有目录学方面的书籍《南雷大全集叙录》、《楼山堂全书叙》、《考定南雷》等。胡式钰，字青坳，上海人，有《寸草堂诗钞》等。罗振玉，初名振钰，字叔宝、坚白、式如、叔蕴、叔言，号雪堂、贞松、松翁、贞松老人、永丰乡人、仇亭老民，出生于淮安山阴城。曾祖父罗敦贤，嘉庆道光年间盐河道幕僚。祖父罗鹤翔，高邮知州。父罗树勋，海州通判。罗振玉5岁入私塾，在老师的引导下，养成刻苦自学的习惯，常晚上挑灯夜读，16岁中秀才，历任湖北农务局总监、两广教育顾问、伪满洲的参议府参议、满日文化协会会长等职。其继承先辈传统，当官也不忘经商，经营书卷文物，获利丰厚。其处理事务之余，从事治学，17岁校勘《金石萃编》，19岁著《读碑小笺》和《存拙斋札疏》，以后他几乎每年都有论著问世，作有《南宗衣钵跋尾》、《辽海吟》、《辽海续吟》、《扶桑两月记》、《五十日梦痕录》、《集蓼编》、《存拙斋》、《上虞罗氏枝分谱》、《殷商贞卜文字考》、《读碑小笺》、《眼学偶得》、《石交录》、《俑庐日札》，编著《殷墟书契》、《殷墟书契菁华》等130多种，刊印书籍500多种。

《元剧俗语方言例释》，辑元代杂剧中的谚语、俏皮话、歇后语、复合词语、短语等1010条。商务印书馆1956年出版。作者朱衣（1908~1967），笔名朱居易，河口镇人，7岁入学，24岁毕业于上海暨南大学留校任教，历任讲师、副教授、《清词钞》与《词学季刊》编辑等职，还著有《宋六十家词勘误》等。

《抗日战争时期、第三次国内革命战争时期解放区、根据地图书目录》，主要收录了解放区、根据地于1937年7月至1949年10月出版的图书书目；同时也收录了国民党统治区的进步出版社和书店出版的一些图书书目，还有少量是1937年以前出版的图书书目；反映了八十一个图书馆的藏书情况。中国人民大学图书馆编辑，该大学出版社1989年出版改名为《解放区根据地图书书目》。

《中国通俗小说书目》，1932年出版。内有宋、元、明三代至清末（1911）已佚未见及见存诸书的小说800多种。著录介绍了所录小说的名称、回数、卷数、版本、作者及存佚情况，间有摘录关于该书的笔记、琐闻、序跋，对孤本或珍本还注明收藏者。著者是孙楷第（1898～1986），字子书，河北沧县王寺镇人，1928年毕业于北京师范大学国文系，历任北平师范大学助教、中国大辞典编纂处与国立北平图书馆编辑、写经组组长、北京大学与燕京大学教授、中国社会科学院文学所研究员等职，著有《也是园古今杂剧考》、《日本东京所见小说书目》、《沧州集》、《小说旁证》、《论中国短篇白话小说》、《元曲家考略》、《镜春园笔记》、《水浒传人物考》、《沧州后集》、《增订元曲家考略》等。

《中国史学名著题解》，收录了古史、编年、记传、纪事本末、实录、制度史、学术史、地理方志、杂史、史评史论、史考、金石甲骨考证、历史研究法、笔记、类书丛书、文编、书目、表谱、索引辞典等20类208种史学名著。主编张舜徽（1911～1992），湖南沅江县人。叔祖父张闻锐，光绪初年秀才，以授徒终其身。父亲张淮玉，学堂算学教习，撰有《二进制考数根术》、《循环小数新术》等数学著作。张舜徽自幼随父读书，17岁时撰写出首篇学术论文——《尔雅义疏跋》，历任中学教师、大学教授、博士生导师、中国历史文献研究会会长等职，著有《广校雠略》、《中国史论文集》、《顾亭林学记》、《中国古代史籍校读法》、《清代扬州学记》、《周秦道论发微》、《中国文献学》、《说文解字约注》、《中国古代劳动人民创物志》、《清人笔记条辨》、《说文解字导读》、《清人文集别录》、《汉书艺文志通释》、《爱晚庐随笔》、《清儒学记》、《经传诸子语选》、《四库提要叙讲疏》、《广文字蒙求》、《霜红轩杂着》、《秉烛余论》、《汉语语言声系》等。

《中国近代出版史料》、《中国现代出版史料》、《中国出版史料补编》，三书的取材于上起1862年，下至1949年间的各编辑、出版单位编印问世的一些书报杂志。辑注者是张静庐（1898～1968），原名张继良，"民国"五年起用笔名"静庐"。其出生于镇海县，幼年家境贫寒，酷爱读书，1911年于龙山演进"国民"学校毕业后当酒保、学徒，因看书、写稿忘了干活，两度没满3年学徒期而中途被店主辞退，后历任报刊与书局编辑、出版部主任、书店与书局经理、上海杂志公司与联营书店总经理、中央人民政府出版总署计划处处长、古籍出版社编审、中华书局近代史编辑组组长等职，还著有《中国的新闻记者与新闻史》、《革命外史》、《在出版界二十年》等。

《经义考》，内容为：一、列明收录书目，并分"存"、"缺"、"佚"、"未见"四类；二、广泛征引了后人对所录各书的评说，且表明了朱氏的看法。作者是清朝的朱彝尊（1629～1709），字锡鬯，号竹垞、醧舫、金风亭长、小长庐钓鱼师，秀水人。曾祖父朱国祚为明代状元，礼部尚书、武英殿大学士。祖父朱大竞，云南楚雄知府。父朱茂曙，秀水县学生，家贫困，荒年时，经常缺食，卒后门人私谥为"安度先生"。朱彝尊受先辈影响，自幼刻苦学习，"即使无以举炊也书声琅琅"，康熙十八年（1679）考中进士，历任翰林院检讨、《明史》编纂、日讲起居注、乡试副主考、入直南书房，因"辑《瀛洲道古录》私带抄胥入内廷抄资料被劾"降一级，二十九年恢复原官，三十一年罢官到嘉兴专事学问著述，三十五年在王店筑曝书亭聚书8万卷，四十四年康熙南巡见《经义考》赐其"研经博物"匾额。其一生作词500多首，有部分作品"寄寓家国之恨和怀才不遇之感，慷慨悲壮，情景深沉"。毛泽东生前手书朱彝尊《解佩令·自题词集》词："十年磨剑，五陵结客，把平生、涕泪都飘尽。老去填词，一半是，空中传恨。几曾围，燕钗蝉鬓。不师秦七，不师黄九，倚新声、玉田差近。落拓江湖，且吩咐、歌筵红粉。料封侯，白头无分。"其善绘画，还著有《日下旧闻》、《曝书亭集》、《朱陈村词》（与陈维崧合作），编有《明诗综》、《词综》、《食宪鸿秘》等。

《经义考补正》，12卷。补正了《经义考》中讹谬之处1080条。作者是清朝乾隆时期的翁方纲（1733～1818），字正三、忠叙，号覃溪、苏斋，直隶大兴人，乾隆十七年考中进士，授编修，历任乡试主持、省学政、内阁学士、左鸿胪寺卿等职，后荣恩宴加二品衔，精通金石、谱录、书画、辞章之学。相传翁方纲能在瓜子仁上书写小楷字，功力精熟可见一斑。其著作还有诗6000余首与考订、金石等作品，分别结集成《复初斋文集》、《复初斋诗集》、

《两汉金石记》、《粤东金石略》、《汉石经残字考》、《焦山鼎铭考》、《庙堂碑唐本存字》、《石洲诗话》等。

《小学考》，50卷。补《经义考》未收之书。内容仿《经义考》体例列排，分"存"、"佚"、"未见"3类，类下设"敕撰"、"训诂"、"文字"、"声韵"、"音义"小类，各书均附解题，是一部语言文学的书目提要之作。1888年浙江书局刊行。作者是清朝的谢启昆（1737~1802），字良璧，号蕴山、苏潭，南康县城人。祖父谢希安，靖安训导。父亲谢恩荐，庠生，以教子有方闻名。谢启昆天赋聪慧，刻苦自励，16岁赴京入太学，25岁考中进士，历任编修、日讲起居注、乡试主考、宁国知府、江南河库道、浙江按察使、山西布政使、兵部侍郎、都察院右副都御使、广西巡抚等职，卒授资政大夫。其主持修撰《南昌府志》、《广西通志》，还著有《树经堂集》、杂文4卷、《树经堂咏史诗》526首、《山谷外集，别集补》、《史籍考》、《广西金石录》、《粤西金石略》、《圣朝殉节诸臣录》、《北楼记法帖》、《小学韵补考》等。

《阅藏知津》，44卷。作者智旭（1599~1655），明末四大高僧中是最后一位，字蒲益，别号八不道人，俗姓钟，俗名际明、名声，江苏吴县木渎镇人。因受家庭影响，7岁开始吃素断荤。12岁学儒，立志宏大，以千古道脉为己任，发誓要灭释、老，写了几十篇文章抨击释、老，又重开荤酒。17岁读袾宏的《自知录序》和《竹窗随笔》，才知佛法高妙，再也不敢谤佛，将所写过的谤佛文章拿出来全烧了。20岁作《论语》注释，到"天下归仁"一句起大疑，思索3昼夜，终于悟出孔颜心学，方知自己12岁时虽然谈儒却不知儒。同年冬天，因父亲去世，有出家之念。22岁专志念佛，又烧掉了2000多篇平时所作的文章。23岁听《大佛顶经》至"世界在空，空生大觉"一句时，撰写成48愿的愿文，决定出家，于是在24岁时从雪岭禅师剃度，被起名为"智旭"。其后游历各名山大寺，听佛理、讲经、传道、看书、立说，作有《毗尼事义集要》、《梵室偶谈》、《辟佛论》、《阅藏知津》、《灵峰宗论》、《佛说阿弥陀佛经要解》、《楞伽经义疏》、《金刚经破空论》、《法华经会议》、《梵网经合注》、《相宗八要直解》、《大乘止观释要》、《起信论裂网疏》等释论达60多种、约200卷。

《楚辞书目五种》，中华书局1961年出版。辑编者是姜亮夫（1902~1995），昭通市人，原名寅清，字亮夫，晚号成均老人，出生于一以教书为生的家庭，自幼读书，后毕业于清华大学研究院，历任中学教员、屈原学会会长、云南省教育厅厅长、大学校长、教授、博士研究生导师、教育部顾问、中国屈原学会与浙江省语言学会会长、《青年界》与《中国大百科全书·中国文学》卷先秦文学分支文学主编等职，著有《瀛涯敦煌韵辑》、《敦煌——伟大的文化宝藏》、《陈本礼楚辞精义留真》、《屈原赋校注》、《陆平原年谱》、《楚辞今译讲录》、《楚辞学论文集》、《楚辞通故》、《莫高窟年表》、《敦煌学概论》、《屈原赋今绎》、《敦煌学论文集》、《探戈集》、《初高中国文教本》、《中国文学史论》、《文学概论讲述》、《张华年谱》、《中国声韵学》、《古文字学》、《楚辞通故》（荣获全国高校首期人文社会科学家研究一等奖）等30多部学术论著，数百篇学术论文，约1000多万字，编有《中国历代小说选》、《历代各文体文选若干种》等。

《五十年甲骨学论著目》，录上起1899年，下至1949年间的有关研究甲骨文字的专书、论文共289人（含外国学者59人）的876种著作。1952年中华书局出版。著者胡厚宣（1911~1995），幼名福林，出生于河北望都县大王庄一生活清苦的教师之家，6岁入小学，1934年毕业于北京大学史学系，1986年加入中国共产党，历任中央研究院历史语言研究所助理研究员、齐鲁大学系主任、齐鲁与复旦大学教授、国研所与中科院和社科院研究员、中国殷商文化学会会长等职，长期从事《甲骨文合集》，著有《战后宁沪新获甲骨集》、《战后南北所见甲骨录》、《战后京津新获甲骨集》、《甲骨续存》以及《五十年甲骨发现的总结》、《甲骨学商史论丛》等著作论文170余种。

《建国以来甲骨文研究》，附录《甲骨文主要著录目及其通用简称》、《建国以来甲骨文编年论著目》（1949~1979年9月）、《建国以来甲骨文作者论著简目》。1981年中国社会科学出版社出版。作者王宇信（1940~），生于北京平谷，1964年毕业于北京大学历史系，历任北京大学研究员、博士生导师、中国殷商文化学会会长等职，著有《西周甲骨探论》、《甲骨学通论》等书10多部，发表《商代的马和养马业》、《殷人宝玉用玉及对玉文化研究的几点启示》、《邢台西周甲骨的新发现及对周原卜辞行款走向的再认识》等论文70多篇。

4 以所记的主要之事为书名

如各种类型的《珍言》、不同时代的《对联》、不同地区的《谚语》、不同版本的《祝福语》、不同家族的《家训》、不同人物的《语录》等。

5 以所表述的主人翁为书名

用书中内容所表述的主人翁作书名的，多为文史学科中的小说（微型小说、袖珍小说、一分钟小说、微观小说、超短篇小说、小小说、短篇小说、中篇小说、长篇小说等）、童话、故事、寓言、神话、传说、戏剧等，如《梅子》、《艾子》、《侏儒》、《安娜·卡列尼娜》、《基姆》、《平切尔·马丁》、《特雷莎·巴蒂斯塔》、《小约翰》、《莫班小姐》、《查密利雅》、《小兵张嘎》、《沙尔卡·瓦尔卡》、《苔瑟·密勒》、《梁红玉》、《弗朗西雍》、《宋士杰》等。

《梅子》，列举4个：一是阿川佐和子的小说，2000年获得坪田让治文学奖；二是反映城乡生活的一种剧本；三是齐鲁的网络小说，根据一部早期的香港电影《第100日》改编而成；四是由TBS电视台制作拍摄，日本人气美少女深田恭子领衔主演的特别剧。它们之中的主人翁均为书名。

《艾子》，又名《艾子杂说》。有寓言故事笑话40则，"以足智多谋的艾子形象贯穿全书始终"。首创系列讽刺寓言故事笑话专集。作者为苏轼（1037~1101）。

《侏儒》，长篇小说。1944年问世。描写身为国王宠臣的主人公"专横奸诈、残暴狠毒"，集一切恶行于一身的非正常行为。被评论界誉为"一部最冷静、最训练有素的散文作品"，为当时北欧的畅销书。作者是瑞典的帕尔·拉格奎斯特（Pär Lagerkvist，1891~1974），出生于瑞典南部斯莫兰省韦克舍的一铁路员工家庭，自幼读书，1911年进入乌普萨拉大学学习艺术史，1913年辍学到巴黎，当年冬天返回瑞典。他陆续著有诗歌集《主题》，随笔、散文集《握紧的拳头》、《那个时代》，小说集《铁与人》，论文集《征服生活》，诗集《心中的歌》、《苦闷》、《营火旁》、《天才》、《夜晚的土地》，剧本《最后的人》、《艰难时刻》、《天堂的秘密》、《他又活了一次》、《绞刑吏》、《一个没有灵魂的人》、《疯人院里的仲夏夜之梦》、《皮尔格门》，长篇小说《现实的客人》（自传体，描写的是童年生活）、《大盗巴拉巴》、《女巫》、《托比亚斯三部曲》、《希罗德和玛利亚妮》等。1940年，其当选为瑞典学院院士。1951年瑞典学院评审委员会以"由于他在作品中为人类面临的永恒性疑难寻求解答时所表现的艺术活力和真正的独立见解"，而授予其诺贝尔奖。

《安娜·卡列尼娜》，写主人公的爱情、婚姻、家庭、事业和生活的。1873~1877年完成。作者是俄国的列夫·尼古拉耶维奇·托尔斯泰（JleB HиkoJlaeBич ToJlcToй，1828~1910），出生于莫斯科附近的雅斯纳亚·波良纳的一很有名望的大贵族庄园里，不满10岁，父母就先后离世。因家资丰厚，使他幼年生活无忧，1844年考入喀山大学东方语系，后转法律系学习，学习期间由于对沙皇专制产生不满，于1847年退学回到庄园。其后不久，又参军，并开始文学创作，著有短篇小说集《塞瓦斯托波尔的故事》，日记体小说《琉森》，短篇小说《一个地主的早晨》、《舞会之后》，中篇小说《哥萨克》、《伊凡·伊里奇之死》、《哈泽·穆拉特》，长篇小说《战争与和平》、《复活》，剧本《黑暗的势力》等作品。他的作品产生了广泛的影响，引起了"统治集团的极度恐慌"，当时有人建议亚历山大三世将其查办，"但沙皇的宪兵将军回答说：他的'声望太大，俄罗斯的监狱容纳不了他'"。其后离开军队，成为一位有300多位农奴、多处庄园的伯爵，被委任为贵族长等职。由于其对沙皇制度一直不满与反对，决定摆脱贵族生活，把财产交给妻子，弃家出走，过"平民化"的生活。

《基姆》，长篇小说。1901年问世。写主人公成长历程与生活行为的。作者是英国的约瑟夫·鲁德亚德·吉卜林（Joseph Rudyard Kipling，1865~1936），出生于印度的孟买，6岁被送到英国读书（其父是艺术学校校长，后任博物馆长），18岁回印度开始文学创作。其著有短篇小说《想当皇帝的人》（写一个英国骗子到印度招摇撞骗）、《没有教会的祝福》（写爱情悲剧的）、《禽兽的烙印》（写一个行为不好的人变成禽兽的）与短篇小说集10多部，长篇小说《消失的光芒》（以英国为背景，描写艺术家狄克·伊杰尔命运的），中篇小说《勇敢的船长》，故事《林莽之书》（是民间流传的动物神话，儿童读物）、《原来如此的故事》（是一部动物神话，儿童读物），诗歌《营房的短篇故事诗》（用歌曲的体裁写成，赞扬殖民地军队进军战斗的）、《曼德勒》（写士兵与当地姑娘爱情的）与特写等作品。1892年到美国居住，1896年进入英国，1900年迁居南非洲，1902年回英国，1907年因作品表现出他有"观察的能力、想象的新颖、思想的雄浑和叙事的杰出才能"而被授予诺贝尔文学奖。

《平切尔·马丁》，长篇小说。1956年发表。描写一位海军军官好话说尽坏事做绝的。作者是英国的威廉·戈尔丁（William Golding，1911~1994），出生于英格兰南部的康沃尔郡一知识分子家庭,少年时期在马尔博文法学校读书,毕业后依照父亲的命令,入牛津大学读化学,两年后,改读文学。其后历任小学校长、编剧、演员、舞台监督、学校教授等职。其小说还有长篇《继承人》、《蝇王》、《自由堕落》、《塔尖》、《金字塔》、《看得见的黑暗》、《过界的仪式》、《近方位》、《底下的火》、《纸人》,短篇小说集《天蝎神》等。他在小说中插入了自己以想象、象征、比喻等方法编写的现代寓言,常将人性邪恶的道德说教与充满戏剧的幽默及辛辣的讽刺融为一体,使小说色彩丰富。1983年瑞典学院以他"在小说中以清晰的现实主义叙述手法和变化多端、具有普遍意义的神话,阐明了当代世界人类的状况"而授予诺贝尔文学奖。他还撰有诗集,杂文集《热门》,剧本《铜蝴蝶》,文学评论集《活动的靶子》等,被后人称为"寓言编撰家"。

《特雷莎·巴蒂斯塔》,1973年问世。作者是巴西的若热·亚马多(Jorge Amado,1912~2001),出生于伊列乌斯市的一个可可种植园,成年后参加了共青团与共产党领导的民族解放同盟,1931年开始发表长篇小说《狂欢节之国》,1933年因发表题材为种植园农民的苦难生活的小说《可可》而一举成名,1936年起由于参加进步政治运动多次被捕入狱,1948年开始先后流亡到法国与捷克,1951年成为世界和平理事会成员,同年获斯大林国际奖,1952年回国后专事写作,1961年当选为巴西文学院院士,5年后被巴西文学院2次提名为诺贝尔文学奖的候选人。他是用葡萄牙语从事写作的作家中作品被译成其他文字数量最多的作家,打开了巴西文学通向世界的大门,被阿根廷、法国、葡萄牙、古巴、保加利亚等国政府授予勋章,表彰其在文学创作上所取得的成就。其一生著有《汗珠》、《儒比亚巴》、《死海》、《沙滩上的船长们》、《希望的骑士》、《无边的土地》、《黄金果的土地》、《饥饿的道路》和《加布里埃拉》、《堂娜弗洛尔和她的两个丈夫》、《乡姑蒂埃塔》等长短篇小说30多部,还有诗歌、散文。

《小约翰》,长篇童话。1885年发表,引起轰动。全书14章,描述主人公梦幻中的奇遇,表现荷兰大自然的优美风景,把花草、动物、昆虫、鸟类写成了有思想与情感的东西。作者是荷兰的望蔼覃,也有的译为范伊登(Frederik Van Eeden,1860~1932),出生于荷兰西部哈勒姆的一富裕家庭,1878~1886年在大学学医期间,就开始文学创作,并发表作品,陆续问世的有讽刺诗《柯尼力斯乐园的小草叶》、抒情诗《爱伦,痛苦之歌》、散文诗《约翰

书的命名 >>>

跋妥尔》、悲剧诗《弟兄》、童话剧《理亚波》等。

《莫班小姐》，书信体小说。1835 年发表。写主人公女扮男装了解男人秘密而被卷入风流韵事中。作者是法国的泰菲尔·戈蒂叶（Théophile Gautier，1811~1872），出生于法国南部的塔尔伯城的一个显贵世家（父亲是军官，属于保王党，母亲有波旁王族的血统），童年时随父母迁居巴黎，先后进路易十四和查理曼两所著名中学读书，毕业后便到一家画室学习，后喜爱上了文学创作。其著有诗集《阿尔贝图斯》、《西班牙》、《诗集》、《珐琅与雕玉》，短篇小说集《青年法西兰》，评论集《怪人集》，小说《弗拉卡斯上校》，游记《西班牙游记》、《意大利游记》、《东方游记》、《俄罗斯游记》等。由于一些问题的产生，从 1836 年开始，其被迫向报纸卖文为生，"先后为多家报纸撰写戏剧和美术评论直到逝世，历时 36 年，文章不可胜数"。

《查密利雅》，中篇小说。1958 年问世，当年就被译成多种文字在许多国家发行。写苏联卫国战争中一对青年男女恋情的，获列宁文艺奖。作者是苏联的钦吉斯·艾特玛托夫（Чингиэ Айт-матов，1928~2008），出生于吉尔吉斯塔拉斯山区的一农牧民家庭，9 岁时父亲在肃反运动中蒙冤被害，使其过早地感受到了现实生活的艰难，青少年时期爆发卫国战争，又使他经历了战争的残酷和痛苦，更加重视文化的学习，1953 年毕业于农学院，1958 年毕业于高尔基学院，历任兽医、畜牧业技术员、编辑、记者、党中央委员、影协主席、苏联作协理事会书记处书记、苏联最高苏维埃代表、吉尔吉斯科学院院士、俄罗斯驻卢森堡大使、吉尔吉斯驻比利时、荷兰和卢森堡三国大使兼驻北约和欧共体的代表等职。其学生时代就开始写作，1952 年便在报刊上发表短篇小说、特写等作品，著有中篇小说《面对面》、《我的包着红头巾的小白杨》、《第一个教师》、《骆驼眼》、《母亲—大地》、《别了，古里萨雷！》、《白轮船》、《早仙鹤》、《花狗崖》、中短篇小说集《草原和群山的故事》，长篇小说《一日长于百年》、《死刑台》，小说《群峰颠崩之时》等，有多部著作获奖。其于 1968 年获"吉尔吉斯人民作家"称号，1971 年获列宁勋章，1978 年获"社会主义劳动英雄"称号。

《小兵张嘎》，中篇小说。写主人公成长历程的。获第二次全国少年儿童文艺创作一等奖。作者徐光耀，笔名越风，河北雄县段岗人，生于 1925 年 8 月，幼年读书，1938 年参加八路军，从 1945 年起先后担任随军记者、军报编辑、河北省文联主席、党组书记、作家协会名誉主席等职。还著有短篇小说

《周玉章》，长篇小说《平原烈火》，短篇小说集《数明和莺花》、《望日莲》，中篇小说《冷暖灾星》，剧本《新兵马强》、《望日莲》、《乡亲们哪》，个人回忆录《昨夜西风凋碧树》（获第二届"鲁迅文学奖"），通讯等作品。

《沙尔卡·瓦尔卡》，写主人公生活的。作者是冰岛的赫尔多尔·奇里扬·拉克斯内斯（Halldor Kiljan Lax-ness，1902～1998），本名哈尔多尔·格维兹永松（Halldór Gu6jónsson），生于冰岛首都雷克雅未克。父亲为一筑路工领班，1905年携家迁居雷克雅未克附近乡间，开办拉克斯内斯农场（作者在此作帮工，靠挤牛奶度过了自己的童年，之后以农场作为自己的笔名）。作者自幼聪明，7岁会做诗、编故事，后到拉丁学校和雷克雅未克一所中学受过几年正规教育，16岁便辍学离校自学，并开始自己的写作生涯。其著有长篇小说《大自然之子》、《在圣山下》、《来自克什米尔的伟大职工》（具有自传性质）、《独立的人民》、《世界之光》、《索美尔兰特的城堡》、《诗人之家》、《天空美景》、《冰岛的警钟》、《浅发女郎》、《哥本哈根大火记》、《快乐的战士》、《会唱歌的鱼》、《重返乐园》、《城堡下的快乐》、《原子站》，短篇小说集《几篇故事》、《小小的故事》，剧本《出卖了的摇篮曲》、《鸽子宴》，回忆录《诗人的时光》，另有随笔与论文、抒情诗等，并翻译海明威、伏尔泰等外国作家的多部作品，于1943年获斯大林奖。1955年瑞典学院评审委员会"因为他写了恢复冰岛古代史诗的伟大艺术的华丽辉煌的作品"，而授予其诺贝尔文学奖。

《苔瑟·密勒》，小说。1879年问世。描写主人公心地纯洁的。作者是美国的亨利·詹姆斯（Henry James，1843～1916），出生于纽约。父是宗教哲学家。兄威廉·詹姆斯是美国实用主义哲学创始人。作者幼时由家庭教师指导读书，后去欧洲学习多种语言，1862年考入哈佛法律学校，21岁发表作品，有长篇小说《贵妇人画像》、《波士顿人》、《卡萨玛西玛公主》、《美国人》、《波英顿的珍藏品》、《麦琪知道的东西》、《拧螺丝》、《鸽翼》、《使节》、《金碗》，还有自传《小孩子及其他》，评论《法国诗人与小说家》、《论霍桑》、《部分肖像》，游记《美国景象》等著作。1915年，其因不满意美国在第一次世界大战开始时的"中立"态度，加入英国籍，被英王授予勋章。

《梁红玉》，剧本。作者是欧阳予倩（1889～1962），原名立袁，号南杰，出生于浏阳县，自幼读书，15岁留学日本，历任影片公司编辑、京剧演员、中国艺联和戏协副主席、中国舞蹈协会主席、中国戏剧学院和中央实验话剧

193

院院长等职。其著有剧本《三年以后》、《玉洁冰清》、《天涯歌女》、《新桃花扇》、《木兰从军》、《如此繁华》、《关不住的春光》、《弱者，你的名字是女人》、《恋爱之道》、《矿工的女儿》、《渔夫恨》、《桃花扇》、《新玉堂春》、《黑奴恨》、《欧阳予倩剧作选》、《话剧集》、《人面桃花》，主编《全唐诗中的乐舞资料》，撰写《中国舞蹈史》（唐代部分）等作品。

《弗朗西雍》，剧本。1887年问世。描写一位妇女惩罚教训对其不忠诚的丈夫的。作者是法国的亚历山大·小仲马（Alexandre Dumas fils, 1824~1895）。其著有小说《茶花女》（一位名妓的悲惨命运），剧本《金钱问题》（写一个银行家不择手段弄钱的）、《私生子》（写一位富人诱骗一女工怀孕生子，成名后不认父亲的）、《放荡的父亲》（写一老人与儿子同时爱上一少女的）、《欧勃雷夫人的见解》（写一少女因无知而堕落的）、《阿尔丰斯先生》（写一男子抛弃真心爱她的贫寒少女，而追求一无感情的有钱寡妇的）等20多个。

《宋士杰》，剧本。又名《四进士》。描写被革去书吏职务的宋士杰，代替杨素贞申冤，状告贪赃枉法的田伦、刘题、顾读3名官吏的。因3官吏曾与审批此案的毛朋同科考取进士时，共同约定誓不渎职，故毛朋依律定案而得名《四进士》。原剧本的内容主要是歌颂宋士杰，后因人们对清正廉洁之官的热爱不断加温，经长期的演出与不断的修改，渐渐地将毛朋变成了主要的宣传对象。

6 以所表述的主人翁数量为书名

使用所表述的主人翁数量为书名不少，如《三个火枪手》、《三侠五义》、《四个陌生人》、《七剑十三侠》、《两兄弟》、《两姊妹》、《两姐妹》、《三姊妹》、《三家人》、《一仆二主》、《一位怪妇》、《二十二子》、《两个小八路》、《三个摩登女性》、《一个匈牙利富豪》、《三人》、《二十四史纪传人名索引》等。

《三个火枪手》，旧译《三剑客》。小说。1844年发表。描写主人公为王后取送首饰的。作者是法国的亚历山大·大仲马（Alexan-dre Dumas, 1803~1870），出生于一位将军家庭，父母早亡，生活贫困，成年后历任抄写员、炮兵副连长、报纸编辑等职。其作品还有《基督山伯爵》、《二十年后》、《布拉日罗纳子爵》、《玛尔戈王后》、《约瑟·巴尔萨莫》、《王后的项链》、《昂日·

皮都》、《萨尔尼伯爵夫人》等小说100多部与剧本《亨利三世及其宫廷》等作品。但是，其自认为不如儿子小仲马，形象地说："我从我的梦想中汲取题材；我的儿子从现实中汲取题材。我闭着眼睛写作；他睁着眼睛写作。我绘画；他照相"。1852年，小仲马看到自己的话剧《茶花女》初演受到热烈欢迎，而向大仲马报喜说："巨大、巨大的成功！就像我看到你的一部作品初次上演时所获得的成功一样……"，大仲马则风趣地回答："我最好的作品就是你，我亲爱的孩子！"

《三侠五义》，封面作者题为"石玉昆述"。石玉昆，字振之，号问竹主人，天津人。因久居北京说唱谋生，被人误为北京人。他是清道光年间京城内外名声大噪的说唱艺人。此书是他将此前的各种包公故事传说、舞台戏曲、说唱、诉诸文字的野史、笔记小说进行融会创新而成。书中前半部分主要描写宋代包拯为官期间不畏权势、为民申冤除害，后半部叙述侠义之士除暴安良、正气热肠的壮行豪举。文笔酣畅淋漓，塑造的英雄豪杰非常逼真，展昭的宽容忠诚，蒋平的刁钻机敏，徐庆、赵虎的粗鲁憨直，艾虎的纯朴天真，智化的机智潇洒，欧阳春的含而不露，尤其是白玉堂豪放不羁、少年气盛，无不给人留下极深的印象。虽然是个说本，但其魅力未减，流传极广，影响深远，几乎家喻户晓。后有人认为书中的大侠不止3位，而依据石玉昆的笔记本《龙图耳录》及其说唱本《龙图公案》将《三侠五义》改为《七侠五义》，光绪年间问竹主人作序时为120回；俞樾修订时，重新改写了第一回。

《四个陌生人》，作者是瑞典的埃温德·雍松（Eyvind Johnson，1900~1976），出生于瑞典北部北极圈附近的布登市的一普通工人家庭。因其幼年丧母，父劳累多病，便从小就被寄养于生活贫困的叔父家中，仅"念过小学"，于14岁时被迫外出流浪，靠打工为生。1921年，其偷渡到欧洲大陆，在巴黎和柏林漂泊，一面在餐馆劳动，一面自学，并练习写作，1924年发表小说《四个陌生人》，从此登上文坛。其著有小说《提曼斯和正义》、《黑暗中的城市》、《光明中的城市》、《回忆》、《对巨星陨落的评论》、《离开哈姆莱特》、《波宾纳克》、《黎明中的雨》、《乌洛夫的故事》（自传体4部本长篇，描写主人公从童年到青年的成长经历与社会的变迁；第一部《现在是一九一四年》，写主人公幼年时寄人篱下的生活与之后被迫当烧窑工的经历；第二部《这里有你的生活》，写主人公进锯木厂当工人期间，对社会不公平之原因不明白，便发奋读书找答案的经过；第三部《切莫回头》，写主人公进入城市，受到失业与失恋的双重打击后，意识到社会是不公平的，决心勇往直前、面对生活；第四部《青春的结束》，写主人公明白了自己不幸的原因后，决心参加社会变革）、三部曲（《夜间演习》、《士兵归来》、《克利隆》）、《幸福的尤利斯》、《拍岸的浪》、《玫瑰与火之梦》、《陛下的时代》，短篇小说集《夜深沉》、《船长，再一次》、《安稳的世界》、《七生》，游记《瑞士日记》、《北极圈冬之旅》、《柯罗诺斯游记》等，1957年当选为瑞典学院院士。1974年，因"他那高瞻远瞩和为自由服务的叙事艺术"，而授予诺贝尔文学奖。

《七剑十三侠》，又名《七子十三生》。写的是明武宗正德（1506～1521）年间，赛孟尝徐鹤（字鸣皋）等12英雄（徐庆、罗季芳、一枝梅、狄洪道、王能、李武、杨小舫、包行恭、周湘帆、徐寿、伍天熊）聚义，各仗侠肝义胆、超群武艺，劫富济贫，除暴安良，后在7子（七位以"子"命名的剑仙，即玄贞子、一尘子、飞云子、霓裳子、默存子、山中子、海鸥子）及13生（13位以"生"命名的剑仙，即凌云生、御风生、云阳生、傀儡生、独孤生、卧云生、罗浮生、一瓢生、梦觉生、漱石生、鹪寄生、河海生、自全生）的帮助下，随右都御史杨一清平定甘肃安化王朱寘镭叛乱，随佥都御史王守仁平定江西宁王朱宸濠叛乱，结果7子13生与12英雄各受封赏的事迹。作者唐芸洲，号桃花馆主，姑苏人，生平不详。

《两兄弟》，喜剧。公元前160年完成。写2人在教育后代问题上的分歧的。作者是罗马的普布利乌斯·泰伦提乌斯·阿非尔（Publius Terentius Afer，约前190～前159），出生于北非，幼年进入罗马成为农隶，主人很欣赏他的智力，让他受到与自由人同等的教育，公元前160年离开罗马，前往希腊旅行。有人说他死于海上时，连同旅行期间改编的108个剧本葬身鱼腹，还有其他说法。其还写有喜剧《安德罗斯女子》、《自责者》、《阉奴》（得到过的最高奖赏）、《福尔弥昂》（写福尔弥昂聪明机智，保持自己尊严的）、《婆母》（写一青年潘菲路斯孝母、爱妻，又恋妓的荒唐生活的）。这些喜剧是依据希腊新喜剧改编而成，之中有4部取材于米南德的作品，其余2部取材于阿波罗多罗斯和狄菲洛斯等人的著作；改编的内容保持了希腊新喜剧中常见的恋爱、嫉妒、猜疑、弃婴等主要情节，思想倾向和艺术风格上与米南德较为接近；有新喜剧固有的奔跑的奴隶、狡诈的妓女、贪嘴的食客、愚蠢的老人、怯懦的青年等人物类型。因古希腊新喜剧大部分失传，致使这些喜剧直接影响了后代欧洲喜剧的发展。文艺复兴和古典主义时期，这些喜剧被译成欧洲其他文字，成为公认的典范，著名戏剧家莎士比亚、莫里哀等人的创作，都从中吸取过不少的营养。

《两姊妹》，长篇小说。作者是苏联的阿列克赛·尼古拉耶维奇·托尔斯泰（AЛeкceй НикoaЛeВич ToЛcToй，1883～1945），出身于贵族家庭（父亲是伯爵，母亲是作家），自幼读书，1901年进彼得堡工学院学习，还未毕业便开始了文学创作生涯。其著有诗集《抒情集》、《蓝色河流后面》，童话集《喜鹊的故事》，短篇小说集《伏尔加河左岸》，长篇小说《怪人》、《跛老爷》，自传体小说《尼基塔的童年》，科学幻想小说《五人同盟》、《加林工程师的双曲线体》，历史戏剧小说《伊凡雷帝》（1946年获斯大林奖金），三部曲《苦难的历程》（《两姊妹》、《1918年》、《阴暗的早晨》，获斯大林奖金），历史小说《彼得大帝》，中篇历史小说《粮食》，其他作品《彼得的一日》、《不幸的礼拜五》、《海市蜃楼》、《聂夫左洛夫的行径或伊毕库斯》、《蔚蓝的城》、《蝮蛇》、《伊凡苏达列夫讲的故事》（文集）等。其被选为科学院院士、苏联第一届最高苏维埃代表，还获得过列宁勋章和其他勋章、奖章等。

《两姐妹》，电影剧本名。作者是女作家菡子（1921～2003），又名方晓，江苏省人，出生在溧阳县城一书香之家，幼时候念私塾，13岁进苏州女子师范中学，15岁开始发表作品，1938年8月在南昌参加新四军，同年加入中国共产党，先后上过朝鲜战场和越南战场，写下了不少战地通讯和散文作品，其中最著名的是《从上甘岭来》，特级战斗英雄黄继光的英雄事迹就是她在上甘岭最先报道出来的。她还担任过新四军第五支队团服务队队长，报社、出版社社长总编辑、编审，中国创作委员会副主任，安徽省委宣传部农宣处长，中国作协理事和上海作协副主席等职。其著有小说集《纠纷》、《前方》，报告文学《综丝事件》，散文集《和平博物馆》、《前线的颂歌》、《幼雏集》、《初晴集》、《大江行》、《乡村集》、《素花集》、《玉树临风》、《记忆之珠》、《重逢日记》，电影剧本《万妞》、《江南一叶》（合作）等作品。

《三姊妹》，剧本。1900年完成。作者是俄国的安东·巴甫洛维奇·契诃夫（AHTOH ПaВЛoВич ЧexoВ，1860～1904），出生于塔干罗格一开小食品杂货铺的家庭里，生活贫困，从小就在杂货铺站柜台帮忙，后杂货铺破产，全家迁往莫斯科。其中学时期，便以兼任家庭教师为生，1879年进莫斯科大学医学系，并喜爱上了文学创作，且陆续发表了作品，1884年毕业担任医生兼文学创作。其著有短篇小说《勋章》、《外科手术》、《马姓》、《错》、《胜利者的胜利》、《小公务员之死》、《胖子和瘦子》、《变色龙》、《苦恼》、《凡卡》、《假面》、《普里希别叶夫中士》等七八百篇，短篇小说集《五颜六色的故事》、《在黄昏》、《天真的话》和《短篇小说集》5部，幽默小品《在长篇、中篇等小说中最常见的是什么?》，剧本《蠢货》、《求婚》、《结婚》、《纪念日》、《伊凡诺夫》、《海鸥》、《万尼亚舅舅》、《樱桃园》等10多个，中篇小说《草原》、《第六病室》等。

《三家人》，剧本。作者林予（1930~1992），原名汪人以，江西上饶人，中共党员，1949年参加中国人民解放军，历任创作员、北大荒军垦战士、哈尔滨市作家协会主席、黑龙江作家协会副主席、中国作家协会理事、《解放军文艺》编辑等职务。其自1947年在上海《大公报》发表处女作《推车》之后，共出版、拍摄、演出文学作品300多万字，有电影文学剧本《祝福边防战士》、《山谷红霞》、《大雁北飞》等10多部，另有长篇小说《雁飞塞北》、《咆哮的松花江》（合作）、《有情人终成眷属》（合作）、《塞上烽烟》与短篇小说集《勐铃河边春来早》、《森林之歌》、《风雨红河》等，还有40多个短篇收入各种文集，有多种作品获奖。

《一仆二主》，喜剧。1745年问世。写主人公找职业的。作者是意大利的卡尔洛·哥尔多尼（Garlo Goldoni，1707~1793），出生于威尼斯一医生家庭。祖父与父亲都爱好戏剧，对作者产生了较大的影响。据说其9岁时便写成了第一个剧本，14岁从学校逃出参加一个流浪的喜剧团到各地巡回演出。他在大学读法律专业时，又因写了一些讽刺当地贵族妇女的诗，引起轩然大波，被校方开除；1731年大学毕业后任律师，工作之余撰写剧本，供一些剧团上演。1784年受聘担任著名喜剧演员梅德巴克剧团的专职作家，协议要求其每年要给剧团写10出左右的喜剧，而他常常超过规定的数目，仅1750年一年就写了16出戏剧。1752年进入威尼斯著名的圣路加剧院，每年至少写8出喜剧；1762年避居巴黎，仍为一些剧院创作剧本。其喜剧有《狡猾的寡妇》、《喜剧剧院》、《咖啡店》、《诚实的冒险家》、《封建主》、《女店主》、《广场》、《老顽固们》、《乔嘉人的争吵》等100多个。他还担任法国国王路易十六的妹妹的意大利语教师，撰写《回忆录》，叙述自己一生从事喜剧改革的经历。

《一位怪妇》，风俗小说。1957年完成。作者是法国的文学院院士儒勒·罗曼（Jules Ro-mains，1885~1972），在师范学校读书时，就开始了文学创作，大学毕业从事教学，还写有小说《再生的乡镇》、《巴黎的力量，或某人之死》、《同学们》、《多诺戈·东卡》、《落地镜》(长篇,三部曲——《吕西安娜》、《创造人的神》、《当轮船……时》)、《需要见到光明》、《善意的人们》、《肖弗雷尔夫人的回忆录》,诗作《热那亚颂》、《白人》,诗集《人的灵魂》、《一致的生活》、《颂歌与祈祷》,诗歌集《举起的石头》、《侵犯边境》、《日历上的圣人》、《一位正直的伟人》、《陌生人的肖像》,剧本《城里的军队》、《花天酒地的勒特罗阿戴先生》、《医学的胜利》、《独裁者》,评论《首要问题》、《法国人的民意测验》、《地球的形势》等。

《二十二子》,丛书。周、秦、两汉时期各名家的主要著作,共22种。使用的是明朝精刻本或清朝学者的校订本。有阳湖孙氏的《晏子》、《孙子》,顾氏世德堂的《庄子》,华亭张氏的《老子》,吴郡赵氏的《管子》等。后经书商翻印,名改为《子书二十二种》。

《两个小八路》,1961年发表。作者李心田(1929~),笔名李思、田犁等,出生于睢宁县大李集镇一农民家庭,幼时读过书,14岁当学徒,1953年开始文学创作,1950年毕业于华东军政大学,历任解放军第二十八速成中学教员、济南军区文化部干事及前卫话剧团创作员、创作室主任、副团长、一级编剧、中国剧协第三、四届理事等职,享受政府特殊津贴。其1957年开始发表作品,有长篇小说《寻梦三千年》、《结婚三十年》、《梦中的桥》、《跳动的火焰》、《十幅自画像》、《屋顶上的蓝星》、《银后》,中篇小说《闪闪的红星》、《船队按时到达》、《夜间扫街的孩子》、《人的质量》、《沙场春点兵》、《蓝军发起冲击》、《流动的人格》、《潜移》、《老方的秋天》,剧本《两个饲养员》、《小鹰》、《风卷残云》、《广阔天地》,叙事诗《金色的花环》、《月上柳梢头》、《青春红似火》、《再战孟良崮》、《追穷寇》(合著),儿童作品《夜间扫街的孩子》、《两只蟋蟀》、《我的两个孩子》、《哥哥放羊我拾柴》、《含泪的微笑》、《邻人之子》、《扫楼梯》、《欢迎别人胜过自己》、《分糖》等四百万字的作品,有多部著作获奖。

《三个摩登女性》,剧本。作者是田汉(1898~1968),原名寿昌,笔名伯鸿、陈瑜、漱人、汉仙等,湖南人,出生于长沙东乡春华山下一农民家庭,1916年毕业于长沙师范学校,1917年赴日本求学,1921年回国,历任上海中华书局编辑、《南国月刊》主编、左翼剧联党团书记、全国人大代表、政协代表和全委会委员、中共中央文委、文化部戏曲改进局和艺术事业管理局与艺术局局长、国家戏协会主席、国家文联副主席等职。著有作品100多部,之中有话剧《乱钟》、《梅雨》、《1932年的月光曲》、《回春之曲》、《关汉卿》、《文成公主》、《丽人行》，电影剧本《母性之先》、《民族生存》、《黄金时代》、《到民间去》、《断笛余音》、《风云儿女》（编写，创作主题歌词《义勇军进行曲》）、《忆江南》、《梨园英烈》，中国首部新歌剧《扬子江暴风雨》，多幕剧《卢沟桥》，戏曲剧《新儿女英雄传》、《江汉渔歌》，戏曲《白蛇传》、《西厢记》、《谢瑶环》和一些诗歌、散文、戏剧论文等。

《一个匈牙利富豪》，长篇小说。1853年问世。作者是匈牙利的约卡伊·莫尔（Jókai Mór, 1825~1904），出身于中产阶级家庭（父亲是一位律师），自幼喜爱文学，学生时期就开始文学创作，1845年便成为了有点名气的青年作家，著有长篇小说《爱尔蒂伊的黄金时代》、《匈牙利的土耳其世界》、《傀儡兵的末日》、《卡尔帕蒂·左尔坦》、《铁石心肠人的儿子们》、《黑钻石》、《金人》、《拉比奴隶》、《小皇帝们》、《黄玫瑰》、《金钱不是上帝的地方》与中篇小说《黄蔷薇》等110卷。

《三人》，长篇小说。作者是苏联的文豪阿列克塞·马克西莫维奇·高尔基（∂nkkceйМакси-moвиЧ Горький, 1868~1936），出生于俄国中部地区的尼日尼·诺夫戈罗德城一木工家庭，4岁丧父，随母移居外祖父家，生活困苦，仅读2年书，于10岁便走上谋生道路，先后当过学徒、守夜人、面包师等。1884年到喀山，参加一些社会活动，刻苦学习一些经典著作。1888年起开始了较长时间的流浪生涯，1934年当选为国家作协主席。他著有长篇小说《童年》、《在人间》、《我的大学》、《意大利童话》、《俄罗斯童话》、《母亲》（描写无产阶级革命者的伟大形象的，被公认为是社会主义文学的奠基之作）、《福玛·高尔捷耶夫》、《阿尔达莫诺夫家的事业》，中篇小说《马特维·克日米亚金的一生》、《奥古洛夫镇》，剧本《小市民》、《仇敌》、《底层》，诗《海燕》、《鹰之歌》，另有政论、文学论文、回忆、特写等作品。

《二十四史纪传人名索引》，是对清朝乾隆时所定二十四部正史书中的纪传人名进行的索引。各人名后均注明中华书局点校本的书名、册次、卷次和页数；一人分见于几部史书、所记人名有异文异名者，则选定其中一个做主条目，余下的著录于主条目之后；异文异名者另立参见条目；同名异人的，分别立目。1980年中华书局出版。张枕石、吴树平编著。

7 以主人翁的职务与尊称为书名

如《总统先生》，长篇小说。1936年成书，因遭禁锢，1946年才准予发表。写主人公独裁统治的。作者是危地马拉的米格尔·安赫尔·阿斯图利亚斯（Miguel Angel Asturias，1899~1974），1923年毕业于圣·卡洛斯大学社会法律系，不久，赴欧洲深造，到法国公学习东方语言，同时将拉丁美洲印第安人的古典名著《波波尔乌》翻译成法文，且追忆母亲曾经讲述过的印第安人的故事，撰成一部《危地马拉传说集》。1932年，他回国继续从事文学创作，著有长篇小说《玉米人》（依据《波波尔乌》、《契伦·巴伦》等印第安古典名著中的一些典故撰成，是描写印第安人与土生的白人在玉米种植问题上发生冲突的）、《强风》（哲理性小说，揭露联合果品公司在危地马拉的殖民主义罪行的）、《绿衣教主》（描写危地马拉美丽的自然风光的）、《永眠者的眼睛》（描写被联合果品公司掠去土地的贫苦农民的悲惨情景的）、《这样的穆拉托女人》（以叙事体之法描写一位黑白混血种女人的遭遇的）、《多罗莱斯的星期五》（以漫画的手法反映危地马拉1900至1910年的社会情景的），短篇小说集《危地拉马的周末》（有《他们都是美国佬》、《美洲豹33号》等8篇），诗集《云雀的鬓角》、《奥拉西奥十四行诗习作》、《玻利瓦尔》等。1966年，瑞典学院评审委员会"由于其出色的文学成就，他的作品深深根植于拉丁美洲印第安人的民族气质和传统之中"，而授予其诺贝尔文学奖。

8　以主人翁的名字与尊称为书名

如《哈吉老爷》，中篇小说。1945年发表。表现主人公尖刻、淫荡行为的。作者为伊朗的萨迪克·赫达雅特（Sadig Hedyat，1902~1951），出生于德黑兰一豪门大族之家，是首批中学毕业赴欧深造的学生。他于巴黎侨居4年，撰写了《人类与动物》、《素食的益处》等文章，主张废止肉食，反对任意宰割和折磨牲畜。回国后，与家庭不和，断绝来往；先后到国家银行、经济管理委员会任职，同时坚持业余创作，撰有《瞎猫头鹰》、《黑屋》、《死胡同》、《哈吉·莫拉德》、《失去丈夫的女人》、《漩涡》、《达什·阿克尔》、《昨天》、《兀鹫》、《爱国志士》等数十篇小说，另外还有2个剧本等作品。1936年移居印度孟买，在那里翻译了《阿尔德希尔伯依康的业绩》等7篇拜火教的经典著述；2年后回国，编选了民间传说、故事、歌谣的小册子，同时继续小说创作。

9　以主人翁与家庭有关重要信息为书名

用主人翁与家庭有关重要信息作书名，很容易吸引读者，阅览后也好记忆，如《蒂波一家》、《斯卡包鲁一家》、《四郎探母》等。

《蒂波一家》，长篇小说。描写主人公父子、兄弟之间冲突的。反映了第一次世界大战期间法国社会矛盾与知识分子的心理状态。作者是法国的罗歇·马丁·杜伽尔（Roger Martin du Gard, 1881～1958），于巴黎国立宪章学院毕业后，担任古文学文库管理员，工作之余，从事文学创作，先后著有长篇小说《成名》（描写一位天资聪颖初出茅庐的作家仅靠灵感而失败，与一位天赋不及前者初出茅庐的作家靠勤奋好学而成功的）、《让·巴洛瓦》（描写主人公为实现自己的理想刻苦学习、努力奋斗、酷爱进步，又常常感到困惑、苦恼、进而皈依宗教的），剧本《勒娄神父的遗嘱》、《膨胀》、《沉默的人》、《古老的法国》、《非洲秘闻》等。1937年，瑞典学院评审委员会"因为他的长篇小说《蒂波一家》所描绘的人的冲突及当代生活中某些基本方面的艺术力量和真实性"而授予其诺贝尔文学奖。

《斯卡包鲁一家》，1883年发表，写私有财产与继承权问题的。作者是英国的安东尼·特罗洛普（Arthony Trollope, 1815～1882），出生于伦敦一律师家庭，父亲挣钱不多，全家7人靠母亲写作（一生写出41部小说与旅行记）维持生活。他青年读书时，因家境贫寒，在学校常受富家子弟凌辱，于是全家移居比利时。不久父亲与一兄一姐先后去世，对作者产生了巨大影响。后来他到邮局从事文书、邮务等工作，发明了"邮筒"，且坚持业余从事文学创作，像他母亲那样异常勤奋，每天早上五点起床，五点半伏案修改前一天写下的文稿，六点钟开始创作，桌上放一手表，规定每刻钟写出250字，一直写到吃饭，饭后上班，就是出差也要严格执行这一规定。因此，他一生写出了长篇小说47部，另外还有短篇小说、游记、传记（《萨克雷传》、《西塞罗传》）等，合计达70多种。之中有长篇小说《三个小文书》、《巴赛特郡》（6部头巨型小说：《美老院院长》，《巴彻斯特塔》，《索恩博士》，《佛兰莱教区》，《阿林顿小屋》，《巴赛特最后的纪事》)、《巴里赛》（6部头政治小说：《您能原谅她吗?》，《费尼斯·芬恩》，《尤丝塔斯的钻石》，《费尼斯回来了》，《首相》，《勋爵的子女们》）、《我们现在的生活方式》（讽刺金融家与投机商的）等，被评论家列入优秀小说范围的有《贝尔东产业》、《克莱威林一家》、《麦堪乔小姐》、《瑞齐尔·瑞》、《安娜夫人》、《自传》等。

《四郎探母》，剧本，清朝作品。叙述辽、宋战争中，宋将杨四郎（延辉）被俘，改名木易，与辽国铁镜公主成婚；15年后，杨母佘太君率军来到雁门关，四郎向铁镜公主说明改名的原委，获得帮助，骗取令箭，出辽国到宋营见过母亲，又连夜赶回辽邦，被辽主萧太后擒拿问斩，经铁镜公主等求情，方获宽恕的故事。作者佚名。取材于杨家将故事，但与《杨家将演义》的情节有所不同。小说中杨四郎战败被擒后降辽招亲，是为了伺机报仇，后来果然策应宋军。《四郎探母》，则是袭取其中某些人物和情节编撰的。

10 以主人翁的名字与职务为书名

如《彼得大帝》，历史小说，创作于 1929～1945 年。描写彼得依靠人民发展社会的。作者是俄罗斯的阿列克赛·尼古拉耶维奇·托尔斯泰（AJlekceй HиkoaJleBич ToJlcToй，1883～1945），出生于萨马拉一贵族家庭。父亲是伯爵；母亲是作家。作者是在父亲的庄园长大的，受家庭的影响，1901 年进入彼得堡工学院，中途退学，投身文学创作，起初热衷于象征派诗歌，后转向现实主义小说。第一次世界大战爆发后，他以战地记者身份上前线，到过英国和法国（1916），写了一些有关战争的随笔、特写以及小说和戏剧。1917 年回国，对接着发生的十月社会主义革命不理解，出于困惑和恐惧，于 1918 年秋离开祖国，流亡巴黎，1921 年又移居柏林，1923 年返回莫斯科。其著有诗歌集《抒情集》、《蓝色河流后面》，童话集《喜鹊的故事》，中短篇小说集《伏尔加河左岸》、《山上》、《水下》、《伊凡·苏达廖夫的故事》，剧本《燕子》、《魔鬼》、《苦命的花》、《伊凡雷帝》（1946 年获斯大林奖金），政论集《祖国》，小说《蓝色的城》，特写《途中寄语》，短篇小说《美丽的夫人》、《海市蜃楼》、《五人同盟》，中篇小说《尼基塔的童年》（自传体）、《粮食》，长篇小说《怪人》、《跛老爷》、《苦难的历程》三部曲（《两姊妹》、《一九一八年》、《阴暗的早晨》）、《艾里达》、《涅夫佐罗夫的奇遇或伊比库斯》、《加林工程师的双曲线体》等。其荣获过列宁勋章与其他勋章、奖章。

11 以主人翁的名字与其有关的信息为书名

用主人翁的名字与其有关的信息为书名，起于何人何时，已难以考证，但是，这种方法所反应的内容，直截了当，易于引起读者关注，如《李有才板话》、《欧阳海之歌》、《伍子胥变文》等。

《李有才板话》，中篇小说，1943 年问世。写农村优秀人物成长的，创作风格独特；被大文学家郭沫若评价为"这儿有新的天地，新的人物，新的感情，新的作风，新的文化"；当时被指定为整风学习、减租减息和土改运动的

书的命名 >>>

干部必读材料。作者是赵树理（1906~1970）。

《欧阳海之歌》，长篇小说，1965年出版。作者是金敬迈（1930~），江苏南京人，抗日战争爆发，随同父母离家流亡于湖北、湖南、四川各地。因为战祸，当小职员的父亲失去了工作并得了重病，不久便去世。全家衣食无着，金敬迈只得去擦皮鞋、叫卖烧饼油条度日并维持其读完高中的学业。他1949年解放战争末期参加第四野战军，1957年加入中国共产党，历任军区文工团与话剧团演员、创作员、中央文革小组领导小组成员（接管文化部）等职，1968年遭江青迫害入狱，1975年到农场劳动，1978年平反，后任广州军区文化部创作组专业作家。其演过歌剧、话剧、跳过舞，拉提琴吹黑管，1962年底开始专业写作，著有长篇小说《好大的月亮好大的天》（自传体），报告文学《那沉甸甸的三百元》、《南庄一老农》、《虎门啊虎门》、《南庄啊南庄》、《朴朴实实云浮人》、《拓荒者》、《不沉的大海》、《好人邓练贤》、《我看见了天使》，剧本《双桥会》（合作）、《铁甲008》、《神州风雷》（合作）、《南越王》（合作）、《太平关》、《红岩》等，有多部作品获奖。

《伍子胥变文》，敦煌卷子写本，内容为春秋时期伍子胥背弃楚国，投靠吴国替父兄报仇的故事。是对史书的有关内容进行增改而成的。作者佚名。

12　以主人翁的数量代称与事迹的简称为书名

如《七剑下天山》，武侠小说，作者是梁羽生（1924~2009），笔名陈鲁、冯瑜宁、梁惠如等，原籍广西壮族自治区蒙山县，出生于一书香之家，自幼熟读古文，善于对联、写诗填词，8岁能背诵《唐诗三百首》，于桂林中学读完高中从简又文和饶宗颐学习历史和文学，之后考入岭南大学经济专业，1949年任《大公报》编辑，1950年调入《新晚报》工作，1954年发表处女作《龙虎斗京华》，此后陆续写成《草莽龙蛇传》、《江湖三女侠》、《萍踪侠影》、《白发魔女传》、《云海玉弓缘》、《冰川天女传》、《还剑奇情录》、《大唐游侠传》、《瀚海雄风》、《侠骨丹心》、《冰河洗剑录》、《弹指惊雷》等，到1984年共创作武侠小说35部、160册、1000万字。此外，他还撰有散文、评论、随笔、棋话，著有《中国历史新话》、《文艺新谈》、《古今漫话》等。

13　以主人翁的数量与尊称为书名

如《三大师》，是巴尔扎克、狄更斯和陀思妥耶夫斯基3人的传记。1920年问世。作者是奥地利的斯蒂芬·茨威格（Ste-fan Zweig，1881~1942），出生于维也纳一工厂主家庭，自幼喜爱读书，于柏林和维也纳大学的哲学、文学专业毕业，著有诗集《银弦》，剧本《先知》，名人传记《同恶魔战斗》（赫尔德林、克莱斯特、采尼）、《三大诗人》（卡萨诺伐、斯汤达和托尔斯泰）、《玛利亚·安东尼特》、《苏格兰玛丽皇后传》，短篇小说《看不见的收藏》、《家庭女教师》，中篇小说《一个女人一生中的二十四小时》（写一个女人一生中的一天，"为某一种欲望或感情所支配，使其不顾一切，抛弃父母、家庭、子女，追踪其所热爱的男人，直到天涯海角，甚至为此献出生命，而对方却连她的姓名都不知道"的）、《一个不相识女人的来信》，中短篇小说集《混乱的感觉》等。1933年因法西斯上台而作者被迫流亡国外，1934年于英国避居，之后又写出《鹿特丹的埃拉斯姆的胜利和悲剧》、《卡斯泰洛反对加尔文》、回忆录《昨天的世界》。1940年法西斯战火又将其逼迫到巴西，在那里撰写了一篇反法西斯小说《象棋的故事》等。

14　以主人翁的别称与事迹的简称为书名

例如：《高僧传》，正传记载东汉到梁朝257名高僧，著者梁朝的僧人慧皎（497～554）。《四朝高僧传》，由梁朝僧人慧皎的《高僧传》、唐朝道宣（596～667）的《续高僧传》（正传载记502人）、宋朝赞宁的（919～1002）《宋高僧传》（正传载记533人）、明如惺《明高僧传》（正传载记112人）汇编而成。《贰臣传》，清朝高宗敕编；书中列传的洪承畴、刘良佐、钱谦益等125人，均为投降清朝的明朝官员；为宣扬忠于一姓的思想，高宗将他们全部称作贰臣。

15　以主人翁的数量与美称为书名

运用主人翁的数量与对其的美称作书名，能直接体现内容的亮点，易于引起读者的高度关注，如《四婵娟》、《五朵金花》、《三朵小红花》等。

《四婵娟》，载四折杂剧本载每折一事；一折《咏雪》，晋朝才女谢道韫赋诗咏雪；二折《簪花》，晋朝才女卫茂漪向表弟王献之传授奇特书法；三折《斗茗》，宋朝女词人李清照夫妇恩爱生活；四折《画竹》，元朝管仲姬与画家泛舟画竹的事情。四个折内无关联，各自反映一位才华横溢的女性，像四个独幕剧。作者是清朝的洪昇（约1645～1704），字昉思，号稗畦、稗村、南屏樵者，钱塘人。外祖父黄机，进士，文华殿大学士兼吏部尚书。洪昇于1668年进国子监学习后肄业，先后创作了传奇剧《回文锦》、《锦绣图》、《闹高唐》、《孝节坊》、《天涯泪》、《青衫湿》、《长虹桥》、《长生殿》，诗1000

多篇汇为《啸月楼集》、《稗畦集》、《稗畦续集》、《幽忧草》，词集《啸月词》、《昉思词》，还有《诗骚韵注》等。

《五朵金花》，电影剧本，先后在中外46个国家放映。当时陈毅副总理每次出访最喜欢带上这部影片。在2000年全国"百年最佳影片"评选中被评为10大影片之冠。著者女作家赵季康，浙江嘉善人，1931年出生，16岁考入南京金陵女子大学中文系，1949年参加解放军，1950年开始发表作品，历任广州四兵团文工团创作员、《国防战士报》编辑、记者，1960年转业先后到中国作家协会云南分会、杭州市文化局及市文联从事专业创作。她的作品多反映西南少数民族生活，还有与人合著的剧本《摩雅傣》等作品。

《三朵小红花》，剧本，是校外辅导员陈爷爷教育3个孩子成长的故事。作者周民震，广西鹿寨县壮族人，1932年出生，1946年考入柳州市龙城中学，1951年3月随军队赴朝鲜战场，1954年转业到地方，1959年进广西作协任专业作家。其还有剧本《甜蜜的事业》、《双仇记》、《苗家儿女》（又名《森林之鹰》）、《蓝色的海湾》（合著）、《瑶山春》、《烦恼》（合著）、《鬓边的花儿》（合著）、《我是理发员》（合著）、《春雷惊狮》、《苗山颂》、《瑶山春》（合著）、《烦恼的笑声》（合著）与一些诗歌、散文、小说、童话寓言等文学作品。

16 以主人翁的职务与所在地为书名

如《大教堂里的牧师》，长篇小说，1872年问世。反映上流社会与宗教集团之间争权夺利的。作者是俄国的尼古拉·谢苗诺维奇·列斯科夫（Николай Семёнович Лесков，1831~1895），出生于奥尔洛夫省一信奉宗教的家庭。父亲为地方小官吏，酷爱读书。母亲出身莫斯科商人家庭，是一位"虔诚的宗教徒"。其10多岁时父亲去世，尚未成年就被迫到社会上谋生，成年后历任办事员、科长等职；利用工作之余，到大学旁听一些专业课，同时从事写作。其作品有通讯、政论、特写等；比较出名的还有长篇小说《走投无路》、《结仇》，中篇小说《姆采斯基县的丽季·麦克倍特夫人》，短篇小说《已经熄灭的事业》、《一个村妇的一生》、《左撇子》、《织补工》、《抢劫》、《熬夜的人》等。

17 以主人翁的数量、代称与成果的简称为书名

用主人翁的数量、代称与成果为书名所产生的名作较多。如《九僧诗》、

《二程全书》、《三曹诗选》、《六子全书》、《百子全书》、《七家后汉书》、《八家四六文钞》、《百家针灸歌赋》、《七诗人南方语言宝库》、《八家后汉书辑注》等。

《九僧诗》，诗集。是宋朝初期的诗僧文兆、行肇、怀古、宇昭、惠崇、简长、惟凤、系昼、保暹九人诗的合集。编者是宋朝的陈充（944～1013），成都人，字若虚，号中庸子，雍熙二年（985）进士，历任殿中丞，明州知州、刑部郎中等职。

《二程全书》，是北宋时期的程颢、程颐兄弟著作的合编。收《遗书》、《附录》（行状）、《外书》（以上均为二程门人所记，经朱熹编排而成）、《经说》、《伊川先生文集》、《明道先生文集》、《伊川易传》、《粹言》（杨时撰）等。程颢（1032～1085），字伯淳，原籍河南府洛阳，生于湖北黄陂县。曾祖父程希振，员外郎。祖父程遹，黄陂县令。父亲程珦，太中大夫。程颢幼时与弟程颐师从周敦颐，嘉祐二年（1057）考中进士，历任县主簿、晋城令、太子中允、监察御史、宗宁寺丞等职，后因与王安石政见不合，不受重用，遂与弟程颐到嵩阳、扶沟等地建学堂，从事教学与研究，世称明道先生，卒15年后，赐谥程颢为"纯公"、程颐为"正公"，追封程颢为"河南伯"、程颐为"伊川伯"，并"从祀孔子庙庭"。元明宗至顺元年（1330）加封程颢为"豫国公"、程颐为"洛国公"。清康熙二十五年二程进儒为贤，次年康熙帝又赐二程祠"学达性天"匾额。程颢一生没有专门的学术著作，他的讲学语录及一些书信、诗文，被后人与程颐的著作合编在一起而为《二程全书》。程颐（1033～1107），字正叔，学者称伊川先生，18岁就上书当时的宋仁宗，提出了"勿徇众言，以王道为心，以生民为念，黜世俗之论，期非常之功"的"应时而作"变革主张（《河南程氏文集》卷五《上仁宗皇帝书》）；27岁科举廷试落第，从此不再参加科试。后不少朝廷大臣多次举荐他出仕，但他都以"学之不足"为由而拒绝。神宗去世后，王安石失势，程颐才在司马光、吕公著的力荐之下，出任汝州团练推官、国子监教授、崇政殿说书（辅导皇帝读书）等职，著有《周易程氏传》（又名《伊川易传》）、《遗书》、《文集》、《经说》等。

《三曹诗选》，诗集。三曹，是三国时期的曹操、曹丕（魏文帝）、曹植父子。内容为3人影响较大的部分诗文。辑者余冠英（1906～1995），原名松寿，笔名灌婴，生于扬州，3岁学字，1926年考入清华大学，主修中国古典

书的命名 >>>

诗歌，同时开始创作，1931 年毕业，历任清华与西南联大等校教授、中科院研究员、文学所副所长与学术委员会主任、《文学遗产》杂志主编、中国作协理事、全国人大代表、全国政协委员、中国文联委员、国际笔会会员、文学所顾问及博士生导师等职，著有《乐府诗选注》、《祖国十二诗人》、《怎样阅读古典文学作品》、《汉魏六朝诗论丛》、《诗经选》、《汉魏六朝诗选》、《古典文学研究中的错误倾向》、《七发》（余冠英译）、《中国文学史》、《汉朝诗歌选注》、《汉魏六朝诗选》、《乐府诗集点校》、《诗经选译》、《古代文学研究集》、《古代文学杂论》、《中国古代山水诗鉴赏辞典》、《古诗精选》、《余冠英推荐古代民歌》、《诗经与楚辞精品》、《唐宋八大家全集》、《乐府诗选》与 10 多篇论文等。

《六子全书》，两种：一、汉朝河上公的《老子》注、晋朝郭象的《庄子》注与张湛的《列子》注、唐朝杨倞的《荀子》注、宋朝的宋咸等五人的《扬子法言》注、宋朝阮逸的《中说》注等六书注的合集本名，也称《世德堂六子》，选辑者为明朝嘉靖时期的顾春。二、桐荫书屋本，校刻质量不如顾春本，选辑者佚名。

《百子全书》，丛书，也名《子书百家》。内收小说 16 家、术数 2 家、道 14 家、杂 28 家、农 1 家、儒 23 家、法 6 家、兵 10 家，均为先秦至明朝时期的"子部"书。清朝光绪时期的崇文书局辑编。"子部"，也称"丙部"，都是中国古代图书四分法的第 3 大类称谓。

《七家后汉书》，为三国时期吴国谢承的《后汉书》、晋朝华峤的《后汉书》、谢沈的《后汉书》、袁山松的《后汉书》、薛莹的《后汉记》、司马彪的《续汉书》和列为正史的南朝宋范晔的《后汉书》。清朝的汪文台依据黄奭、章宗源、姚之骃等人的辑本汇编而成。

《八家四六文钞》，内容是孙星衍、洪吉亮、孔广森、吴锡麒、邵齐焘、刘星炜、袁枚、曾燠 8 人的骈文。著者是清朝的吴鼒（1755～1821），字及之、山尊，号抑庵、南禺山樵、园，自称"达园锄菜叟"，安徽全椒人，7 岁时即能诗文，嘉庆四年（1799）考中进士，历任庶吉士、广西乡试主考、《八旗诗》编修、《高宗实录》纂修、侍讲学士等职。他擅书能画，工骈体文，50 多岁退休到扬州，执掌当时的梅花书院 10 多年，主讲四六骈文，校刊《平冤录》、《洗冤集录》、《元冤录》、《晏子春秋》、《韩非子》，著《夕葵书屋集》、《清画家诗史》、《墨林今话》、《畊砚田斋笔记》，还与志同者搜辑《全上古八

208

代文》，校定《全唐文》等。

《百家针灸歌赋》，文集，针灸方面的实践经验与理论。书中辑录了《肘后歌》、《聚英》、《针经指南》、《千金十一穴歌》、徐氏的《针灸大全》、杨氏的《针灸大成》等文献中的内容。作者刘静贤。

《七诗人南方语言宝库》，大字典。主编是法国的佛雷德里克·米斯特拉尔（Frédéric Mistral，1830~1914），出生于法国南方罗纳河口省马雅纳的一农场主家庭，自幼读书，1851年获埃克斯大学法学学士学位，之后便从事诗歌创作与奥克语的研究，创办了《普罗旺斯年鉴》，用20年的时间编纂了一部《菲列布里热词库》，建立了普罗旺斯人种史博物馆。其以奥克语撰写有长篇诗《普罗旺斯》、《奈尔特》，叙事长篇诗《米瑞伊》（叙述一对年轻人生死不渝的爱情的）、《罗纳河之歌》（一对青年人的罗曼史），传奇叙事史《卡朗达尔》，抒情诗《黄金群岛》，五幕诗体悲剧《让娜王后》，回忆录《我的出身、回忆录和故事》，抒情诗集《油橄榄的收获》，文集《年鉴散文》、《新年鉴散文》、《最后的年鉴散文》，诗歌《日历》、《拉丁民族的颂歌》、《金岛》等。1904年，瑞典学院评审委员会以"他的诗作的新颖的独创性和真正的灵感，忠实地反映了自然景色及其人民的乡土感情；还由于他作为普罗旺斯语言学家的重大成就"，而授予其诺贝尔文学奖。

《八家后汉书辑注》，内有谢承《后汉书》、薛莹《后汉记》、司马彪《续汉书》、华峤《后汉书》、谢沈《后汉书》、张莹《后汉南记》、袁山松《后汉书》、张璠《后汉记》、无名氏《后汉书》，后附"八家后汉书著者传略"等。辑注者周天游（1944~），祖籍诸暨市，生于上海，1953年随父母迁居天津，1982年于西北大学历史系毕业，获硕士学位，历任大学系副主任、教授、图书馆馆长、古籍整理研究所所长、陕西历史博物馆馆长、省人大代表与对外友协理事、全国政协委员、九三学社陕西省委常委兼对台工作委员会主任、中国秦汉史研究会长、中国社会史学与历史文献研究会副会长、陕西省文史研究馆馆员等职，出版著作有《秦汉社会文明》（合著）、《后汉纪校注》、《史略校笺》、《秦汉史研究概要》、《汉官六种》、《古代复仇面面观》等10多部，合作出版《中国通史》（白寿彝主编）、《二十五史精选精译》、《资治通鉴新注》等20余部，主编《中国社会史文库》（第1辑，6册）、《地域社会与传统中国》等，发表论文30余篇，有多部著作获奖。

18 以对主人翁的敬称与成果的简称为书名

如《六一诗话》，北宋时期的欧阳修（1007~1072）晚年的笔记，修成书名为《诗话》。后人因其别号是"六一居士"（由《六一居士传》中自称"吾家藏书一万卷，集录三代以来金石遗文一千卷，有琴一张，有棋一局，而常置酒一壶；以吾一翁，老于此五物之间，是岂不为'六一'乎？"而得名）改《诗话》为《六一诗话》。内容多是对唐朝至北宋时期一些诗人作品的评述，成为一种文体，为后人论诗所仿效。

19 以对主人翁的尊称与成果为书名

如《六祖坛经》，也名《六祖大师法宝坛经》。用"自性本自清净"的观点来阐述"明心见性"、"顿悟成佛"的道理。书中分自序、般若、疑问、定慧、坐禅、忏悔、机缘、顿渐、咐嘱等10个部分。为禅宗六祖慧能于广东韶州大梵寺口述，弟子法海集录，后人陆续增订而成。中国首部为"经"的佛教著作。慧能（638~713），也名惠能，俗姓卢氏，河北燕山人，生于岭南新州，父亡随母移居南海，艰辛贫困，以卖柴为生。唐朝龙朔元年（661），得人资助，到黄梅谒见禅宗五祖弘忍。五祖乃令其随从做杂务，劈柴踏碓，8个多月，得黄梅五祖弘忍传授衣钵，继承东山法门，进一些名山大寺讲经说法，听者有时达千余人，成为禅宗第六祖。神龙元年（705）武则天和中宗遣内侍薛简至曹溪召其入京，惠能以久处山林，年迈风疾，推辞不去，中宗因此赠摩纳袈裟一领与绢五百匹以供养，并命改称宝林寺为中兴寺，由韶州刺史重修，以惠能新州故宅为国恩寺。其卒，宪宗追谥其为大鉴禅师。他与孔子、老子被并列为"东方三圣人"。他曾针对同门大师兄神秀的一首诗"身是菩提树，心为明镜台。时时勤拂拭，勿使惹尘埃"作"菩提本无树，明镜亦非台，本来无一物，何处惹尘埃"，显示了其非凡的智慧与对佛学理论的悟性。

20 以主人翁数量、代称与有关信息为书名

用主人翁的数量与有关信息为书名所涉及的体裁比较多，诗词、歌赋、剧本、历史、小说、戏曲、传记、注释、佛经、日记都有，如《七美图》、《八义记》、《八义图》、《绣像八才子词话》、《好色五人女》、《四世同堂》、《一个少年的苦恼》、《一个小人物的结局》、《一个年轻人的忏悔》、《一个没有灵魂的人》、《八仙出处东游记传》、《一个乡村教士的日记》、《一个无足轻

重的女人》、《三个世界的西班牙人》等。

《七美图》，诗集，写一个国王娶7个美女做皇后。作者是阿塞拜疆的尼扎米，笔名伊里亚斯·冈杰维（1141~1209），出生于一贫苦人家，进过回教学院读书，精通古代阿拉伯、波斯等多种语言。其还有诗集《神秘的宝库》（写人民生活贫苦的）、《霍斯罗夫和希琳》（写甜蜜爱情的）、《莱丽和梅季侬》（写爱情不幸的）、《伊斯坎德尔纪事》（写一统治者的生平事迹的）。这5部诗集共有诗句12万行，全用波斯语以古典俳句形式写成，内容丰富生动，词句严谨美丽，被誉为"杰作"、"宝贵的诗歌遗产"，成为后人习作的样本；14世纪乌兹别克的大诗人纳沃依的《五诗集》就是仿此而成。他的诗作较多，但流传下来的仅有以上5部。

《八义记》，是明朝时期将元朝纪君祥创作的杂剧本南戏《赵氏孤儿》（也名《赵氏孤儿报大仇》、《冤抱冤赵氏孤儿》——述说春秋时期的晋国大臣屠岸贾杀赵盾全家，搜孤儿赵武，被门客程婴等人救出，抚养成人后报仇的故事）中的迷信内容删除后，改编而成的一部传奇剧本。改编者何人？说法不一。有的说是徐元，也有说不是。徐元，字叔同，钱塘人，生卒年及生平均不详，约明神宗万历中前后在世，著有描写程婴、公孙杵臼救赵武的《曲录》等。

《八义图》，山西晋剧，剧本也名《搜孤救孤》。内容来源于元朝纪君祥创作的杂剧本南戏《赵氏孤儿》。作者佚名。

《绣像八才子词话》，也名《多妻鉴》、《金瓶梅》、《校正加批多妻鉴全集》、《新镌绘图第一奇书钟情传》、《四大奇书第四种》等，100回，明朝的长篇小说。内容丰富，生动地描绘了社会习俗、城市的典当、货币、宗教、娼妓、饮食、茶楼酒肆、高利贷、方言、谚语、服饰等等，对《红楼梦》等后来长篇现实主义小说的创作都产生了很大的影响。该书的全节本长期被列为禁书。题名兰陵笑笑生，但作者到底为何人？众说不一，有的说是嘉靖间大名士或绍兴老儒、徐渭、卢楠、薛应旗、赵南星、李卓吾、王世贞、李渔、冯维敏、李开先、屠隆、贾三近等，首开中国文人独立撰写长篇小说之先河。

《好色五人女》，又名《浮世女容气》。作者是日本的井原西鹤（1642~1693），出生于大阪的一商人家庭，小名平山藤五，成年后，拜名家西山宗因为师，勤奋好学，敢于创新，深入生活，遍访各地的花街柳巷，寻找创作素材，晚年周游全国，后死于大阪。他还著有小说《好色一代男》（又名《诸艳大鉴》，问世后，引起轰动，是日本文学史上的第一部社会小说)、《好色一代女》等。其小说影响很大，模仿者"层出不穷"。

《四世同堂》，长篇小说。作者是老舍（1898~1966），满族，北京人，原名舒庆春，自幼读书，师范毕业；历任大学教员、国家文联和作协副主席及书记处书记等职；一生辛勤写作，发表了大量的小说、散文、杂感、书评、相声、剧本、诗歌、译著等作品，被誉为"作家劳动模范"。他的长篇小说《骆驼祥子》，很有名，被译成10多种外国文字出版发行。

《一个少年的苦恼》，中篇小说，1883年发表。写教会对人精神摧残的。作者是瑞士的康拉德·斐迪南·迈那尔（Conrad Fer-dinand Meyer，1825~1896），生于苏黎世的一书香之家（父亲是一位历史学家和法学家），年轻时学法律，后又研究历史和语言学。其著作还有长篇叙事诗《胡腾的末日》，小说《护身符》、《郁尔格·耶纳奇》、《祭坛枪声》、《普劳图斯在修女院中》、《裴斯卡拉的诱惑》、《僧侣的婚事》、《女法官》、《圣者》，抒情诗《罗马喷泉》、《双帆》、《林中小径》等作品。

《一个小人物的结局》，中篇小说，1922年问世。写一知识分子独特生活的。作者是苏联的列昂尼德·马克西莫维奇·列昂诺夫（1899~1994），出生于莫斯科一知识分子家庭（父亲是一位有民主主义倾向的诗人；1910年被沙皇政府逮捕流放），一度靠经商的祖父抚养，中学读书时，喜爱文艺活动，16岁即在父亲主编的报刊上发表诗歌与戏剧短评。成年后曾任高尔基文学院教员、苏联作协理事会书记、苏联科学院院士等职。他还有长篇小说《獾》、《贼》、《索溪》、《俄罗斯森林》、《斯库塔列夫斯基》、《通过海洋的道路》，中篇小说《彼土希亨的转变》、《柯维亚金的札记》、《外省纪事》，剧本《狼》、《暴风雪》、《侵略》、《马克·金利先生的逃亡》与一些政论文和特写等作品，有一些著作获奖。

《一个年轻人的忏悔》，自传体作品。著者是爱尔兰作家乔治·摩尔（George Moore，1852~1933），留学过法国，著有小说《伊芙林·茵丝》、《伊瑟尔·瓦特斯》、《爱罗绮丝和阿伯拉尔》，作品《欢呼与告别》等。

《一个没有灵魂的人》，剧本，1936年问世，探讨道德问题的。作者是瑞典的帕尔·费比安·拉格奎斯特（Pär Lagerkvist，1891~1974），生于莫兰省德的维克舍（祖父是贫苦农民，父亲是铁路工人），自幼读书，因家境贫寒，大学未能毕业便走上了文学创作、以文谋生之路。其著有论文《评瑞典的表现主义者》，小说《永恒的微笑》、《邪恶的故事》，随笔与诗歌集《主题》，小说集《铁与人》，诗歌集《苦闷》、《心中的歌》、《营火旁》、《天才》、《夜晚的土地》，随笔与散文集《握紧的拳头》、《那个时代》，剧本《最后的人》、《艰难时刻》、《天堂里的秘密》、《他又活了一次》、《绞刑吏》、《疯人院里的仲夏夜之梦》、《哲人之石》、《皮尔格门》，论文散文集《征服生活》，长篇小说《女巫》、《托比亚斯三部曲》、《希罗德与玛利亚姆妮》、《现实的客人》（描写童年生活的自传）、《侏儒》（丑化侏儒的，被瑞典评论界誉为"最冷静、最训练有素"的散文杰作）、《大盗巴拉巴》（以基督教为背景，采用象征性的方法，将卑劣与道德、善与恶、神与人、理想主义与种种现实，以强有力的哲理语言简洁明快地予以分析和解剖，表述的水火不容；指出了宗教的虚伪、是统治阶级杀人不眨眼的帮凶，谴责宗教利用迷信愚弄劳苦大众；1951 年，瑞典学院评审委员会认为"由于在作品中为人类面临的永恒的疑难寻求解答所表现出的艺术活力和真正独立的见解"，而授予作者诺贝尔文学奖）与传说、童话等作品。1940 年，他被选为瑞典皇家学会会员。

《八仙出处东游记传》，确定了八位神仙的具体姓名，改变了唐、宋、元、明等朝代文献记载不统一的局面。作者是明朝的吴元泰。

《一个乡村教士的日记》，日记体长篇小说，1934 年问世，1936 年获法西兰学院小说奖。叙述的是一位身患绝症的年轻教士百折不挠地与罪恶作斗争的故事。作者是法国的天主教作家乔治·贝尔纳诺斯（Georges Bernanos，1888～1948），出生于巴黎，在一有西班牙血统的天主教家庭长大，1906～1913 在巴黎大学法律系和天主教学院读书，获得法学与文学双学士学位，1909 年开始发表作品，先后著有小说《达尔让夫人》、《冒名顶替》、《正统观念者的惊恐》、《死亡的教堂》、《真理的丑闻》、《我们这些法国人》、《在撒旦的阳光照耀下》、《诈骗》、《一夜》、《快乐》（获费米娜文学奖）、《一个罪过》、《穆赛特新传》、《月光下的公墓》，剧本《加尔默罗会修女的对话》，时事评论和书信《耶稣灵魂受难图》、《明天就是你们！》、《法兰西心灵的感召》、《致英国人的信》、《法兰西反对机器人》等。他当过兵，担任过《诺曼底先驱论坛》主编等职，与戴高乐将军同窗好友，二战后政府授他部长和大使职务及法兰西科学院院士殊荣，均被其拒绝，甘守清贫。由于其文学成就突出，1927、1938、1946 年 3 次为他授勋，也不接受，淡泊名利。

《一个无足轻重的女人》，喜剧本，1893 年问世。作者是英国的奥斯卡·

王尔德（Oscar Wilde，1854~1900），出生于爱尔兰一医生家庭，在牛津大学马格达林学院攻读古希腊经典著作期间就从事文学创作，还有剧本《莎乐美》、《温德美尔的扇子》、《理想的丈夫》、《名叫欧纳斯特的重要性》，诗《拉凡纳》（获大学奖金）、《希拉斯》、《夏密迪斯》、《女妖》，诗集《诗集》、《累丁狱中之歌》，论文集《意图》、《社会主义制度下人的灵魂》，童话集《快乐王子集》、《石榴之家》，长篇小说《道林·格雷的画像》，短篇小说集《亚瑟·萨维尔勋爵的罪行》等作品。

《三个世界的西班牙人》，散文集。作者是西班牙的胡安·拉蒙·希门内斯（Juan Ramón Jiménez，1881~1958），出生于安达鲁西亚的莫格尔小城，小时候在教会学校读书，后来依照父亲的意愿，到塞维利亚大学读法律、学绘画，因历史课测验不好而没毕业即离开了学校。在校学习期间，他就开始了文学创作，并在地方报刊上发表了诗文。其还有诗集《白睡莲与紫罗兰的灵魂》、《诗韵》、《悲伤的小调》、《牧歌》、《远方的花园》、《挽歌》、《魔幻与悲痛的诗篇》、《有声的孤独》、《遗忘》、《春天的歌谣》、《忧郁》、《迷宫》、《精神的十四行诗》、《永恒》、《石与天》、《诗与美》，中篇诗体童话故事《普拉特罗和我》（作者的传记），长诗《空间》（是一首哲理抒情性质的长诗）、《一个新婚诗人的日记》（是一首描写爱情与大海的诗体日记）。在诗歌、散文创作的同时，他还翻译了印度泰戈尔的作品等。其一生先后从事过杂志主编、出版、文学研究，被国家派往美国担任文化参赞等工作。

《六个寻找作者的剧中人》，怪诞剧，1921年问世。著者是意大利的路易吉·皮蓝德娄（Lui-gi Pirandello，1867~1936），出生于西西里城一富商家庭，中学毕业后，先后进西西里首府帕勒莫与罗马的大学读书，之后又到德国的波恩大学留学攻读文学和语言学，1892年回国为文艺刊物撰写评论，并到罗马高等师范学校教授文学、修辞学等课程，1926~1934年带领他的剧团到各国巡回演出。他在大学时代就开始文学创作，写抒情诗，出版了几部诗集。其后又撰写了近300篇的短篇小说集《一年的故事》，长篇小说《被抛弃的女人》（记述西西里岛风土人情与贫穷落后、下层人民苦难的）、《已故的帕斯加尔》（描写主人公同妻子争吵后离家出走到处流浪的）、《老人与青年》、《一个电影摄影师的日记》等7部，怪诞剧本《西西里柠檬》（作者的短篇小说改编，反映西西里生活的）、《利奥莱》（作者的短篇小说改编，反映西西里生活的）、《亨利第四》（写主人公被情敌刺伤后变成疯子治愈后又装疯的)、《诚实的快乐》、《各行其是》等。1934年，瑞典学院评审委员会，"因为他果敢而灵巧地复兴了戏剧艺术和舞台艺术"，授予其诺贝尔文学奖。

21 以主人翁与作者为书名

如《高玉宝》，自传体长篇小说，1955年出版。作者高玉宝，1927年4月6日出生于辽宁省复县孙家屯的一贫苦农民家庭，9岁时读过一个月的书，便去当童工，1947年参加中国人民解放军，1948年加入中国共产党，在辽沈、平津、衡宝战役等20多次的大小战斗中，立大功6次、小功2次，1954年进人大速成中学读书，1958年保送进入中国人民大学新闻系学习，1962年毕业回军队工作。历任战士、通讯员、师职创作员、团中央委员、辽宁省人大代表、高级讲师、德育教育导师、教授等职。他著有《春艳》、《我是一个兵》、《高玉宝续集》等200多万字的长篇小说与100多篇短篇小说、散文和报告文学《家乡处处换新颜》等作品。他60年如一日坚持用写书、作报告，对全国的干部群众特别是青少年进行爱国主义教育；把他在新旧社会的不同命运写成书给读者看，到学校、工厂、机关讲给大家听，说旧社会旧中国普通百姓的苦难生活、新社会新中国的巨大变化、今天的幸福生活来之不易；从20多岁的第一场报告到80多岁，足迹遍及大半个中国，先后报告5000多场，听众达500多万人次。他作报告有"三不"、"三收"、"二送"、"一留"的规矩：不收酬金，不收礼品，不吃请；只收三样"礼物"，即一条红领巾，一束鲜花，一张聘书；把鲜花转送给勤奋育人的优秀教师，红领巾签名后转送给品学兼优的学生，聘书留下，作为青少年教育的联系物。他在近60年的教育实践中，帮助老百姓扫院子、挑水、种地、修理门窗，先后多次冒着生命危险参加救火，顶着大雪步行20里路把患重病的小女孩背到医院抢救，先后获得有关单位部门10多次奖励，被誉为"新时期当之无愧的活雷锋"。

第五节 用时间或简称、代称与其他字词组合命名法

从书的整体上看，使用时间或简称、代称与其他字词组合作书名的，不是太多。但是，若把这种方法命名的书集中到一起观察，数量也是够惊人的，如《百年孤独》、《二月之路》、《千夜之夜》、《八代诗选》、《三朝北盟汇

编》、《六朝文絜》、《廿载繁华梦》、《八十天环游地球》、《五代诗话》、《一九四八——九八四年诗选》、《二十年目睹之怪现状》、《十二气历》、《两千年中西历对照表》、《三代遗书》、《一夜之间》、《七月老爹》、《百年大计》、《七月十四日》、《两个星期一的回忆》、《五月之夜》等。

《百年孤独》，小说，1967年出版。被认为是"魔幻现实主义的经典"。该书将历史和神话、梦幻与现实、喜剧和悲剧熔为一炉，巧妙地运用交叉时空、预言、象征、隐喻、夸张、想象、梦幻、荒诞、神话传说方法，描写一个虚构的小镇布恩地亚家族七代人的命运，生动地展示了拉美大陆百年来的历史进程，希望人们的愚昧、忧虑、落后的思想、民族分裂、孤独能被飓风一扫而光，见到团结一致发展社会的新景象。作者是哥伦比亚的加夫列尔·加西亚·马尔克斯（Gabriel García Márquez，1927~2014），出生于马格达莱纳省得阿拉卡塔卡小镇，从小在外祖父家中生活，听外祖母讲神话传说和鬼怪故事，13岁到教会学校读书，后进波哥大学学法律，1948年因发生国内战争而被迫辍学，历任报刊记者、编辑、法国西班牙语文化交流委员会主席等职。1982年，瑞典学院评奖委员会认为此书"把我们带进了奇异的世界，将不可思议的神话和最纯粹的现实生活融于一体，反映了拉美大陆的生活和冲突"，而授予他诺贝尔文学奖。其著作还有短篇《第三次忍耐》，长篇《家长的没落》（用17年时间才完成，描述的是一独裁者一生罪恶滔天、荒淫无度、杀人如麻，同上千个女人生出5千多名孩子，"对内横征暴敛，对外卖国求荣"，死后尸体被秃鹰吞食）、《枯枝败叶》、《霍乱时期的爱情》、《迷宫中的将军》、《爱情与其他邪魔》、《恶时辰》，中篇《没有人给他写信的上校》、《一件事先张扬的人命案》，短篇集《格兰德大妈的葬礼》与报告文学、谈话录、电影剧本、文集等。

《二月之路》，长篇小说，1935年问世。写起义失败的教训等问题的。作者是德国女作家安娜·西格斯（An-na Seghers，1900~1983），原名内蒂·赖林，出生于美国因茨市一古玩商和艺术鉴赏家的家庭，先后到科隆、海德堡大学攻读语言学、历史学、艺术史和汉学，1924年获博士学位，历任编辑、国家作协主席等职。其长篇小说还有《圣·巴巴拉的渔民起义》（获克莱斯特奖）、《同伴们》、《人头悬赏》、《拯救》、《过境》、《第七个十字架》、《死者青春常在》、《决断》、《信任》，短篇小说《已故少女们的远足》，中篇小说《一个人和他的名字》、《渡过》、《奇特的会见》与一些其他作品等。由于她在创作和社会活动方面的杰出贡献，于1951年先后获得国家奖和国际列宁和平奖，1959与1971年获得国家奖。

《千夜之夜》，小说，1982年问世。根据《一千零一夜》的故事人物改写。作者是埃及的纳吉布·马哈福兹（Najib Mahafuz，1911~2006），出生于开罗杰马耶勒老区一经商的人家，1930年考入埃及大学文学院哲学系，之后一度攻读哲学硕士学位，1936年辍学，于母校就职，并开始文学创作，1939年后历任埃及电影局局长、文化部顾问等职，1971年退休。他撰写了中长篇小说和短篇小说集50多部，有1组3部曲式的"家族小说"《宫间街》、《思宫街》、《甘露街》，通过对主人公1家3代的生活经历及思想变迁的描写，展现了20世纪上半个世纪以来埃及的社会生活，书中人物众多，个性鲜明，事件突出，表述细腻，词语优美，内容丰富，是一部百科全书式的巨著，被誉为"阿拉伯现实主义作品的里程碑"；表现爱国主义的历史小说《命运的嘲弄》、《阿杜比斯》、《塔伊拜之战》；描写都市生活和社会问题的《新开罗》、《赫利利市场》、《梅达格胡同》、《始末记》；社会哲理小说《小偷与狗》、《鹌鹑与秋天》、《道路》、《乞丐》、《尼罗河上的絮语》、《声名狼藉的家》、《米拉玛尔公寓》、《我们街区的孩子们》）；短篇小说集《疗养随想录》；其他内容的小说《疯语》、《伞下》、《卡尔纳克咖啡馆》、《尊敬的阁下》、《平民史诗》、《爱的时》、《伊本·法图游记》、《王座前》、《自传的回声》（自传）、《黑猫酒店》等。其于1970年获国家文学表彰奖，1988年获埃及最高奖赏——尼罗河勋章，同年，瑞典学院评奖委员会以他"通过大量刻画入微的作品，显示了洞察一切的现实主义，唤起人们树立雄心——形成了全人类所欣赏的阿拉伯语言艺术风格"，而授予诺贝尔文学奖。

《八代诗选》，汉朝至隋朝8个时代的诗歌。编者是清朝的王闿运（1833~1916），字壬秋，湖南湘潭人，咸丰年间的举人，任翰林院检讨加侍讲衔，辛亥革命后为清史馆长，所作诗文等著作均被其门人汇入《湘绮楼全书》。

《三朝北盟汇编》，述政和七年（1117）到绍兴三十二年（1162）宋、金交涉史事。光宗绍熙五年（1194）成书，引用官私著述200余种。著者是南宋时期的徐梦莘（1126~1207），清江人，字商老，幼时聪明，喜读书，上从经传史，下至逸闻琐事小说野史，无不浏览，且过目不忘，绍兴二十四年考中进士，历任南安军教授、湘阴知县、广西转运司书记、宾州知州、直秘阁等职。其著还有《北盟集补》、《会录》、《读书记志》、《集送录》、《集仙录》等。

《六朝文絜》，文集，内收晋朝、南北朝、隋朝骈文72篇。选编者是清朝的许梿（1787～1862），初名映涟，字叔夏，号珊林、乐恬散人，室名红竹草堂、古韵阁、行吾素斋，浙江海宁长安人，道光十三年（1833）进士，历任直隶知县、山东平度知州等职。其以吏事精敏、善决疑狱著称，7年共审结新旧案13600余件；守镇江时，洪水泛滥，亲率舟楫往来赈恤灾民，发放衣食，抢救民众。他利用公务之余，致力于学术研究，著有《古韵阁文》、《古韵阁诗》、《读说文记》、《说文解字疏笺》、《识字略》、《洗冤录详义》、《摭遗》、《补》、《古韵阁宝刻录》、《外科正宗》、《咽喉脉证通论》、《刑部比照加减成案》及《续编》、《海宁许公名宦乡贤轶事》等。

《廿载繁华梦》，揭露清朝官场腐朽的，1907年发表。作者是清末民初的黄小配（1872～1913），又名黄世仲，笔名黄帝苗裔，别号禺山世次郎，同盟会成员，广东番禺人，"辛亥革命"前在港粤从事过革命宣传活动，任同盟会报主编，1913年被广东军阀陈炯明杀害。其还著有小说宣传民族革命的《洪秀全演义》、抨击保皇党的《大马扁》、暴露官场和宣传革命的《宦海升沉录》（又名《袁世凯》）、《镜中影》、《黄粱梦》、《宦海潮》、《宦海冤魂》、《五日风声》、《陈开演义》、《太平天国演义》等。

《八十天环游地球》，幻想小说，1873年发表。作者法国的儒勒·凡尔纳（Jules Verne，1828～1905），出生于法国的南特，自幼在家乡读书，1848年进巴黎学习法律，曾担任剧院秘书。其著还有诗剧本《断了的麦秆》、《牛博士》、《赫克托·赛尔瓦达克》、《蓓根的五亿发廊》、《机器岛》，小说《马尔丹·帕兹》、《气球上的五星期》、《地心游记》、《从地球到月球》、《环游月球》、《哈特拉斯船长历险记》、三部曲《格兰特船长的女儿》、《海底两万里》、《神秘岛》、《燃烧的群岛》、《北方反对南方》、《法国的道路》、《无名的家庭》等长篇小说与短篇小说集66部、数部剧本、《法国地理》和6卷本的《伟大的旅行家和伟大的旅行史》等。

《五代诗话》，著者清朝的王士禛，宋弼等人补辑，郑方坤删正增补。内收杂史、诗话、笔记中的一些关于五代诗人的遗文逸事。王士禛（1634～1711），原名士禛，字子真、贻上，号阮亭、渔洋山人，世称王渔洋，新城人，自称济南人，出生于世宦之家。三世祖王麟明，颖川王府教授。高祖王重光，进士，追赠太仆寺少卿。祖父王象晋，进士，浙江右布政使。王士禛5

岁入家塾读书，顺治十五年（1658）考中进士，历任扬州推官、翰林院侍讲、侍读、礼部主事，官至刑部尚书，不久因受王五案牵连，被以"瞻徇"罪革职回乡。康熙四十九年（1710），帝眷念旧臣，诏其官复原职，因避雍正讳，改名士正，乾隆赐名士祯，卒谥文简。其一生著述达500余种，作诗4000余首，有《渔洋山人精华录》、《蚕尾集》、《池北偶谈》、《香祖笔记》、《居易录》、《渔洋文略》、《渔洋诗集》、《御览集》、《带经堂集》、《感旧集》等。

《一九四八~一九八四年诗选》，1986年出版，诗集。作者是圣卢西亚岛的德里克·沃尔科特（Derek Walcott），1930年1月23日出生于加勒比海西印度群岛中圣卢西亚岛的卡斯特里一知识分子家庭，成人后于该岛的圣玛丽学院与西印度大学读书，14岁发表诗文，18岁出版诗集，之后约有20多部诗作陆续出版，还有一些剧本等作品先后问世。其历任记者、文艺评论员、大学教授等职，获得过国际作家奖、英国的史密斯文学奖、美国的麦克阿瑟基金会奖等，著有自传性长诗《另一种生活》，分4个部分，前3部分写著者童年至少年的生活，后一部分是回忆乡村生活；叙事长诗《奥梅洛斯》，64章，300多页，描写的是加勒比海地区的文化、生活、风情，构思巧妙，用语奇特，将文化与艺术完美结合，被称为"加勒比的庄严史诗"；诗集《诗二十五首》、《给青年人的墓志铭：诗章十二》、《诗集》、《绿色的夜》、《诗选》、《海难余生》、《海湾》、《海葡萄》、《星星苹果王国》、《幸运的旅客》、《仲夏》、《阿肯色的证言》、《恩赐》等。1992年，因"他深具历史眼光，他的作品大量散发光和热，是多元文化作用下的产物"而获诺贝尔文学奖。

《二十年目睹之怪现状》，小说。记述官场、商场、"洋场"等环境中的怪现象。著者是清朝末年的吴沃尧（1866~1910），原名宝镇（震），字小允，号茧人，后又改"茧"为"趼"，祖籍广东南海佛山镇，笔名为我佛山人，出生于书香之家。曾祖吴荣光，进士，湖南巡抚，著书多部。祖父吴尚志，工部员外郎。父亲吴升福，浙江候补巡检。吴沃尧2岁时祖父病逝，17岁父亲卒于官位上，从此家道中落，生活日益困苦。其18岁至上海江南制造军械局工作，戊戌变法前，开始为报刊撰文，历任《字林沪报》副刊及《采风报》、《奇新报》、《寓言报》主笔，《楚报》编辑，《月月小说》主编等职，作品有小说长篇《痛史》、《瞎骗奇闻》、《恨海》、《新石头记》、《九命奇冤》、《糊涂世界》、《劫余灰》、《上海游骖录》、《发财秘诀》、《近十年之怪现状》与短篇《黑籍冤魂》、《立宪万岁》、《光绪万年》、《平步青云》等30

余种，短篇集《趼人十三种》，笔记《趼廛剩墨》，诗作《趼廛诗删剩》，笑话、寓言《新笑林广记》、《新笑史》、《俏皮话》等。

《十二气历》，依据"24节气"创制而成。内容规定以节气定月，元旦为立春，30天为小月，31天为大月，大小月间隔计算，1气为1月，12气为一年，消除了闰月，实行阳历。作者是北宋时期的沈括（1031～1095），字存中，杭州钱塘人，仁宗嘉祐进士，历任翰林学士等职，元丰五年（1082）永乐城失陷连累被贬。其晚年居润州，筑梦溪园著书立说，将平生见闻撰成《梦溪笔谈》（含《十二气历》），数学上创立"隙积术"、"会圆术"，发现地磁偏角（比欧洲人早四百多年），首先提出石油的命名，精研植物药方撰成《灵苑方》、《良方》。其作流传的有《长兴集》与出使辽国而成的《乙卯入国奏请》、《入国别录》等。

《两千年中西历对照表》，从汉朝平帝元始元年记时，共编正表400页。薛仲三、欧阳颐合编。商务印书馆于1940年出版。1956年编者修正，三联书店再版。薛仲三（1907～1988），出生于宝坻县赵家庄一贫苦的农民家庭，自幼学习刻苦，1930年东北大学毕业获数学专业学士学位，1943年于美国约翰·霍普金斯大学公共卫生学院统计系毕业获卫生统计学专业医学硕士学位，1955年加入中国共产党，历任大学系主任、教授等职，多次立功受奖，还著有《高等统计学》、《普通统计学》、《六位简易对数表》、《六位对数表》、《医学统计方法和原理》，编制出《住院天数简算表》，主持编写《建国10年全军卫生统计资料汇编》、《抗美援朝卫生工作统计资料》、《抗美援朝卫生工作经验总结》、《新四军卫生工作统计资料》、《1955年度全国应征公民体格检查资料的统计分析》、《中越边境自卫反击作战卫生统计资料》、《中国人民解放军卫生统计工作教范》等共约400多万字，另有论文等10多篇。

《三年以后》，剧本，反对封建家庭生活的。作者是欧阳予倩（1889～1962），原名立袁，号南杰，出生于浏阳县，自幼读书，15岁留学日本，历任影片公司编辑、京剧演员、中国艺联和戏协副主席、舞蹈协会主席、戏剧学院和中央实验话剧院院长等职。其著还有剧本《玉洁冰清》、《天涯歌女》、《新桃花扇》、《木兰从军》、《如此繁华》、《关不住的春光》、《弱者，你的名字是女人》、《恋爱之道》、《矿工的女儿》、《梁红玉》、《渔夫恨》、《桃花扇》、《新玉堂春》、《黑奴恨》、《欧阳予倩剧作选》、《人面桃花》，主编《全唐诗中的乐舞资料》，撰写《中国舞蹈史》（唐代部分）等作品。

《一夜之间》，剧本，1950年问世，写见风使舵的政治人物丑态的。作者是埃及的陶菲格·哈基姆（Tawfigal Hakim，1898～1987），出生于亚历山大省的达纳迦村一书香之家，父亲从事法律工作。其1919年积极参加埃及革命，一度被捕入狱。出狱后，他写出一些剧本，1924年在开罗大学法律学院毕业，赴巴黎留学4年获法学博士学位，1928年回国，历任埃及图书馆馆长、文学艺术最高理事会专职委员、国家作协主席、阿拉伯语言学会委员等职，1958年获埃及国家文学荣誉奖，1977年获"地中海国家最佳思想家和文学家"称号。其著还有《乡村检察官手记》、《来自东方的小鸟》等10余部长篇小说和多部短篇小说集与剧本《新女性》、《令人厌烦的客人》、《阿里巴巴》、《为了更美好的生活》、《柔软的手》、《我想杀人》、《田契》、《可尊敬的女议员》、《洞穴里的人们》、《山鲁佐德》、《巴格玛里雍》、《俄狄浦斯》、《伊齐斯》、《食者有其粮》等60余部。

《七月老爹》，剧本，合著，作者之一为法国的保尔·瓦杨－古久里（Paul Vaillant-Couturier，1892～1937），出生于一书香之家（父母均为歌唱家），自幼爱好学习，擅长音乐、诗歌、绘画，中学毕业进入巴黎大学法学系，后获历史学硕士学位与律师衔，到军队后屡立战功，7次获奖被提升为军官，1921年被选为法共中央委员，历任国民议会会员、法共机关报《人道报》编委、主编等职，写出了千余篇政论、杂文和通讯报道。他还著有剧本《公社万岁》，小说体的报道《农民陈大怎样当上了红军》、《一只苍蝇被压死了》、《二妹和三妹的故事》，多次访问苏联的报道集《新生活的创建者》，诗集《牧人的访问》、《红色的列车》，散文集《士兵的战争》、《给朋友们的信》，小说《休假》、《童年》、《盲人的舞会》、《头等车厢》，儿童文学《没有面包的约翰》、《瘦驴和肥猪的故事》等。

《百年大计》，剧本。作者是丛深（1928～2007），原名丛凤轩，出生于黑龙江延寿县嘉信乡长沟子一农民家庭，1947年高中毕业，1946年加入中国共产党，1953年毕业于东北鲁艺戏剧部研究班，历任中学教师、文联专业创作员、电影制片厂与话剧院编剧、文联主席兼党组书记、作协名誉主席、黑龙江省电影家协会副主席、剧协常务理事、中国作协与全国人大代表、全国文联委员等职，撰有《千万不要忘记》、《间隙和奸细》、《徐秋影案件》、《惩腐疑案》、《笑逐颜开》、《幸运的人》、《马戏团的新节目》、《先锋战士》（合著）、《悲喜之秋》、《奸细》、《胆识之歌》、《不泄气》等剧本20多部，还有随笔、小说《汽车打飞机》、长篇报告文学《人民战争的汪洋大海》等，有多部著作获奖。

《七月十四日》，剧本，1901年问世。作者是法国的罗曼·罗兰（Romain Rolland，1866~1944），自幼读书，1889年高等师范学校毕业后官费到罗马研究历史，1892年回国，历任巴黎大学音乐教授、国际反法西斯委员会主席等职。他还著有剧本《圣路易》、《阿埃尔》（表达信念的悲剧）、描写信仰的《群狼》与《理智的胜利》、《丹东》、《爱与死的搏斗》、《列昂尼得》、《罗伯斯庇尔》，论文集《人民戏剧》、《斗争十五年》，长篇小说《约翰·克利斯朵夫》、《欣悦的灵魂》，中篇小说《柯拉·布勒尼翁》，文集《超脱于混战之上》，回忆录《内心旅程》与《环游世界》及《门槛》，传记《贝吉传》、《贝多芬传》、《米凯朗琪基罗传》、《托尔斯泰传》等作品。1915年，瑞典学院评审委员会以"他的文学作品中的高尚理想和他在描绘各种不同类型人物时所具有的同情和对真理的热爱"，而授予其诺贝尔文学奖。

《两个星期一的回忆》，剧本，1955年问世。写20世纪30年代美国职工生活的。作者是美国的阿瑟·密勒（Arthur Miller，1915~2005），出生在纽约的时装制造商家庭，父亲在大萧条时期破产。密勒1932年中学毕业后就外出谋生，作过技工、卡车司机侍者，在汽车零件仓库干过活，积蓄了些钱，1934年入密执安大学学经济与历史，开始戏剧创作，之后，历任司机、工人、国际笔会主席等职。其有剧作《鸿运高照的人》、《全是我的儿子》（获纽约剧评奖）、《推销员之死》（获"普利策戏剧奖"、"纽约戏剧评论奖"和美国舞台艺术成就最高奖项"托尼戏剧音乐奖"，1999年再获托尼奖中的"最佳戏剧重演奖"与"终身成就奖"）、《炼狱》、《桥头眺望》、《不合时宜的人》、《堕落以后》、《碎玻璃》（获得"奥立弗奖"的"最佳戏剧奖"）、《创世纪和其他》、《美国时钟》、《代价》、《维希事件》等21部，另有长短篇小说和评论多种。

《五月之夜》，歌剧本。作者为俄国的里姆斯基·科萨科夫（1844~1908），出身于贵族家庭，海军学校毕业，自学音乐，后在音乐学院任教，还著有《普斯科夫姑娘》、《沙皇未婚妻》、《金鸡》、《雪姑娘》、《萨特阔》、《萨尔丹沙皇的故事》等15部歌剧与音画《萨特阔》、交响组曲《安塔尔》、《舍海尔萨特》（旧译《天方夜谭》）、《西班牙随想曲》等交响乐作品，另有《和声学实用教程》、《管弦乐法原理》、自传《我的音乐生活》、改编民歌2

集、整理鲍罗廷等人的遗作多种等。

第六节 用方向性的字词与有关内容词语合并命名法

方向与有关内容合并命名法，是指用东、西、南、北、前、后、左、右等方向性的字词与有关的内容合在一起作为书名的办法。

1 以第一字为"东"与有关内容作书名

例如：地理书，明朝张燮的《东西洋考》；笔记，晋朝张敞的《东宫旧事》，唐朝陈鸿祖的《东城老父传》、裴庭裕的《东观奏记》，宋朝魏泰的《东轩笔录》、范镇的《东斋记事》、苏轼的《东坡志林》、孟元老的《东京梦华录》、赵彦卫的《东巡记》、李之彦的《东谷随笔》，元朝佚名的《东南纪闻》，明朝敖英的《东谷赘言》、王泌的《东朝纪》、柏起宗的《东江始末》、张瓒的《东征纪行录》，清朝马建忠的《东行初录》与《东行续录》及《东行三录》、邵廷采的《东南纪事》；小说，明朝冯梦龙、蔡元放的《东周列国志》，兰江吴文泰的《东游记》；杂类，明朝方以智的《东西均》，清朝李宝嘉的《南亭词话》等。

2 以第一字为"西"与有关内容作书名

例如：地理书，明朝巩珍的《西洋番国志》，元朝耶律楚材的《西游录注》，宋朝徐天麟的《西汉会要》；笔记，汉朝刘歆的《西京杂记》，宋朝王称的《西夏事略》、姚宽的《西溪丛语》、真德秀的《西山政训》、何坦的《西畴老人常言》，明朝杨一清的《西征日录》、朱孟震的《西南夷风土记》、杨豫孙的《西堂日记》、无名氏的《西轩客谈》、张岱的《西湖梦寻》，清朝汪景祺的《西征随笔》、吴广成的《西夏书事》、无名氏的《西巡回銮始末记》，民国时期戴锡章的《西夏纪》；诗论，清朝毛奇龄的《西河词话》、田同之的《西圃词说》与《西圃诗说》；小说，明朝吴承恩的《西游记》，清朝周清原的《西湖二集》；香艳丛书，李鼎和的《西湖小史》、无名氏的《西湖游幸记》、无名氏的《西湖六桥桃评》等。

3 以第一字为"南"与有关内容作书名

例如：历史，南朝梁国萧子显的《南齐书》、唐朝李延寿的《南史》；地

223

理，唐朝李冲昭的《南岳小录》；绘画，清朝恽正叔的《南田画跋》、华琳的《南宗抉秘》；笔记，晋朝邓德明的《南康记》、王韶的《南雍州记》，唐朝尉迟枢的《南楚新闻》，宋朝刘敞的《南北朝杂记》、郑文宝的《南唐近事》、钱易的《南部新书》、辛弃疾的《南渡录》，金朝李天民的《南征录汇》、张师颜的《南迁录》，元朝陶宗仪的《南村辍耕录》，明朝包汝楫的《南中纪闻》，清朝三余氏的《南明野史》、无名氏的《江南闻见录》、李调元的《南越笔记》；诗论，明朝都穆的《南濠诗话》、余象斗的《南游记》等。

4 以第一字为"北"与有关内容作书名

例如唐朝李延寿的《北史》、李百药的《北齐书》、段公的《北户录》、孙棨的《北里志》，宋朝孙光宪的《北梦琐言》、曹勋的《北狩见闻录》、施彦执的《北窗炙輠录》、蔡鞗的《北狩行录》，元朝陈准的《北风扬沙录》、陈世隆的《北轩笔记》，明朝袁彬的《北征事迹》、赵时春的《北虏纪略》、余永麟的《北窗琐语》、刘佶的《北巡私记》、金幼孜的《北征录》与《北征后录》、李实的《北使录》、无名氏的《北平录》、余象斗的《北游记》，清朝梁恭辰的《北东园笔录初编》、梁恭辰《北东园笔录续编》与《北东园笔录三编》及《北东园笔录四编》等。

5 以第一字为"前"与有关内容作书名

例如汉朝荀悦的史书《前汉纪》，唐朝钟辂的笔记《前定录》，明朝祝允明的笔记《前闻纪》等。

6 以第一字为"后"与有关内容作书名

例如南朝宋国范晔的史书《后汉书》，东晋时期袁宏的史书《后汉纪》，唐朝僧彦悰的《后画录》，宋朝陈师道的诗论《后山诗话》，明朝青莲室主人的小说《后水浒传》，清朝逍遥子的小说《后红楼梦》，无名氏的小说《后西游记》等。

第七节 用全、大、小、长、短、新、旧与有关字词合并命名法

用全、大、小、长、短、新、旧与有关字词合并命名法，涉及的内容较

多，既有诗词文赋，也有佛经、历史专著，还有笔记、小说、译著，又有评论、传记、考证等。

1　以第一字为"全"与有关字词作书名

例如《全上古三代文》、《全秦文》、《全汉文》、《全后汉文》、《全三国文》、《全晋文》、《全宋文》、《全齐文》、《全梁文》、《全陈文》、《全后魏文》、《全北齐文》、《全后周文》、《全隋文》、《全隋诗》、《全唐五代词》、《全唐诗》、《全唐诗补编》、《全唐文》、《全宋词》、《全金诗》、《全辽文》、《全金元词》、《全唐诗话》等。

2　以第一字为"大"与有关字词作书名

例如汉朝戴德的《大戴礼记》，东晋时期法显译的《大般涅槃经》（38千字）、驮跋陀罗译的《大方广佛华严经》（1029千字）与《大方等如来藏经》，南北朝时期的昙无谶译的《大般涅槃经》（514千字）、慧严等人译的《大般涅槃经》（512千字），唐朝玄奘的《大唐西域记》、慧立与彦悰的《大慈恩寺三藏法师传》、义净的《大唐西域求法高僧传》、菩提流志译的《大宝积经》（1807千字）、颜师古的《大业拾遗记》、实叉难陀译《大方广佛华严经》（1175千字）、般若译的《大乘理趣六波罗蜜多经》与《大方广佛华严经》（472千字）、不空译的《大乐金刚不空真实三么耶》与《大乘密严经》、杜宝的《大业杂记》、温大雅的《大唐创业起居注》、无名氏的《大唐传》、刘肃的《大唐新语》，《大藏经总目录》，南朝宋国施护等译的《大坚固婆罗门缘起经》、施护译的《大集法门经》，宋朝无名氏的《大宋宣和遗事》，金朝无名氏的《大金吊伐录》，元朝郭松年的《大理行记》，明朝尹耕的《大同平叛志》、陆深的《大驾北还录》、韩邦奇的《大同纪事》、费瀛的《大书长语》，清朝郑文焯的诗论《大鹤山人词话》与《大鹤山房全集》等。

3　以第一字为"小"与有关字词作书名

例如宋朝陈淳的《小学诗礼》，明朝吕得胜的《小儿语》，清朝邹一桂的《小山画谱》、孙道乾的笔记《小螺庵病榻忆语》、罗泽南的《小学韵语》、牟愿相的《小澥草堂杂论诗》、王寿昌的《小清华园诗谈》、石玉昆的小说《小五义》、孙瘦梅的小说《小螺庵病榻忆语》、丁雄飞的小说《小星志》、冒广生的诗论《小三吾亭词话》、旷望生的小说《小脚文》等。

225

4 以第一字为"长"与有关字词作书名

如《长短诗集》，也名《韵节与诗篇》，诗集，1865年出版。作者是法国的苏利·普吕多姆（Sully Prudhomme，1839~1907），原名勒内·弗朗索瓦·阿尔芒·普吕多姆（Renó Francois Armand Prudhomme），出生于巴黎一书香之家（父亲是工程师），自幼聪颖好学，但由于健康原因而未能入大学深造。他早年担任职员、工程师、并从事过法律工作，之后转入诗歌文学创作。其著有抒发孤寂的心境、失恋的爱情、充满忧郁情调的诗集《孤独》与《徒劳的柔情》、富有哲理的探讨人类意识与现代社会冲突的诗集《正义》和《幸福－12首诗歌》、诗集《考验》、《战争印象》、《法兰西》、《棱镜》、《诗的遗言》，散文《散文集》、《诗的考察》、《从巴斯卡得到的真信仰》，诗文集《苏利·普吕多姆诗文集》等。其诗歌，长于分析提示人心灵演算的隐秘、幽微的感受和体验。1881年，他被选为法兰西学院院士。1901年瑞典学院为了"特别表彰他的诗作，它们是高兴的理想、完美的艺术和罕有的心灵与智慧的实证"，而授予其诺贝尔文学奖。

5 以第一字为"新"与有关字词作书名

例如汉朝贾谊的《新书》、刘向的《新序》、陆贾的《新语》、桓谭的《新论》，唐朝郑谷与齐己等人的诗论《新定诗格》、沈亚之的笔记《新城录》，宋朝欧阳修与宋祁等人的《新唐书》、欧阳修的《新五代史》，明朝徐祯卿的笔记《新倩籍》、刘仕义的笔记《新知录摘抄》，清朝柯劭忞的《新元史》、陈景韩的小说《新西游记》、陆圻的《新妇谱》、陈确的《新妇谱补》、查琪的《新妇谱补》等。

6 以第一字为"短"与有关字词作书名

如《短篇小说集》，由《空白的书》、《警察注意的事情》、《尊敬高贵的人》、《卡土维塔老爷》、《劫路的强盗》等9个短篇组成。内容主要是反映社会上的一些现象，叙事很简单，有点像寓言故事。1964年作家出版社出版。作者是锡兰作家协会主席、维迪阿兰卡拉大学教授西里·西伐利法师。他用僧伽罗文写作，发表过不少作品，既有短篇小说，也有文学评论。

7 以第一字为"旧"与有关字词作书名

例如史书，后晋时期刘昫等人的《旧唐书》，宋朝薛居正等人的《旧五代史》；笔记，宋朝李心传的《旧闻证误》，清朝朱彭寿的《旧典备征》、夏仁虎的《旧京琐记》等。

第八节　用季节、姓氏的简称或与其他字词组合命名法

用季节、姓氏的简称或与其他字词组合命名法，指用一年中的春、夏、秋、冬4个节气简称或家族、个人的姓氏简称与有关字词作为书名的方法。已经形成的有小说、笔记、评论、剧本、专著的注释、传记等。

1　以"春"作书名

如1938年开明书店出版的巴金的代表作"激流三部曲"之二，揭露封建家庭制度弊害的长篇小说《春》。

2　以第一字为"春"与有关字词作书名

如笔记《春明丛说》（清·俞蛟）、《春明梦录》（清·何刚德）、《春冰室野乘》（清·李岳瑞）；诗论《春酒堂诗话》（清·周容）；小说《春柳莺》（南北·鹖冠史者）等。

3　以主人公的姓氏"夏"与有关字词作书名

如《夏家三千金》，剧本，讲述亲情和爱情的故事，探讨为人父母如何引导子女追求真正的幸福，展现在子女人生旅途中父母真情的感召力量。上海辛迪加影视有限公司2010年10月5日出版。著者沈怡，台湾知名导演、演员、编剧、制作人，执导过多部琼瑶剧，台湾著名导演刘立立的徒弟。其还著有《微笑Pasta》等。

4　以"秋"作书名

如1940年开明书店出版的巴金的代表作"激流三部曲"之三，影射社会专制制度罪恶的长篇小说《秋》。

5　以"春秋"与有关字词作书名

如《春秋左传》、《春秋公羊传》、《春秋穀梁传》、《春秋左传正义》（杜预注、孔颖达疏）、《春秋公羊传注疏》（何休解诂、徐彦疏）、《春秋穀梁传

注疏》（范宁注、杨士勋疏）、《春秋繁露》（西汉·董仲舒著）等。

6　以"春与秋"与有关字词作书名

如《秋天里的春天》（长篇小说，匈牙利尤利·巴基著，巴金译，1932年开明书店出版）、《春天里的秋天》（中篇小说，巴金著，1932年开明书店出版）等。

7　以作者的姓氏与"春秋"为书名

如《汉书·艺文志》里儒家之《李氏春秋》（"二篇"）、《虞氏春秋》（"十五篇，虞卿也"），杂家之《吕氏春秋》（"二十六篇。秦相吕不韦辑智略士作"）。

8　以"冬"与有关字词作书名

如《冬之蝉》，剧本，根据新田祐克小说改编。分《江户恋歌》、《虾夷战记》、《东京悲话》3卷。冬之蝉的寓意是生不逢时。草加和秋月的爱情故事。2007年出版。著者是日本的中野睦。

第九节　用天气变化情况的简称、代称，或生物通称、简称，或拟人化或物品命名法

用天气变化情况的简称、代称，或生物通称、简称，或拟人化或物品命名法，是指以雾、雨、雪、电、雷、光明、虎、狗、猪、鸡、草、电椅、抹布等作书名的方法。

1　以天气变化有关信息的简称或代称作书名

如巴金的《雾》（中篇小说，1931年新中国书局出版）、《雨》（中篇小说，1933年良友图书公司出版）、《雪》（中篇小说，又名《萌芽》，1933年现代出版社出版）、《电》（中篇小说，1935年良友图书公司出版）、《雷》（短篇小说集，1937年文化生活出版社出版）、《光明》（短篇小说集，1932年新中国书局出版）等。

2 以动物作书名

如巴金的《龙·虎·狗》，散文集，1941年文化生活出版社出版；《猪与鸡》，短篇小说集，1959年作家出版社出版等。

3 以植物作书名

如文学家、翻译家、出版家、文学巨匠巴金（1904~2005）的《还魂草》，短篇小说集，1942年文化生活出版社出版等。

4 以拟人化之法作书名

如巴金的《死去的太阳》，中篇小说，1931年开明书店出版；《长生塔》，童话集，1937年文化生活出版社出版；《海的梦》，中篇小说，1932年新中国书局出版；《海行》，散文集，又名《海行杂记》，1932年新中国书局出版等。

5 以物品作书名

如巴金的《砂丁》，中篇小说，1933年开明书局出版；《电椅》，短篇小说集，1933年新中国书局出版；《抹布》，短篇小说集，1933年北平星云堂书店出版等。

第十节 用御或钦与制、批、纂、注、选、撰、览、录、定、书、订结合同有关内容的简称相连接命名法

用御或钦与制、批、纂、注、选、撰、览、录、定、书、订结合同有关内容的简称相连接命名法，起于唐朝，兴盛于明朝，至清朝发展到顶峰。

1 以"御制"与内容的简称为书名

御制书，是指由皇帝撰写、选编或指令、批准、口授他人编纂、辑撰的书，如《御制避暑山庄诗》、《御制圆明园四十景诗》、《御制本草品汇精要》、《御制耕织图》、《御制数理精蕴》、《御制律吕正义后编》、《御制诗集》、《御制棉花图》《御制大诰》、《御制满汉蒙古西番合璧大藏全咒》等。

《御制避暑山庄诗》，2卷。为清朝圣祖玄烨从避暑山庄中选出36景，每景作诗一首，并命揆叙（1675~1717）等儒臣为其诗逐句注释而成。揆叙，

书的命名 >>>

字凯功，号惟实居士，满洲正黄旗人。父亲明珠，宰相。兄长纳兰性德，进士，一等侍卫，著名词人。揆叙幼承家学，康熙三十五年，由二等侍卫转为翰林院侍读，后历任日讲起居注、翰林院掌院学士、侍郎、经筵讲官、教习庶吉士、左都御史等职，著有《隙光亭杂识》、《益戒堂诗集》、《鸡肋集》等，卒谥文端。后因查证其于雍正初年"坐事"，被追夺官削谥。

《御制圆明园四十景诗》，2卷。清朝高宗弘历撰，鄂尔泰、张廷玉等人注，孙祜、沈源绘图。鄂尔泰（1677~1745），满洲镶蓝旗人，名为西林觉罗·鄂尔泰，字毅庵。祖父图彦突，户部郎中。父亲鄂拜，国子祭酒。鄂尔泰6岁入学，20岁中举，21岁袭佐领世职侍卫，后历任员外郎、布政使、巡抚、总督、尚书、太子少保、大学士、会试与国史馆及三礼馆和玉牒馆总裁、总理事务大臣、翰林院掌事，加衔太傅，赐号襄勤伯、一等精奇尼哈番，封伯爵，著有《西林遗稿》等，卒谥文端，入祀贤良祠。乾隆二十年（1755），因其侄鄂昌与门生胡中藻之狱，被撤出贤良祠。他是一位政治家，强调用人要得当，说："政有缓急难易，人有强柔短长，用违其才，虽能者亦难以自效，虽贤者亦或致误公；用当其可，即中人亦可以有为，即小人亦每能济事。因才、因地、因事、因时，必官无弃人，斯政无废事。"又说："大事不可糊涂，小事不可不糊涂，若小事不糊涂，则大事必至糊涂也。""忠厚老诚而略无才具者，可信而不可用，聪明才智而动出范围者，可用而不可信。……但能济事，俱属可用，虽小人亦当惜之，教之。但不能济事，俱属无用，即善人亦当移之。"孙祜（生卒年不详），江苏人，擅长人物、山水画；乾隆时任职于内廷，元年（1736）与陈枚、金昆、戴洪、程志道绘《清明上河图》卷进呈，得邀乾隆帝审题，五年（1740）与陈枚、金昆、程志道、丁观鹏合作《庆丰图》册，六年（1741）与周鲲、丁观鹏合作《汉宫春晓图》卷；传世作品有《雪景故事》等。沈源（生卒年不详），善画佛像，乾隆时任职于内廷，与唐岱（1736）合作应真图，九年二人合作圆明园图，著有《熙朝名画录、唐沈合作圆明园圃册》等。

《御制本草品汇精要》，明朝弘治十六年（1503）孝宗下诏太医院刘文泰等人编纂修订。是在《证类本草》一书基础之上，汇集其他书籍所载药品，择其精粹，分项述要而成，收药物1815种。正文用朱墨两色分写，绘有精美的彩色写生图1358幅之多。是中国首部大型彩绘图书。刘文泰，明代江西上饶人，官至承德郎太医院判，后因妄进药饵，致使孝宗偶感风寒不治而亡，被惩下狱，出来被遣返回乡。

《御制耕织图》，以江南农村生产为题材，系统地描绘了粮食生产从浸种到入仓，蚕桑生产从浴蚕到剪帛的具体操作过程。是清朝皇帝玄烨命焦秉贞绘图（耕图、织图各23幅，共46幅），并为每一张图题七言绝句诗一首而成的书。焦秉贞（生卒年不详），字尔正，山东济宁人，宫廷画家，康熙时在官钦天监任职，擅画人物，传世作品有《耕织图》、《秋千闲戏图》、《池上篇画意》、《列朝贤后故事》和《张照肖像》等。

《御制数理精蕴》，是一部介绍包括西方数学知识在内的数学百科全书。清朝的允祉等人奉诏编撰。允祉（1677~1732），原名爱新觉罗·胤祉，为避讳雍正帝而改，康熙第三子，幼时由内大臣绰尔济抚养，酷爱学术，以温文尔雅著称，在文学、书法、骑射等方面均优于诸位皇子。康熙甚为喜爱，并亲给其讲解几何学；凡行围、谒陵，皆让其跟从；三十一年（1692）陪同出塞围猎时，父子二人骑射比试，不分上下；后任镶红旗大营统领，被封诚郡王，进封诚亲王。他学识渊博，主持编纂了《律历渊源》和《古今图书集成》，还有诗文、书法等作品。雍正即位后，以其"与太子素亲睦"为由，发配其到遵化的马兰峪为康熙守陵，不久又借故削去王爵，幽禁于景山永安亭，卒谥为隐。

《御制律吕正义后编》，清朝的允禄等46人奉高宗之命编纂。允禄（1695~1767），初名爱新觉罗·胤禄，后避讳雍正帝改为爱新觉罗·允禄，号爱月主人，康熙帝第16子，因庄亲王博果铎卒而无子，奉命继嗣为后，承袭庄亲王爵位，历官都统、摄理藩院尚书、总理事务与议政大臣等职，加封一等镇国公。有诗作见《熙朝雅颂集》。其精数学，通乐律，奉旨参修《数理精蕴》，任算法馆与玉牒馆总裁，卒谥恪。

《御制诗集》，收录的是乾隆帝所有的诗作，共计42000余首。是其从政、祭祀、巡幸、筵宴、读书等活动的即兴之作。诚如乾隆帝所言："几务之暇，无他可娱，往往作为诗古文赋，文赋不数十篇，诗则托兴寄情，朝吟夕讽。其间，天时农事之宜，莅朝将祀之典，以及时巡所至，山川名胜，风土淳漓，罔不形诸咏歌，纪其梗概。"

《御制棉花图》，是清朝直隶总督方观承，根据自己长期大力提倡植棉花所积累的经验，于乾隆三十年组织人员绘制的中国北方地区播种、灌溉、耕畦、摘尖、采棉、炼晒、收贩、轧核、弹花、拘节、纺线、挽经、布浆、上

书的命名 >>>

机、织布、炼染 16 幅《棉花图》，每幅图配有文字说明，系统地记述了从植棉到成布的全过程，同时列出每道生产程序中的工艺。乾隆皇帝看了异常喜欢，便在每幅图上题诗一首，连同康熙皇帝的《木棉赋》一起编成了此书。方观承（1696~1768），字宜田，号向亭，桐城人，出生于一书香世代之家。高祖方拱乾，进士，詹事府右少詹事，著书6部。曾祖方孝标，进士，弘文院侍读学士，著书4部。祖父方登峄，贡生，工部主事，著书4部。父亲方式济，进士，内阁中书，著有3部。因清朝初期的两大文字狱案，这4代人全部被发配到黑龙江。当时观承与兄观永年纪尚幼，免于发配，但却成了寄身在南京清凉山寺，靠僧人接济为生的孤儿。两兄弟年岁稍长，因思念父祖，于是徒步万里，7次往来黑龙江与南京之间；千山万水，常常是日行百里，不着一餐。之后，贫困之极的方观承，流落京城，在东华门外靠为人测字挣得住、食费用。一日，铁帽子王爷福彭上朝途经东华门，惊讶于方观承测字招牌的书法功力，停轿一谈，发现其学问见识都非同等闲的世家子弟，立即延请到府中当记室，并让其随军平定准噶尔，班师回朝，雍正皇帝奇于他的经历，召见问对之后，便任命为内阁中书。其后历任军机处章京、吏部郎中、按察使、布政使、巡抚、陕甘总督、太子少保、太子太保等职，卒谥恪敏。他与赵一清、戴震编辑成《直隶河渠书》130多卷，与秦蕙田合撰成《五礼通考》262卷，独著《述本堂诗》、《宜田汇稿》、《问亭集》等书。

《御制大诰》，是朱元璋亲自编纂的一部带有特别法性质的重刑法令。以判例形式形成。采录官民过犯的典型案例，加上当时的例令，由《大诰一编》《大诰续编》《大诰三编》《大诰武臣》四编组成。为律外之法，比明律新增了许多禁令、罪名，采用酷刑，用以严惩臣民犯罪，弥补律文的不足。内容上，以严刑惩治贪官与豪强为重点；不仅是明朝重典治国思想的具体体现，而且将这一思想推行至极端。因其刑酷法严，故在朱元璋死后，终废止。

《御制满汉蒙古西番合璧大藏全咒》，是清朝高宗命令庄亲王允禄与通梵文者一同将汉文《大藏经》中选录的所有咒语以《钦定同文韵统》为准详加考订后，由罗赖毕多尔吉以藏文音韵为准，并参照蒙文音韵等，一字一句的标注满文对音字，编纂而成的满汉蒙藏文四体合璧大藏全咒。罗赖毕多尔吉（Rol-pah! i rdo-rje，意译游戏金刚，1717~1786），生于甘肃凉州，4岁入住格伦札巴里寺，8岁奉召赴北京住旃檀寺，后移居崇祝寺、善因寺。雍正十二年世宗封其为"灌顶普善广慈大国师"，同年入藏从达赖喇嘛七世研习梵典，复从班禅五世授具足戒大戒，次年回京。乾隆元年（1736）高宗颁赐其"管理京师寺庙喇嘛札萨克达喇嘛"之印，十四年其与庄亲王同纂修《钦定同文韵统》，十六年被封"振兴黄教大慈大国师"。其精通藏、满、蒙、汉等文，著作丰富，有编校的《首楞严经》、校正的蒙古译《甘珠尔》、翻译的蒙古译《丹珠尔》、厘定的《造像度量经》、编纂的《喇嘛教神像集》与《诸佛菩萨圣像赞》、整理的满文藏经、撰成的《诸学概论》等。

2 以"御批"与内容简称为书名

御批，指皇帝批准或批示点名某人、某些人著成的书。如《御批通鉴纲目全书》，便是清朝宋荦等人奉御旨编纂而成。宋荦（1634～1713），字牧仲，号漫堂、西陂、绵津山人，晚号西陂老人、西陂放鸭翁，河南商丘人，出身于名门。曾祖伯父，进士，吏部尚书。曾祖父宋旸，"为人孝友，有隐德"。祖父宋沾，举人，知县，著有《福山公遗集》。父宋权，进士，国史院大学士，著有诗词歌赋等。宋荦，幼承家学，"随父往来戎马间"，"10岁能骑烈马，13岁始学声律、书法，有诗名"，14岁以大臣子身份入朝任3等侍卫，15岁考察第一，历任黄州通判、员外郎、按察使、布政使、巡抚、吏部尚书等。被康熙帝誉为"清廉为天下巡抚第一"。其著有《漫堂说诗》、《西陂类稿》、《江左十五子诗选》、山水画《宋荦墨品》、合刻《国朝三家文钞》等，还爱聚书，喜鉴赏，据《西陂藏书目》记载，藏书有数万册之多，周绍良赞其"鉴赏之精，收藏之富，不惟冠绝一时，后来者也难伦比"。

3 以"御纂"与内容简称为书名

用"御纂"与书的内容简称为书名，指皇帝自己或命令臣民编纂的书所起的名，如《御纂医宗金鉴》、《御纂性理精义》、《御纂七经》、《御纂春秋直解》、《御纂孝经集注》、《御纂周易述义》、《御纂诗义折中》等。

《御纂医宗金鉴》，辑录《仲景全书伤寒论注》、《仲景全书金匮要略注》、《名医方论》、《四诊心法要诀》、《运气要诀》、《伤寒心法要诀》、《杂病心法要诀》、《妇科心法要诀》、《幼科杂病心法要诀》、《痘疹心要诀》、《幼科种痘心法要旨》、《外科心法要诀》、《眼科心法要诀》、《刺灸心法要诀》、《正骨心法要诀》15种书，并对前3种进行了订正删补。是清朝的吴谦等70多人奉皇帝之命编修。吴谦（1689～1748），字文吉，歙县人，太医院院判。高宗颇为器重，常对左右近臣说："吴谦品学兼优，非同凡医，尔等皆为亲敬之"。

书的命名 >>>

《御纂性理精义》，是清朝康熙五十四年，李光地等人奉命取明朝胡广等编纂的《性理大全书》册繁就简，存其纲要，诠解说注而成的一部书。李光地（1642~1718），字晋卿，号厚庵，别号榕村，福建泉州安溪湖头人。史载其"幼颖异"，5岁便入塾从师授读，13岁遍读群经，18岁编写《性理解》，19岁写《四书解》，20岁写《周易解》，24岁辑《历像要义》，康熙九年（1670）考中进士，历任翰林院编修、侍郎、翰林院掌院学士、会试主考官、通政使、直隶巡抚、吏部尚书、大学士等职，奉旨校理王掞等所纂《春秋传说》及张照等所辑《篆字经文》等书，卒谥文贞，追赠太子太傅。其著有《周易通论》、《周易观象》、《诗所》、《大学古本说》、《中庸章段》、《中庸余论》、《读论语札记》、《读孟子杂记》、《古乐经传》、《阴符经注》、《参同契章句》、《注解正蒙》、《朱子礼纂》、《榕村语录》、《榕村文集》、《榕村别集》等书，被雍正帝称为"一代之完人"。

《御纂七经》，内容为《周易折中》、《书经传说汇纂》、《诗经传说汇纂》、《春秋传说汇纂》、《周官义疏》、《仪礼义疏》、《礼记义疏》，是清朝康熙帝辑录。

《御纂春秋直解》，奉旨编撰者是清朝的梁锡玙，字鲁望，号解轩，介休南靳屯人，雍正二年中举后，攻读经学，纂成《易经揆一》，得到乾隆皇帝赏识，授国子监司业，入值上书房教皇子，历任翰林院侍讲、国子监祭酒等职，还著有《易经伏义》、《春秋广义》、《义经补义》等书。

《御纂孝经集注》，清朝雍正五年令儒臣纂辑。成书的原因、内容、过程、意义等，被《四库全书总目提要》概括为："《孝经》书止一卷，而虞淳熙称作传注者自魏文侯而下至唐宋，有名可纪者，凡九十九部，二百二卷，元明两代不预焉。其书虽岁久多佚，近时曹庭栋《孝经通释》所引，尚于唐得五家，宋得十七家，元得四家，明得二十六家，国朝得十家。然宋以前遗文绪论，传者寥寥。宋以后之所说，大抵执古文以攻今文，又执朱子《刊误》以攻古文，于孔、曾大义微言，反视为余事，注愈多而去《经》愈远。世宗宪皇帝以诸注或病庸肤，或伤芜杂，不足阐天经地义之理，爰指授儒臣，精为简汰，刊其糟粕，存其菁华，仿朱子《论语·孟子集注》之体，纂辑此编。凡斧藻群言，皆亲为鉴定，与世祖章皇帝《御注》并发明圣教，齐曜仪璘。"

《御纂周易述义》，是清朝大学士傅恒等人奉旨对《御纂周易折中》解释的书。内分《卦爻》、《彖传》、《相传》、《系辞传》、《文言传》、《说卦传》、

234

《序卦传》、《杂卦传》。傅恒（约1720～1770），字春和，满洲镶黄旗人，富察氏，出生于名门世家。曾祖哈什屯，议政大臣。祖父米思翰，户部尚书；李荣保，察哈尔总管。伯父马斯喀，侍卫大臣；马武，被雍正称为"圣眷最渥之人"；马齐，"历相三朝"。傅恒，幼年丧父，由贵为皇后的姐姐抚养教育成人，历任侍卫、户部尚书、《平定准噶尔方略正编》与《平定准噶尔方略前编》及《平定准噶尔方略续编》正总裁、军机大臣加太子太保、保和殿大学士、平叛伊犁统帅等职，先后主编《同文韵统》、《御制增订清文鉴》、《御批历代通鉴辑览》、《御批通鉴辑览明记》，与允禄一道奉敕编撰《西域同文志》，奉命与满汉儒臣重定满文12字头，奉敕主持创制了32体满文篆字，撰成《钦定旗务则例》、《西域图志》等书。

《御纂诗义折中》，20卷，是对《诗经》的解释，清朝孙嘉淦等人奉旨著成。孙嘉淦（1683～1753），字锡公、懿斋，号静轩，山西兴县人，"自幼聪颖，敏而好学，家境贫寒，且耕且读"（孙嘉淦—已忘无记—新浪博客），康熙五十二年考中进士，历任翰林院编修、国子监司业、祭酒、府尹、盐政、侍郎、左都御史、巡抚、翰林院掌院学士、尚书、协办大学士等职，卒谥文定。其为官以八约自戒："事君笃而不显，与人共而不骄，势避其所争，功藏于无名，事止于能去，言删其无用，以守独避人，以清费廉取。"（孙嘉淦—简历—名人简历）其著有《春秋义》、《南华通》、《诗义折中》、《周易述义》、《司成课程》、《近思录辑要》、《成均讲义》、《诗删》、《孙文定公文录》、《孙文定公奏议》、《南游记》以及部分绪论碑文，与兄鸿淦（进士）、弟扬淦（进士）合编《兴县志》等。

4 以"御注"与内容简称为书名

用"御注"与内容简称为书名，是指由皇帝注释的书而起的名，如《御注孝经》、《御注绘图孝经》、《御注孝经疏》等。

《御注孝经》之一，唐朝开元年间玄宗注，使用的是汉朝孔安国的《古文孝经》本。孔安国（约公元前156至前74年间在世），字子国，孔子11代孙（《史记》），官谏议大夫、临淮太守。武帝末，鲁共王毁坏孔府旧宅，于壁中得《古文尚书》、《礼记》、《论语》及《孝经》，均蝌蚪文字，时人都不识，孔安国以今文译之，又奉诏作书传，定为58篇，名之《古文尚书》，又著《古文孝经传》、《论语训解》等。

书的命名 >>>

《御注孝经》之二，清朝顺治帝注。《四库全书总目》提要说，此书"约一万余言，用石台本，不用孔安国本，息今文、古文门户之见也；亦不用朱子《刊误》本，杜改经之渐也。义必精粹，而词无深隐，期家喻户晓也"。表明了书的字数、使用的版本及其原因、加注的目的。

《御注绘图孝经》，有24孝图。孔子作，清世祖注。清朝光绪三十三年（1907）元和的名画师刘甘臣绘图，当年浙江绍兴的奎照楼刊印，半框：16.8×11.7cm；北京翰海拍卖有限公司，于2004年1月10日，在北京京广中心大宴会厅的迎春拍卖会上进行拍卖，会前估价为1500～2000元。

《御注孝经疏》，唐朝开元年间玄宗帝注，元行冲疏，汉朝孔安国的《古文孝经》。元行冲（653～729）名澹，字行冲，河南人，北魏常山王元素连之后，少孤，由外祖父司农卿韦机抚养成人，考中进士，历任太子詹事、岐州刺史、关内道按察使、左右散骑常侍、东都副留守、大理卿、国子祭酒、太子宾客、弘文馆学士，封常山郡公，卒赠礼部尚书，谥献，著有《魏典》、《群书四部录》、《类礼义疏》、《释疑》等。

5 以"御选"与内容简称为书名

用"御选"与内容简称为书名，是指由皇帝自己或令儒臣选定刊印的书而起的名，如《御选语录》、《御选唐诗》、《御选四朝诗》、《御选唐宋文醇》、《御选古文渊鉴》等。

《御选语录》，清朝雍正帝选。19卷。书中辑入了一些亲王大臣的参禅机缘语录和雍正帝所写的19篇序及后秦以来的历代部分禅宗高僧传授的禅法——僧肇、玄觉、寒山、拾得、灵佑、慧寂、从谂、文偃、延寿、重显、克勤、通琇、行森13僧人的语录与道教祖师张伯瑞的语录。

《御选唐诗》，清朝圣祖玄烨辑，大臣陈廷敬等人注。书32卷、目录3卷。卷1至卷6为五言古诗，卷7至卷9为七言古诗，卷10至16为五言律诗（附六言律诗3首，并有五言律诗补编），卷17至22为七言律诗，卷24至25为五言律诗（附七言排律1首，并有五言绝句），卷26至32为七言绝句。

《御选四朝诗》，由《御选宋诗》、《御选金诗》、《御选元诗》、《御选明诗》构成。清朝的张豫章等奉旨编辑。张豫章，原名张翼，字寄庭，号寄亭，江南青浦人，康熙二十七年（1688）进士（探花），授翰林院编修，历任会试同考官、河南乡试主考官、洗马、贵州学政等职。

《御选唐宋文醇》，清朝高宗弘历选，允禄等人编。《四库总目提要》说："明茅坤尝取韩、柳、欧、苏、曾、王之文，编唐宋八家文钞，国朝储欣增李翱、孙樵为十家。皇上以欣所去取，尚未尽协，所评论亦或未允。乃指授儒臣，定为此集。其文有经圣祖仁皇帝御评者，以黄色恭书篇首。皇上御评则朱书篇后。至前人评跋有所发明，及姓名事迹有资考证者，亦各以紫色绿色分系于末"。

《御选古文渊鉴》，清朝康熙二十四年，圣祖选定，内阁学士徐乾学等奉敕编注。《四库总目提要》说：所选"上起《春秋左传》，下迄于宋，用真德秀《文章正宗》例。而睿鉴精深，别裁至当，不同德秀之拘迂。名物训诂，各有笺释，用李善注《文选》例。而考证明确，详略得宜，不同善之烦碎。每篇各有评点，用楼昉《古文标注》例。而批导窾要，阐发精微，不同昉之简略。备载前人评语，用王霆震《古文集成》例。而搜罗赅备，去取谨严，不同霆震之芜杂。诸臣附论，各列其名，用五臣注《文选》例。……"

6　以"御撰"与内容简称为书名

用"御撰"与书的内容简称为书名，是指皇帝自己或命令他人编撰的书所起的名，如《御撰资政要览》与《御撰劝善要言》，题为清朝世祖撰。世祖，即爱新觉罗·福临（1638~1661），满族，是皇太极的第九子，6岁即位，学习刻苦，他自己说："朕极不幸，五岁时先太宗早已晏驾，皇太后生朕一身，又极娇养，无人教训，坐此失学。年至十四，九王（多尔衮）薨，方始亲政。阅读诸臣奏章茫然不解，由是发愤读书。每晨牌至午理军国大事外，即读书至晚，然顽心尚在，多不能记。逮五更起读，天宇空明始能背诵。计前后读书读了九年，曾经呕血。"他还在座右自书："莫待老来方学道，孤坟尽是少年人"，以警策自励。他博闻强记，学以致用，主持编修《资政要览》、《劝善要言》、《顺治大训》、《范行恒言》、《人臣儆心录》等，均亲自撰写序言。他整顿吏治，注重农业生产，提倡节约，减免苛捐杂税，广开言路，网罗人才，倡导忠孝节义，树立社会新风，在各方面取得了很大成就。

7　以"御览"与内容简称为书名

用"御览"与内容简称为书名，是指皇帝将自己看过或想阅览的资料敕令文人进行编纂而起的名。如《御览经史讲义》，31卷，清朝乾隆十四年蒋溥等人奉敕编纂。蒋溥（1708~1761），字质甫、哲甫，号恒轩，常熟县人，出生于书香世家。曾祖父蒋棻，进士，礼部主事，著有批校《新刻临川王介甫先生诗文集》、《南陔诗稿》、《明史纪律》。祖父蒋伊，进士，河南提学副使，有诗文集传世。父亲蒋廷锡，进士，大学士，奉命重新辑编校纂《古今图书集成》，另有 5 部诗集和许多画作等。伯父蒋陈锡，进士，云贵总督。蒋溥，幼承家学，于雍正八年考中进士，历任一等轻车都尉、编修、侍郎、经筵讲官、巡抚、会试总裁、尚书、太子少保、东阁大学士等职，卒谥文恪，加赠太子太保。他擅画花鸟，始得家传，"随意布置，多饶生趣"。雍正帝在其画作上题诗"师承家法闲图出，右相丹青有后生"。其著有《恒轩诗钞》，奉敕撰《钦定盘山志》，奉敕重编《御制乐善堂文集定本》、《乐善堂全集定本》，奉敕编《钦定西清古鉴》、《御制诗初集》、《御制诗二集》，跋《御制避暑山庄诗并图》等。

8　以"御录"与内容简称为书名

用"御录"与内容简称为书名，是指皇帝将自己抄录或敕令他人抄录有关资料进行编纂而起的名。如《御录宗镜大纲》，清朝雍正帝节录《宗镜录》、《圆觉经》、《金刚经》等 20 部佛经编纂而成。

9　以"御定"与内容简称为书名

用"御定"与书的内容简称为书名，是指由皇帝指令编、撰、刊印的书而起的名，多为大众常用之书。如《御定全唐诗录》、《御定全唐诗》、《御定康熙字典》、《御定音韵阐微》、《御定全唐文》、《御定月令辑要》等。

《御定全唐诗录》，收唐朝诗 9737 首。奉旨辑录者是清朝的徐倬（1624～1713），字方虎，号苹村，浙江德清新塘人，自幼聪颖，喜爱读书，康熙十二年（1673）考中进士，历任翰林院编修、国子监司业、顺天乡试主考官、侍读等职，后以年老申请回家乡。四十二年，帝南巡，考核在籍诸臣，徐倬得第一，呈所编《全唐诗录》，获帝喜爱，亲撰序文，指令刊印，被升为礼部侍郎。其著有《修吉堂文稿》、《应制集》、《寓园小草》、《燕台小草》、《梧下杂钞》、《读易偶钞》、《苹村类稿》、《古今文统》等 300 卷，还参与编著《明史纪事本末》。

《御定全唐诗》，内录 2200 多人的 48900 多首诗。清朝曹寅等人奉康熙帝之命以季振宜《唐诗》、胡震亨《唐音统签》等集为底本重新校定增补编纂而成。曹寅（1659～1712），字子清，号楝亭、荔轩、雪樵，内务府包衣正白旗旗鼓佐领人，祖籍直隶丰润县，出生于名门。高祖曹锡远，明朝辽阳官员。曾祖曹振彦，大同知府、两浙都转运盐使。父亲曹玺，苏州与江宁织造兼任两淮巡盐御史。母亲孙氏，康熙帝的乳母。曹寅历任侍读、侍卫、郎中、两淮巡盐御史、江宁织造、通政使等职。其著有《楝亭诗抄》、《诗抄别集》、《词抄》、《词抄别集》、《文抄》，剧本《北红拂记》、《续琵琶记》、《太平乐事》、《虎口余生》，《楝亭书目》等，编辑汇刻许多前人文字、音韵等方面的书籍。

《御定康熙字典》，收字47035个。对《字汇》、《正字通》两书错误之处进行"辨疑订讹"之后增订而成。为中国首部以字典命名的汉字辞书。清朝的大学士张玉书、陈廷敬等30多位学者奉康熙帝敕命编纂。

《御定音韵阐微》，18卷。清朝的王兰生（1679~1737）等人奉旨编纂。王兰生，字振声，号坦斋，直隶交河人，自幼聪颖好学，康熙六十年考中进士，历任编修、武英殿总裁、国子监司业、学政、侍讲、侍读、侍读与内阁学士、少詹事、刑礼2部侍郎等职，参与《骈字类编》、《子史精华》、《数理精蕴》、《律吕正义》等书的编纂。

《御定全唐文》，中国首部断代文集。清朝董诰、阮元、徐松等奉诏编纂。全书汇辑唐朝、五代文章18488篇、3042家。董诰（1740~1818），字雅伦、西京，号蔗林、柘林，浙江富阳人，出生于名门。父亲董邦达，进士，礼工2部尚书，画家，著书多部。董诰，幼承家学，乾隆二十九年（1764）考中进士，历任编修、侍郎、武英殿总裁、尚书、军机大臣、太子太保、文华殿大学士等职，奉命辑《满洲源流考》，作有《西湖十景图》等，卒谥文恭，嘉庆帝亲临祭奠，御制哀诗有"只有文章传子侄，绝无货币置庄田"之句，赞其为政清廉，两袖清风。徐松（1781~1848），字星伯、孟品，原籍上虞人，出生于一书香家庭，8岁跟随叔父徐立纲（安徽学政）拜师求学，后随京师为官的父亲移居顺天府生活，嘉庆十年（1805）考中进士，历任翰林院编修、全唐文馆提调与总纂、学政、内阁中书、知府、礼部主事、江西道监察御史等职。其参编《皇清文颖续编》、《钦定授时通考》，辑录《宋会要辑稿》、《河南志》、《中兴礼书》、《宋元马政》、《伪齐书》、《四库阙书》，撰成《唐两京城坊考》、《登科记考》、《新疆识略》、《西域水道记》、《汉书西域传补注》等书。

《御定月令辑要》，是对明朝冯应京与戴任共辑的《月令广义》校勘、删繁、纠错、增补而成。清朝康熙五十四年大学士李光地等人奉旨编纂。冯应京（1555~1606），字可大，号慕冈，泗州人，生于凤阳盱眙县，8岁，父亲去世，事母至孝，聪明好学，明朝万历二十年考中进士，官至湖广监察御史。其品性端庄，刚正不阿，因举报税监陈奉在地方无恶不作，而反被诬陷下狱，大批乡民进京为其喊冤。其在狱中，被拷打之余，仍坚持读书著述，写成28卷之作《经世实用编》；3年后，因星相出现怪异，许多大臣请求释放囚犯，他被释放到凤阳，卒赠太常少卿，谥恭节。

10 以"御书"与内容简称为书名

用"御书"与内容简称为书名，指由皇帝撰或抄、写而形成的书名。如《御书瑜珈大教王经》与《御书维摩诘所说经》，分别是清朝乾隆十三年与五十年由弘历帝抄写；前者红雕漆书盒，经册上钤：随安室、德潭月印诸印；后者为泥金写本，上钤：乾、隆、心清闻妙香诸印。

11 以"御订"与内容简称为书名

用"御订"与内容简称为书名，指由皇帝敕命或批准刊行的书而起的名。如《御订全金诗增补中州集》。清朝郭元釪奉旨补纂金朝元好问的《中州集》（金代诗歌集，诗2001首，词115首，250多位作者小传，填补了中国文学史上的空白），书成后入《全金诗》由康熙帝撰序刊行。郭元釪，字于宫，号双村，江都人，官至内阁中书，著有《一鹤庵诗钞》等。元好问（1190~1257），字裕之，号遗山，山西秀容人。高祖谊，忻州神武（虎）军使。曾祖春，隰州团练使。祖父滋善，柔服丞。父亲德明，以教学为业，布衣诗人，著有《东岩集》。元好问出生后7个月，即过继给任县令的二叔父格，受到良好教育，7岁会做诗，兴定五年（1221）考中进士，历任内乡与南阳县令、尚书省掾、左司都事、尚书省左司员外郎等职，著有《杜诗学》、《东坡诗雅》、《锦畿》、《诗文自警》、《壬辰杂编》、《遗山先生文集》、《遗山先生新乐府》、《金朝君臣言行录》、《南冠录》、《集验方》、《故物谱》等，后散佚较多，今存诗1388首（原5000多首）、词384首、散曲9首、《论诗绝句30首》、散文250余篇、《续夷坚志》（笔记小说202篇集）、《唐诗鼓吹》10卷等。词中的"问世间、情是何物，直教生死相许"，使其名传千古。

12 以"钦定"与内容简称为书名

用"钦定"与内容简称为书名，是皇帝指定他人编或撰、注、译、校等所形成的书名，如《钦定词谱》、《钦定满洲源流考》、《钦定协纪辨方书》、《钦定回疆则例》、《钦定古今图书集成》、《钦定学堂章程》、《钦定大清商律》、《钦定四库全书》、《钦定四库全书荟要》、《钦定曲谱》、《钦定书经传说汇纂》、《钦定二十四史》、《钦定西藏章程》、《钦定蒙古源流》、《钦定日下旧闻考》、《钦定八旗通志》、《钦定大唐西域记》、《钦定逆案》等。

《钦定词谱》，以万树《词律》为基础，纠正其错漏，并予以增订而成。清朝的陈廷敬等人奉康熙之命纂修。万树（1630～1688），字红友、花农，号山翁、山农，明朝末年宜兴人，戏曲作家吴炳的外甥，清朝顺治年间以监生游学北京，康熙年间入两广总督吴兴祚府为幕僚，一切奏议皆由其执笔，闲暇时为一些剧本作曲供吴家伶人演出。其著有杂剧《珊瑚珠》、《舞霓裳》、《藐姑仙》、《青钱赚》、《焚书闹》、《骂东风》、《三茅庵》、《玉山宴》与传奇剧《风流棒》、《空青石》、《念八翻》、《锦尘帆》、《十串珠》、《万金瓮》、《金神凤》、《资齐鉴》等20多种剧曲，还有《堆絮园集》、《香胆词》、《璇玑碎锦》等近10种。

《钦定满洲源流考》，清朝乾隆四十二年（1777），阿桂、于敏中等人奉旨撰修。阿桂（1717～1797），姓章佳，字广廷、文成，号云岩，刑部尚书阿克敦之子，初为满洲正蓝旗人，后以新疆战功升入正白旗。他自幼聪敏，雍正十年（1732）入官学读书，乾隆三年（1738）中举，历任镶红旗蒙古副都统、大理寺丞、员外郎、军机章京、内阁学士、尚书、总督、伊犁定西将军、军机大臣、正红旗满洲都统、太子太保、武英殿大学士等职，加封诚谋英勇公，卒谥文成。

《钦定协纪辨方书》，内容为"古人选择黄道吉日，决定哪天可以祭祀天地、临政亲民、选将拜帅、安抚边境、出师远征；或哪天可以上册进表、婚丧嫁娶、开山破土、立券交易；甚至哪天可以竖柱上梁、修衣缝裳、剃头理发"等都要遵循的原则，目的为"近福远祸、趋利避害"。是清朝的允禄、何国宗、梅毂成等人奉敕编撰，乾隆亲制序文。何国宗（？～1767），字翰如，顺天大兴人，康熙五十一年考中进士，历任编修、大理寺卿、内阁学士、侍郎、算学与律吕2馆总裁、左副都御史、礼部尚书等职，奉命编辑《律历渊源》等。梅毂成（1681～1764），字玉汝，号循斋，宣城人，梅文鼎长孙，幼承家学，康熙年间考中进士，历任编修、江南道御史、光禄寺少卿、顺天府丞、通政司右通政、刑部右侍郎、左都御史等职，预修《明史·天文志》、

《律历渊源》，编成《梅氏丛书辑要》，著有《增删算法统宗》、《赤水遗珍》、《操缦卮言》等书。

《钦定回疆则例》，是乾隆帝以来于西北回族地区推行的各种建制、条例等。清朝的托津等人奉敕撰，赛尚阿等人续修、重订，永灵等人译。托津（1755～1835），富察氏，字知亭，满洲镶黄旗人，尚书博清额子，历任笔帖式、御史、侍郎、尚书、都统、东阁大学士、太子太保、太子太傅等职，奉敕撰《钦定明鉴》，参与《钦定大清会典图》的重修等，卒赠太子太师，谥文定。赛尚阿（？～1875），字鹤汀，姓阿鲁特，蒙古正蓝旗人，嘉庆二十一年（1816）中举，历任笔帖式、头等侍卫、步军统领、户部尚书、文华殿大学士、首席军机大臣等职。其著有辞典《蒙文汇书》、《蒙文晰义》，参编《钦定理藩院则例》等。

《钦定古今图书集成》，10000卷，目录40卷，1亿6千万字。清朝陈梦雷辑编。陈梦雷（1650～1740），字则震，号省斋、天一道人、松鹤老人，福建侯官人，自幼资质聪敏好学，康熙九年（1670）考中进士，任翰林院编修，后受诬陷被捕入狱，经刑部尚书徐乾学救援改戍奉天尚阳堡教书17年，被召回京师侍奉诚亲王胤祉读书与汇编编辑古今图书，完成的初稿，由康熙帝赐名为《古今图书集成》。胤禛继位，将与其争夺帝位的胤祉囚禁，陈梦雷流放到卜魁（至死），令蒋廷锡重新编校《古今图书集成》。陈梦雷著有《周易浅述》、《盛京通志》、《承德县志》、《海城县志》、《盖平县志》、《松鹤山房集》、《天一道人集》、《闲止堂集》等。蒋廷锡（1669～1732），字扬孙，一字西君，号南沙、西谷、青桐居士，江苏常熟人，出生于书香世家。祖父蒋棻，进士，礼部主事，有著作多部。父亲蒋伊，进士，监察御史，著作多部。蒋廷锡幼承家学，康熙四十二年进士，历任编修、侍郎、尚书、《明史》总裁、文华殿大学士、太子太傅等职。其为官清廉、品德高尚，写了一首描写生殖能力强多而能食的螽斯虫诗讽喻贪官："穷冬无大雪，三月无阴雨。早气产螽斯，戢戢遍禾黍。一日父生子，三日子如父。四日子复生，五日孙见祖。"其著还有诗集《青桐轩诗集》、《片云集》、《西山爽气集》、《破山集》和《秋风集》等，书画《竹石图》、《花卉图》、《野菊图》、《四瑞庆登图》、《张照肖像》（焦秉贞作轴，廷锡补景）、《海棠牵牛图》、《牡丹扇面》、《岁岁久安图》、《桃花鹦鹉图》、《塞外花卉》70种等。其卒后谥文肃。

《钦定学堂章程》，内有《钦定蒙学堂章程》、《钦定小学堂章程》、《钦定中学堂章程》、《钦定高等学堂章程》、《钦定京师大学堂章程》及《考选入学章程》等6个章程,是中国近代由国家颁布的第一个规定学制的文件。清朝末年的张百熙等人奉旨拟定。张百熙(1847~1907),字埜秋,一作冶秋,号潜斋,湖南长沙人,少年时就读于长沙城南书院,同治十三年(1874年)考中进士,历任翰林院编修、侍读、侍讲、学政、乡试正考官、《清会典》总纂、侍郎、左都御史、6部尚书、6项工作大臣等职,赏黄马褂、赐紫禁城和西苑门内骑马。其著有《张百熙奏议》、《退思轩诗集》、《补遗》等。卒赠太子少保、谥文达。

《钦定大清商律》,清朝的载振、伍廷芳奉旨起草。载振(1876~1947),满洲镶蓝旗人,姓爱新觉罗氏,字育周,庆亲王奕劻长子,乾隆帝玄孙,历任尚书、正白红2旗副都统、弼德院顾问大臣等职,辛亥革命后居天津,远离政治,靠银行存款利息和变卖遗产生活,卒私谥贞。伍廷芳(1842~1922),本名叙,又名伍才,字文爵,号秩庸,后改名廷芳,祖籍广东新会西墩,出生于新加坡,3岁随父回广州芳村定居,1874年自费留学英国,获博士学位及大律师资格,成为中国近代首位法学博士;后回香港,历任律师、清政府驻4国公使、右侍郎、中华民国军政府外交总长、广东省长、北伐战争代总统等职。其著有《伍延芳集》、《中华民国图治刍议》、《美国视察记》、《伍秩庸先生公牍》等。

《钦定四库全书》,通常称为《四库全书》。是清朝乾隆皇帝于1772年令纪昀等数百名文人学士(不包括抄写人员)编纂而成的一部大书。据文津阁藏本统计,该书共收录古籍3503种、79337卷,几乎囊括了乾隆之前中国的政治、军事、历史、天文、地理、艺术、数算、农学、医学等各个学科中的珍贵文献资料。因将全书内容分为经、史、子、集四个部类,故名四库。四库之名,源于唐朝初期的官方藏书,当时分为经史子集四个书库,号称四部库书或四库之书。

《钦定四库全书荟要》,是清朝的于敏中、王际华等人奉旨在《四库全书》编纂之初,从应抄录的诸书中选其精华纂修而成。它与《钦定四库全书》不同。《钦定四库全书》是面向世人,而《钦定四库全书荟要》则是仅供皇帝御览,在当时未向民间流传。

《钦定曲谱》,清朝康熙帝令王奕清等人编撰的一种曲谱。正文之中的北曲收曲牌335个,南曲收曲牌811个。卷首有各家曲论。末附失宫犯调诸曲。

书的命名 >>>

王奕清，字幼芬，号拙园，江苏太仓人，出生于名门世家，有"祖孙宰相、两代鼎甲、四代一品、父子10进士"之名。高祖父王锡爵，进士（会试第二，廷试第二，成榜眼），明朝大学士、太子太保，有著作多部。曾祖王衡，进士（会试第一，廷试第二，成榜眼），授翰林院编修，因怕受诬陷而连累父亲，随即辞官隐居，著有诗文杂剧等近10部。祖父王时敏，太常寺卿，官赠一品，清朝初期画家"四王"之首，有诗文画作等多部。父亲王揆，进士（兄弟9人均考中进士），大学士，诗话著作也很多。王奕清幼承家学，善书法、绘画、喜诗文，康熙三十年（1691）进士，官詹事府詹事，奉命参与编纂《御选历代诗余》120卷、校刊《康熙庆寿图板画》等。

《钦定书经传说汇纂》，是清朝王顼龄等人奉旨汇集汉、唐、宋、元、明朝诸家之说，参考当时的《日讲书经解义》编纂而成的书。王顼龄（1642～1725），原名元龄，字颛士、容士，号瑁湖、松乔老人，华亭县张堰镇人，生活于一书香之家。2位弟弟与父亲均是进士出身、朝廷重臣，著述都较为丰富。王顼龄，康熙十五年（1676）考中进士，历任翰林院编修、日讲起居注、学政、学士、少詹事、府丞、侍郎、尚书、武英殿大学士、太子太傅等职，奉旨参编《明史》，著有《清崎堂稿》、《索笑檐稿》、《紫兰山馆稿》、《华黍楼稿》、《赐书楼稿》、《含晖堂稿》、《画舫斋稿》、《松乔老人稿》与词集《螺舟绮语》（又名《兰雪词》）、《世恩堂诗集》等，卒谥文恭。

《钦定二十四史》，常称《二十四史》。是中国古代各朝撰写的24部正史的总称。内容上起传说中的黄帝（前2550），下止明朝崇祯十七年（1644），计3213卷，约4000万字，用统一的有本纪、列传的纪传体编写。

《钦定西藏章程》，清朝乾隆帝令福康安与达赖八世强白嘉措（1758～1804）、班禅七世丹贝尼玛协商，共同议定形成的。是对西藏的官制、司法、货币、税收、交通、宗教、军事、差役等作出的规定。福康安（1754～1796），字瑶林，姓富察，满洲镶黄旗人，高宗孝贤皇后侄，大学士傅恒之子，历任云骑尉、御前侍卫、侍郎、总督、尚书、军机大臣、武英殿大学士，封三等公，加封贝子，晋封一等嘉勇公、一等轻骑都尉、忠锐公，病卒于伐苗的军中，追封为嘉勇郡王，谥文襄。强白嘉措，第八世达赖喇嘛，出生于后藏托布嘉拉日岗一贵族家庭，乾隆二十六年（1761）五月批准为转世灵童，金牛年（1781）六月一日，被乾隆封为"西天大善自在佛掌管天下佛教遍知一切斡齐尔怛喇达赖喇嘛"，即政教之主。丹贝尼玛（1782～1853），后藏白

244

朗宗吉雄溪卡人，1782年被批准为转世灵童，道光二十四年被宣宗皇帝任命为西藏摄政。

《钦定蒙古源流》，编年史。清朝康熙元年（1662）鄂尔多斯部蒙古族学者萨囊彻辰用蒙文撰成，乾隆四十一年（1776）喀尔喀亲王成衮扎布把家传手抄本进献清高宗，次年奉敕译成满文，后又由满文译成汉文，定名为《钦定蒙古源流》，简称《蒙古源流》。萨囊彻辰（1604～?），彻辰是封号，意思是"聪慧贤明"，萨囊是其真名。他是成吉思汗嫡传子孙，祖父、父亲都在战争中建立过功勋，获多种荣誉称号。萨囊彻辰自幼受过良好教育，11岁承袭"彻辰·洪台吉"称号，17岁"位至大臣，任以政事，大加宠眷"，多次参与当时蒙古地区的重大历史事件处理。

《钦定日下旧闻考》，是在朱彝尊《日下旧闻》的基础上删繁补缺、援古证今、逐一考据而成。内容有星土、世纪、形胜、国朝宫室、宫室、京城总记、皇城、城市、官署、国朝苑囿、郊坰、京畿、户版、风俗、物产、边障、存疑及杂缀等事项。清朝的英廉等人奉敕编撰。英廉（1707～1783），姓冯，字六计（一说计六），号梦堂、竹井老人，祖籍浙江嘉兴，后迁辽东，从小聪明好学，知书识礼，奋发上进，于雍正十年（1732）中举，历任笔帖式、淮南府外河同知、永定河道、侍郎、尚书、总督、东阁大学士，加封太子太保等职，卒谥文肃。

《钦定八旗通志》，记述清朝八旗制度的书。清朝乾隆三十七年福隆安等人奉敕编纂。福隆安（1746～1784），字珊林，姓富察，满洲镶黄旗人，大学士傅恒之子，孝贤纯皇后侄，乾隆驸马，历任御前侍卫、兵部与工部尚书，袭封一等忠勇公，卒谥勤恪。

《钦定大唐西域记》，唐朝太宗钦定，玄奘撰写，由弟子辩机整理而成。玄奘（602～664），俗名陈祎，洛州缑氏人，出身名门。曾祖父陈钦，东魏上党太守。祖父陈康，北齐国子博士。父亲陈惠，隋朝初年江陵县令，大业末年辞官隐居、潜心儒学。三位哥哥中的二哥陈素，早年于洛阳净土寺出家，后以讲经说法闻名于世，号长捷法师。玄奘幼年家贫，父母早丧，10岁便随哥哥进入佛门，13岁剃度出家，21岁受具足戒，先后遍访佛教名师学《摄大乘论》、《杂阿毗昙心论》、《成实论》、《俱舍论》以及《大般涅盘经》等经论，从天竺王舍新城带回佛经梵文原典520夹657部，进行翻译研究；著成《大唐西域记》、《会宗论》、《制恶见论》、《三身论》等，翻译经论75部、

1335卷，被皇帝赐号"三藏法师"。太宗两度劝其弃道辅政，均未接受，卒后，追谥大遍觉之号。辩机（？~649），"少怀高蹈之节，容貌俊秀英飒，气宇不凡"，15岁剃发出家，师从萨婆多部法师道岳，后被任命为普光寺住持，经10余年的潜心钻研佛学，便谙解大小乘经论，26岁被推荐为玄奘译馆的翻译。进馆后翻译了《显扬圣教论颂》、《六门陀罗尼经》、《佛地经》、《天请问经》、《瑜伽师地论》30卷等。约30岁时，因高阳公主相赠之金宝神枕失窃案发庭审，说其与公主在封地私通，太宗怒而刑以腰斩，被讥为淫僧、恶僧而名列正史。

《钦定逆案》，书列262人，罪分六等，分别予以处置。案中所涉及的受冤人士都予以平反。此案为崇祯诏命韩爌等人追查并撰写成书。韩爌（1564~1644），字象云，明朝蒲州人，万历二十年（1592）考中进士，历任庶吉士、少詹事、侍郎、尚书、大学士、太子太保与太傅、内阁首辅等职，后因袁崇焕谋反案（韩爌是袁崇焕中进士时的座师），被罢职回乡。

第十一节 用朝代或简称或尊称与内容的简称混合命名法

用朝代或简称或尊称与内容的简称混合命名法，是指以朝代或朝代的简单称谓，或者是对朝代的尊称与能概括内容的字词混合形成书名的方法。

1 以朝代与内容的简称作书名

如《清朝续文献通考》，1921年完成。著者刘锦藻（1862~1934），原名安江，字澄如，南浔镇人（南浔首富刘镛次子，"承继于从父刘锵"），自幼读书，清朝光绪二十年（1894）考中进士。1901出资助赈陕西灾民，被依例授四品京堂候补衔；同年写成《清续文献通考》400卷进呈，赏内阁侍读学士衔。后赞助建设沪杭铁路，任董事兼副理。在杭州入股浙江兴业银行、通州设垦牧公司、上海设大达轮船公司和码头、南浔与别人合资举办浔震电灯公司、开设刘振茂绸缎局、广开当铺，承父业经营淮盐，设扬州盐场，成淮盐的大盐商。还经营房地产，扬州设有经租账房，杭州、莫干山均有别墅。在南浔、上海、青浦及上虞等地购有大量庄田，仅义庄登记在册的，就有1万余亩。以庄田收租所得，为家族办家塾，创义举，济族人。其著还有《南浔备志》、《坚匏庵诗文钞》、《杂著》、《律赋》、《楹联》等。

2 以朝代简称与内容的简称作书名

如《清通志》、《唐大诏令集》、《宋大诏令集》、《建炎以来朝野杂记》、《契丹国志》等。

《清通志》，又名《皇朝（清）通志》。清乾隆三十二年官修。体例与《续通志》、《通志》均不同，删去了本纪、列传、世家、年谱，留20略。这20略中，除氏族、六书、七音、校雠、图谱、金石、昆虫草木诸略外，其余各略大体与《清通典》相似。

《唐大诏令集》，130卷。内容为唐朝皇帝颁布的文件。在较长时间里仅有抄本流传。残缺23卷。1914年才有刊本。辑编者为宋朝的宋敏求（1019～1079），字次道，赵州平棘人，出生于一书香之家。祖父宋皋，尚书度支员外郎、直集贤院。父亲宋绶，进士，高官，著书多部。宋敏求于仁宗宝元二年（1039）考中进士，历任馆阁校勘、编修官、集贤校理、亳州知州、实录检讨、起居注、知制诰、史馆修撰、龙图阁直学士等职，参加编撰唐史、补唐武宗以下六世《实录》148卷、撰《河南志》与《长安志》，笔记《春明退朝录》等。

《宋大诏令集》，北宋时期的政事、典章制度。作者是宋朝的宋绶（991～1040），字公垂，咸平三年（1000）因外祖父杨徽之（921～1000，进士，翰林侍读学士）去世被补太常寺太祝，真宗景德三年（1006），被召试中书，真宗爱其文章，"迁大理评事，听于秘阁读书"。祥符元年（1008），其参加学士院复试，赐同进士出身，后历任集贤校理、大理寺丞、吏部侍郎、资政殿大学士、河南知府、兵部尚书、司徒兼侍中等职；家藏书万余卷，亲自校雠。其笔札精妙，书法自成一体，倾朝学之，被称为"朝体"，帝王多取其书字藏于禁地而独自观赏。其著有《天圣卤簿记》、《内东门仪制》、《五服敕》（刘筠、宋绶等撰）、《岁时杂咏》、《常山祐殿集》等，卒谥宣献。

《建炎以来朝野杂记》，南宋高宗一朝事迹的编年体史书。作者是宋朝的李心传（1167～1240），字微之、伯微，号秀岩、病叟，世称秀严先生，隆州井研人。祖父李公锡，学者，八品宣义郎。父亲李舜臣，进士，成都府教授，宗正寺主簿，赠太师，追封崇国公。李心传自幼随父读书，绍定四年（1231）考中进士，历任国史校勘、著作佐郎、四川制置司参议、工部侍郎兼国史馆修撰，专修《中兴四朝帝纪》，编纂《十三朝会要》，主修《中兴四朝国史》。他针对当时社会矛盾激化的状况，在朝议时极力陈述"滥杀"与"重敛"的危害，请宋理宗下"罪己诏"，以缓和社会矛盾，被采纳；未料言多必失，不久又因言获罪，被贬居湖州，之后便退身立说，著有《诗文集》、《学易编》、《诵诗训》、《春秋考》、《礼辨》、《读史考》、《旧闻证误》、《道命录》、《西陲泰定录》、《及辨南迁录》等。

《契丹国志》，又名《契丹志》、《辽志》。27卷。记辽代218年的史事。成书于元朝初年。书第1至12卷记录历朝皇帝事，13卷《后妃传》，14卷《诸王传》，15卷《外戚传》，16至19卷为《列传》，20卷为《晋表》、《澶渊誓书》、《关南誓书》、《议割地界书》，21卷为《南北朝馈献礼物》、《外国贡进礼物》，22卷地理，23卷制度，24至25卷节录宋朝人出使北国见闻，26卷记述周边北方各国，27卷《岁时杂记》。书前附《进契丹国志表》，末署"淳熙七年（1180）三月秘书丞臣叶隆礼上表"。淳熙七年比叶隆礼考中进士的时间还要早数十年，可能为咸淳之误。也有人据此认为是托名之作。叶隆礼，字士则，号渔村，嘉兴人，宋朝淳祐七年（1247）进士，历任建康府通判、两浙运判、临安与绍兴知府等职。

3　以对朝代的尊称与内容简称作书名

如《皇明书》、《皇宋通鉴长篇纪事本末》、《皇宋通鉴长篇纪事本末》、《皇朝（清）文献通考》、《皇朝（清）通典》等。

《皇明书》，45卷。作者明朝的邓元锡（1528~1593），字汝极，号潜谷，嘉靖三十四年（1555）中举后，便闭门谢客，潜心著述，作有《五经绎》15卷、《函史上下编》（分别为82卷、21卷）、《三礼编译》26卷、《潜学稿》19卷等。

《皇宋通鉴长编纪事本末》，也称《续资治通鉴长编纪事本末》，150卷。作者南宋时期的杨仲良（生卒年不详），字明叔，眉州人。

《皇朝（清）文献通考》，清朝开国到乾隆五十年的典章制度。清朝张廷玉（1672~1755）等人奉敕修撰。张廷玉，字衡臣，号研斋，桐城人，出生于名门。曾祖父张士维，中宪大夫、抚州知府，著有《半亩园诗集》。祖父张秉彝，贡生。父亲张英，进士，官至大学士，著有《聪训斋语》、《恒产琐言》、《文端集》等，书房自书对联："读不尽架上古书，却要时时努力；做不尽世间好事，必须刻刻存心"。张廷玉，少承家学，26岁抵京参加会试，因父奉命为总裁官而回避不与试，康熙三十九年（1700）考中进士，历任翰林院检讨、刑部侍郎、《亲征平定朔北方略》与《御选物诗》及《佩文韵府》3部书的纂修、《骈字类编》领修、《世祖仁皇帝实录》副总裁、国史馆与四朝国史和《大清会典》及《圣祖仁皇帝治河方略》与《圣祖仁皇帝实录》总裁、礼户吏3部尚书、翰林院掌院学士、文渊阁与保和殿大学士、太子太保、军机与顾命大臣等职，卒谥文和。他著有《传经堂集》、《焚馀集》、《澄怀园诗选》、《澄怀园载赓集》、《澄怀园文存》、《澄怀园语》、《澄怀主人自订年谱》等，另有疏稿等若干卷。其处事谨慎，"外和平而内方正"，谨守黄庭坚的名言"万言万当，不如一默"。雍正十一年（1733）长子张若霭考中探花，张廷玉坚辞不允，请求皇帝降低其子的名次，遂改为二甲一名。

《皇朝（清）通典》，清初到乾隆帝期间的各种典章制度。清朝的嵇璜、刘墉等人奉敕修撰。嵇璜（1711~1794），字尚佐、甫庭，晚号拙修，无锡县人，名门之后。祖父嵇永仁，福建总督范承谟幕僚。父亲嵇曾筠，进士，官总督、巡抚、盐政。嵇璜，幼承家学，举止庄重，不苟言笑，雍正八年（1730）考中进士，历任日讲起居注、侍读学士、都御史、侍郎、河道总督、《四库全书》馆与三通馆及国史馆正总裁、会试正考官、尚书、太子太保、文渊阁大学士、太子太傅、上书房总师傅等职，卒赠太子太师，谥文恭，著有《治河年谱》、《锡庆堂诗集》，主持编写《河源纪略》等，"精小楷，能于胡麻上作书"。刘墉（1719~1804），字崇如，号石庵、青原、香岩、东武、穆庵、溟华、日观峰道人等，先世为安徽砀山人，明朝弘治年间到诸城北乡逄戈庄。曾祖父刘必显，进士，户部广西司员外郎，著有《题槎河山庄亭壁》。祖父刘棨，进士，四川布政使。父亲刘统勋，进士，历任编修、尚书、太子太保、国史馆总裁、内阁大学士、军机大臣等职，著有《文正公诗集》。刘墉幼承家学，乾隆十六年（1751）殿试获进士，历任学政、知府、道台、按察使、巡抚、左都御史、《四库全书》馆与玉牒馆副总裁、《西域图志》及《日下旧闻考》总裁、吏部尚书、上书房总师傅、体仁阁大学士等职，著有《石庵诗集》等，卒，谥文清，赠太子太保。

249

第十二节 用朝代的简称与"书"或"六典"、"典章"、"会典"、"会要"合并命名法

用朝代的简称与"书"、"六典"、"典章"、"会典"、"会要"合并命名法，指以朝代的简单称谓与"书"字或"六典"、"典章"、"会典"、"会要"等词连在一起形成书名的方法。

1 以朝代的简称与"书"字作书名

如《汉书》、《晋书》、《宋书》、《梁书》、《陈书》、《魏书》、《周书》、《隋书》、《西魏书》、《南汉书》、《元书》等。

《汉书》，记事从汉高祖元年—王莽地皇四年。是西汉皇朝兴衰的断代史。东汉时期的班固（32～92）等人著。班固，字孟坚，文史学家，扶风安陵人。其父班彪（3～54），"家有赐书，内足于财"，"才高而好述作，遂专心史籍之间"，"继采前史遗事，傍贯异闻，撰《太史公书》"后篇"（《汉书·叙传》、《后汉书·班彪传》），未完，于建武三十年（54）卒。史称班固"博贯载籍，九流百家之言，无不穷究，所学无常师"，其父死后，回到乡里，续修班彪的撰述。后有人告班固"私改作国史"，下狱；班超（班固弟）上书申辩，汉明帝曾阅览过班固所撰史稿，认为他有才，命他任兰台令史，参撰《世祖本纪》，完成后，又撰王莽末年、东汉初年史，得列传、载记28卷。接着明帝令其"终成前所著书"，到章帝建初年间，《汉书》全篇基本撰成。书中的《天文志》和八表是班固之妹等人奉和帝之令所续。

《晋书》，使用这一名称的纪传体史书作者不少，有东晋王隐的《晋书》、虞预的《晋书》、朱凤的《晋书》、谢沈的《晋书》、谢灵运的《晋书》、南齐臧荣绪的《晋书》、梁朝萧子云的《晋书》、郑忠的《晋书》、沈约的《晋书》等。但名声最高的则是官府修的正史《晋书》，它记晋武帝泰始元年（265）到晋恭帝元熙二年（420）的西晋4帝、东晋11帝史事；追叙的内容有晋室先世司马懿、司马师、司马昭于东汉末年及曹魏时期的活动；扩展的内容有与东晋同时并存的北方16国史事。唐朝房玄龄、褚遂良监修，许敬宗、令狐德棻、敬播、李淳风、李延寿等21人参撰。此书是在唐太宗看了当时尚存的

18种晋史书后，认为它们有的"烦而寡要"、有的"劳而少功"、有的"滋味同于画饼"、有的"涓滴埋于涸流"、有的"不预于中兴"、有的"莫通于创业"、有的仅"略记帝王"、有的只"才编载记"，总体上"虽存记注，而才非良史，事亏实录"（《唐大诏令集》），《晋书》必须重修。于是，到贞观二十年（646）命人下发《修晋书诏》，"令修国史所更撰《晋书》"才产生的。此书以臧荣绪的《晋书》为蓝本，广泛吸收各家晋史、晋人文集、杂论、笔记、杂说中的一些内容，于贞观二十二年撰成。王隐（生卒年不详），字处叔，陈郡陈人。父亲王铨，历阳令，录晋事及功臣行状，未就而卒。王隐，博学多闻，继承父亲遗业，太兴初，被召为著作郎，还撰有文集10卷传世。虞预（约285~340），余姚人，本名茂，避明穆皇后母讳改，字叔宁；曾祖虞翻，著书多部；祖虞耸，河间相，著有《穹天论》；父亲虞察，孙吴征虏将军。虞预，12岁便成了孤儿，少时好学，善文，成年后被族人推荐为县功曹，后历任主簿、秘书丞著作郎、散骑侍郎，赐爵西乡侯，封平康县侯，著有《会稽典录》、《诸虞传》、文集10卷等。朱凤（生卒年不详），晋陵人，由秘书监华潭推荐为著作佐郎，后任中书郎等职。谢沈（生卒年不详），字行思，会稽山阴人也；曾祖沈斐，豫章太守；父沈秀，翼正都尉；谢沈自幼勤奋读书，成人后历任参军、太学博士、尚书度支郎、著作郎等职，撰有《后汉书》、《毛诗》、《汉书外传》、诗赋文论等。臧荣绪（414~488），祖籍东莞莒，祖父臧奉先，建陵令；父臧庸民，国子学助教；臧荣绪幼年丧父，有志好学，与朋友一起，钻研历史典籍；成人后博学多才，但不愿为官，数次诏其出山，均予以拒绝，以教书治学为业；撰成《嫡寝论》、《拜五经绪论》、《绪洞记》等。萧子云（487~549），字景齐，南兰陵人，萧嶷第九子，从小勤学而后有文才，历任秘书郎、太子舍人、司徒、侍中、吏部长史等职，著有《东宫新记》等。房玄龄（578~648），别名房乔，字玄龄、乔松，齐州临淄人，博览经史，工书善文，18岁时考中进士，官至宰相，被封梁国公，卒谥文昭，著有《唐律疏议》与主编的《大唐新礼》等。褚遂良（596~659），字登善，浙江钱塘人，祖籍河南阳翟；父褚亮，学士。褚遂良博通文史，精于书法，历任秘书郎、起居郎、谏议大夫、黄门侍郎、中书令、都督、顾命大臣、刺史、尚书、宰相等职，著有《阴符经》、《行书二种》、《雁塔圣教序》、《房玄龄碑》、《楷书习字帖》、《集字作品五十幅》、《书孟法师碑》等。许敬宗（592~672），字延族，杭州新城人，隋朝大业年间考中秀才，历任唐朝文学馆学士、侍郎、刺史、尚书、中书令、右相、光禄大夫监修国史（奉敕主编《文馆词林》一千卷）等职，因完成武德、贞观两朝《实录》封高阳县男，进封郡公，拜太子少师，"自贞观以来朝廷所修《五代史》及《晋书》、《东殿新书》、《西域图志》、《文思博要》、《文馆词林》、《累璧》、《瑶山玉彩》《姓氏录》、《新礼》，皆总知其事"（许敬宗-360百科），另著有文集80卷。其博学多闻，见识极深，唐太宗问许敬宗："朕观群臣之中，惟卿最贤，有言非者，何也？"敬宗对："春雨如膏，农夫喜其润泽，行人恶其泥泞；秋月如镜，佳人喜其玩赏，盗贼恨其光辉。天地之大，人皆有叹，何况臣乎！臣无肥羊美酒以调众人之口；且是非不可听，听之不可说。君听臣遭株，父听子遭戮，夫妻听之离，朋友听之别，乡邻听之疏，亲戚听之绝。人生七尺躯，谨防三寸舌；舌上有龙泉，杀人不见血。"帝曰："卿言甚善，朕当识之"。敬播（？～663），史学家，蒲州河东人，贞观初年进士，历任太子司议郎、著作郎、谏议大夫、给事中（兼修国史）、越州都督府长史等职，奉召撰成《高祖实录》，与许敬宗等撰成《西域图》，与房玄龄、顾胤等续撰成《太宗实录》，另著有《隋略》、《汉书注》、《汉书音义》、《文贞公传事》、《西域国志》等。

《宋书》，记南朝宋武帝永初元年（420）到顺帝升明三年（479）事。记事追溯到东晋安帝义熙之初。作者是沈约（441～513），字休文，吴兴武康人。祖父沈林子，将军。父亲沈璞，淮南太守，于元嘉末年被诛。沈约自此孤贫流离，勤奋好学，白天读书，夜间温习，终博通群籍，写得一手好诗文。其历仕宋、齐、梁三朝，先后担任记室参军、骠骑司马将军、尚书左仆射、尚书令、太子少傅等职，被封建昌县侯，卒谥隐。为方便学习研究，其聚书2万卷，著有《晋书》、《齐纪》、《高祖纪》、《迩言》、《谥例》、《宋文章志》、文集100卷，并撰成《四声谱》等。

《梁书》，记南朝梁武帝天监元年（502）到敬帝太平二年（557）事；《陈书》，记南朝陈武帝永定元年（557）到后主祯明三年（589）事。二书为唐朝的姚思廉（557～637）于贞观三年（629）奉诏修撰。书中的资料有一部分来源于其父的旧稿。姚思廉，字简之，吴兴人。祖父姚僧垣，"好文史"，还"医术高妙"，曾多次治愈皇帝和王公大臣的疑难病症。父亲姚察，喜游历求学、购聚图书，在当了陈朝吏部尚书以后，仍大力寻求天下图书，遇到没见过的书即刻抄录下来，聚书多达万余卷，并都阅读过，著有《汉书训纂》、

《说林》、《西聘》、《玉玺》、《建康三钟》、《文集》与未撰成的梁、陈二史等。姚思廉少承家学，喜欢历史，除了读书，没有其他嗜好，连家人的生计状况也从不过问，成年后历任王府参军、主簿、记室、侍读、太子洗马、著作郎、弘文馆学士、散骑常侍等职，被赐爵丰城县男。他奉命与崔祖濬修成《区宇图志》250卷，独修纪传30卷，卒赠太常卿，谥康。

《魏书》，记北朝魏道武帝登国元年（386）到东魏孝敬帝武定八年（550）的北魏、东晋两朝史事。书中的《序纪》叙事追溯到拓跋族先世27代历史。作者是北齐时期的魏收（510~572），字伯起、佛助，钜鹿下曲阳人，北魏骠骑大将军魏子建之子，历任太学博士、侍郎、国史编修、中书令、尚书右仆射、特进等职。其所撰之文，多不打草稿，立笔而就，无需修改。然其生性轻狂，时称"惊蛱蝶"，奉命著《魏书》时声称："何物小子，敢共魏收作色，举之则使上天，按之则使入地。"凑巧的是，此书定稿传世后被发现有记事"不实"与"遗漏"等问题，史学家的子孙们即刻"众口喧嚷，号为'秽史'"，迫使他三易其稿，才成定本。其还著有诗文《美女篇》、《挟琴歌》、《看柳上鹊诗》、《后园宴乐》、《喜雨》、《封禅书》等。

《周书》，记西魏文帝大统元年（535）到周静帝大定三年（581）隋之代周事，叙事追溯约到北魏孝武帝永熙三年（534）东、西魏分立。是唐朝的令狐德棻（583~666）等人奉诏修撰。令狐德棻，宜州华原人。祖父令狐整，北周大将军。父亲令狐熙，仪同大将军。令狐德棻自幼读书，成年后才华出众，历任起居舍人、秘书丞、礼部侍郎兼修国史、太子右庶子、雅州刺史、秘书少监、弘文馆学士、太常卿、国子祭酒、崇贤馆学士等职，赐爵彭阳男，晋爵为子，加爵为公，80岁退休时被加封为金紫光禄大夫。其首次提出官府修正史，并参与或指导了《梁书》、《陈书》、《北齐书》、《周书》、《隋书》、《晋书》、《南史》、《北史》共8部正史和《太宗实录》、《高宗实录》、《艺文类聚》、《新礼》、《氏族志》、12卷律、30卷令、40卷式的修撰，还著有《凌烟阁功臣故事》、《令狐家传》、《皇帝封禅仪》、《令狐德棻集》等。

《隋书》，记隋朝文帝开皇元年（581）到恭帝义宁二年（618）事。是魏征（580~643）等人奉诏撰写的一部首尾完备的隋朝史。魏征，字玄成，巨鹿人，祖籍为四川广元剑阁。其从小丧失父母，家境贫寒，但喜爱读书，不理家业，出家当过道士，历任隋朝武阳郡丞书记、瓦岗军李密元帅府文学参军、唐朝太子洗马、太子詹事主簿、谏议大夫、尚书左丞、左光禄大夫、秘书监、侍中、太子太师等职,封郑国公。其参与修撰齐、梁、陈、周、隋诸史,著有《隋书》史论及绪论和梁、陈、齐各书的帝纪总论,另有《次礼记》20卷、诗1卷,和虞世南、褚亮等合编《群书治要》50卷。他的重要言论大都收录在唐朝王方庆辑编的《魏郑公谏录》和吴兢辑编的《贞观政要》里,卒谥文贞。

《南唐书》,辑撰者是南宋时期的陆游(1125~1210),字务观,号放翁,山阴人,自幼好学,绍兴二十三年(1153)赴临安应试进士,取为第一,而秦桧的孙子秦埙居其次,秦桧大怒,欲降罪主考;二十四年(1154)参加礼部考试,主考官再次将其排在秦埙之前,被秦桧除名。秦桧死后,孝宗即位,赐其进士出身,陆续委任枢密院编修、通判、安抚使、参议官、知州等职。其著有《剑南诗稿》、《渭南文集》、《放翁逸稿》、《放翁词》、《渭南词》、《南唐书》、《老学庵笔记》等数十种文集存世,存词130余首,自言"六十年间万首诗",今尚存9300余首。之中的名句"山重水复疑无路,柳暗花明又一村"、"小楼一夜听春雨,深巷明朝卖杏花"等一直被人民广为传诵,名篇《书愤》、《示儿》(死去元知万事空,但悲不见九州同。王师北定中原日,家祭无忘告乃翁)。

《明书》,作者是明末清初的傅维鳞(1608~1667),原名维桢,字个臣,后改名维鳞,字飞眄,号掌雷、歉斋,原籍上元。父亲傅永淳,进士,吏部尚书(宰相)。祖父傅铤,举人,岐山县知县。曾祖父傅承问,秦王府审理,处理了王室中的许多枉法问题,被皇帝誉为"天下王官第一",退休后筑书院讲学,著有《一得语》(俚语集)等。傅维鳞,少年时就聪颖异常,读经史过目成诵,作诗文赋下笔立成,顺治三年(1646)考中进士,历任左春坊左中允、内翰林宏文院编修(分修《明史》)、大理寺少卿、太仆寺卿、通政使、太子少保、左右侍郎、尚书等职,还著有《屯田苦民书》、《士田志》、《赋役志》、《四思堂文集》、《四思堂诗集》等。

《西魏书》,《清史稿》以为其"义例皆精审,非徒矜书法,类史钞也"。清朝的进士、广西巡抚谢启昆(1737~1802)奉命修撰。

《南汉书》,作者清朝的梁廷楠(1796~1861),字章冉,号藤花亭主人,广东顺德县人,副贡生,历任澄海训导、《广东海防汇览》编修,赐内阁中书,加侍读衔。其著有剧本《断缘梦》、《江梅梦》、《昙花梦》及《藤花亭诗文集》、《粤海关志》、《夷氛纪闻》、《海国四说》、《金石称例》、《碑文摘奇》等。

《元书》，作者清朝的曾廉（1856~1928），字伯隅，邵阳县人，3岁能沿街招牌、对联，15岁作《田家杂兴赋》，20岁考入县学，后选入岳麓书院读书。课余，常向书店求借典籍，"傍柜阅览，片刻读完"，店主问其书中内容，曾廉对答如流。其学成后，到爱莲书院与校经堂书院任主讲。光绪二十年（1894）中举，次年会试后任国子监助教，参与编修《大清会典》，后任陕西候补道；二十八年（1902）因支持义和团而获罪，遂至贵州锦屏县的梅屏山下筑"掘阅园"隐居，从事教学与著述，撰成《元书》与《元史考证》等。

2　以朝代的简称与"六典"作书名

如《唐六典》，题为唐玄宗撰，李林甫奉敕注，实出张九龄等人之手。录中央到地方各级官署编制、职司、官佐、品秩、官制沿革等。李林甫（683~752），小字哥奴，赵州赞皇人，历任太子中允、国子司业、御史中丞、黄门侍郎、礼部尚书、中书令等职，著有《送贺监归四明应制》、《奉和圣制次琼岳应制》等。也有学者说他"善音律，性狡狯，无学术，著为他人代作"。又说其是"嘴上像蜜甜，肚里藏着剑"，成语"口蜜腹剑"就出于此。

3　以朝代的简称与"典章"、"会典"作书名

用朝代的简称与"典章"、"会典"作书名的，多为官修断代式政书，以职官为纲，记述中央与地方官职制度沿革、法令典章制度。如《元典章》、《明会典》、《清会典》等。

《元典章》，元朝官修。录元朝世祖即位（1260）至仁宗延佑七年（1320）时期的典章制度（内容多为《元史》中所不载），续录英宗至治元二年（1322）的法令。有清朝光绪三十四年沈家刻本传世，但谬误较多。陈垣在《沈刻〈元典章〉校补》与《元典章校补释例》中指出沈家刻本错误12000多条。

《明会典》，记载明朝的典章制度，明朝的徐溥等人奉命编修。徐溥（1428~1499），字时用，号谦斋，宜兴人，自幼天资聪颖，胸怀大志，每日将黄豆、黑豆分装两瓶；每当自己做了一件坏事，说了一句坏话，想了一个坏念头时，就在一个瓶子里放一粒黑豆，做了好事就在另一个瓶里放一粒黄豆；开始时，黑豆颇多，黄豆寥寥，便深刻反省；过了一段，黑豆黄豆已各占一半，又再接再厉，律己更严，久而久之，瓶中黄豆半满，黑豆则屈指可数；凭着这种持久约束，不断修炼自我，完善品德。其读书十分用功，8岁进私塾念书，把圣言要语、经典法言抄录汇集成册，随身携带，供作平时阅读，于景泰五年考中进士（榜眼），历任翰林院编修、左庶子、学士、太常卿、侍郎、少傅、太子太傅、尚书、大学士、内阁首辅、三主会试等，因入阁为相12年颇有政声而被尊敬为"徐阁老"，卒赠太师、加左柱国，谥文靖，著有《谦斋文集》、《文靖疏稿》等。

《清会典》，清朝官修，于康熙二十三年开始，到二十九年成书。后于雍正二年、乾隆十二年、嘉庆六年、光绪九年4次续修，各次内容与前部书尾相衔接。录清朝初年起至光绪二十二年的典章制度，其中"将嘉庆十八年以后增订的一切典礼及修改各衙门的则例"全部收入。因是5个朝代修成，故又称此书为《五朝会典》。

4 以朝代的简称与"会要"作书名

使用朝代的简称与"会要"作书名，其内容多为一个或几个朝代的制度、历史地理、风俗民情等，如《春秋会要》、《战国会要》、《秦会要》、《西汉会要》、《东汉会要》、《三国会要》、《晋会要》、《宋齐梁陈会要》、《辽会要》、《明会要》。

《春秋会要》，原名《春秋三传汇要》。分为世系和吉、凶、军、宾、嘉5礼6类、98子目，记述春秋时期诸多国家的典章制度、沿革情况，清朝姚彦渠辑编。

《战国会要》，在内容的分类上，具有独特的个性，将同类事项多朝并列，如"世系"下除列周王世系外，加列秦王系、齐王庙等；"职官"下加列秦职官、齐职官、楚职官等较好地体现了七雄纷争和周天子已降为附庸的政治局面。杨宽、吴浩坤主编。

《秦会要》，分为世系、礼、乐、舆服、学校、历数、职官、民政、食货、兵、刑法、方域、四裔等14门，作者孙楷。原书遗误甚多，后由徐复进行订补，逐条修正，改书名为《秦会要订补》，1951年上海君联出版社首次出版。2000年，杨善群又对此书加以补充，订正，恢复原书名为《秦会要》，由上海古籍出版社出版。

《西汉会要》，分15类、367个子目。资料主要来源于《汉书》，辑录叙述西汉时期的典章制度。上海人民出版社1977年出版。宋朝的徐天麟辑撰。

《东汉会要》，分15类、384个子目。资料来源于《后汉书》等。辑录叙述东汉一朝的典章制度。上海古籍出版社1978年出版。著者同前。

《三国会要》，清朝的杨晨依据钱仪吉的同名手稿整理而成，22卷，分15类、98个子目，中华书局1956年出版。钱仪吉的同名手稿，40卷，分19类、250个子目，上海古籍出版社1991年出版。

《晋会要》，内容为两晋时期的典章制度沿革等。作者清朝的朱铭盘（一说朱铭，1852~1893），字曼君，江苏泰兴人，光绪八年（1882）中举。《清史稿》称"其学长于史，兼工诗古文"，著有《朝鲜杂诗》、《桂之华轩诗集》、《桂之华轩文集》、《历代四后裔朝献长编》等。

《宋齐梁陈会要》，主要记载南朝宋、齐、梁、陈各国的典章制度。上海古籍出版社将其分成《南朝宋会要》、《南朝齐会要》、《南朝梁会要》、《南朝陈会要》于1984、1986年先后点校出版。作者是清朝的朱铭盘。

《辽会要》，采辑的是辽朝人撰著、近年考古新发现之辽代文物、志册以及宋、金、高丽等国人之有关记述、前代和现代学者研究辽朝史之成果等。作者是朱子方、陈述、辽宁社科院辽金所的专家等。

《明会要》，内分帝系、礼、乐、舆服、学校、动历、职官、选举、民政、食货、兵、刑、祥异、方域、外蕃等15类、498个子目。作者是清朝的龙文彬（1824~1893），字撷菁，号筠圃，江西永新人，3岁时父母双亡，由叔父抚养，6岁时当牧童，用赶牛的竹竿在沙滩画字，未满10岁即能文，下笔千言，后以教书为生，同治四年（1865）考中进士，历任吏部主事、穆宗实录（加四品衔）等。他尽职15年，因不满朝政腐败，辞官还乡，仍如进京之前那样，主讲于本县的秀水、联珠、莲洲等书院及本府的鹭洲书院和临江府的章山书院。其著有《永怀堂诗钞》、《明记事乐府》300首、《永怀堂文钞》、《周易绎说》等。

第十三节 用朝代的简称与"史"或"史稿"、"史纪"、"史类编"、"史新编"等字词连接命名法

用朝代的简称与"史"或"史稿"、"史纪"、"史类编"、"史新编"等字词连接命名法，是指以朝代的简单称谓与"史"或"史稿"、"史纪"、"史

类编"、"史新编"等字词连接形成书名的方法，如已经问世的《南史》、《北史》、《宋史》、《辽史》、《金史》、《元史》、《明史》、《清史稿》、《宋史纪》、《元史类编》、《宋史新编》、《元史新编》等。

《南史》，记南朝宋武帝永初元年（420）到隋朝文帝开皇九年（589）事。作者为唐朝的李延寿。内容来源于其父李大师（628年去世）未完成稿和当时的有关史料。

《北史》，记北朝北魏道武帝登国元年（386）到隋朝恭帝义宁二年（618）事。作者唐朝的李延寿，生卒年待考，字遐龄，相州人。父亲李大师，窦建德政权的礼部侍郎；仿《吴越春秋》体例，撰写南北朝史，后因事停止，不久便去世；在临终之前，因"所撰未毕，以为没齿之恨"。李延寿历任东宫典膳丞、崇贤馆学士、御史台主簿、国史符玺郎、国史修撰等职，参加了《隋书》、《五代史志》、《晋书》及当朝国史的修撰，独力完成《太宗政典》等。

《宋史》，记宋朝太祖建隆元年（960）到赵昺祥兴二年（1279）事，并追溯太祖出生及其先世事迹（唐代到后周）。《宋史》与其他正史相比，增设了《道学传》，列传记2000多人。作者是元朝的大臣脱脱等人。

《辽史》，记辽国太祖神册元年（916）到天祚帝保大五年（1125）事。作者是元朝大臣脱脱等人。书中的"本纪"记事追溯到唐代的咸通十三年（872）耶律阿保机出生；"世表"的记事追溯到汉代的"冒顿可汗以兵袭东胡，灭之。余众保鲜卑山"，上叙了耶律阿保机以前契丹之所由来的1000多年的历史。此书将《国语解》作为全书结尾篇，并用史注家的训诂音释说明它的必要性；首创《营卫志》。

《金史》，记金国太祖收国元年（1115）到哀宗天兴三年（1234）事。元朝的大臣脱脱等人著。书中的"本纪"记事追溯到辽道宗咸雍四年阿骨打出生。"本纪"前有仿效魏收《魏书·序纪》而作的《世纪》，追叙女真族先世的事迹。脱脱（1314~1356），亦作托克托，字大用，蒙古蔑儿乞部人，出生于一地位显赫的蒙古贵族家庭。伯父伯颜，在元朝顺帝妥欢贴睦尔即位后任中书右丞相，独秉国政达8年之久。父马札儿台，仁宗以来即居要职，于伯颜罢相后即任中书右丞相。脱脱自幼养于伯父伯颜家中，后随浦江的吴直方学习汉文，历任中政使、同知枢密院事、御史大夫、辽宋金3史修撰总裁、中书右丞相等职，封太师。其善书画，书法刚毅有力，酷似颜真卿。

《元史》，记元朝太祖元年（1206）到顺帝至正二十八年（1368）八月"大明兵入京城，国亡"事，并追叙了铁木真十世祖以来的历史，补充记事到元顺帝死。是明朝初年的宋濂（1310～1381）等人奉诏修纂。下诏修《元史》的理由与要求：体现于朱元璋对廷臣说的二段话："近克元都，得《十三朝实录》，元虽亡国，事当记载，况史记成败，示劝惩，不可废也。""今命尔等修纂，以备一代之史，务直述其事，毋溢美，毋隐恶，庶合公论，以垂鉴戒。"（《明太祖实录》卷三九）宋濂，字景濂，号潜溪、玄真子、玄真道士、玄真遁叟，浦江人，原籍金华潜溪。其自幼家境贫寒，但聪敏好学，无钱买书，就借人家的书抄写，"自少至老，未尝一日去书卷，于学无所不通"，历任江南儒学提举、《元史》主修、翰林院学士承旨、知制诰等职，卒谥文宪。他喜聚书，至元朝末年，仅在浦江青萝山中的藏书楼"青萝山房"就收藏有万卷。其著有《孝经新说》、《周礼集说》、《龙门子》、《潜溪集》、《萝山集》、《浦阳人物记》、《翰苑集》、《芝园集》等。

《明史》，记明朝太祖洪武元年（1368）到庄烈帝崇祯十七年（1664）五月清兵入京事，追叙了朱元璋从元朝至正四年（1344）到至正二十七年（1367）的活动。此书的修撰过程极为复杂，为官纂前朝正史所罕见。清朝统治者入关后第二年（顺治二年～1645）设明史馆，议定撰修《明史》体例，到康熙十八年（1679）才开始正式修纂，由顾炎武的外甥大学士徐元文任总裁，万斯同（1638～1702）总校；后为张玉书（1672～1755）、王鸿绪相继任总裁，乾隆四年（1739）定稿、正式刊行；四十二年（1777），又令英廉等人将"原本逐一考核添修"再"重刊颁行"（王先谦《东华录》），前后历经100多年，几经停顿，几经增删，思考之慎重，审定之精严，在正史中独一无二。

《清史稿》，记清朝太祖天命元年（1616）到宣统三年（1912）十二月溥仪"逊位"事。著者为清朝末年的赵尔巽（纂修《清史稿》馆馆长、主编）等100多人。赵尔巽（1844～1927），字公镶，又名次山，号次珊、无补，汉军正蓝旗人，祖籍铁岭。曾祖父赵宣宾，直隶山永协副将。祖父赵达镛，进士，莱州知府。父亲，赵文颖，进士，阳谷等地知县，钦加知州衔，咸丰四年因太平军破阳谷县城而殉节，诏令建专祠祭祀。兄长赵尔震，进士，工部郎中、二品衔。赵尔巽于同治十三年（1874）进士，历任翰林院编修、御史、湖北乡试副考官、安徽与陕西等省按察使、甘肃与新疆及山西布政使、湖南

259

巡抚、户部尚书、盛京将军、湖广与四川及东三省总督、钦差大臣、民国的奉天都督、袁世凯时期的清史馆总裁、段祺瑞执政期间的善后会议议长、临时参议院议长、安国军政府最高顾问等职。其弟赵尔丰，驻藏与川滇边务大臣、四川总督；赵尔萃，光绪己丑进士，夏津县令、直隶知州、三品衔候补道台，赏戴花翎。被誉"一门五进士，兄弟两总督"。赵尔巽学识广博，还著有《刑案新编》、《赵留守攻略》等。

《宋史纪》，作者明朝的王惟俭，生卒年均不详，字损仲，河南祥符人，万历二十三年（1595）考中进士，历任山东潍县知县、兵部职方主事、光禄丞、大理寺少卿、右佥都御史、山东巡抚、工部右侍郎，后被魏忠贤党人田景新诬陷，罢官归家。其喜书画古玩，工于鉴赏，与董其昌并称博物君子。《明史》称其"资敏嗜学"，致力经史百家，删定《宋史》，自成一书；还著有《文心雕龙训故》10卷、《王损仲集》等。

《元史类编》，清朝的邵远平，生卒年均不详，初名吴远，字戒三、吕璜，号戒庵，浙江仁和人，康熙三年（1664）考中进士，授户部主事，历任光禄寺少卿、侍读、詹事府少詹事等职，参与修撰一统志，退休息影湖庄，闭门谢客，著书立说，不问世务。圣祖南巡，御书"蓬观"二字以赐，因自号蓬观子。其还著有《史学辨误》、《戒三文存》、《戒庵诗集》、《京邸集》、《粤行集》、《河工见闻录》等。

《宋史新编》，作者柯维骐（1497～1574），字奇纯，号希斋，莆田县城内小柯山人。高祖柯潜，状元，詹事府少詹事，著书多部。父亲柯英，进士，徽州知府。兄柯维熊，进士，都水清吏司郎中。柯维骐，嘉靖二年（1523）进士，授南京户部主事，不久因病回乡。从此，无意仕进，谢绝多次诏请，潜心著书从教，四方从学者先后达400多人。其著有《艺余集》、《杂著》、《河汾传》、《续莆阳文献志》、《史记考要》、《经义答问》、《左铭》、《右铭》、《讲义》等。

《元史新编》，记元朝太祖元年到顺帝至正28年事。1936年上海书局印刷。作者是清朝的魏源（1794～1857），名远达，字默深、墨生、汉士，号良图，邵阳县金潭人，幼时家贫，性情寡嬉笑，常独坐，读书勤奋，7岁时经常苦读至深夜。"母怜其过勤，每夜定时熄灯令卧，他伺二老熟寐，以被遮灯默读"。9岁应童子试，考官指着画有"太极图"的茶杯提出"杯中含太极"嘱对，魏源摸着怀中二麦饼对曰"腹内孕乾坤"，考官大为惊异；嘉庆十五年

(1810)考中庚午科秀才，次年辛未岁试补廪膳生，十八年癸酉科拔贡。其于道光二年（1822）考中壬午科试举人第二名；九年（1829）应礼部会试，与龚自珍双双落第，房考刘逢禄作《两生行》哀之，从此龚魏齐名；后多次参试，皆名落孙山；二十四年（1844）再次参加礼部会试获进士，历任内阁中书舍人候补、东台与兴化知县、官高邮知州，后以"迟误驿报"，"玩视军机"革职。旋即复职，但他以年逾六旬、遭遇坎坷、世乱多故而辞职；晚年，潜心学佛，法名承贯。其一生在科举和仕途上挫折颇多，著述却丰富，且影响深远。从1850年第1部《海国图志》传入日本，至明治维新前已传入10多部，被日本学人摘译翻刻达22种版本以上。其著有《净土四经》、《海国图志》、《湖广水利论》、《圣武记》、《书古微》、《诗古微》、《默觚》、《墨子注》、《孙子集注》、《老子本义》、《论学文选》、《公羊古微》、《曾子发微》、《子思子发微》、《高子学谱》、《孝经集传》、《孔子年表》、《孟子年表》、《小学古经》、《大学古本发微》、《两汉古文家法考》、《皇朝经世文编》、《古微堂诗文集》、《明代兵食二政录》、《春秋繁露注》等。

第十四节 用朝代历史的简称与"纪事本末"合并命名法

用朝代历史的简称与"纪事本末"合并命名法，指以朝代的简单称谓与其历史的简称同"纪事本末"之词连接形成书名的方法，如《宋史纪事本末》、《元史纪事本末》、《明史纪事本末》、《辽史纪事本末》、《金史纪事本末》、《辽金史纪事本末》、《西夏纪事本末》、《清史纪事本末》等。

《宋史纪事本末》，记宋朝太祖代替后周至文天祥、谢枋得之死，共300多年两宋事。作者是明朝的陈邦瞻（1557~1623），字德远，号匡左，江西高安荷岭上寨村人。父亲陈旦，贡生，泉州府同知。陈邦瞻，幼承家学，万历二十六年（1589）考中进士，历南京大理寺评事、吏部郎中、浙江参政、福建按察使与右布政使、河南左布政使、右副都御史、两广军务总督、广东巡抚、户工兵3部左右侍郎等职，卒赠兵部尚书。其"平生无他嗜好，而独好书"，"尤精于史学和诗词"，著有《元史纪事本末》和《莲华房集》等。

《元史纪事本末》，记元朝至元十七年（1280）到顺帝至正二十七年（1367）事，与《宋史纪事本末》衔接。作者是明朝的陈邦瞻。

261

书的命名 >>>

　　《明史纪事本末》，记元朝至正十二年（1352）到崇祯十七年（1644）近300年事。作者是清朝顺治年间的谷应泰（1620～1690），字赓虞，别号霖苍，直隶丰润人，自幼读书刻苦，顺治四年（1647）考中进士，历任户部主事、员外郎、提督浙东浙西学政佥事等职。其喜好聚书，在任提督期间于杭州（办公之地）西湖山顶上建有一所类似书院式的文化别墅，收藏大量图书，并在别墅的门上，亲自题匾："谷霖苍著书处"。其撰有《筑益堂集》、《博物要览》等。

　　《辽史纪事本末》，记后梁太祖开平元年（907）耶律阿保机称帝到辽天祚五年（1125）耶律延禧被金朝人俘虏200多年的辽朝史事。清朝末年的李有棠（1837～1905）辑撰。

　　《金史纪事本末》，记宋朝徽宗政和三年（1113）完颜阿骨打为达贝勒到理宗端平元年（1234）完颜麟被杀，金朝灭亡，共100多年的金朝史事。作者清朝末年的李有棠（1837～1905），字芾生，江西萍乡上栗县赤山镇周江村人，天资聪慧，幼时因家里无书可读就向人家借书读，10多岁时便领悟到"有用之学，无不自经史酝酿而出"，20岁时考中秀才，25岁被补授廪膳生，28岁考取优贡第1名，29岁参加朝考被选拔为江西省峡江县训。其在任3年，因祖母、母亲年高无人侍奉而弃官归家养亲。他还著有《历代帝王正闰统总纂》等。

　　《辽金史纪事本末》，是作者李有棠于1903年修订自己的《辽史纪事本末》与《金史纪事本末》的合刊本。1980和1983年中华书局分别出版两书的点校本。

　　《西夏纪事本末》，36卷。记赵元昊建国到赵睍亡国西夏王朝195年间的史事。作者是清朝的张鉴（1768～1850），字春冶，号秋水，南浔人，嘉庆九年（1804）副贡生，家贫，以卖画自给。阮元巡抚浙江时，聘其为诂经精舍讲席、佐修《盐法志》与《经籍籑诂》。故其能常到南浔刘氏与洞窿西山葛氏两家的藏书楼纵观群书，并予以摘录。致使其博学多通，著述丰富，有《冬青馆甲集》、《乙集》、《画媵诗》、《秋水词》、《赏雨茅屋词》、《古宫词》、《詹詹集》、《秋水文丛》、《文丛再编》、《三编》、《四编》、《蝇须馆诗话》、《上林子虚赋郭注辑存》、《楚辞释文》、《杭潄录》、《破睡录》、《冬青馆随笔》、《破虱录》、《梦史》、《十三经丛说》等300卷。

　　《清史纪事本末》，成书于民国初年。记明朝万历十一年（1583）到清朝

262

宣统三年（1911）史事。主要依据《东华录》、野史等资料和作者耳闻目睹之事修撰而成，故有许多真实的史料与一些失实的传闻。著者是黄鸿寿（事迹不详）。

第十五节　其他命名法

书的命名法，除以上所讲的之外，还有以内容的特征、产地、涉及的地域、藏书楼名、楼主姓氏、藏书目录、地区别称、藏书类别、帝王年号、作者的数量、时间的代称、人物的赞称、事迹的简称等与相关词语形成书名的方法。

1　以内容的特征为书名

如前述汉朝的陆贾将自己撰写的12篇文集送高祖看，高祖阅后感到内容很新，就给这些文献取了个《新语》的名字。

2　以产地名或与著者的美称"子"作书名

如汉朝淮南王刘安的《内篇》，后有异名为《内书》、《鸿烈》、《淮南子》。刘安被指认叛逆皇帝后，奉命校勘官府书籍的刘向，便将其改名为《淮南》。

3　以涉及的地域与内容简称为书名

如《苏州府志》、《蜀水考》、《羊城古钞》、《德安府志》、《铜陵县志》、《安新县志》、《章丘县志》、《富平县志》等。

《苏州府志》，内分学校、军制、坛庙、寺官、冢墓、职官、选举、名宦、人物等类卷。作者是清朝的冯桂芬（1809~1874），字林一，号景亭、邓尉山人，苏州吴县人，自幼聪慧特异，沉默寡言，不轻易与人交往，读书能一目数行，道光二十年（1840）考中进士（榜眼），历任翰林院编修、广西乡试正考官、金陵"惜阴书院"山长、陕甘督学、苏州团练、詹事府右春坊右中允等职。其后"遇有离间"，便辞官"告归"，陆续讲学于南京惜阴、上海敬业、苏州紫阳、正谊等书院约20年。他撰有《校邠庐抗议》40篇（论时政改革）、《说文解字段注考证》、《显志堂诗文集》、《弧矢算术乞田草图解》、

《西算新法直解》、《使粤行记》、《两淮盐法志》等书,成卷数以百计,还擅长于书法,尤其精于隶书,有不少作品传世。

《蜀水考》,是对四川水系河流分布等情况的考察与记述。作者是清朝的陈登龙(乾隆壬戌正月初八~嘉庆乙亥三月初四),字寿朋、秋坪,祖籍金陵,后迁到闽县。陈登龙7岁而孤,靠母亲剪彩为生,学习刻苦,"能古文词,旁及琴棋书画",于乾隆甲午中举,历任里塘、雅安州、安陆府、建昌捕盗同知,主讲泉州清源书院者3年,"以疾归于乌石山麓李园里旧宅,筑云凹水曲山房,授徒自给,诸生学画者多游其门"。其著有《出塞录》、《里塘志略》、《天全闻见记》、《读礼余篇》、《秋坪诗存》等。

《羊城古钞》,内容广博,有四书五经、天文地理志、异物志、先贤志、南征录、岭表录、道书、仙书,无所不收,约计90多种。作者是清朝乾、嘉年间广东的仇巨川(生卒年不详,乾隆至嘉庆十一年前在世),字汇洲、竹屿,号池石,顺德勒竹人氏,未入仕途,终身布衣。

《德安府志》,由清朝的武备院卿衔特授德安府知府赓音布等主修,三品顶戴特授德安府知府汪元庆鉴定,安陆知县萧云、云梦知县司徒衮、应城知县陈荣、随州知州蓝佩青、应山知县张桓佐修。

《铜陵县志》,内分沿革、星野、疆域、山川、城池、官署、官守、学宫、武备、户口、田赋、积贮、坛壝、庙宇、乡耆、风俗、坊表、选举、武科、资选、征辟、封荫、名宦、乡贤、乡宾、政事、忠贞、孝友、笃行、义行、文学、隐逸、游寓、列女、方伎、仙释、兵氛、祥异、古迹、艺文等类目。作者是清朝乾隆二十二年(1757)铜陵县知县李青岩、丁卯经魁史应贵等人。

《安新县志》,记述河北省保定市安新县地理、政治、经济、文化等各方面发展的历史与现状。2000年5月新华出版社出版。作者是高俊杰、周润彪。

《章丘县志》,内有舆志、建置志、赋役志、官师志、选举志、人物志、秩祀志、艺文志、轶事志等。清朝康熙三十年(1691)成书。清朝章丘知县钟运泰任总纂,高崇严、焦毓栋等人编辑。全书12卷,17万字。

《富平县志》,约60万字。8卷。首列乔序、凡例。内分星野、建置、山川、河渠、赋役、乡甲、学校、典礼、官职、选举、名宦、人物、祥异、艺文14类。纂修于清朝乾隆五年(1740)。作者为富平知县乔履信。

4 以藏书楼名与书的类别作为书名

如《海源阁丛书》。作者杨以增(1787~1856),字益之,号至堂,别号东樵,谥号端勤,山东聊城人,出身于书香之家,道光二年考中进士,历任知县、知府、两淮盐运使、甘肃按察使、陕西布政使、江南河道总督兼漕运总督。其秉承父业立志藏书,道光二十年(1840),回家为父守孝时创建藏书楼,并以《学记》中"先河后海"之语为书楼取名"海源阁"。至清末,海源阁藏书达3236种、208300余卷。

5　以楼名与所藏文籍目录的简称作为书名

如《丛书楼目录》。丛书楼,清朝扬州马家园林中的二座藏书楼名。楼主是马曰琯、马曰璐二兄弟。他们原籍安徽祁门,后因经营盐业,居住扬州,不久便成为举世闻名的儒商。马曰琯(1688~1755),字秋玉,号嶰谷,著有《沙河逸老小稿》。马曰璐(1697~1766),字佩兮,号半槎,著有《南斋集》。二人擅长诗词、喜交朋友、爱造园林、好抄藏校刻书籍,时称"扬州二马"。丛书楼前,有扬州八怪经常聚会之地——著名的小玲珑山馆,也是四方名流读书著书立说的地方。如全祖望、杭世骏和厉鹗等著名文人,都在此馆中翻阅书籍撰写作品。马氏兄弟也经常举办不同形式的沙龙来宴请扬州八怪、四方名流到园中谈天说地、对诗、逗趣、交流信息。马氏兄弟去世后不久,丛书楼便书去楼空了,许多文人都怀念他们。袁枚的《扬州游马氏玲珑山馆,感吊秋玉主人》诗说:"山馆玲珑水石清,邗江此处最知名!横陈图史常千架,供养文人过一生。客散兰亭碑尚在,草荒金谷鸟空鸣。我来难忍风前泪,曾识当年顾阿瑛!"作为怀念,情深意切;若说是评价,则极像其人。

6　以地区简称、楼主姓氏、楼名、藏书目录简称作为书名

如《姚江黄氏五桂楼书目》。姚江,浙江余姚。黄氏,清代藏书家黄澄量。五桂楼,黄澄量于嘉庆十二年(1807)在浙江省余姚市梁弄镇建立的藏书楼名。黄澄量(生卒年不详),字式筌,号石泉、石谷,余姚梁弄人,诸生,曾宦游京都,平生不置产业,喜阅读收藏书籍,认为"贤而多财则损其志,愚而多财则益其过,赢金遗后诚不若楹书教子为愈也",故在住宅之南建一座藏书楼,为纪念五位祖宗(先后于1159~1170年间登科中举,中举叫"蟾宫折桂",因此号称"五桂")而定名为"五桂楼"。楼上安排24架藏书橱,起初收藏5万多卷善本,在黄澄量死后,其子黄药溪又购一万多卷书续之。

7 以帝王年号谐音简称与书的内容代称作为书名

如扬州的文选楼，现有一部被保存完好的乾隆版《龙藏》（清朝佛教经典），共 7 千余卷，依千字文顺序列排，分别装于 20 多只樟木经柜内。据《扬州览胜录》载："文选楼在小东门北旌忠寺内，相传为梁昭明太子萧统文选楼故址。太子选录秦汉三国以下诗文凡六十卷，名曰《文选》，楼以是名……炀帝游江都，常幸此楼"。

8 以书之内容的简称与所在的地名为书名

如《温州经籍志》，作者清朝的孙诒让（1848~1908），字仲容，号籀庼居士，同治六年（1867）举人，著有《周礼正义》、《墨子间诂》、《契文举例》等书 30 多部，校勘书籍上百种（之中的校勘题识语精华，选辑成《札迻》12 卷）等。

9 以记录的事物及所在地名为书名

如《鄞城古甓录》，作者是冯贞群（1886~1962），字孟颛，号曼孺，原籍慈溪县，后随祖父迁居宁波，以南宋诗人尤袤之言"饥读之以当肉，寒读之以当裘，孤而读之以当朋友，幽忧而读之以当金石琴瑟"为座右铭，苦读书籍，17 岁成为秀才，后接父亲的"求恒斋"遗下藏书，专心阅读与研究。但其家中藏书不足，便节衣缩食，四处访求扩充图书，收藏 3 千多种、10 余万卷。其历任辛亥革命时期的宁波军政府参议员、民国鄞县文献委员会委员长、《鄞县通志》编纂、浙江省文史研究馆员、宁波市政协委员、宁波市文管会委员等职，先后编著成《鄞范氏〈天一阁书目〉内编》、《钱忠介公肃乐年谱》（附《续编》）、《鸣野山房贴目丛贴续帖目》、《秦泰山刻石考稿》和《薛子熙自跋〈千字文〉考》等。

10 以书的题跋内容喻义作为书名

如《楹书隅录》，作者杨绍和（1830~1875），字彦合、念微，号协卿，清朝聊城人，杨以增次子，海源阁第二代主人，幼时入乡学读书，同治四年（1865）考中进士，历任翰林院编修、詹事府右春坊、右赞善、右中允、同经局洗马、翰林院侍读（赏三品衔）、日讲起居注、侍讲学士、文渊阁校理、通议大夫等职。其秉承家学，"终生留心古籍、金石、书画，搜罗典籍不遗余力"，对海源阁阁藏进行整理后,于同治八年(1869)写出《楹书隅录初编》5卷,又于同治十年(1871)撰成《楹书隅录续编》4卷,"对所录之书考核异同,检校得失,详记各书的名家题跋,间附己意,并记其行式、印章及收藏经过等"。

11 以楼名及对其功绩、颂扬的简称作为书名

如万斯同的《传是楼藏书歌》。传是楼,清朝徐乾学的藏书楼,在江苏昆山。徐乾学(1631~1694),江苏昆山人,字原一,号健庵,自幼喜好读书,8岁能文,康熙九年(1670)考中进士(探花),授翰林院编修,历任赞善、日讲起居注官、侍讲学士、左都御史、刑部尚书、内阁学士兼礼部侍郎教习庶吉士。奉命主持监修《明史》、《大清会典》、《大清一统志》,纂辑《鉴古辑览》、《古文渊鉴》等书,编刻《通志堂经解》,著有《读礼通考》、《憺园集》、《虞浦集》、《词馆集》、《碧山集》。他是著名学者顾炎武的外甥,爱收藏书籍,5尺宽的书橱,整整有72橱,贮藏各种图书数万卷。万斯同(1638~1702),字季野,号石园,浙江省鄞县人,出生在一书香世家。祖籍安徽定远。高祖万表、曾祖万达甫和祖父万邦孚,皆文武双全。父亲万泰,户部尚书。万斯同上有7位兄长一位姐姐,20岁时父亲去世,为保全性命于乱世,不求闻达于新朝,8兄弟有的立德于乡邦,有的立言而著作等身,个个以学显名。其手定《明史稿》500卷,还著有《补历代史表》、《纪元汇考》、《安季忠义录》、《南宋六陵遗事》、《庚申君遗事》、《河源考》、《河渠考》、《儒林宗派》、《石经考》、《石经文考》、《群书疑辨》、《书学汇编》、《周正汇考》、《历代宰辅汇考》、《石园诗文集》、《读礼迎考》等20多种、562卷,另为尚书徐乾学纂《读礼通考》,卒后,被门人私谥为贞文。清朝翰林裘琏为其墓志题联"班马三椽笔;乾坤一布衣"。黄宗羲为其故居题"四方声价挣山水;一代贤好托布衣"。蒋介石为其墓道牌楼题联"史笔殿千军,先生不死;布衣终一生,后进群瞻"。

12 以地区、姓氏、楼名、辑录所藏图书的简称作书名

如《扬州吴氏测海楼藏书目录》。测海楼,位于扬州,楼主为藏书家吴引孙(字福茨,1851~1920)、吴筠孙(字竹楼,1858~1914)二兄弟,均爱收藏图书,所到之处,都尽力访求,陆续藏书8000多种、8020部,247759卷。吴氏兄弟每购置一部书均作记录,记录所购书的卷数、函数、购买的钱数,加盖"真州吴氏有福读书堂"的藏书印,并组织人将这些书编为一部书目,并于宣统二年（1910）自家雕版印刷。二兄弟，出生于一盐商书香世家，原籍安徽歙县，因其高祖于乾隆年间到扬州从事盐业，便迁居落户仪征而成为扬州人。祖父吴次山，酷爱读书藏书，初为盐商，后因利润太薄，加之战乱，便改为教书。父亲吴元植，拔贡出身后，边教书，边备考，但连续参试2次均名落孙山，后又连年战乱，四处逃难谋生，等了10年（1863），未有机会争取功名，便忧郁而亡。此时，全家已无丝毫经济收入，二兄弟靠母亲替人浆洗衣物、纺纱纳鞋维持生计，四处向亲戚借钱供他们读书。二兄弟有感于母亲的辛劳，读书十分刻苦，常常学习到深夜还不肯罢休。功夫不负有心人，吴引孙于同治癸酉（1873）考中进士，陆续被委任浙江宁绍台道道员、广东按察使、甘肃及新疆与浙江布政使、新疆巡抚等职。吴筠孙，光绪甲午恩科进士，历任山东登州、泰安、济南知府、直隶永定河道与天津兵备道及直隶河道和湖南岳常澧道与湖北荆宜道道台、民国初年赣北观察使、浔阳道尹等职。

13　以楼名与藏书类别作书名

如《嘉业堂丛书》。嘉业堂，藏书楼名，位于湖州市南浔镇西南郊之鹧鸪溪畔，堂主是清朝末年的刘承干（1881～1963），字贞一，号翰怡，原籍上虞，出生一书香富商之家。祖父刘墉，商人，经营蚕丝致富，轻富重文，鼓励子孙念书做官。父亲刘锦藻，进士，在处理官务的同时经商，撰有多部著作。刘承干自幼读书，后考中秀才，喜古籍赏鉴与收藏书籍，"凡书商挟书往者，不愿令其失望，凡己所未备之书，不论新旧皆购之"，自称"历时20年，费银30万，得书60万卷"，聘请名家校勘刻印图书200余种、约3000卷，自著有《南唐书补注》12卷等。

14　以帝王年号与书之内容的简称作书名

如《贞观政要》，40篇文。以记言为主，将君臣问答、奏疏、方略等材料，按照为君之道、任贤纳谏、君臣鉴戒、道德伦理、正身修道、崇尚儒术、固本宽刑、善始善终等一系列专题内容归类排列。列举了思想、认识、决策的史事。作者是唐朝的吴兢（670～749），汴州浚仪人，历任左拾遗供奉、右补阙、起居郎、水部郎中、卫尉少卿、谏议大夫、修文馆学士与台、洪、饶、蕲等州刺史、银青光禄大夫、相州长史、邺郡太守、太子左庶子等，封长垣县子，还著有《五脏论应象》、纪传体《唐书》、编年体《唐春秋》、《上中宗皇帝疏》、《谏十铨试人表》、与刘知几合撰《武后实录》等。

15　以朝代简称、作者数量的代称与创作体裁为书名

如明朝末年藏书家、出版家毛晋刊刻的《宋六十家词》等。

16　以时间的代称、人物的赞称、事迹的简称作为书名

如《国初群雄事略》。作者是明末清初常熟的钱谦益（1582~1664），字受之，号牧斋，晚年号蒙叟，万历进士，后历任礼部侍郎、礼部尚书等职，以诗文扬名，还著《初学集》、《有学集》、《投笔集》，编有《列朝诗集》等。

17　以时间或简称、代称作书名

如剧本《前夜》，波兰廖·抗夫著，巴金译。巴金（1904~2005），原名李尧棠，笔名巴金，字芾甘，祖籍浙江嘉兴，生于成都。父亲，四川广元县令，1917年去世。母亲，1914年去世。巴金自幼在家延师读书，之后进成都学校与东南大学附中学习，1927年巴金赴法国巴黎求学，1928年冬回国居住，历任多种刊物的主编、出版社总编、全国文联与政协副主席、人大常委、中国作协主席等职，多次获奖，著有理论《无政府主义与实际问题》（合著）、《从资本主义到安那其主义》、《谈契诃夫》、《巴金论创作》，长篇小说《家》、《火》、《寒夜》；中篇小说《灭亡》、《新生》、《利娜》、《星》、《憩园》、《第四病室》；短篇小说集《复仇》、《将军》、《沉落》、《发的故事》、《短简》、《小人小事》、《明珠和玉姬》、《李大海》，《巴金中短篇小说选》；长篇散文《大寨行》；短篇散文集《旅途随笔》、《点滴》、《生之忏悔》、《控诉》、《梦与醉》、《感想》、《黑土》、《无题》、《废园外》、《旅途杂记》、《怀念》、《静夜的悲剧》、《纳粹杀人工厂——奥斯威辛》、《华沙城的节日——波兰杂记》、《慰问信及其他》、《大欢乐的日子》、《坚强的战士》、《友谊集》、《赞歌集》、《倾吐不尽的感情》、《贤良桥畔》、《烟火集》、《随想录》、《探索集》、《探索与回忆》、《序跋集》、《忆念集》、《真话集》、《创作回忆录》、《病中集》、《愿化泥土》、《控诉集》、《心里话》、《十年一梦》、《无题集》、《再思录》；传记《巴金自传》；短篇小说与散文等合集《英雄的故事》、《新声集》、《巴金》；散文与通讯合集《生活在英雄们中间》、《保卫和平的人们》；杂文集《当代杂文选粹·巴金之卷》；书信集《寻找理想的少年朋友》、《雪泥集》、《巴金书信集》；报告文学《一场挽救生命的战斗》；回忆录《童年的回忆》、《文学回忆录》（合著）、《忆》；书简《巴金书简·新编》、《短简》,《域外小说》；译作《科学的社会主义》（阿里斯著）、《面包略取》（俄国克鲁泡特金著）、《狱中与逃狱》（俄国克鲁泡特金著，合译）、《薇娜》（波兰廖·抗夫著，合译）、《人生哲学：其起源及其发展》（俄国克鲁泡特金著）、《为了知识与自由的缘故》（俄国普利洛克等著）、《一个卖鱼者的生涯》（意大利凡宰特著）、《蒲鲁东的人生哲学》（俄国克鲁泡特金著）、《丹东之死》（苏联A·托尔斯泰著）、《草原故事》（苏联高尔基著）、《秋天里的春天》（匈牙利尤利·巴基著）、《过客之花》（意大利阿美契斯著）、《自传》（俄国克鲁泡特金著）、《狱中记》（美国柏克曼著）、《俄国虚无运动史话》（俄国斯特普尼亚克著）、《门槛》（俄国屠格涅夫等著）、《夜未央》（波兰廖·抗夫著）、《告青年》（俄国克鲁泡特金著）、《一个家庭的戏剧》（俄国赫尔岑著）、《叛逆者之歌》（俄国普式庚等著）、《父与子》（俄国屠格涅夫著）、《迟开的蔷薇》（德国斯托姆著）、《处女地》、《散文诗》、《快乐王子集》（英国王尔德著）、《回忆托尔斯泰》（苏联高尔基著）、《回忆屠格涅夫》（俄国巴甫洛夫斯基著）、《草原集》（苏联高尔基著）、《屠格涅夫中短篇小说集》（俄国屠格涅夫著，合译）等。

第七章

书的命名存在的问题

由于书的命名产生的时间较长,研究的时间较短,重视的人员较少,所以存在的问题较多。主要表现为重名、一书多名、名实不符、格调低下。

第一节 重名

进入书海,则不难发现,书的重名,在初期是极少的,类型也比较单一。后来便逐渐增多,到了现当代,大有星火燎原之势。例如,上述的四《孙子》(孙膑、孙绰、孙武、孙休)、二《苏子》(苏秦、苏彦)、二《陆子》(陆云、陆贾)、三《唐子》(唐檀、唐滂、唐羌)、两《顾子》(顾谭、顾夷)、二《何子》(何楷、何景明)、二《子华子》(程本、元丰后举子)、二《我子》(我子、傅眉)、二《干子》(干宝、温庭筠)、二《任子》(任奕子、叶适)、五《梅子》(无名氏的书名、阿川佐和子的小说名、剧的主人翁、网络小说的主人翁、深田恭子领衔主演的特别剧名)及东晋王隐的《晋书》、虞预的《晋书》、朱凤的《晋书》、谢沈的《晋书》、谢灵运的《晋书》、南齐臧荣绪的《晋书》、梁朝萧子云的《晋书》、郑忠的《晋书》、沈约的《晋书》等等。它们不仅重名,而且重复的类型也不一样。有的是在姓氏与美称上相重,也有的是一书名中的姓氏与另一书名中的自称相同(如《我子》),还有的是以姓氏、美称命名的与另一书以有关内容命名的相重(如《干子》、《任子》)等。重名图书,会给读者或用户的检索带来极大的麻烦,有的可能把2种或多种书、多个作者,误认为一种书、一个作者;如同名2卷《老子道德经》

书的命名　>>>

注在《隋书·经籍志》就载有汉文帝时河上公、战国时河上丈人、汉长陵三老丘望之、虞翻、王弼、张嗣、蜀才、钟会、刘仲融、晋西中郎将袁真、张凭、释惠琳、释惠严、王玄载等14人的不同本子，同名2卷《老子》注于《旧唐书·经籍志》则载有河上公、王弼、钟会、羊祜、程韶集、王尚、蜀才、孙登、袁真、张凭、鸠摩罗什、释惠严、树钟山、傅奕、杨上善、辟闾仁谞、成玄英、李允愿、陈嗣古、释义盈等20多人的不同本子；也有的可能将一书的作者，误认为是另一种书的作者，如《隋书·经籍志》载录的顾欢与释慧观的异书同名1卷本《老子义疏》、王褒与何妥各自注的同名《象经》1卷、丁巡与陈卓分别撰写的同名《五星占》1卷、何承天与崔浩各自撰写的同名《历术》1卷、《漏刻经》1卷（何承天、祖恒、梁中书舍人朱史、梁代、陈太史令宋景，均撰有1卷本的此名作品）、高堂隆与孟众各撰写的同名《张掖郡玄石图》1卷、王叔和与康普思分别撰写的同名《脉经》10卷，《旧唐书·经籍志》载录的宋明帝与刘和各自撰写重名20卷本《诗集》、刘义庆与殷芸分别撰写的重名10卷本《小说》等等，容易使人产生误解。

第二节　一书多名

　　一书多名，也称同书异名，即同一种书有2个以上的名称。一书2名、甚至多名，出现的同名几率就会越大，难检度也就越高。一书多名，古今中外都有。例如，今人起名的《易》，过去就有《三易》之名，"一曰《连山》，二曰《归藏》，三曰《周易》"；汉朝司马迁的长篇巨著《史记》，问世时没名，《汉书·志》为其取名《太史公》（桓谭在《新论》说此名是东方朔所取），后人又陆续给起名为《太史公记》、《太史公书》、《太史公传》等，有人将其简称为《史记》；《战国策》，又名《国策》、《国事》、《短长》、《事语》、《长书》、《修书》；《吕氏春秋》又名《吕览》、《吕子》；阿拉伯民间故事集《一千零一夜》，旧译《天方夜谭》、《阿拉伯之夜》；莎士比亚的《哈姆雷特》，一译《汉姆莱特》，又译《王子复仇记》；大仲马的《基督山伯爵》，旧译《基督山恩仇记》、《三个火枪手》、《侠隐记》、《三剑客》；小仲马的《茶花女》，一译《巴黎茶花女遗事》等等。更有甚者，是一个人的多种书，均有别名，最具代表性的是萧逸的《桃李冰霜》（又名《春江万里情》、《花蕊八剑》、《剑气红颜》)、《铁雁霜翎》（又名《含情看剑》)、《虎目娥眉》（又名《俏娥眉》)、《还魂曲》（又名《潘郎憔悴》)、《金剪铁旗》（又名《白如云》、《铁旗怪侠传》)、《西风冷画屏》（又名《七星翡翠》)、《冬眠先生》（又名《冰魔劫》、《冰河太岁》)、《无忧公主》（又名《西山翠冷》)、《铁骨冰心》（又名《马鸣风萧萧》)。仅江苏人民出版社于1982年出版的杜信孚的《同书异名通检》（增订本）中，就收录同书异名者6000多条。一书多名，很容易使人产生错乱。将一种书、一位作者，误认为多种书、多个作者，同时也易产生同名书，使书名复杂化，给后人学习、检索、使用增添麻烦。

第三节 名实不符

名实不符。即书名与内容不符。有些只有看到具体内容才能明白，否则就会产生误解。在现实中，名实不符之书不少。其中，有的"头重脚轻"，如"……大全"或"……全集"，其实都不会全，也不可能全；也有的是"帽小身大"；还有的是名字与内容毫无关系，浪费检索者的精力和时间。鲁迅说，时间就是生命，无端的空耗别人的时间，其实无异于谋财害命。这话虽然有些夸张，但也表明了其危害性确实不小，实在是使不得。名实不符的做法，就目的与客观效果而言，若为个人私利私愤或一时的冲动而作，应当禁止。如罗马尼亚裔法国著名作家、荒诞派戏剧的主要创始人欧仁尤涅斯库（Eugène lonesco, 1912~1994）的开山之作《秃头歌女》剧本，内容是表现一家人生活单调无聊的，人物的语言行为令人莫名其妙，既分不出情节，也看不出主题，既没有歌女，也无秃头，剧情与题目没有任何关系，只是在第10场结尾处，由消防队长顺便"问了一句"秃头歌女怎么样了"，史密斯太太回答说："她总是照老样打扮，戴着帽子！"之后就再无下文；1950年5月的一个晚上在巴黎夜游人剧院首场演出时，观众争论不休，中途纷纷退场，最后只有认为是"天才作品"的3个人坚持看完。当然，要是为了民众，在特殊的时代，创作名实不符的作品，则是值得认同的；如国家图书馆收藏的名《文史通义》，实为毛泽东的《论持久战》；名《大乘起信论》，实为毛泽东的《新民主主义论》；名《秉烛后谈》（周作人的杂文集，原书中收录了他的《自己所能做的》、《水田居存诗》、《老年的书》、《关于酒诫》、

《谈娱乐》等文章），实为《关于工商业政策》（中国共产党的文件集），用原书名，且目录是原书的 19 篇文章的题目原样，书中的每一篇文章均用周作人文章的原标题，题目下面的正文内容则是中国共产党的具体文件；这些都是中国共产党在抗日战争与解放战中产生的著作，为了人民获得解放和新中国的建立，是值得赞赏的。

第四节　格调低下

格调粗俗低下的图书名，不利于文化的复兴与科学技术的发展，也影响人们的心理健康，容易毁坏社会风气，对青少年的成长极为不利。例如：古代的《人鬼精物六畜变怪》（21 卷）、《变怪诰咎》（13 卷）、《执不祥劾鬼物》（8 卷）、《鬼容区》、《刘涓子鬼遗方》（10 卷）、《乾陀利治鬼方》（10 卷）、《周易斗中八卦绝命图》、《杂杀历》、《周易逆刺占灾异》（12 卷）、《逆刺》、《兵杀历》、《神枢灵辖》、《禄命书》（20 卷）、《墓书五阴》、《坛中伏尸》、《灵鬼志》（3 卷）、《鬼神列传》（2 卷）、《幽明录》（30 卷）、《玄感传尸方》、《浪说》、中译本《好色一代男》、《好色二代男》、《好色五人女》、《好色一代女》等等，数量很多。类似的书名，现当代更多，在不同地区不同时段出版的书目里，都有一些。它们中的一些内容，未必均无教益，有的内容可能还很好，但是，这些书名，有的却让人看上去不舒服，有的让人肉麻，有的则令人毛骨悚然，有的会使你不寒而栗，其负面影响，不可低估。

第八章

出现问题的原因

1 异书同名或同名异书、重名、同名的原因

1.1 信息传播的速度较慢。尤其是古代,交通闭塞,不同地区的人们交往少,思想、语言、物质交流缺乏,对各地各种书籍的问世知之甚少,有的就根本不知。

1.2 没有了解书名的意识。按理说,有关人员在给某种新书起名之前,应该了解有多少类似的书籍已经问世,它们各是什么名字,以供起名参考和防止重名。但是,有很多有关的人员没有这方面的意识,尤其是古代,更为严重些。

1.3 没有形成了解书名的习惯。有些人员也知道如何解决书籍重名的问题,但是,当他们在给某种新书起名时,却往往忘记了去了解有多少类似的书籍已经问世,它们又各是什么名字。

1.4 没有统一的强制的规定约束。强制的规定,不仅可以约束人们的行为,而且可以树立、强化人们的意识,形成按统一的要求去办的思想观念。

2 一书多名的原因

一书多名,有的是后人所为,有的是出版单位所改,有的则是盗版或是引用时"略称"而形成,有的是"避讳"或"标明版本"或向"刘向父子整理古籍那样"重新"编辑而异名"。他们之中的重新取名者,有的是为了书的广泛流传、使作者较快出名,有的是认为更贴近书中内容、方便读者的查阅使用,有的则是为了经济利益等。

2.1 "避讳"。避讳是语言学中禁忌语的一种，指对忌讳的人、事、物在口语或书面文字中的回避。中国古代的避讳，多见于避名和避事。古人对尊卑长幼，有严格的区分，臣民对帝王、平民对长官、俗人对圣人、社会地位低下者对尊者、晚辈对长辈，在口语或书面文字中，均不能直称其名，要设法避开或改写；有些事也不能直说或明说，如民俗中的忌讳，遇有此等情事，必须改换另一种说法来表达。在封建社会，它是臣民必须遵守的规矩，甚至是法律制度，尤其对于避讳中的帝王，一旦犯讳，就会被视为"大逆不道"而身罹大祸，例如：清朝爱新觉罗胤禛，登上帝位后，他的同父异母兄弟胤禔、胤礽、胤祉、胤祺、胤祚、胤祐、胤禩、胤禟、胤䄉、胤祥、胤祯、胤禨、胤禑、胤禄、胤礼、胤祄、胤禝、胤祎、胤禧、胤祜、胤禒、胤祁、胤祕等，立即全部改名；乾隆四十四年，王锡候因自己的《字贯》"凡例"第10页中的玄烨、弘历之类的名字没及时删除，被斩立决，子孙7人被判监候斩，妻子媳妇被赐给功臣为家奴；冯王孙著《五经简咏》，因"不避庙讳"，被乾隆皇帝钦命"照大逆凌迟"处死；一个卖药糊口的智天豹，谎称遇到神仙显圣，传授《本朝万年历》一部，献给皇上，以邀功求富贵，结果拍马拍到了老虎屁股上，被立即腰斩。因此，古代有关的书名均被修改，例如避讳隋炀帝杨广，改《广雅》名《博雅》；避讳晋朝简文帝母名"阿春"，改孔子的《春秋》为《阳秋》，东晋初年孙盛将自己撰写的一部晋朝历史的书应该起名《晋春秋》而改为《晋阳秋》；避讳唐朝高祖李渊，改《神渊》为《神泉》；避讳太宗李世民、改《世本》为《系本》，《齐民要术》为《齐人要术》；避讳宋太祖赵匡胤，改《廖匡图诗》为《廖正图诗》；避讳清朝圣祖玄烨，改《极玄集》为《极元集》；避讳高宗弘历，改《弘明集》为《宏明集》，《中兴小历》为《中兴小纪》；古时"太"、"大"同音，因回避康熙玄烨"玄"改"元"，再于四周加框而成"园"，因此《大园》即杨雄所撰《太玄》等等。

2.2 重新编辑整理。从历史上看，对旧书重新编辑整理，各个朝代都有，有的是学者或书商等个人，也有的是政府部门设立的组织，主流上是为了弘扬文化，树立良好的读书学习风气，为社会的经济与政治服务。例如，汉朝护左都水使者光禄大臣刘向父子，在奉皇帝之命整理古籍时，就将许多书籍重新"编辑而异名"，例如，他们将《列子》改名为《列子新书》、淮南王刘安的《鸿烈》改名为《淮南》等等。

2.3 认为原名不好，新名更贴近书中内容，方便读者的查阅使用或流传更快。如上述的《易》，夏朝"卦以纯《艮》为首，《艮》为山，山上山下，是名《连山》。云气出内于山，故名《易》为《连山》"；商朝"以纯《坤》为首，《坤》为地，万物莫不归而藏于中，故改名为《归藏》"；周朝"以纯《乾》为首，《乾》为天，天能周匝于四时，故又名《周易》"。"太簇为人统，寅为人正。夏以十三月为正，人统，人无为卦首之理，《艮》渐正月，故以《艮》为首。林钟为地统，未之冲丑，故为地正，商以十二月为正，地统，故以《坤》为首。黄钟为天统，子为天正，周以十一月为正，天统，故以《乾》为首"（唐朝贾公彦《周礼正义》）。"所谓十三月者，承十二月而言，即正月耳"（汉朝伏胜《尚书大传》）等。

2.4 为了经济利益。例如，在有关案件中发现的一些作者、或出版单位、或书商，为了获得最多的利益，在了解到某些书籍很好，准备出版或刚刚问世时，便将自己撰写或编辑的书，与他们之中的某一部或几部同名，以一个或几个出版社予以同时出版发行，从而一夜暴富。

3 名实不符、格调低下的原因

名实不符、格调低下的原因很多，而最主要的是为了吸引读者、观众、加快传播速度。例如有些名之为"全集"、"全辑"者，让人一眼看去，好像是有关方面的信息全在里面，会不由自主地去翻阅、查看，甚至来不及看完就急忙购买，生怕错过机会便见不到了。其实，这类书所含的信息量，有的与实际相差十万八千里，有一些读者、观者全部细看之后，才感觉到大失所望。但是，作者或出版者根据读者、观者想省时省力，在最短的时间区域内就能了解有关方面全部信息的心理的预期效果达到了。所以有关书籍层出不穷。

第九章

解决问题的方法

解决问题的方法很多，之中最关键的是应有一个人们共同遵守的原则，即图书命名的原则。原则，是有关单位、团体或个人应该遵守的规则。社会实践表明，做任何事情，都要有一个原则，不然就会出现问题。图书的命名，是一件大事，涉及千家万户、人员众多，更不能缺少原则。依据历史有关资料和社会实践分析，图书命名，应有以下原则。

1. 一种书一个名的原则

其易于查新、查重和减少同名的几率，便于读者检索、使用，可节约有关人员的时间与精力。对于图书馆、售书店、出版社等有关单位来说，还可节省人力、物力与财力，加快图书及其内容信息的流通传播速度。

2. 以内容之意作书名的原则

此易于了解书的内容，也是历史经验，更是优良传统。早期的书，由于形成的周期较长，又是经许多人之手，故最后多以内容之意作书名。如《周礼·春官·太卜》注中的《连山》"似山出内云气"；《归藏》"万物莫不归而藏于其中"；《易·系辞传》中的"生生之谓《易》"；杜预《春秋序》中的"《春秋》者，鲁史记之名也，记事者以事系日，以日系月，以月系时，以时系年，年有四时，故错举以为所记之名也"等等。

3. 以"新"的词语作书名的原则

所谓"新"，就是不与已经问世的书同名。同名书，易于被掩盖、淹没、混淆，不利于传播与读者检索利用。

4. 以"奇"的词语作图书名的原则

奇，是奇特、奇怪、奇异。奇特、奇怪、奇异事物，容易令人关注，书也是一样。书名奇特、奇怪、奇异，会使读者在没看之前，就对书中的内容产生无限的遐想，进而一探究竟。如《等待戈多》，两幕荒诞剧，1948 年创作，描写两人上路等人，闲扯，没矛盾冲突和其他故事情节；但是1953年在巴黎一家小剧院演出时，立即引起轰动，叫好者与反对者大打出手，休息厅内乱成一团。"不多几年里"，被译成数10种文字流行于世界各地。作者是荒诞派戏剧的确立人"爱尔兰血统的法国籍"名作家萨缪埃尔·贝凯特（Samuel Beckett，1906~1989）。他出生于柏林的一中产阶级家庭，毕业于三一学院，获法文和意大利文学士学位。他主张"只有情节、没有动作的艺术才算得上纯正的艺术。"其写的剧演出的目的，是让人们看"过不了5分钟就离开座位"，不愿再浪费时间。其剧较重要的还有《结局》（1954~1956年完成，写一家三代人在等待死亡的）、《啊，美好的日子》（1961年，写一女人听丈夫说话的）、《喜剧》（1963年，剧中一男两女，无名字，各自待在一个瓦罐里，只露脑袋，灯光照谁，就马上讲话）等。他的剧本内容，一个个都很新奇古怪，所写的小说也是如此。"因为他具有新奇形式的小说和戏剧作品，使现代人从贫困境地中得到振奋"，于1969年被授予诺贝尔文学奖。

5. 以"美"的词语作图书名的原则

书的命名，与书的出版意图紧密相连。书是传播作者思想的工具与载体；作者要通过书，来让人们了解其对事物的观察、分析与看法。因此说，出版书是给人看的。俗语有言，爱美之心人皆有之，故，一种书，若能有一个美丽的名字，就可能吸引的读者多一些，流通的就会快一些，被利用率就会高一些。

6. 以能表明内容特征且字数少的词语作图书名的原则

字数少，易记，易传播，易检索使用，是历史上最值得借鉴的经验。例如周秦时期到汉代的《诗》、《书》、《礼》、《乐》、《易》、《新语》、《新书》、《新序》、《说苑》等，多是1~2个字。相反，字数多，难记，不利于口头传播。如上述讲的《抗日战争时期、第三次国内革命战争时期解放区、根据地图书目录》，近30个字，比普通的一句话还长，要是记一种或几种还可以，多了则不容易。

7. 以格调高雅的词语为图书名的原则

格调高雅的图书名，易于引人注目、激励人奋发进取、树立良好的社会风尚，有利于青少年的成长，有利于人才的培养。

8. 名实相符的原则

名实相符，就是名称与实际内容相一致。这样，读者检索使用会感觉到便捷、省时、省力，对文化的复兴、发展、繁荣能起到促进作用。

主要参考资料

1. 广东、广西、湖南、河南辞源修订组与商务印书馆编辑部：《辞源（修订本）》，1980年商务印书馆出版。

2. 宋兆霖、赵平凡：《诺贝尔文学奖文库——授奖词与受奖演说卷（下）》，1980年浙江文艺出版社出版。

3. 张英伦、吕同六：《钱善行、胡湛珍编著，外国名作家传（下册）》，1980北京中国社会科学出版社出版。

4. 张英伦、吕同六、钱善行、胡湛珍：《外国名作家传（上册）》，1982年四川重庆出版社出版。

5. 张英伦、吕同六、钱善行、胡湛珍：《外国名作家传（中册）》，1982年四川重庆出版社出版。

6. 徐州师范学院编辑部：《中国现代作家传略（内部资料）》，1978年徐州师范学院出版。

7. 吕慧鹃、刘波、卢达：《中国历代著名文学家评传》，1985济南山东教育出版社出版。

8. 宋兆霖编著：《诺贝尔文学奖获奖作家传略》，2005年浙江文艺出版社出版。

9. （北宋）宋祁、欧阳修：《新唐书·艺文志》，1975年北京中华书局出版。

10. 谢灼华：《中国图书馆和图书馆史》，1987年武昌武汉大学出版社出版。

11. 叶守法：《文史文献检索概论》，2003年徐州中国矿业大学出版社出版。

12. 严可均：《全上古三代秦汉三国六朝文》，1958年北京中华书局出版。

13. 方宝观、方毅、王存：《中国人名大辞典》，1921年商务印书馆出版。

14. 仓修良：《中国史学名著评价》，1990年山东教育出版社出版。

15. 钱穆：《先秦诸子系年考辨》，1992年上海书店出版社出版。

16. 叶守法、魏继岚：《文山奇观》，2005年北京群言出版社出版。

280

17. 李宗邺：《中国历史要籍介绍》，1982年上海古籍出版社出版。

18. 叶守法：《版本命名概论》，2008年北京高等教育出版社出版。

19. （唐）魏征：《隋书·经籍志》，1955年商务印书馆标点铅印。

20. 叶守法：《书海游记》，2002年北京中国文史出版社出版。

21. 辞海编辑委员会：《辞海》，1980年上海辞书版社出版。

22. 陶易：《唐代进士录》，2010年安徽大学出版社出版。

23. 潘荣胜：《明清进士录》，2006年中华书局出版。

24. 班固：《汉书》，1962年北京中华书局出版。

25. 逸名网 http：//www.uname.cn。

26. 中华人物 http：//www.zhrww.net/

27. 中国古曲网 http：//pu.guqu.net/.

28. 国学网 http：//www.guoxue.com/.

29. 百度文库 http：//wenku.baidu.com/.

30. 中华国学网 http：//www.iguoxue.cn/.

31. 中华五千年 http：//www.zh5000.com/.

32. 国学导航网 http：//www.guoxue123.com/.

33. 在线四库全书查询 http：//4.supfree.net/.

34. 中国文学网 http：//www.literature.org.cn/.

35. 中国作家网 http：//www.chinawriter.com.cn/.

36. 百度百科 http：//baike.baidu.com/view/1.htm.

37. 科举辑萃 http：//www.bjdclib.com/subdb/exam/.

38. 互联网 http：//baike.baidu.com/view/6825.htm.

39. 四库全书总目提要 http：//www.tcm100.com/user/SKQSZM/SKQSZM.aspx.

40. 郭英德，古典文献的体例，2005-12-05 http：//www.xuthink.com/guoyingde.

41. 爱芝哟，历代名人，2007-05-04 http：//tieba.baidu.com/f?kz=197480028.

42. 尚惠民，河图洛书正义，2008-12-02http：//www.tudou.com/programs/view/Hh-BJkWv3Tkw/.

43. （后晋）刘昫，旧唐书·经籍志 2009-12-08 http：//www.douban.com/group/topic/8960206/.

44. 张京华，子学常识讲稿，2003-12-26 http：//www.confucius2000.com/confucius/kzsxyj/zx.

45. 科举人物 http：//www.bjdclib.com/subdb/exam/examperson/200909/t20090922_27608.html.

46. 颜师古，注汉书艺文志，2008-10-24http：//www.guoxue123.com/shibu/0101/

281

01hsyz/041. htm.

47. 朔雪寒，春秋前后书籍，2005 - 11 - 09http：//bbs. sjtu. edu. cn/bbstcon，board，Military，reid，1161176195. html.

48. 白面郎君等，中国历代小说家，2005 - 03 - 10http：//www. skycar. net. cn/bbs/archiver/？tid - 40263. html.

49. 赵家楼，宋朝历科状元榜眼探花进士录，2010 - 6 - 4 http：//www. blog. ccoo. cn/nbk1/lshow. asp？id = 577381&uid = 69836.

50. 马国翰，《玉函山房辑佚书》目录，2009 - 07 - 26 http：//blog. sina. com. cn/s/blog_ 613c64b20100dzqn. html ~ type = v5_ one&label = rela_ nextarticle.